青春足迹
——中南财经政法大学社会实践优秀成果集

共青团中南财经政法大学委员会　组编
黄小妹　熊　灯　杨少同　主编

华中科技大学出版社
中国·武汉

内 容 简 介

本书主要收录了近年来中南财经政法大学社会实践优秀成果报告。社会实践是中南财经政法大学青年学生用实践传播中国故事的重要窗口,是擦亮中南财经政法大学"读懂中国"实践品牌的关键一环,同时也是中南财经政法大学推进实践育人的必要一步。实践主题多着眼于理论宣讲、乡村振兴与发展成就介绍、党史学习等;研究方案兼具可行性、创新性和严谨性;调研成果丰硕,涵盖生态保护与修复、法治建设与完善、数字红利与转型、民族团结与合作、非遗传承与外宣、企业发展与产品优化等。成果报告清楚地展现出中南财经政法大学社会实践活动的发展轨迹。

本书配有精美的插图和详细的视频,能够更加直观生动地反映中南财经政法大学社会实践总体情况。

图书在版编目(CIP)数据

青春足迹:中南财经政法大学社会实践优秀成果集 / 共青团中南财经政法大学委员会组编;黄小妹,熊灯,杨少同主编. -- 武汉 : 华中科技大学出版社,2024.9. -- ISBN 978-7-5680-3640-5

Ⅰ. G642.45

中国国家版本馆 CIP 数据核字第 2024ST5211 号

青春足迹——中南财经政法大学社会实践优秀成果集　　共青团中南财经政法大学委员会组编
Qingchun Zuji——Zhongnan Caijing Zhengfa Daxue Shehui Shijian Youxiu Chengguoji　　黄小妹　熊　灯　杨少同　主编

策划编辑:王　勇	
责任编辑:胡周昊	
责任监印:朱　玢	
出版发行:华中科技大学出版社(中国・武汉)	电话:(027)81321913
武汉市东湖新技术开发区华工科技园	邮编:430223
录　　排:武汉三月禾文化传播有限公司	
印　　刷:武汉市洪林印务有限公司	
开　　本:787mm×1092mm　1/16	
印　　张:19.5	
字　　数:475千字	
版　　次:2024年9月第1版第1次印刷	
定　　价:89.00元	

本书若有印装质量问题,请向出版社营销中心调换
全国免费服务热线:400-6679-118　　竭诚为您服务
版权所有　侵权必究

前　言

党的十八大以来,以习近平总书记为核心的党中央高度重视学校思想政治工作,强调实践育人是思想政治教育体系的一个重要环节,是落实立德树人根本任务的重要抓手,是培养担当民族复兴大任时代新人的有效途径。

近年来,中南财经政法大学不断加强思想政治课程建设,深化实践育人工作,贯彻落实习近平总书记关于青年工作的重要思想和关于教育的重要论述,充分发挥实践育人功能,引导和帮助广大青年学生上与现实相结合的"大思政课",思政实践育人取得了显著成效,在推动学生成长成才、担负民族复兴重任方面发挥了重要作用。

本书主要收录了近年来中南财经政法大学社会实践优秀成果报告。社会实践是中南财经政法大学青年学生用实践传播中国故事的重要窗口,是擦亮中南财经政法大学"读懂中国"实践品牌的关键一环,同时也是中南财经政法大学推进实践育人的必要一步。其实践类型包括"返家乡"社会实践、"三下乡"社会实践以及其他专项社会实践。实践主题多着眼理论宣讲、乡村振兴与发展成就介绍、党史学习等,研究方案兼具可行性、创新性和严谨性;调研成果丰硕,涵盖生态保护与修复、法治建设与完善、数字红利与转型、民族团结与合作、非遗传承与外宣、企业发展与产品优化等。成果报告总体按照时间顺序呈现,清楚地展现出中南财经政法大学青年学生参加社会实践的发展脉络和成长轨迹。此外,本书配有精美的插图和详细的讲解视频,使读者能够更加直观地了解中南财经政法大学社会实践总体情况。

一、"返家乡"社会实践介绍

为学习、宣传和贯彻党的二十大精神,深入领会并落实习近平总书记关于青年工作的重要思想,助力青年"受教育、长才干、作贡献",发挥县级团委的"生源地"优势,组织大学生返回家乡参与社会实践,团中央探索推出大学生"返家乡"社会实践活动,鼓励团员青年在服务家乡、服务人民的过程中学、思、践、悟党的二十大精神,用实际行动为推进中华民族伟大复兴贡献青春力量。

大学生"返家乡"社会实践主要有政务实践、企业实践、公益服务、社区服务、乡村振兴、兼职锻炼、文化宣传、网络"云实践"几个板块。组织学生深入地方党政机关、事业单位一线岗位,承担具体工作;通过大学生专业方向与企业岗位需求的双向匹配,组织学生参与家乡企业实际工作;组织学生在基层一线场所开展志愿服务工作;动员学生主动向村、社区和青年之家报到,通过多渠道力所能及地参与基层治理日常工作;动员学生积极参与乡村振兴战略实施,参与开展乡村社会治理、公共服务、文化建设、生态文明建设等领域的实践活动;组织安排符合条件的学生担任乡镇团委及村、社区团组织等基层团组织的兼职干部,参与相关工作;组织学生探究家乡特色文化,利用家乡丰富资源,讲述家乡故事,开展多种形式的实践活动；动员学生充分发挥移动互联网和智能网络平台的作用，从地方经济社会发展特别是乡村振兴等领域入手开展社会调查。

二、"三下乡"社会实践介绍

为深入学习、宣传和贯彻党的二十大会议精神，领悟习近平新时代中国特色社会主义思想，认真落实习近平总书记关于青年工作的重要思想，引导广大青年学生立志做有理想、敢担当、能吃苦、肯奋斗的新时代好青年，团中央结合共青团和青年工作实际，聚焦团的主责主业，组织动员广大青年学生投身乡村振兴战略实施，助力乡村卫生科技文化发展。

"三下乡"社会实践主要包含以下五个板块：理论普及宣讲团、党史学习教育团、乡村振兴促进团、发展成就观察团、民族团结实践团。紧紧围绕党的二十大精心设计开展有内涵、有人气的宣传教育活动；深入学习、宣传和贯彻党的二十大会议精神，学习宣传党的百年奋斗重大成就和历史经验；深入贯彻落实习近平总书记关于"三农"工作的重要论述，帮助和引导青年学生紧紧围绕"国之大者"深刻领悟乡村振兴系列重大理论和实践问题；聚焦党的二十大以来党和国家取得的历史性成就、发生的历史性变革，组织青年学生在实践中了解国情社情民情；贯彻落实中央民族工作会议、中央第七次西藏工作座谈会和第三次中央新疆工作座谈会精神，组织内地新疆籍、西藏籍大学生开展专项社会实践活动，组织内地大学生到新疆、西藏等地开展社会实践活动。

三、社会实践活动开展情况

活动申报阶段：广大师生积极报名参与"三下乡""返家乡"社会实践活动和各专项社会实践活动，撰写立项申报书。各组织单位对申报项目进行初审，筛选出校级推荐立项项目，校团委对各学院团委（团总支）推荐的校级社会实践拟立项项目进行审核，并于校团委官网公示校级立项项目名单。

活动开展阶段：各实践团队安全有序开展实践活动，社会实践办公室为每个实践团队配备"联络员"，加强与各实践团队之间的联系，引导各实践团队定期更新实践开展进度和宣传投稿情况，跟进宣传图文、调研报告、总结报告的撰写工作开展进度。

活动结项阶段：学校组织开展常规类社会实践及专项类社会实践活动结项评审等相关工作。各组织单位积极动员，鼓励实践团队以丰富的形式（包括但不限于调研报告、访谈实录、视频等）整理汇总实践成果，递交结项材料。

活动表彰阶段：学校组织开展社会实践评优表彰工作，开展社会实践"优秀组织奖"答辩等相关活动，择优对组织单位、团队及个人进行通报表扬；开展社会实践分享会等相关活动，展现优秀社会实践团队风采，促进社会实践开展经验交流，扩大社会实践活动影响力。

本书的编写是一个多方协同、共同努力的过程，凝聚了各方的辛勤付出。本书的主体部分由中南财经政法大学各实践团队的调研报告构成，各实践团队以独特的视角和深入的调研，为本书贡献了丰富的实践成果。同时，共青团中南财经政法大学委员会社会实践办公室在总体协调与指导方面发挥重要作用，负责调研报告的收集整理、审核把关及最终的汇编成册，确保每一份调研报告的质量与准确性。正是这种紧密合作与不懈努力，才使得本书的编写工作得以顺利完成。

在此，我们衷心感谢中南财经政法大学对本次编撰工作的立项支持，感谢各学院领导的悉心指导与关怀，感谢所有参与社会实践活动的师生们的辛勤付出与无私奉献。同时，我们也要特别感谢主审人员及所有为本书编写提供帮助和支持的同仁们，是你们的智慧与汗水，共同铸就了这本充满价值与意义的社会实践成果集。

展望未来，我们将继续秉承"博文明理、厚德济世"的校训精神，不断深化社会实践教育改革，创新实践教学模式，努力培养更多具有家国情怀、国际视野、创新精神和实践能力的高素质人才。社会实践成果集的出版，将为社会各界提供一个了解中南财经政法大学实践教学成果的重要窗口，也将激励更多的学子投身社会实践，为实现中华民族伟大复兴的中国梦贡献青春力量。

编　者

2024 年 3 月

目 录

共同体视域下长江流域生态保护修复的成效与经验研究
——以湖北省宜昌市西陵区和点军区为例
……………………………… 马克思主义学院 岳彤 陈宜南 王豪男 冯雪利/ 1

手语"讲"党史
——寻访武汉红色景点,打造系列手语微团课
…………………… 哲学院 王晓阳 黄珂冉 田志璐 张念 闫随心 马艳玲/ 10

"碳达峰"背景下武汉市新能源汽车消费者对充电桩满意程度的实证分析
………………………… 经济学院 吴奕帆 张姚立 张俊豪 黄煜楷 李晖旸/ 17

不忘总书记牵挂,聚焦移民搬迁新村后的现状及发展
…………………………… 经济学院 秦怡 张盈菲 牟南君 张至柔 薛子寒/ 27

溯源红色革命老区,财税助力乡村振兴
…………… 财政税务学院 方茹慧 李炅子 黎子强 陈奕帆 邵一荻 叶迈/ 34

金坛耒耕,赓红助乡
——红色金融助推乡村振兴的创新路径调研
………………………… 金融学院 刘若曦 鲍政铭 江彦莹 曾煜林佳 龚笑萱/ 42

发挥专业优势,激扬青春力量
………………………… 金融学院 陈善越 曹宇航 江彦莹 黄曼 唐益伟/ 49

绿色普惠金融背景下农村光伏贷产品优化路径探究
——基于山东省潍坊市马家冢子村的调研报告
………………………… 金融学院 刘科 吴彤 张栖敏 黄一格 沈思婷/ 55

"数字红利"还是"数字鸿沟"?
——湖北省加快农村农业数字化转型问题研究
………… 文澜学院 杨璨 翁诗棋 向盈羽 程心如 荣子睿 刘彬彬 陈科含/ 62

农村人居环境整治多元协调治理研究调研报告
——以贵州省为例
………………………… 法学院 刘继伟 李家君 杨一伟 符双喜 潘奥/ 72

少数民族地区未成年人犯罪预防与普法宣传实践
——以凉山彝族自治州会理市为例
………………………… 法学院 沈梅花 罗舒阳 胡馨予 周中堂 孙英航/ 80

法治示范村的典型经验及模式推广
………………………… 法学院 卢希武 王文君 董杰 颜诗婧 程小航/ 88

乡村振兴,与法同行:激活法律服务力量,助推送法下乡实践
………………………… 法学院 易虹菲 杨颜如 梁鸿威 陈洁 谭沁尔/ 95

"七彩假期,彝路同行"四川凉山素质拓展夏令营
………………………… 法学院 邓齐林 朱萌 旦增央珍 吕长骏 高静怡/ 100

垄上有品到垄上优品
——恩施建始县"OEM品牌化"模式的路径延伸探究
　　………………… 刑事司法学院　杜东润　郭鑫　许博　喻宇轩　胡杰／107

四青并举　筑法于基
——"三治"融合理念下青年参与乡村社区矫正的长效化机制研究
　　………………… 刑事司法学院　孙婧怡　蒋紫璇　姚凯译　许博　吴桐雨／116

"三治融合"背景下村民自治的功能定位与实践逻辑
——以贵州乡村为例
　　………………… 法律硕士教育中心　谭辉玲　张雨凡　何少敏　曾文锋　袁泽玮／120

"与法同行，护航企业"
——美国经济制裁背景下武汉市企业受制裁现状与应对策略提升调研
　　………… 法律硕士研究中心　娄雨琪　郭艳艳　张雅丽　陈旋轲茜　洪宜　丁怡欣／128

基于共同缔造理念的乡村治理路径探索
　　………………… 工商管理学院　谢宜峰　冯悦　侯典璞　石佳腾　韦力萌　张钰瑶／135

"移民精神＋软籽石榴"的乡村振兴之路
——基于河南省淅川县3镇14村的实地调研
　　………………… 工商管理学院　陆宇涵　葛兆钧　林镕鑫　温思雨　曲笑阅／144

种业振兴在行动：新《种子法》背景下襄阳地区村际差异对农户政策"认知—行为"响应模式
影响的扎根理论研究
　　………………… 工商管理学院　黄志坚　文思远　刘洋　外国语学院　邹乐轩／152

碳达峰碳中和背景下碳汇核算研究
——以云南省大理州洱海湿地碳汇为例
　　………………………… 会计学院　韩骏腾　陈濯　董稚妤　熊雅芬　刘晨药／160

企业红色文化对中小学红色精神宣传的启发和应用价值
——以延安精神和大唐陕西发电有限公司延安热电厂为例
　　………………………… 会计学院　段亚军　唐珂萱　边策　杨舒然　李品渔／167

助力银发科技：老年人对智慧养老的认知、意愿及利用率的实证分析
——以东、中、西部试点社区为例
　　………………… 公共管理学院　王林慧　聂佳睿　赵艺　刘茜茜　马一茗／174

婺韵飘香：非物质文化遗产保护视角下中国传统戏剧传承外宣策略探究
——以昆剧（湘昆）为例
　　………………… 外国语学院　蒋可可　刘湘　陈秋伟　义丽婷　刘孟宵　蒋美湘／182

基于新时代科教兴国战略的少数民族聚居地区思政课堂教学实践
——以凉山彝族自治州为例
　　………………… 新闻与文化传播学院　王震　叶然笑　石雨欣　郭其勇　孙雨玥／190

"讲好中国故事"：数智技术赋能美丽乡村创意宣传片制作研究
——以云南盐津为例
　　……… 中韩新媒体学院　袁玮雪　宋艺鋆　陈毅　母棱　郭名扬　史玉琮　王若妍　陈琪／197

美育润童心，中华传统文化融入社区儿童发展
——中华传统文化融入社区美育发展
　　…… 中韩新媒体学院　张钰媛　梁艺嘉　胡雅飞　宋艺鋆　陈意丹　林伊恒　周凡舒／205

从脱贫到振兴:"党建+数字"赋能乡村经济发展研究
——基于通城县麦市镇的调研
………… 统计与数学学院　王秀宇　张怡　顾文欣　陈怡霖　纪博文/ 212

护童心之梦,寻振兴之路
——探寻"共同缔造"背景下的乡村发展
………… 统计与数学学院　蔡可欣　江婧雯　胥英莉　高颖　耿思捷　李嘉佳
　　　　　　　　　　　　　易佩敏　闫诚浩　齐雨萱　杨芷依/ 222

基于多维信息可视化技术的水质状况走向研究与水资源保护的路径探索
——以丹江口水库为例
………… 信息工程学院　柯美琳　董玉　赵王舒　商童　覃国燕　柴向荣
　　　　　　　　　　　　　曹俣妍　柏宏宇　舒博文/ 229

基于AHP-模糊综合评价模型构建以社会需求为导向的高校实践育人成效评价体系
——以武汉市各高校为例
………… 校团委组织部　田雅灿　潘璨　陈岩　何佳怡　胡可/ 236

青年工作实干增效促发展
——基于中南财经政法大学"第二课堂成绩单"制度实施现状的实地调研
………… 第二课堂管理服务中心　陈仪凡　禤司德　赵福瑄　田冰　吕佳迪/ 251

新时代青媒矩阵建构的实践体系与评价机制优化路径研究
——以武汉市各高校宣传工作建设为例
………… 中南财经政法大学团委宣传部　苟远卓　刘天圆　吴江波　金崇宇/ 256

实践调研走进基层,青少年权益正当时
………………………………… 孙鸣骏　刘雨萱　邹米列　文炜菡　何磊/ 264

新时代背景下社团品牌建设推进校园文化建设的路径研究
——以武汉市各高校社团建设为例
………… 校团委社团管理部　杨敏　李佳音　王晗玥　李佳珉　刘俊豪/ 272

"专业+志愿"特色下高校本禹志愿服务队的创建与培育路径探究
——以中南财经政法大学为例
………… 法学院　章璇孜　陈佳怡　张婧妍　丁雨晨/ 279

乡村振兴背景下少数民族地区"国旗下的讲话"推广普通话课程设计
——以凉山彝族自治州会理市为例
………… 主持人工作室　徐冉　孙英航　王梓睿　杨子凯　董怡琳/ 288

古韵桃乡,花海枣阳
——桃产业链对"中国桃之乡"枣阳市熊集镇产业振兴的助力作用及优化路径探究
………… Pygeek协会　汪坤　冯阳光　杨语宸　叶雨涵　王福胜/ 293

共同体视域下长江流域生态保护修复的成效与经验研究
——以湖北省宜昌市西陵区和点军区为例

马克思主义学院　岳彤　陈宜南　王豪男　冯雪利

摘　要　共同体理念作为马克思主义系统论、有机论和整体论世界观的当代呈现,恰当地反映了人与自然相互影响、相互依存的辩证关系。在共同体视域下,以习近平总书记在党的二十大报告中提出的"统筹水资源、水环境、水生态治理,推动重要江河湖库生态保护治理"方法论为指引,探究长江流域生态保护修复的成效与经验对于建设"美丽中国"以及推进人与自然和谐共生有重要意义。宜昌市地处长江上游和中游的分界处,在强化流域协同治理、推进水环境改善的工作中积累了多方面的典型经验。"宜昌研究小队"走进湖北省宜昌市西陵区、点军区,通过资料收集、问卷调查、实地考察等多种方式,从多重角度探究宜昌市长江流域生态环境修复保护的成效与经验。

关键词　共同体　长江流域　生态保护修复　成效与经验

2018年4月,习近平总书记在湖北宜昌考察时强调,要坚持把修复长江生态环境摆在推动长江经济带发展工作的重要位置。于是,宜昌牢牢抓住长江大保护这一重大使命,大力推进流域综合治理和统筹发展,严格落实《中华人民共和国长江保护法》,始终坚持共同体理念,响应不搞大开发号召,为推进长江流域生态保护修复贡献宜昌力量。"宜昌研究小队"前往宜昌,就共同体视域下长江流域生态保护修复的成效与经验展开调研。

一、调研背景

长江流域生态保护修复一直受到学界与社会的广泛关注,在三峡地区闻名的宜昌市一直被当作典范研究案例。生态共同体理念是指引保护长江流域的灯塔,《中华人民共和国长江保护法》为此提供法律支撑,宜昌市政府积极响应号召,走在长江流域保护的前线。

(一)理论背景

习近平生态文明思想中的生态共同体概念包含四个维度的共同体,即从生态本体论角度出发的生命共同体;从生态价值观角度出发的人与自然生命共同体;从人类的实践活动与地球生态系统的有限性关系角度出发的地球生命共同体;从全球生态环境治理角度出发的人类命运共同体。

水是人类赖以生存和可持续发展的自然依托,也是生态共同体的重要组成部分。根据

《中国水治理研究》对治水的分类,水环境治理的具体内容主要包括污染物排放、水环境修复、饮用水源地环境等。水环境治理本质上体现了人与自然和谐共生之美,承载了"天人合一"的哲学智慧,遵循了习近平生态文明思想的科学自然观、绿色发展观、基本民生观以及整体系统观。

从国外研究成果来看,欧洲、美国、日本、韩国等发达国家和地区目前所处的自然生态恢复阶段为"低干预"阶段,因而研究重点主要在重组用地和滨水区功能开发等方面。从国内研究成果来看,我国目前处于"强干预"阶段,研究主要聚焦于水污染、区域水污染治理等方面。国内外研究水治理的缺陷与不足有三方面:一是理论视角的缺陷;二是评价体系和评价方法的缺陷;三是城市发展的前瞻性与理论体系滞后性的矛盾。

(二)现实背景

2021年3月1日,我国第一部流域法律《中华人民共和国长江保护法》正式实施。近年来,伴随禁渔等举措的推行以及一系列其他举措的推进,宜昌市在生态保护修复方面取得了重大突破。宜昌地处长江上游和中游分界点,水资源丰富,建有三峡大坝、葛洲坝,因而对应治理也显得极为重要。支流水环境对干流的可持续发展具有不可或缺的作用。运河、卷桥河是长江一级支流调研地,沙河为长江二级短支流。图1所示为2021年长江流域水资源二级区水资源量。

水资源二级区	降水总量	地表水资源量	地下水资源量	地下水资源与地表水资源不重复量	水资源总量
长江流域	20563.15	11079.03	2624.76	107.15	11186.18
金沙江石鼓以上	1036.90	444.01	166.83	0.00	444.01
金沙江石鼓以下	2105.15	989.26	289.09	0.00	989.26
岷沱江	1701.27	1081.50	263.93	1.13	1082.63
嘉陵江	1956.66	1111.01	171.14	0.99	1112.00
乌江	1063.57	593.10	144.76	0.00	593.10
宜宾至宜昌	1282.66	784.67	159.00	0.00	784.67
洞庭湖水系	3910.88	2211.10	539.73	8.59	2219.69
汉江	1902.51	1010.55	232.63	22.57	1033.12
鄱阳湖水系	2609.76	1394.79	329.75	19.17	1413.96
宜昌至湖口	1254.30	646.08	155.92	10.04	656.12
湖口以下干流	1213.08	562.43	120.76	25.30	587.73
太湖水系	526.41	250.54	51.22	19.36	269.90

图1 2021年长江流域水资源二级区水资源量(单位:m³)

党的"十四五"规划强调要加强水环境生态保护治理,改善水环境质量。2023年初,湖北省委省政府颁布《湖北省流域综合治理和统筹发展规划纲要》,长江流域治理受到湖北省政府高度重视。宜昌市政府积极响应号召,开展合理配置水资源、修复水生态、防治水灾害等系列措施,颁布了如《宜昌市黄柏河流域保护条例》《宜昌市扬尘污染防治条例》《宜昌市生态环境损害赔偿制度改革实施方案》《宜昌市突发环境事件应急预案》等条例,为宜昌市环境治理和生态修复奠定了坚实的法律基础,有力提升了水环境治理水平。

二、调研意义

长江是中华民族的母亲河,是中华民族的重要发祥地。以宜昌为例,坚持共同体视域下的人与自然和谐共生的共同体理念,助力做好长江流域的生态保护和修复工作不仅对于维护区域生态环境安全,而且对于解决人民群众身边突出的生态环境问题、传承中华民族精神都具有重要意义。

(一) 实践意义

第一,考察当地生态保护修复的成效,为建设"美丽城市"助力。本次实践活动从岸治(源头)、水治(治理)以及渔治(发展)三个方面出发分析宜昌市沙河、运河以及卷桥河的生态保护修复的成效和经验。做好当地生态保护修复的成效和经验的调研工作,目的在于保证当地的自然环境与人保持协调发展的促进状态,不以牺牲生态环境和人民生活条件为代价搞发展,保证当地"三生空间"的协调发展,推动实现宜昌"一半山水一半城"的发展理念,为建设"美丽城市"助力。

第二,形成具有典型性和示范性的经验,为守护"美丽长江"助力。宜昌市位于中国中部、长江上游和中游分界处,生态环境以及地理环境多样。基于宜昌流域地理位置的典型性和示范性,探究长江流域宜昌段生态保护修复的成效和经验,能够为长江流域各城市学习生态保护的经验、做好生态修复提供治理新思路,为促进长江流域的生态环境平衡提供契机。坚持"生态优先,绿色发展"的绿色发展理念,真正贯彻"长江大保护"的生态修复理念,发挥宜昌作为"国家生态文明示范区"的先进示范作用,为守护"美丽长江"助力添彩。

第三,维护地区生态平衡,为实现"美好生活"助力。在共同体视域下考察长江流域宜昌段生态保护修复的成效和经验,对于促进当地的水环境治理、生物多样性保护、地区生态平衡的维护,推动当地"黑臭水治理""空气净化""居民增收"等一系列老百姓"急、难、愁、盼"的问题的解决都具有重要的意义。让长江经济带谱写发展新篇章,让老百姓幸福感更强、获得感更高、安全感更多,为实现人民的"美好生活"助力。

(二) 理论意义

第一,生动诠释习近平生态文明思想。习近平生态文明思想不仅是以往人类关于生态保护的经验结晶,更是中国特色的生态经验。本次实践从岸治、水治和渔治三个方面入手探究生态保护修复的成效和经验,是习近平生态文明思想的科学自然观、绿色发展观、基本民生观以及整体系统观的生动演绎,对于弘扬习近平生态文明思想的时代价值,继续探索可持续发展新道路具有深刻的理论价值。

第二,传承中华民族精神,维系中华血脉。长江是中华民族发展的重要支撑,是中华民族的代表性符号和中华文明的标志性象征。母亲河孕育了光辉璀璨的中华文明,激励了无数中华儿女奋勇前进,见证了中华民族的崛起与强盛。对于中华儿女来说,做好长江地区的生态保护和修复工作,不仅是维护长江流域人与自然和谐共生关系的重要举措,而且对于发扬中华民族精神,增强民族认同感、自豪感和自信心具有重大意义。

第三,弘扬中华传统文化的生态智慧,增强文化自信。中华民族历来就有生态保护理念,并在实践中不断总结,形成系统的、传承至今的生态智慧。"天人合一"思想关注自然与人类的紧密联系,强调人与自然和谐共生的生态发展理念,人民利用自然进行发展时,要取之有"度"。新时代保护好长江生态,既是一种文化的传承、血脉的延续,更是彰显文化自信和增强民族精神力量的重要法宝。

三、调研对象与方法

宜昌市地处中国中部、长江上游和中游的分界处且自然资源多样。一方面,探究宜昌市水环境治理的成效与经验对于长江流域各城市具有较强的普遍适用性;另一方面,宜昌市守护长江生态历史悠久,且就未来发展规划而言,宜昌市牢记习近平总书记殷殷嘱托的政治责任,计划于2035年基本建成长江大保护典范城市,可供调研的支撑材料具有较强的示范性。

(一)调研对象

1. 湖北省宜昌市西陵区沙河

沙河位于湖北省宜昌市西陵区,是长江一级支流黄柏河的支流之一,全长4.5千米。沙河曾是两岸居民饮水灌溉的重要水源,但由于随意排污和治理不当,沙河面临着水体黑臭、生态功能丧失等问题,不仅影响当地居民的日常生活,作为支流还直接影响到长江的生态与水质。为响应"长江大保护"绿色发展战略,宜昌自2016年起开展沙河综合整治工程,于2022年8月全面建成并投入使用。通过公共性景观绿化、滨水开发、休闲娱乐设施建设,以及海绵城市工程建设,沙河蝶变新生,成为具有生态价值、人文价值和社会效益的宜昌城市名片。

2. 湖北省宜昌市西陵区运河

运河公园位于宜昌市西陵区与伍家区交界处,东山大道和城东大道之间,占地约12公顷(0.12平方千米)。曾经的运河由12个成片的废弃鱼塘构成,如今变身成为城市水体净化器。这里植被丰富,季相鲜明,春有樱花夏有绣球,秋冬水杉层林尽染,为市民提供了康养、休憩的好去处。

3. 湖北省宜昌市点军区卷桥河

卷桥河位于宜昌市点军区腹地,是长江的重要支流。曾经卷桥河一度小溪成滩涂,沿途还有多家养殖企业,给卷桥河水体水质带来了许多负面影响。宜昌市积极践行绿色发展理念,将卷桥河修复成湿地公园,恢复了100多种植被,还绿于岸,绿洲同框,水天一色。

(二)调研方法(见图2)

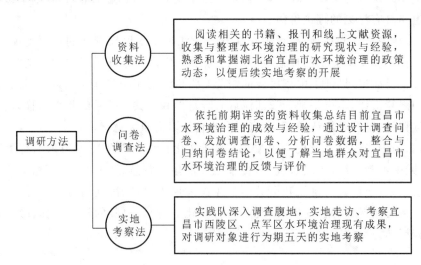

图2 调研方法

四、调研问卷情况

本次调研借鉴"十八大"以来我国山水林田湖草沙一体化保护和修复工程的成功经验，遵从整体性和系统性原则，通过实地走访宜昌市当地居民与相关机构工作人员等形式，发现并解决问题。

团队成员们选择宜昌市西陵区滨江公园作为发放问卷和了解民意的主要阵地。在实践期内，团队成员每天傍晚都会去滨江公园发放问卷，并且在不打扰当地居民的前提下，与当地居民聊天，了解他们对生态共同体的了解程度以及环境意识与法治意识的深入程度，并且也会在聊天过程中向民众普及和解读长江大保护方面的法律知识。

通过实地发放调查问卷以及采访街头民众，团队得知宜昌市生态保护修复基本情况以及民众对此的看法与认识。本次调研成功发放问卷53份，由于损毁、填写信息不全、乱填等因素影响，实际回收有效问卷36份，其中青少年参与度最高，占比为58.33%，由于实地发放问卷，宜昌市常驻居民占比80.56%，调查问卷整理后的数据具有较大参考价值。首先，问卷选取了两个最具代表性的概念——生态共同体与长江大保护，从认识程度看，宜昌市民众对长江大保护的了解程度较高，90%以上的民众对此都有或多或少的了解，仅5.56%的民众不了解；对比起长江大保护，22.22%的民众对生态共同体概念感到陌生（见表1），不了解程度较高，整体上来看，宜昌市的生态保护宣传工作比较到位，超过70%的民众都对相关核心概念有所了解。同时仅不到20%的民众表示非常了解生态共同体和长江大保护，民众虽有了解但是否认知准确与全面还有待进一步探索。

表 1　宜昌市民众对生态保护相关概念的了解程度　　　　（%）

了解程度	生态共同体概念	长江大保护概念
非常了解	16.67	13.89
比较了解	33.33	41.67
一般	27.78	38.89
不了解	22.22	5.56

其次，从对生态环境评价角度看，宜昌市民众对长江流域以及当地几处具有代表性的河流整体评价较好的占比超过了40%，认为不够理想的占比不到3%。50%的民众认为长江流域生态环境较好，对此给予了深切肯定。宜昌市民众对运河公园和卷桥河湿地评价"很好"的占比达到了44.44%，比沙河公园的高出了8.33%，与之对比，2.78%的宜昌市民众认为沙河公园生态环境不够理想（见表2），对比长江流域、运河公园、卷桥河湿地的"零差评"，这也说明沙河公园的生态环境治理还存在问题，需要改进与提升，水生态层面的改善仍有较大上升空间。

表 2　宜昌市民众对长江流域及宜昌市生态环境的评价　　　　　　　　（%）

评价	长江流域	运河公园	沙河公园	卷桥河湿地
很好	33.33	44.44	36.11	44.44
较好	50.00	47.23	41.67	41.67
一般	13.89	8.33	11.11	11.11
不够理想	0.00	0.00	2.78	0.00
其他	2.78	0.00	8.33	2.78

再次,从对生态环境保护的意愿来看,宜昌市民众总体参与意愿较高,只有不到10%的民众不愿意投身其中。一方面,有69.44%的民众表示非常愿意参与有关生态保护的志愿活动,民众对志愿活动的支持率达到了97.22%,宜昌市民众愿意以参与志愿活动的形式切身投入环境保护工作;另一方面,对环境保护给予经济支持的意愿则比参加有关生态活动的意愿略低,有33.33%的宜昌市民众表示非常愿意给予经济支持,不过仍有58.33%的民众比较愿意通过经济支持参与宜昌市生态文明建设(见表3)。由此可见,发动群众投身生态保护实践是切实可行的,政府也可以集结广大群众的力量获得实践支撑与经济支持。

表 3　宜昌市民众对生态环境保护的相关意愿　　　　　　　　（%）

愿意程度	参与有关生态保护的志愿活动	对环境保护给予经济支持
非常愿意	69.44	33.33
比较愿意	27.78	58.33
不愿意	2.78	8.34

最后,根据问卷的开放性问题,有热心群众提出了宝贵的建议。关于宜昌市做好生态保护工作有群众提出值得推广的举措:一是注重协调发展;二是积极宣传环保概念。关于做好长江流域生态环境保护也有群众提出两条宝贵意见:一是对钓鱼爱好者,应当适当提供钓鱼场所;二是管理工业排放。因此,以共同体意识,仅仅关注水生态是不够的,生态保护基础设施需要跟进,同时应采纳群众意见,适量提供配套娱乐设施,如钓鱼场所。

五、成效与经验

从走访、实际考察以及线上查阅获得的资料来看,宜昌市长江流域生态修复取得了肉眼可见的成效,也得到当地民众的肯定,广大群众对投身长江流域生态修复实践具有极大的热情。总结宜昌市长江流域治理经验,对其他地区的生态修复也具有借鉴意义。

(一)宜昌市长江流域生态修复的成效

一是从"化工围江"到"江豚逐浪"。6年前,长江宜昌段200多千米岸线上,化工企业成群排布,最近的离长江不足100米,化工管道共计1020千米以上,压力容器1.72万余台。临江而建的一片片厂房、码头挤压长江岸线,工厂附近机器轰鸣,天空常是灰蒙蒙的状态。近年来,宜昌以壮士断腕的勇气与决心,打响化工产业转型之战,推动实施134家化工企业

"关改搬转",最终目标是"人清、设备清、垃圾清、土地清,彻底根除长江污染隐患"。

二是推动传统化工加速赛道转换。宜昌认识到,"壮士断腕"的痛楚背后,实际上是"脱胎换骨"的重大机遇。问题症结不在于要不要发展化工,而在于要发展什么样的化工——破除化工"低端产业"的认知,走出"谈化色变"的误区,重构竞争优势,推动传统化工"老树发新枝、老树变新种",加快精细化工裂变,打造中国精细磷化中心。

三是用生态屏障托起生态饭碗。长江干流在宜昌流经232千米,占湖北省长江干流岸线总长的近四分之一。近年来,为了维护长江特别是三峡的生态安全,宜昌聚焦"水"这个关键点和敏感点,推进山水林田湖草沙综合治理、系统治理、源头治理,统筹岸线规划管理,实施长江绿色廊道工程,全面落实长江十年禁渔,打造"电化长江先导区",建设三峡生态屏障。

四是高水平保护与高质量发展相互促进。近年来,宜昌勇于担当历史使命,以一隅之光为全域添彩,创建长江大保护典范城市,践行"在发展中保护,在保护中发展"的生态文明理念,以一域一时之损换全域长远之胜,确保"一江清水东流""一库清水北送"。

(二)宜昌市长江流域生态修复的经验

宜昌作为全国生态文明建设示范区、全国文明城市、湖北长江经济带降碳减污扩绿增长十大行动的第一名,生态环境保护的经验丰富。宜昌市牢记习近平总书记为长江经济带高质量发展的把脉定向,争当"四个典范",厘清"三组关系",明确建设长江大保护典范城市的重要着力点。近年来,宜昌市坚持生态环境保护进学校、进社区、进企业,坚持携手保护环境,共建绿色家园,形成了长江流域宜昌段生态保护修复的重要经验。

1. 严格落实《中华人民共和国长江保护法》,共守一江碧水

宜昌市坚持在发展中保护、在保护中发展,扛起重大政治责任,推动长江高水平保护。宜昌市深入践行习近平生态文明思想、习近平法治思想,认真贯彻落实《中华人民共和国长江保护法》,追求更高标准的碧水蓝天。

宜昌市在推进长江大保护的探索与实践中,秉持山水林田湖草沙共同体意识,严格落实《中华人民共和国长江保护法》,有力推进长江流域生态保护修复。具体来看,宜昌市一是在体制上规范化管理,明确长江流域宜昌段的管理机制和各部门职责,保证水治理领导核心的统一性;二是严惩不顾生态保护、只顾经济发展的重污染型产业,有效弥合生态保护修复与经济发展之间的鸿沟,让青山绿水既能发挥生态效益,又能以另一种形式补充经济发展。

2. 坚持共同体理念,营造宜居环境

宜昌市在长江流域生态保护修复方面始终坚持共同体理念,保护生态系统的完整性、连续性和多样性。一是坚持岸治、水治与渔治相结合。宜昌市在开展长江流域生态修复工作过程中,十分重视从共同体视域出发,将岸治、水治和渔治三方面相结合,既重视长江流域环境污染的重要源头——岸治,也抓好长江流域环境保护的重要环节——水治,同时还不落下长江流域环境发展经济的重要依托——渔治。二是实行区域协调策略。宜昌市在发展过程中注重加强与上游的重庆,下游的武汉、长沙、南昌等省会城市的联系,并且着力构建"宜荆荆城市群",重点加强与荆州、荆门在产业、交通以及旅游等方面的联系。三是采取市域统筹策略。宜昌市统筹市域生态环境保护,重点实施江河流域规划,保护水源地环境,协调沿江上下游城镇的取水口与排水口,制定合理的城镇发展规模,提高工业园区的生态控制标准,建设生态文明示范带。

3. 不搞大开发，促进产业协调发展

权衡好经济发展和环境保护的关系，坚守生态环境底线不动摇，找准长江经济带发展战略定位，是宜昌市做好生态保护修复工作的重要经验。首先，推进产业结构绿色转型，确保经济健康高质量发展。经济发展和环境保护都是与人民生活紧密相关的大事，宜昌在推进化工企业"关改搬转"的同时，依据自身地理优势和自然资源条件，创造新的经济增长点，在保护中发展。其次，牢固树立底线思维，确保生态环境底线不动摇。宜昌市根据划分区域的生态特点、功能等因素，开展生态评价，分区、划级规定各区域的生态保护的红线、边界，对区域生态进行全面管控，依法、依规确保生态环境在经济发展中的底线不被触碰。最后，找准长江经济带发展定位，引领宜昌发展新规划。宜昌市在发展过程中把握治理主动权，以创新促进产业升级，处理好生态保护过程中可能遇到的"解构"和"建构"的关系问题，把握生态定位，加快建设宜昌服务、贸易、口岸发展新高地，引领未来产业发展规划新思路。

六、结语

宜昌市治理长江流域的有效经验，能够为其他水生态污染严重、生态失衡的地区提供有效的生态修复方案。"绿水青山就是金山银山"，环境保护在于日积月累，在于滴水石穿，在于众志成城。《中华人民共和国长江保护法》的制定已经迈出了重要步伐，新时代的青年更应紧随其后，学习贯彻好习近平新时代生态文明思想，再将知识理论用于实际，达到融会贯通，践行绿色发展理念，共建美丽中国。

参考文献

[1] 习近平.高举中国特色社会主义伟大旗帜 为全面建设社会主义现代化国家而团结奋斗——习近平同志代表第十九届中央委员会向大会作的报告摘登[N].人民日报，2022-10-17(2).

[2] 习近平.习近平谈治国理政(第三卷)[M].北京:外文出版社,2020.

[3] 王雨辰,彭奕为."四个共同体":习近平生态文明思想的向度与价值[J].探索,2023(1):1-13.

[4] 陆大道.长江大保护与长江经济带的可持续发展——关于落实习总书记重要指示，实现长江经济带可持续发展的认识与建议[J].地理学报,2018,73(10):1829-1836.

[5] 冀文彦,胡雅芬,王强,等.关于水环境综合治理的国内外研究综述[J].北京城市学院学报,2017(6):16-21.

[6] 陈安,胡雪丽,吴波,等.湖北长江三峡地区山水林田湖草生态保护修复形势与对策研究[J].环境保护科学,2022,48(1):42-47.

[7] 韩欣月,吕平毓,骆辉煌,等.长江大保护城市水环境治理工程成效评估指标体系研究[J].环境工程,2023,41(S1):490-493.

[8] 李志斐,刘磊.21世纪以来中国的水资源安全研究——李志斐研究员访谈[J].国际政治研究,2023,44(2):136-159.

[9] 袁宏川,陈平菊,晋良海,等.城市水环境治理效率时空演变及影响因素研究[J].水电能源科学,2023,41(1):50-54.

［10］许素菊,支克蓉.习近平治水重要论述的理论渊源、实践指向与价值意蕴[J].马克思主义与现实,2022(2):26-32.

［11］谷树忠.河湖长制的实践探索与完善建议[J].改革,2022(4):33-41.

［12］钟苏娟,毛熙彦,黄贤金.地缘安全视角下的中国国际河流水资源开发利用[J].世界地理研究,2022,31(3):466-477.

［13］王亚华,舒全峰,吴佳喆.水权市场研究述评与中国特色水权市场研究展望[J].中国人口·资源与环境,2017,27(6):87-100.

［14］薛飞,陈煦.绿色财政政策的碳减排效应——来自"节能减排财政政策综合示范城市"的证据[J].财经研究,2022,48(7):79-93.

手语"讲"党史
——寻访武汉红色景点,打造系列手语微团课

哲学院　王晓阳　黄珂冉　田志璐　张念　闫随心　马艳玲

摘　要　武汉市红色景点资源丰富,但宣传途径单一,影响力微弱,尤其是在特殊群体中甚少传播。听力障碍群体在我国有 2000 多万人,但红色历史宣传并未面向这类群体开设特定宣传路径,向他们宣传红色历史有利于增强民族认同感,表达社会对他们的人文关怀,促进社会稳定与和谐。

关键词　手语　党史　微团课

一、调研背景

(一)理论背景

党史学习风潮兴起,形式丰富多样。

中共中央办公厅在 2021 年印发了《关于在全社会开展党史、新中国史、改革开放史、社会主义发展史宣传教育的通知》,号召全社会"学史明理、学史增信、学史崇德、学史力行",各级组织积极举办丰富多彩的党史学习教育活动:通过巡回宣讲、百姓宣讲等形式做基层党史宣讲,用生动的小故事讲解大道理,让党史知识深入人心;领导干部带头开展主题报告,增强宣讲的权威性和影响力;党史故事分享会,邀请党员干部或革命烈士的后代分享他们与党史相关的亲身经历和感悟,通过故事的形式传递党的价值观和精神;党史电影放映,组织党史主题的电影放映活动,选取具有代表性的党史题材电影,通过影片展现党的历史;还可以组织重游红色旅游胜地、读书交流会等丰富多彩的活动,在全社会掀起一股学习党史的热潮。因此,本实践活动希望更广泛的人群有学习党史的机会。

(二)现实背景

1.听障群体数量庞大,学习需求不可忽视

数据显示,截至 2023 年 3 月,我国听力语言残疾(简称听障)人群约 2780 万人,居视力残疾、肢体残疾、智力残疾等七大残疾人数之首,其中 7 岁以下的听障儿童约为 80 万人,每 2000 万名新生儿中就有约 3 万名听力损伤的婴儿。这样庞大的听障群体,他们也有学习党史,从中汲取奋进力量的需要。但由于听障人士的听力和口语交流能力受限,他们在参与党

史学习活动方面面临着一系列的难题,传统的宣讲、讨论、观看视频等方式都对他们的学习造成了障碍。本实践活动将聚焦听障群体,为听障人士打造开展党史学习的系列微团课,帮助听障人士于无声处学党史,在党史学习中汲取前进的力量。

2.信息无障碍推进的要求,共建包容性社会

工业和信息化部以及中国残疾人联合会(中国残联)联合印发《关于推进信息无障碍的指导意见》,希望通过信息化手段弥补身体机能、所处环境等的差异,使任何人(无论是健全人还是残疾人,无论是年轻人还是老年人)都能平等、方便、安全地获取、交互、使用信息。建设手语讲"党史"系列微团课,可以通过转化信息形式、开发无障碍教育资源、创造无障碍学习环境和强化信息可访问性意识,为听障人士和其他有特殊需求的群体提供更广泛的学习平台。由于听障人士特殊的心理状况和生理状况,他们往往需要克服更多的困难,通过学习党史,他们可以了解党的历史和发展,增强对国家和社会的认同感。同时,应当提高社会的包容性,消除对听障人士的偏见和歧视,促进社会对于残障群体的尊重和关爱,建设包容型社会。

二、调研方法与对象

本项目整体采用质性研究方法开展此次课题调研。

(一)调研方法与思路

本项目通过参访武汉市红色景点和聋哑学校,了解听障人士在参观红色景点、开展党史学习时的痛难点;以撰写手语微团课拍摄脚本,开展手语培训,拍摄、制作手语微团课的方式探寻讲解红色景点的手语表达路径;在系列微团课的基础上,打造手语"讲"党史志愿服务队,为听障人士提供红色景点参观的手语讲解服务;线上线下相结合对团课视频进行推广,提升影响力,定期跟踪反馈志愿服务情况,开展团课质量评估来进一步促进队伍整体建设和提升成果水平。

1.实地观察法

本团队在集中调研期间实地走访了湖北省第二聋哑学校、湖北省聋儿康复中心,近距离接触听障孩童群体,主要了解他们如何与外界接触,接收外界信息;参观了武汉革命博物馆农讲所、八七会议纪念馆,实地探索红色故事,汲取红色资源;前往井冈山全国青少年革命传统教育基地集中学习,进一步丰富拓展微团课的制作素材。

2.专题访谈法

针对不同层次、不同类别的社区工作者和听障人士进行面对面访谈。以听障人士作为主要调研对象,深入了解他们对提升精神世界、从百年党史汲取奋进力量的需求。听取专业人士关于教学经验的分享和真实感受;专访红色资源讲解员对红色资源宣讲的意见和建议。

(二)调研对象

根据统计资料显示,我国听力语言残疾人数居视力残疾、肢体残疾、智力残疾等七大残疾人数之首。据统计,我国聋哑症的发病率约为2‰,按年均人口出生率计算,3岁以下婴幼儿的群体总数达5700万,听力损伤的发病人数约为11.4万。近年来,随着优生优育政策的推行,听障儿出生率有所下降。2004年听力筛查政策开始实施,国家对于听力问题的重视

以及科学技术的进步使得"听力筛查"工作逐渐在全国普及,越来越多的听障儿一出生便可被筛查出来,接受全面科学的治疗,无法完全康复者也大多可借用助听器等设备维持正常生活。但是,在21世纪以前,许多先天或后天的听障人群受科技水平等客观因素限制,很难恢复听力,他们是现在听障群体的主要人群,手语是他们赖以生存的重要语言,所以手语在当今社会仍然不可替代。

三、调研结果与发现

(一)调研数据

对于本次暑期社会实践,我们把调研分为两个阶段,全方位调查了解听障人群出游红色景点的难点和痛点。

1. 前期调研阶段

为扎实开展好"手语'讲'党史——寻访武汉红色景点,打造系列手语微团课"暑期社会实践项目,做好项目前期调研,2023年6月20日,团队前往潘淑文老师住处,对潘老师进行专访。在前期广泛收集资料的基础上,社会实践团队从武汉市听障儿童成长现状、如何促进普特融合、手语推广情况等方面向潘淑文老师请教,专访持续了两个小时。通过两个小时的采访,我们了解到潘老师在学生时期没有接触过手语,但凭热爱坚持了下来,十几年如一日地辛勤耕耘,带领听障儿童从小排练室走到大舞台,走出国门,获得无数奖项,赢得阵阵掌声。她热爱公益,将毕生所学倾情奉献给听障人群。她在洪山区旺山公园创立手语园,义务给上万名学生上手语课,湖北省内多所高校师生定期前往该地向潘老师学习手语。成员们被潘老师所展现的无私奉献的精神所感动,后期也将把这份精神传递给更多的青年大学生,让更多人学习这名老党员的精神之光!2023年6月21日,团队前往湖北省聋儿康复中心进行调研,该康复中心语训部部长李辉参加了座谈。通过调研我们得知目前湖北省聋儿康复中心建设得十分健全,李辉部长介绍,康复中心拟打造美育特色课程,通过绘画、折纸等手工创作激发儿童创造力,用爱好引导学习,促进听障儿童的健康全面发展。如果再加上党史学习教育方面的内容,就可以帮助聋儿康复中心的人们更好地了解党史、了解我们的国家。

2. 武汉调研阶段,拍摄微团课视频

2023年8月19日,手语"讲"党史社会实践队前往武汉革命博物馆的农民运动讲习所(农讲所)旧址纪念馆、八七会议会址纪念馆进行实地调研。首先参观了武汉革命博物馆农讲所,队员们参观了大操场、学员宿舍、膳堂等展堂和位于2楼的"探索与奠基——武昌中央农民运动讲习所历史陈列"展厅,重温革命光荣历史,追忆革命先辈足迹。接着团队来到了八七会议会址纪念馆,本次实地调研令队员们受益匪浅,从中我们深刻了解到了新中国的来之不易,同时通过调研我们发现武汉市的红色景点在宣传方面做得很好,但还是缺少对一些特殊人群的关照,因此为开展手语"讲"党史社会实践提供了很好的实践环境和实践机会。

(二)调研结论

(1)武汉市内残疾人康复中心等基础设施建设相对完整,但还是相对缺乏党史学习教育。由于武汉市内听障人群数量庞大,为深入了解听障人群学习党史的现实需求及痛点、难点,打通听障人群党史学习"最后一公里",本团队前往我院长期合作的聋儿康复中心等康复机构开展实地调研,并且与专业人士进行了面对面访谈。通过调研我们得知聋儿康复中心设施完整,是一所非营利性的集医疗康复、教育康复、康复科研为一体的社会福利事业机构。中心在初期接收听障、智障、脑瘫和自闭四类儿童,结合后续发展的实际情况,逐渐集中于接收听障与智障儿童。中心从 2004 年开始探索、建立集体课教学,在听力康复训练的同时进行普通教育授课,以便儿童们听力康复后跟上普通学校教育进度。在这里有着丰富多彩的课内与课外活动,通过绘画、折纸等手工创作激发儿童的创造力,开发脑力,用爱好引导学习,让孩子们感受到了家一样的温暖。康复中心等机构的悉心照顾,使得孩子们可以像健全学生一样接受普通教育,因此他们有机会学习我们中国的历史,增强民族自信心与凝聚力。但是孩子们自身贴上了听障儿的标签,导致许多孩子内心存在自卑现象,平常很少去接触外部的世界,只能在机构中学习一些简单的知识,难以主动迈出探索世界的步伐,因此他们学习的知识是有限的,对中国共产党的党史很难去做到相对深入的了解,因此实践队认为用手语"讲"党史,带给孩子们生动的历史课程是非常有必要的。

(2) 武汉市内红色景点对于文物背后的故事挖掘程度不够,民众了解的积极性不高,在现实生活中能够勇敢走出家门的听障人士不是很多,会去各类景点参观的听障人士就更少了,究其原因是国家关于残疾人的保障措施还在不断完善中。通过调研,我们发现,目前各类景区对于残疾人的帮助主要体现在基础设施建设上,例如景区一般会规定残疾人免费,这是一个很好的举措,但走进景区,我们发现讲解员的预约已经排到了一个多月以后了。对于普通人而言,想要在红色景点了解党史都出现了困难,更何况对于身体有缺陷的人们。与此同时,我们发现人们在去红色景点参观时,大多数是走马观花,很少主动去了解文物背后的故事,如果每个文物都可以用一个生动活泼的小视频来介绍,那将对参观者更有利。因此,我们认为拍摄微视频和手语"讲"党史是一件有意义并且非常值得去做的事情,它同时也代表了未来的一种景区发展模式。

四、调研结论分析

(一) 问题分析

1. 红色景点

部分景点实地手语讲解化程度低,如没有配备专业的手语讲解员、部分讲解无字幕,对残障人士实地参观学习造成了一定的困难,只能依托文字的陈述说明,使得该群体学习党史的渠道较为单一,沉浸式学习的体验感不佳,效果大打折扣。

2. 微团课视频

(1) 质量有待提高。视频素材的选择和后期剪辑技术较为中规中矩,创意设计体现较少,视频较为枯燥,观看和宣传效果有限。

(2) 浏览量和点赞量较少。

(二) 原因分析

(1) 残障群体作为较边缘的群体之一,所受到的全社会的关注程度不够高。残障人士碍于自身生理障碍,可能会减少外出参观学习的次数,或是最大限度地利用现有学习媒介(如文字)进行学习,而非直接提出合理诉求。

（2）部分景点未考虑到残障人士的现场学习需求（可能兼有资金问题），导致配备人员及设施不太完善。

（3）微团课从前期讲稿撰写到后期视频制作的全过程，耗时耗力较多，且团队中掌握手语的较为专业的人员数量有限，设计并录制手语视频环节花费的时间和精力较长，整体打磨程度的提升空间还比较大，需要不断反思改进。

（4）投稿的网站和渠道数量较少，除了学院和学校的微信公众号、官网等，还要多在中国青年网、光明网、大学生联盟网等平台积极投稿。

（5）对于理论性较强的微团课视频，除了过硬的内容是基本要求以外，创意也是不容忽视的亮点。要根据主题的特色和风格，寻找一些新颖有趣的创意点子，让视频更具吸引力和感染力。创意可以体现在脚本、素材、剪辑等各个环节，例如使用画中画、动画、配音等手法。

五、解决优化方案

（一）解决对策

1. 规范性问题

我国手语系统以国家通用手语为官方手语体系，各地区又综合使用带有地区特色的手语。根据相关统计，现实中国家通用手语的运用意愿、运用频率、运用范围和运用效果四个维度占比和预想有较大差别。运用效果＞运用范围＞运用频率＞运用意愿，这说明虽然通用手语运用效果较好，但是各地区更偏向于本土手语。因此，在武汉地区推行手语微团课，运用通用手语体系可能与武汉本地手语表达意思有偏差，进而影响传播效果。

2. 技术性问题

手语微团课的制作需要手语部分、视频部分和音频部分的密切配合。由于音频、视频的表达内容过于丰富，需要较快速度的手语，这对手语老师的专业要求较高，同时对听障人士的接受程度造成了不好的影响。另一方面，由于本团队同学并没有接受过专业的拍摄、剪辑、配音训练，相关手语知识掌握得也不是很熟练，所以制作微团课过程中遇到较多技术性问题。现在已经将手语和AI（人工智能）技术相融合，听障人士信息接收的途径已经有较大突破，微团课与新技术的结合还有待提高，应用新技术拓展新领域还是本项目需要改进的地方。

3. 推广性问题

虽然微视频作为新型传播媒介，深受广大群众喜爱，但是由于微视频的制作有时滞性，目前只能聚焦于红色景点的拍摄和教学，内容上有一定限制。如何将人文故事转化成高质量的微视频还有一定困难。同时，将武汉的红色资源扩展至全国也有一定难度。

（二）优化路径

1. 前期准备充分，促进普特融合

调研过程中，本团队成员发现手语也有"方言"，武汉当地手语与通用手语在一些词汇表达上有差别。由于本项目的主要受众为武汉市听障人士，为了避免"不理解""看不懂"等问题出现，本团队成员在前期做了充分准备工作，前往湖北省聋儿康复中心了解听障儿童的基本情况，拜访武汉市第二聋哑学校退休教师潘淑文，对普特融合、手语推广等问题有了一定的了解并汲取经验。本团队成员就特定词汇的手语表达进行学习，努力达到武汉本地手语表达与通用手语相融合的效果。

2. 直面问题，积极解决，保障视频质量

由于视频制作过程漫长且琐碎，为保证呈现效果，团队在实践前期就制定了一套拍摄脚本与视频文案，为实践期间有条不紊地拍摄奠定了基础。在实践过程中，本团队与深圳信息职业技术学院结下了不解之缘。为保障视频的质量，本团队成员就制作视频的难点与深圳信息职业技术学院的同学进行交流，在剪辑、配音等技术方面有了一定的突破。

3. 探索推广新渠道，力图实现全方位宣传

为达到宣传效果，本项目将进行"线上＋线下"双赛道推广。线上资源方面，依托学院与学校官方媒体平台与成员的个人社交媒体，让微团课视频能够在武汉范围内达到良好的宣传效果。从线下资源看，一方面对接湖北省聋儿康复中心等社会机构进行宣传，另一方面，志愿者团队将以微团课为主题在各大高校进行巡回宣讲。"公益与党史教育"的结合既是创新点也是本项目的宣传点，有利于提升社会关注度。

六、总结

为扎实开展"手语'讲'党史——寻访武汉红色景点，打造系列手语微团课"暑期社会实践项目，哲学院手语"讲"党史社会实践团队前往多地开展专题实践。毫无疑问这次社会实践让团队更加深入了解手语和听障群体，加强了与湖北省聋儿康复中心的联系，为社会实践项目的开展和后期合作奠定了扎实的基础。团队致力于更好地进行党史宣传教育，希望更多的群体可以接受新时代的新思想，更好地传承红色精神，并能结合实际投身社会建设，发挥自己应有的价值。本团队将持续推进实践调研项目，打造手语"讲"党史系列微团课，助力打通听障人群学党史的最后一公里，营造全社会学习党史的浓厚氛围。

参考文献

[1] 冯刚,黄玉新.高校党史学习教育走深走实路径探究[J].人民论坛,2022(14):85-87.

[2] 宋学勤,杨宗儒.中共党史党建学科与思想政治理论课建设关系刍议[J].思想理论教育导刊,2022(12):85-91.

[3] 王剑俊.百年党史融入高校育人全过程的意义、要求及路径探析[J].马克思主义理论学科研究,2022,8(5):97-103.

[4] 朱继东.学习研究中共党史的方法论——重读毛泽东同志《如何研究中共党史》的启示[J].人民论坛,2021(34):80-83.

[5] 陈道发.把党史学习落到实际行动上[J].求是,2021(18):77.

[6] 中共中央办公厅.关于在全社会开展党史、新中国史、改革开放史、社会主义发展史宣传教育的通知[J].公安教育,2021,317(6):1.

[7] 工业和信息化部.中国残联关于推进信息无障碍的指导意见[J].中华人民共和国国务院公报,2020,1718(35):52-55.

[8] 周林刚.激发权能理论：一个文献的综述[J].深圳大学学报(人文社会科学版),2005(6):45-50.

[9] 李晖.难以摆脱的"束缚":听障人士的传播交往及其媒介赋权研究[D].兰州:兰州大学,2022.

[10] 王蔚.听障者手机使用的数字鸿沟研究[J].东南传播,2017(1):48-51.

[11] 张海燕.听障学生阅读理解中插图效应的眼动研究[D].西安:陕西师范大学,2014.

[12] 李东锋,黄如民,郑权.面向听障儿童的无障碍移动学习资源设计研究[J].现代教育术,2013,23(9):104-109.

[13] 江小英,周静.中学聋生网络交往情况的调查与分析[J].中国特殊教育,2010(9):63-67.

[14] 曾丹英.近30年国外听障人士心理健康研究的可视化分析[J].现代特殊教育,2021,423(24):69-76.

[15] 李斌雄,余楚风.加强基层服务型党组织建设问题的理论探讨[J].学校党建与思想教育,2015(7):15.

[16] 梁妍慧.创建基层服务型党组织关键在于党组织自身转型升级[J].中国党政干部论坛,2014(5):65-66.

[17] 刘宗洪,朱佩明.基层服务型党组织的转型与发展:上海个案[J].重庆社会科学,2014(12):89.

[18] 黄修远.党建引领社会工作发展的实践研究[D].大庆:东北石油大学,2022.

[19] 陈敏伟.党建引领社区治理的实践路径研究[D].咸阳:西北农林科技大学,2022.

[20] 巢宗明.城市社区服务型党组织建设研究[D].武汉:华中科技大学,2019.

[21] 马丽莉.听障中职生运用国家通用手语问题分析及应对策略探究[J].文化创新比较研究,2023,7(14):151-156.

[22] 任天宇,姚登峰,仰国维,等.中国手语信息化的现状、瓶颈与实现路径[J].语言战略研究,2023,8(4):44-52.

"碳达峰"背景下武汉市新能源汽车消费者对充电桩满意程度的实证分析

经济学院 吴奕帆 张姚立 张俊豪 黄煜楷 李晖旸

摘 要 "碳达峰"政策背景下,充电桩的建设规模是新能源汽车发展的关键一环。消费者作为新能源汽车的最终使用者,对充电桩的满意程度将会极大影响新能源汽车的市场化拓展。因此,全面了解消费者的偏好和选择倾向具有重要意义。本文基于对武汉市新能源汽车消费者的调研,通过定量的方式研究影响消费者满意程度的因素。研究结果表明,年龄小、驾驶里程长、选择夜间充电、能接受排队充电的消费者容易对充电桩更满意。项目进一步分析得出消费者偏好使用私人充电桩且大多数人选择在居民区、办公区域和高速服务区使用。最后,根据分析内容,从充电桩的数量、质量、充电技术、充电价格、保障体系等方面提出几点建设性建议。

关键词 碳达峰 新能源汽车 充电桩 满意度 可持续发展

引 言

发展新能源汽车产业是实现"碳中和"目标的关键抓手。近年来,国家政策推动新能源汽车渗透率不断提高,在这种背景下存在充电桩相对匮乏的问题。广泛的充电基础设施是电动汽车大规模发展的关键环节,充电基础设施的缺乏是影响电动汽车市场扩展的重大挑战,也是消费者做出购买决策的最大障碍。同时,消费者对新能源汽车充电基础设施存在着较大需求。随着新能源汽车数量的增加,消费者也对充电设施的便利性和可用性提出了更高的要求。随着政府对充电基础设施的重视,武汉市充电桩的建设得到了大力支持,其在充电基础设施上的实践经验,为项目研究提供了良好的调研范本。

本社会实践项目以武汉市电动汽车消费者为调研对象,通过问卷发放的方式收集数据。为确保数据资料的可靠性,我们通过文献查找和初步调研设计了合理的调查因素,从消费者个人刻画以及影响消费者满意度的因素两方面进行问卷调查,通过线上线下相结合的方式进行发放,以便拓展调研覆盖面。数据收集完成后利用 Stata 软件进行描述性统计分析和有序 Logistic 回归分析(也称为有序 logit 模型),得到影响武汉市电动汽车消费者对充电桩满意度的有关结论。通过线上线下两种调研方式的结合,本小组归纳得出了可靠的结论,基于所得结论向政府和有关部门提供了可行的建设性建议。

当前关于消费者对充电基础设施偏好和感知的研究较少。本研究通过调查武汉市新能源汽车充电桩满意度，为充电基础设施提供新的理论基础，丰富该领域的研究。研究消费者对充电基础设施的需求和行为，可以揭示消费者决策和选择的动因，为消费者行为研究提供新视角。同时，评估消费者对充电基础设施的满意度，可为政策制定者提供参考，达到加强政策引导、合理布局充电基础设施的目标。在市场层面，本研究有助于完善产品服务，推进产业升级。在个人层面，本研究期待能够提升用户体验和满意度，为完善充电设施提出改进意见。在社会层面，本研究旨在推动可持续发展和碳减排。通过研究消费者满意度，优化充电基础设施布局，提高利用率和可用性，推广新能源汽车并减少传统燃油车使用，降低碳排放，促进可持续能源交通的发展。

一、文献综述

电动汽车的出现有助于减少空气污染，缓解温室效应，确保能源安全。如何实现电动汽车市场的大规模扩张，是学者们讨论的热点话题。建设充电基础设施是促进电动汽车发展的可行方案。

（一）充电基础设施与消费者购买倾向

大多数研究表明，充电基础设施的完善与消费者的购买倾向之间存在正相关关系。Andrenacci等（2016）认为电动汽车的早期拥有者可能会根据技术偏好和环保意识做出购买决策，但充电基础设施的完善对潜在购买者尤为重要。Junquera等（2016）研究表明，充电基础设施的发展是影响西班牙公众购买电动汽车意愿的关键因素。余哲等（2016）基于市场均衡理论发现，政府的激励政策和对充电基础设施的投资增加了充电站的密度，使得消费者更愿意购买电动汽车。林斌和吴伟（2018）认为充电基础设施的完善与消费者购买电动汽车意愿之间的关系尚不清楚，侯聪等（2013）也持类似的观点。直观上而言，广泛而完善的充电基础设施可以及时为车辆提供充电服务，保证驾驶者行驶更远的距离，缓解消费者对电动汽车续驶里程的担忧和焦虑。因此，投资充电基础设施需要成为未来说服消费者购买电动汽车的政策重点。

（二）消费者对充电基础设施的态度

充电基础设施对消费者至关重要。张立辉等（2018）通过分析充电基础设施发展中的障碍和机遇，认为需要更多的研究来调查消费者心理的影响。孙立山等（2017）对电动汽车司机的调查显示，80%的受访者通常在公共充电站充电，而停车场是最受欢迎的充电场所。公共充电基础设施在城际出行、应急快速充电、为无法在家中安装充电桩的电动汽车车主服务等方面具有优势。此外，公共充电基础设施可以帮助电动汽车用户克服长途出行的担忧。张立辉等（2020）对公共充电基础设施进行了多准则评价，认为其可持续发展价值往往被低估。

就私人充电基础设施而言，现有研究表明，如果条件允许，大多数电动汽车车主更愿意在家中充电。私人充电设施位于居民区，因此充电和停车费用低于公共充电站。更重要的是，私人充电设施离家近，这是大多数电动汽车车主的首选。Dunckley和Tal（2016）利用美国的调查数据发现，大多数电动汽车车主更倾向于在家中充电。从长远来看，私人充电基础设施的普及可能成为影响消费者购买电动汽车意愿的重要因素。居住在已经安装了私人充电设施的社区的人购买电动汽车的可能性比依赖公共充电基础设施的人高50%。

(三)影响消费者充电选择的因素

影响消费者充电选择的因素众多。Hardman等(2018)对消费者选择公共/私人充电基础设施的偏好进行了详细的文献综述。他发现,驾驶体验及充电时间、地点和价格会显著影响消费者的充电选择。在现实生活中,不同体验的驾驶者会表现出不同的充电需求和首选地点。年轻司机的充电行为往往容易受到里程焦虑的影响。在充电时间方面,消费者一般希望在非高峰时段充电。因此,大多数电动汽车在晚上9点到早上6点之间充电。此外,Philipsen等(2016)指出,司机无法接受公共充电的漫长等待时间,希望尽快充电。关于充电地点,孙立山等(2017)对电动汽车用户进行了微观调查,发现近一半的受访者愿意在5分钟车程内寻找公共充电桩或充电站。

二、调研方法——实证分析法

本次社会实践从自变量和因变量的设定及赋值、模型建构、参数估计到最后的假设检验都经过了深度研究分析和审慎思考,最终的定量方法如下。我们选择在Stata统计分析软件上完成了以下各步骤。

1. 因变量设定及赋值

为了研究武汉市新能源汽车消费者对现有充电设施的满意程度,我们将因变量设置为有序的类别变量,分别是非常不满意、不满意、不确定、满意和非常满意,我们将其分别赋值为1~5。

2. 自变量设定及赋值(见表1)

表1 自变量设定及赋值表

类别	对应问题	变量	赋值
消费者个人刻画	Q1-2	性别(x_1)	男=1;女=0
	Q1-3	年龄(x_2)	18~30岁=1;31~40岁=2;41~50岁=3;51~60岁=4;60岁以上=5
	Q1-4	受教育程度(x_3)	专科学历及以下=1;本科学历=2;研究生学历=3;博士学历及以上=4
	Q1-5	收入水平(x_4)	5万元及以下=1;5万元~10万元=2;10万元~15万元=3;15万元及以上=4

续表

类别	对应问题	变量	赋值
影响消费者满意度的因素	Q2-1	驾驶里程(x_5)	从未驾驶过电动车=1；1万千米及以下=2；1万~1.5万千米=3；1.5万~2万千米=4；2万~2.5万千米=5；2.5万~3万千米=6；3万~3.5万千米=7；3.5万千米以上=8
	Q2-2	充电时间偏好(x_6)	日间=0；夜间=1
	Q2-3	可接受充电时间(x_8)	1小时及以下=1；1~2小时=2；2~3小时=3；3小时及以上=4
	Q2-4	排队等候态度(x_7)	完全不可接受=1，偶尔可接受=2；不确定=3；偶尔不可接受=4；完全可接受=5
	Q2-5	价格上涨敏感度(x_9)	0.1元/小时及以下=1；(0.1~0.2)元/小时=2；(0.2~0.3)元/小时=3；(0.3~0.4)元/小时=4；0.4元/小时及以上=5
	Q2-6	充电设施的距离(x_{10})	1千米及以下=1；1~2千米=2；2~3千米=3；3千米及以上=4
	Q2-7	充电设施类别偏好(x_{12})	私人充电基础设施=0；公共充电基础设施=1
	Q2-12	消费者购买认知(x_{11})	不影响=0；影响=1

3. 模型建构

根据因变量与自变量的性质及关系，结合研究目标设定潜在变量模型为

$$y^* = x'\beta + \varepsilon \tag{1}$$

其中：y^* 为因变量 y 所对应的潜在变量；$x' = (x_1, x_2, x_3, \cdots, x_{12})^T$，$\varepsilon$ 为误差项。

我们设定以下选择规则：

$$y = \begin{cases} 0, y^* \leqslant r_0 \\ 1, r_0 < y^* \leqslant r_1 \\ 2, r_1 < y^* \leqslant r_2 \\ \vdots \\ N, r_{N-1} \leqslant y^* \end{cases} \tag{2}$$

其中，$r_1 < r_2 < r_3 < \cdots < r_{N-1}$，且 $r_1, r_2, r_3, \cdots, r_{N-1}$ 均为待估参数。

假设 ε 服从 Logistic 分布，分布函数为 $\varphi(x) = \dfrac{1}{1+e^{-x}}$，我们能得到 y 的概率公式：

$$P(y=0 \mid x) = P(y^* \leqslant r_0 \mid x) = P(x'\beta + \varepsilon \leqslant r_0 \mid x)$$

$$= P(\varepsilon \leqslant r_0 - x'\beta \mid x) = \phi(r_0 - x'\beta)$$
$$P(y = 1 \mid x) = P(r_0 < y^* \leqslant r_1 \mid x) = P(y^* \leqslant r_1 \mid x) - P(y^* < r_0 \mid x)$$
$$= \phi(r_1 - x'\beta) - \phi(r_0 - x'\beta)$$
$$P(y = 2 \mid x) = \phi(r_2 - x'\beta) - \phi(r_1 - x'\beta)$$
$$\vdots$$
$$P(y = J \mid x) = 1 - \phi(r_{J-1} - x'\beta) \tag{3}$$

4. 参数估计

参数的估计采用极大似然估计法,故构造极大似然函数得
$$L = [P(y=0 \mid x)^{n_0}][P(y=1 \mid x)^{n_1}][P(y=2 \mid x)^{n_2}]\cdots[P(y=M \mid x)^{n_M}]$$
取对数得
$$\ln L = n_0 \ln[\phi(r_0 - x'\beta)] + n_1 \ln[\phi(r_1 - x'\beta) - \phi(r_0 - x'\beta)]$$
$$+ \cdots + n_M \ln[1 - \phi(r_{M-1} - x'\beta)] \tag{4}$$

其中:$n_0, n_1, n_2, \cdots, n_M$ 为每个类别或区间内的个体数。

5. 假设检验

(1)检验模型。

我们采用似然比 G 检验法检验建立的 Logistic 回归模型是否成立。似然比 G 检验法可以检验全部自变量对因变量的联合作用,其检验统计量为
$$G = -2\lg L = -2\sum w \lg \hat{P}_i$$

其中:w 是样本的权重,$\hat{P}_i$ 是样本的第 i 个预期概率。

(2)检验模型参数。

模型偏回归系数的假设检验为
$$H_0: \beta_j = 0, H_1: \beta_j \neq 0 (j = 1, 2, \cdots, m)$$

检验统计量为 Wald χ^2 统计量,其计算公式为
$$\chi^2 = (\beta_j / S_{\beta_j})^2$$

当在 α 水准上拒绝 H_0 时,认为 x_j 对 $y=1$ 的概率 P 的影响有统计学意义。

三、调查结果与发现

(一) 消费者对充电桩的满意度分析

本项目采用有序 Logit 模型探究不同影响因素对于消费者对充电桩满意程度的影响(见表2)。被调查者的人口学特征被纳入模型(3),为了证明结果的可靠性,在模型(4)中去除了人口学特征。此外,在模型(1)和模型(2)中进行了有序 Probit 回归。通过比较不同模型的结果,发现核心系数的符号和显著性没有实质性变化,因此,后续的分析将以模型(3)的结果为基础。

在态度因素当中,驾驶里程的回归系数为 0.198,表明驾驶里程对消费者的满意度有显著性的正向影响。

充电时间的偏好的回归系数为 0.928,表明充电时间的偏好对消费者的满意度存在显著性的正向影响。

消费者的排队等候态度在1%的显著性水平下表现出显著性的正向影响。根据回归结果显示，不愿等待充电的司机更容易持不满意的态度，这与现实生活中的情况相符合。

可接受充电时间在5%的显著性水平下表现出显著性的正向影响，消费者更加偏好选择充电时间较短的快速充电，消费者的满意度随着充电时间的缩短而逐渐提升。

消费者对价格上涨的敏感系数为-0.489，表明价格上涨具有显著性的负向影响。消费者的满意度随充电价格的上涨而降低。如果政府适当降低充电价格，能够刺激电动汽车拥有者消费，消费者的积极性会有所提高，进而推动市场规模扩大。

表2 有序 Logit/Probit 模型的结果

变量(variable)	有序 Probit 模型 (ordered Probit model)		有序 Logit 模型 (ordered Logit model)	
	(1)	(2)	(3)	(4)
x_1（性别）	-0.016 (-0.12)		0.008 (0.03)	
x_2（年龄）	-0.207^{***} (-2.84)		-0.376^{***} (-2.82)	
x_3（受教育程度）	0.184 (1.42)		0.276 (1.18)	
x_4（收入水平）	0.059 (0.79)		0.107 (0.82)	
x_5（驾驶里程）	0.124^{***} (3.50)	0.122^{***} (3.54)	0.198^{***} (2.98)	0.188^{***} (2.97)
x_6（充电时间偏好）	0.504^{***} (2.86)	0.537^{***} (3.15)	0.928^{***} (2.97)	0.979^{***} (3.28)
x_7（排队等候态度）	0.218^{***} (3.36)	0.240^{***} (3.73)	0.427^{***} (3.71)	0.465^{***} (4.12)
x_8（可接受充电时间）	0.187^{**} (2.43)	0.227^{***} (2.98)	0.327^{**} (2.33)	0.397^{***} (2.82)
x_9（价格上涨敏感度）	-0.262^{***} (-4.91)	-0.241^{***} (-4.67)	-0.489^{***} (-5.10)	-0.447^{***} (-4.76)
x_{10}（充电设施的距离）	0.337^{***} (3.24)	0.352^{***} (3.21)	0.633^{***} (3.32)	0.671^{***} (3.51)
x_{11}（消费者购买认知）	-0.540^{***} (-3.03)	-0.407^{**} (-2.23)	-0.939^{***} (-2.97)	-0.768^{**} (-2.39)
Observations（样本量/观测量）	298	298	298	298
Pseudo R^2（伪 R^2）	0.1477	0.1297	0.1485	0.1316

注：标准误报告在数值下方的括号中，*** $p<0.01$，** $p<0.05$，* $p<0.1$。

（二）边际效应分析

上述内容分析了各个因素总体上对于消费者满意度的影响，为了进一步探究某个自变量从一个类别变为另一个类别时消费者评价的改变，本小组绘制出了各态度变量的边际效应(见表3)。

"Pr(SLCI=1)"这一行中驾驶里程x_5对应值为-0.012,说明同驾驶里程短的人相比,驾驶电动汽车频率高的消费者给予非常不满意评价的可能性要低1.2%。Pr(SLCI=4)、Pr(SLCI=5)这两行中驾驶里程的对应系数表示同驾驶里程短的消费者相比,驾驶里程更长的驾驶员对于充电桩给予满意和非常满意评价的概率分别增加2.8%、0.8%。

从"Pr(SLCI=4)"这一行开始,价格上涨敏感度的对应值由负变为正,说明对价格上涨敏感的消费者同不太在意价格上涨的消费者相比更加容易对充电桩做出不满意的评价。同理,认为充电桩的整体状况会影响购买意愿的消费者更加容易做出不满意的评价。

表3 态度变量的边际效应

变量	x_5	x_6	x_7	x_8	x_9	x_{10}	x_{11}
Pr(SLCI=1)	-0.012***	-0.050***	-0.021***	-0.018**	0.026***	-0.033***	0.053***
	(0.004)	(0.019)	(0.007)	(0.008)	(0.006)	(0.011)	(0.020)
Pr(SLCI=2)	-0.023***	-0.091***	-0.039***	-0.034***	0.047***	-0.061***	0.098***
	(0.006)	(0.032)	(0.012)	(0.014)	(0.010)	(0.019)	(0.033)
Pr(SLCI=3)	-0.001	-0.003	-0.001	-0.001	0.002	-0.002	0.003
	(0.002)	(0.008)	(0.003)	(0.003)	(0.004)	(0.005)	(0.008)
Pr(SLCI=4)	0.028***	0.113***	0.049***	0.042**	-0.059***	0.076***	-0.121***
	(0.008)	(0.039)	(0.014)	(0.017)	(0.011)	(0.023)	(0.040)
Pr(SLCI=5)	0.008***	0.031**	0.013***	0.011**	-0.016***	0.021***	-0.033***
	(0.003)	(0.013)	(0.005)	(0.005)	(0.005)	(0.007)	(0.013)
样本量	298	298	298	298	298	298	298

注:标准误报告在数值下方的括号中,*** $p<0.01$,** $p<0.05$,* $p<0.1$。

(三)消费者的偏好分析

1. 消费者对充电桩种类的偏好

从图1可以发现有65.77%的受访者认为私人充电桩的费用要低于公共充电桩,其中认为应该明显低于公共充电桩的充电费用的人数占比最大,为33.56%。这可能是由于产权意识和对充电价格的敏感性,人们不会为使用自己的东西支付更高的费用,如果公共充电服务更便宜,这将被视为一种间接的"搭便车"行为。政府可以为私人充电桩的建设提供适当的补贴,来推动私人充电设施的建设和使用。

2. 消费者对充电桩布局的偏好

充电桩的布局与人们在日常生活中对电动汽车的使用频率息息相关,为了探究人们对于充电桩布局的偏好,我们在问卷中设置了对应问题,统计结果见图2。选择在居民区安装充电桩的人数达到85%,占比最大。这可能是因为人们偏好使用私人充电桩以及在家中停留的时间最久。选择高速服务区、办公区充电的人数占比分别排在第二、第三位,长途出行时能够及时充电是司机必不可少的需求,能够减少路途中耗费的时间;人们在上班时给汽车

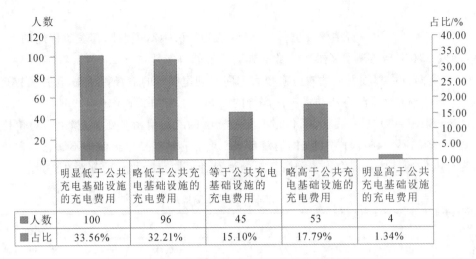

图1 消费者能够接受的私人充电桩的费用

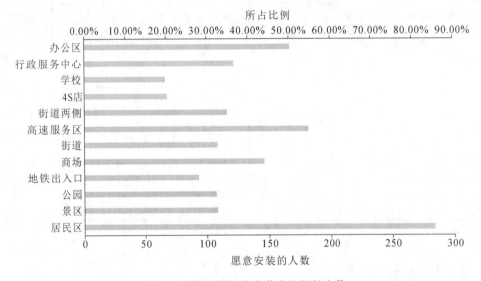

图2 愿意在不同地点安装充电桩的人数

充电能够充分利用工作时间,方便下班后出行。选择人数占比最少的是在学校和4S店充电,人们往往在这两个地方停留的时间较短,充电需求小。政府有关部门可以加强在居民区、高速服务区以及办公区等人口密集、充电需求大的场所建设充电桩等基础设施,以此来推动电动汽车的普及。

四、解决优化方案与政策建议

政府在进行充电桩建设规划的时候,不仅要考虑建设成本与技术条件的因素,更要考虑消费者的偏好,以获得更大的社会效益与经济效益。本研究通过对武汉市消费者的调查与分析得出一系列结论,并据此提出有效的政策建议。

1. 增加公共充电桩的数量,提高公共充电桩的质量

新能源汽车驾驶者的驾驶距离与其对新能源汽车的充电桩满意程度成正比,而且消费

者的驾驶距离随着时间增加,因此,政府应考虑新能源汽车充电桩的试点计划,增加新能源汽车充电桩的建设密度,保证消费者在驾驶过程中的充电行为能够得到充分的保障,能够增加消费者使用新能源车出行的意愿。

2. 优先普及快速充电站,大力发展快充技术

普及快速充电站能够有效缓解排队紧张的问题,能有效降低充电时间至 2 小时甚至 1 小时以下,提高充电桩的使用效率。同时,政府也应当对快充技术发展提供支持,进一步缩短快充时间。当新能源汽车的充电时间接近燃料汽车加油的时间时,其满意度、普及率将会得到较大的提升。

3. 厘清各方利益与责任,建立多元合作保障体系

厘清各方利益与责任是充电基础设施普及的关键。我们通过问卷的形式调查了在物业公司和电力运营商支持的情况下新能源汽车消费者安装私人充电桩的意愿(见图3)。

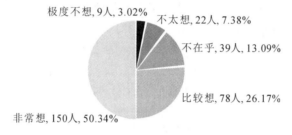

图 3 获得支持的情况下,消费者安装私人充电桩的意愿

调查结果显示,有超过半数的人非常想安装私人充电桩,有 26.17% 的人比较想安装充电桩,两者总和超过 75%,说明绝大多数人在物业公司和电力运营商的支持下是想安装私人充电桩的。私人充电桩属于私人品,使用起来比较便捷,不受约束与限制,能够极大地为新能源汽车消费者带来便利,从而提高消费者对充电桩建设的满意程度。

4. 优化充电桩基础配套设施,打造"一站式"综合服务体系

在走访调查中,我们发现武汉市不少新能源汽车司机都希望在充电时能获得优质的配套服务。对此,我们也对城市的充电站进行了调查,在我们走访的 15 家充电站中,有 11 家没有与其直接关联的配套设施,有 8 家在其 500 米范围内有卫生间。在有相关配套设施的充电桩中,我们发现部分充电站的基础设施较为简陋。部分洗手间用临时集装箱搭建,其卫生状况堪忧;此外,部分充电站附近的餐厅存在价格较高且口味不佳的情况。以上情况均会导致充电站无法给消费者带来优质的服务,从而降低消费者的消费需求。因此,打造"一站式"优质综合服务体系成为必要。

参考文献

[1] CHEN Y, LIN B. Are consumers in China's major cities happy with charging infrastructure for electric vehicles? [J]. Applied Energy, 2022, 327:120082.

[2] ANDRENACCI N, RAGONA R, VALENTI G. A demand-side approach to the optimal deployment of electric vehicle charging stations in metropolitan areas[J]. Applied Energy, 2016, 182:39-46.

[3] JUNQUERA B, MORENO B, ALVAREZ R. Analyzing consumer attitudes towards electric vehicle purchasing intentions in Spain: technological limitations and vehicle confidence[J]. Technological Forecasting Social Change, 2016, 109: 6-14.

[4] 余哲, 李善军, 郎彤. 电动汽车扩散的市场动态与间接网络效应[J]. 交通研究D部分: 交通与环境, 2016, 47: 336-356.

[5] 林斌, 吴伟. 人们为什么想要购买电动汽车: 中国一线城市的实证研究[J]. 能源政策, 2018, 112: 233-241.

[6] HOU C, WANG H W, OUYANG M G. Survey of daily vehicle travel distance and impact factors in Beijing[J]. IFAC Proceedings Volumes, 2013, 46(21): 35-40.

[7] FRANKE T, KREMS J F. Understanding charging behaviour of electric vehicle users[J]. Transport Research Part F: Traffic Psychology Behaviour, 2013, 21: 75-89.

[8] 张立辉, 赵振丽, 何鑫, 等. 中国电动汽车充电基础设施公私合作项目的充电定价模型: 系统动力学分析[J]. 清洁生产, 2018, 199: 321-333.

[9] 孙立山, 黄雨辰, 刘淑丽, 等. 北京地区电动汽车可行性与适应性的综合调查研究[J]. 应用能源, 2017, 187: 128-139.

[10] 张立辉, 赵振丽, 杨萌, 等. 公共收费服务质量绩效评价的多准则决策方法[J]. 能源, 2020: 116958.

[11] DUNCKLEY J, TAL G. Plug-in electric vehicle multi-state market and charging survey[J]. EVS29, 2016: 1-12.

[12] HARDMAN S, JENN A, TAL G, et al. A review of consumer preferences of and interactions with electric vehicle charging infrastructure[J]. Transport Research Part D: Transport Environment, 2018, 62: 508-523.

[13] PHILIPSEN R, SCHMIDT T, VAN HEEK J, et al. Fast-charging station here, please! User criteria for electric vehicle fast-charging locations[J]. Transport Research Part F: Traffic Psychology Behaviour, 2016, 40: 119-129.

[14] 于海波. 基于仪表化车辆数据的小电池插电式混合动力汽车驾驶员充电选择建模[J]. 交通研究日志, 2016, 2572(1): 56-65.

[15] 孙晓辉, 山本敏之, 森川孝之. 纯电动汽车用户快速充电站选择行为研究[J]. 交通研究D部分: 交通与环境, 2016, 46: 26-39.

[16] 廖文蓉. 武汉市电动汽车充电站的区域调查与分析[J]. 科技资讯, 2018, 16(35): 47-49.

[17] 郭晖. 武汉市电动汽车充电桩建设现状研究[J]. 科技资讯, 2018, 16(1): 85-86.

不忘总书记牵挂,聚焦移民搬迁新村后的现状及发展

经济学院　秦怡　张盈菲　牟南君　张至柔　薛子寒

摘　要　在我国完成脱贫攻坚、深化乡村振兴的背景下,我们循着习近平总书记山西乡村考察足迹,来到山西宋家沟新村——一个从贫困山村变成国家 3A 景区的易地移民搬迁扶贫新村。我们聚焦于宋家沟新村发生的巨大变化以及未来的发展道路,旨在总结该村取得脱贫成果的原因以及仍然存在的问题,从而推动新村经济、环境等的进一步发展。

通过实地考察、访谈、问卷调查、数据分析等调研方法,我们总结新村发生巨大变化的原因在于广大干部群众牢记主席嘱托,坚持乡村建设,把产业就业作为乡村发展的根本出路,以产业带动就业,重视乡村治理,从而实现新环境、新产业、新乡风;我们意识到目前新村还存在数字经济发展受限、缺乏年轻劳动力、教育资源不足等问题,并在这些问题的解决方法上提出了建议。

关键词　易地搬迁　脱贫攻坚　乡村振兴　产业就业　数字经济

一、引言

(一)选题背景

实现中华民族的伟大复兴离不开乡村振兴。长期以来,中国城乡发展不平衡问题一直存在。城市地区相对较发达,而农村地区经济相对滞后,农民收入水平低,社会服务设施相对不足。这种不平衡影响着人们的生活质量和社会稳定。因此,中国政府一直将缩小城乡差距、促进乡村振兴作为工作重点之一。

改革开放初期,国家集中力量进行农村改革试点,如家庭联产承包责任制,推动农村经济体制改革。1990 年至 2000 年,中国提出扶贫政策,强化脱贫攻坚,着力改善农村基础设施与农民生活。随后,2010 年至 2016 年,习近平总书记倡导全面建设社会主义现代化国家,并提出"乡村振兴"理念,强调实现"产业兴旺、生态宜居、乡风文明、治理有效、生活富裕"的目标。2017 年,乡村振兴战略正式确立,融入国家战略,强调全面推进农村改革,加强基础设施建设、农业现代化、乡村产业升级、生态环境保护以及文化传承创新。这一过程中,脱贫攻坚始终是乡村振兴战略的重要组成部分,通过产业扶贫、易地搬迁等手段,实现贫困地区的脱贫目标。截至 2020 年底,中国已经成功实现了全面消除绝对贫困的目标,为乡村振兴战

略的全面落实提供了坚实基础。

2017年,习近平总书记提出了乡村振兴战略,将农村发展置于国家发展全局的重要位置并明确提出要在2020年全面消除绝对贫困。而山西作为一个相对贫困的省份,需要加大扶贫工作的力度。为了进一步推动基层党组织在脱贫攻坚中的作用,确保贫困地区的脱贫任务得到切实履行,习近平总书记在2017年来到山西乡村进行扶贫工作的考察。

在2017年6月21日,习近平总书记来到岢岚县宋家沟村考察,发出了"请乡亲们同党中央一起,撸起袖子加油干"的号召。于是,宋家沟广大干部群众牢记习近平总书记嘱托,积极落实易地搬迁扶贫政策,承接安置了周边145户群众,不仅成功地完成了脱贫的目标,而且不断奋进,先后荣获了全国3A景区、乡村旅游重点村等8项国家级荣誉称号。人均可支配收入从2017年底的6391元提升至2021年底的13840元,实现了总书记视察时祝愿的"芝麻开花节节高"。

(二)研究目标

(1)总结成功经验:我们希望通过实地考察、访谈、问卷调查、数据分析等调研方法总结宋家沟村取得如此发展成就的原因,挖掘乡村振兴的成功路径和创新模式,包括农村产业发展、基础设施建设、农村文化传承等方面的实例,为其他地区提供可借鉴的经验。

(2)推动未来发展:不忘习近平总书记对村民和乡村发展的牵挂,深入了解新村2020年后的发展状况以及乡村振兴战略的实施情况,在研究中识别出存在的问题和不足,针对性地提出相关政策建议和改进措施,以推动乡村振兴战略的更好实施,促进农村全面发展。

(三)研究内容

(1)乡村振兴战略实施情况及乡村现状分析:了解并分析乡村振兴战略实施情况及乡村现状,包括乡村人口构成、就业、收入、政策推进等方面,了解新村在乡村振兴方面取得的成就和遇到的挑战。

(2)乡村产业发展研究:调查新村的乡村产业发展模式,分析农村产业升级、农产品加工、农村电商、旅游业等方面的创新经验,探讨如何实现乡村经济多元化和产业发展的路径。

(3)乡村生态环境保护与绿色发展研究:探讨新村生态环境的保护和治理,研究推动绿色农业、生态农业发展的经验,实现新村的可持续发展。

(4)乡村基础设施建设和改善研究:研究乡村基础设施建设,包括道路、水电、通信等方面的改善,探讨如何提升乡村生活品质,增强乡村可持续发展能力。

(5)政策建议和改进措施研究:根据研究结果,提出相关政策建议和改进措施,包括巩固脱贫攻坚成功和深化乡村振兴战略的建议,为乡村发展提供更科学的指导。

(四)研究思路

(1)明确研究目的和问题:确定乡村调研的目标,明确需要回答的问题,以指导整个调研过程。

(2)制定调研计划:安排调研的时间、地点和方式,确定需要调研的对象和方法。

(3)数据收集和整理:使用合适的方法收集数据,并进行整理和归纳,包括采访记录、问卷结果、统计数据等。

（4）数据分析和解读：对收集到的数据进行分析，使用合适的统计方法和软件工具进行数据解读和呈现。

（5）结果总结和报告：根据调研结果，撰写调研报告，总结主要发现和结论，并提出相关建议。

（五）研究价值

（1）政策制定和实施指导：通过深入研究乡村振兴实践，可以获得丰富的实证数据和经验教训，为政府制定和调整乡村振兴政策提供科学依据，指导政策的实施和优化。

（2）推动乡村振兴战略：社会实践活动的研究可以挖掘和总结乡村振兴的成功经验，为其他地区提供借鉴和参考，促进乡村振兴战略在更广泛范围内的推动和落实。

（3）解决实际问题和挑战：通过深入调研和研究，可以发现乡村振兴实践中的问题和挑战，为解决实际困难提供有针对性的解决方案，提升乡村地区的发展质量。

（4）促进乡村产业升级：该研究可以探讨不同地区的乡村产业发展路径和模式，促进乡村产业升级，推动乡村经济的多元化发展。

二、调研方法

（1）文献综述与前期调研：了解宋家沟新村乡村振兴的背景、历史演变、政策导向等，通过查阅相关文献、报告和新闻，建立对宋家沟新村乡村振兴问题的初步认识。

（2）问卷调查（定量）：设计一份涵盖乡村振兴关键问题的问卷，包括村民的生计情况、产业发展、就业等方面。通过随机抽样，在新村进行问卷调查，获取大量数据，以便进行定量分析。

（3）深度访谈（定性）：选择乡村的代表性人物，如村书记，开展深度访谈。通过开放性问题，探讨他对宋家沟新村乡村振兴的看法、体验、希望等，以获取更丰富的定性数据。

（4）田野观察与产业观察：实地走访乡村，观察当地的实际情况，包括土地利用情况、产业发展现状、基础设施状况等。

（5）数据分析与模型构建：将收集到的定量数据进行统计分析，如频数分布、相关性分析等，以获得对乡村振兴问题的客观量化认知。同时，将深度访谈和田野观察的定性数据进行内容分析，寻找其中的主题、模式和趋势。

（6）SWOT分析：结合定量和定性数据，进行乡村振兴的SWOT（优势、劣势、机会、威胁）分析，以评估宋家沟新村乡村振兴的内部优势和劣势，以及外部机会和威胁。

三、实践开展情况

（一）调研对象

（1）新村社区和村庄：了解农村社区的基本情况，包括人口、经济、社会组织等。

（2）村委和村民：了解村民的生活状况、经济来源、农业生产方式、社会保障等。

（3）乡村产业和农产品：分析乡村的产业结构、农产品市场、农产品加工等。

（4）乡村环境和生态：调查乡村地区的生态环境、资源利用、环境保护等情况。

(二)调研日志(见表1)

表1 社会实践调研日志

时间	内容	相关照片
2023年8月7日	1.通过查阅相关文献、报告和新闻,建立对宋家沟新村乡村振兴的初步认识; 2.组内成员讨论如何根据需求设置科学有用的问卷,大量查阅资料后,确定问卷内容; 3.联系访谈对象——村书记游存明,并且准备访谈内容; 4.参观新村新面貌,感受新村六年来发生的巨大变化	宋家沟新村景象
2023年8月8日	1.在村民的生计情况、产业发展、就业等方面对村书记游存明进行采访; 2.实地走访新村的农田、采摘大棚、客栈、沙棘研究所,考察当地的农业、旅游业等产业	采访游书记
2023年8月9日	1.通过随机抽样,在新村进行问卷调查; 2.去宋家沟小学、三棵树广场做思政讲座,扩大社会实践影响力	发放调查问卷
2023年8月10日	1.走访调查数字经济在新村的发展; 2.将收集到的定量数据进行统计分析,评估宋家沟新村乡村振兴的内部优势和劣势,以及未来发展道路	考察数字经济

四、调研结果分析

(一)问题分析

根据实地考察、采访、问卷数据分析等主要总结了以下四点问题:

(1) 缺少建设用地指标:正如游书记提到的,村子因缺少建设用地指标,无法规划旅游设施和农牧业设施建设项目,导致旅游产业和大棚产业发展受限。

(2) 产业发展失衡:城市的各种发展资源、条件更有利于产业结构的协调以及变革,其产业多样性也不断提高。而乡村受制于地理位置、发展资源等各种因素,协调产业结构实现产业振兴尤为困难,制约了乡村发展。

(3) 人口流失使得乡村振兴发展动力不足:大量人口的流失导致村子发展乏力,而下一代纷纷外出读书就业也使村子发展后继无人,并且年轻人的返乡创业意愿不高,使得村子发展缺乏活力。

(4) 灵活就业群众就业不够稳定:村里的旅游旺季主要集中在六七月,在其他月份尤其是冬季会出现资源闲置,部分以旅游业为生的人会没有收入。

(二)原因分析

对上述四点问题分别进行了原因分析,结论如下。

(1) 村子里存在耕地保护任务重、占补平衡指标落实难、征地拆迁难等现实条件,并且搬迁村群众搬走后,出现了土地和林地等资源撂荒和闲置的问题,资源利用率和经济效益相对较低,再加上部分退耕还林政策到期的情况,拆迁村闲置的土地和林地资源不能为村集体和群众带来收入。

(2) 村子产业发展失衡的原因复杂。首先,资源配置不均,城市吸引了大量资金和人才,导致村子的资本和劳动力短缺。其次,乡村基础设施滞后,制约了农村产业升级和现代化发展。最后,村子教育和技能培训不足,限制了村民的创新和就业机会。

(3) 人口流失的原因主要在于村子缺乏长期稳定且薪资不错的就业机会,其次村里目前只有小学,孩子升学需要搬到城里,并且,村里的医疗等基础设施条件相对较差。

(4) 村里6月份旅游季时活动较多,比较热闹。并且此时村里风景秀丽,温度宜人,许多当地特色水果成熟。人们可以来这里避暑、感受当地的风土人情、参观习总书记曾到过的地方、到采摘园里亲自采摘并品尝应季水果……而其他月份村里相对冷清,尤其是冬天,村里因天气寒冷而缺乏活力。

五、解决优化方案

(一)解决对策

(1) 土地利用:对于废弃的农田或者荒地,可以进行土地整治和复垦,将其重新变为可用的建设用地。这需要政府的支持和投资,制定合理的土地利用规划,确保土地资源的合理配置,避免浪费;要优先考虑集约型建设,例如多层次、高密度的建筑,以减少用地需求,鼓励农村土地的流转,使得不必要的散地利用得以整合;政府可以提供土地流转的政策支持,确保流转过程公平合法,村民能够获得合理的土地补偿。

(2) 产业发展:鼓励村民种植多种不同的作物,发展多元化的农业生产,包括粮食、蔬菜、水果、畜禽养殖等,以降低单一农产品价格波动对经济的冲击;挖掘乡村的特色资源和文化,发展特色农产品和手工艺品,吸引游客和市场,创造农村特色品牌,提高附加值;提供农村技术培训,帮助农民掌握现代农业技术,提高农业生产效益;改善农村基础设施,包括道路、水源、电力等,降低农村地区发展产业的成本和障碍。

(3) 人才返乡:要加强党对人才的引领,鼓励当代年轻人树立正确的择业就业观念。发挥中国共产党党员的模范带头作用,鼓励年轻党员回村就业创业,建设家乡,并给予人才足够的补贴和优待;不断加强思想政治教育工作,鼓励年轻人脚踏实地、志存高远,用学到的知识建设家乡,在基层贡献力量;通过对第一、二、三产业的协调,为年轻人提供更多的就业选择。同时也要加强对返乡人才的引导、培训工作,使之将学到的知识与实际问题结合起来,学有所用。

(4) 助力灵活就业:不仅仅依赖于每年6月的旅游季,而是将吸引游客的活动扩展到其他月份。例如,举办春季花卉节、秋季丰收节、冬季冰雪嘉年华等各种季节性活动,吸引游客;进行全年的宣传和市场推广,包括社交媒体、旅游网站、旅游展会等渠道,提高村庄的知名度,吸引游客;提高村庄的基础设施水平,包括交通、住宿、餐饮、卫生水平等,以提供更好的游客体验;与周边村庄、景区、旅游业者合作,形成旅游联盟,共同推广整个地区的旅游资源;提供农村居民职业技能培训和职业教育机会,帮助他们获得更多的技能和知识,增加就业机会。这可以包括农业技术、手工艺品制作、旅游服务等领域的培训。

(二) 优化路径

(1) 打造区域特色文化标签,加快推进文旅深度融合:一个地区要想永葆生命力就需要拥有独树一帜的特色文化标签,需要不断地激活、提炼和整合优秀文化资源特质;树立"以文促旅,以旅兴文"理念,注入乡村振兴新活力;充分整合和挖掘当地优势资源,打造"绿色生态"之旅,满足游客游览风景名胜、学习红色历史、品尝特色饮食、采摘新鲜果蔬等多样化需求,形成集生态游、红色游、农家游于一体的乡村文化产业。

(2) 推动农产品优化升级,加强基本要素供给:农业是乡村产业的核心,要以不断满足人民群众对高质量农产品的需求为目标进行农业产业内外优化升级;加快农业配套设施升级,重视当地交通、信息化等建设;积极推动外向型经济发展。在农业现代化发展过程中,各地区不仅要重视国内市场,还要积极探索海外市场。

(3) 三产深度融合,促进乡村产业振兴:农村地区要积极引导农业经营主体不断提升,培育新型农业经营主体,推动农业生产机械化和规模化,提高农业生产水平。另外,加快农业股份制改造,积极引进社会资本,农民可凭借自有土地参股,推动农业与其他产业深度融合;努力打造乡村产业融合发展新模式。政府可提供相关政策支持,促进新型特色农业发展。农村地区应不断提高农业发展的智能化水平,建立更多的信息服务平台,提高农业发展的精准精细化水平,在新兴业态基础上打造三产高效融合发展的新局面。

六、结语

通过本次调研我们完成了预设的研究目标,意识到宋家沟村取得如此巨大发展成就的原因在于党的重视并给予正确的政策引导,以及村里广大干部在乡村建设方面的努力:积极探索旅游业、农业等产业振兴,并用产业带动就业,促进村里的经济发展;发现村里还存在建设用地不足、人口流失等问题,并在这些问题上积极探索解决方案,为宋家沟村未来的发展献计献策。同时,本次社会实践让我们深刻意识到了乡村振兴战略的重大意义,它切切实实地改善了村民的生活水平,促进了农村的经济增长,缩小了城乡差距,维护了社会稳定,使得村民安居乐业,过上了越来越幸福的日子。让我们感悟到身为青年应该努力提升自己,跟随党的脚步,争取早日接过时代的接力棒,为乡村振兴、民族复兴奉献自己的力量!

参考文献

[1] 何鸭.共同富裕视域下山西省乡村振兴的问题与应对[J].市场周刊,2023,36(8):52-55.

[2] 周荣.对山西实现共同富裕道路的探索[J].中共山西省委党校学报,2005(3):62-64.

[3] 郭子涵.论文化建设如何助力乡村振兴——以山西省岢岚县为例[J].名作欣赏,2022(14):168-170.

[4] 陈丽.以"三产融合"推进乡村振兴的路径优化思考[J].农村·农业·农民(B版),2022(11):21-23.

溯源红色革命老区,财税助力乡村振兴

财政税务学院　方茹慧　李炅子　黎子强　陈奕帆　邵一荻　叶迈

摘　要　大别山集老区、山区为一体,蕴藏着丰富的红色文化,该地区当今的发展备受瞩目。财税政策在我国加快现代化步伐、全面推进乡村振兴的进程中起着举足轻重的作用。本团队以大别山生源地学生为主体,深入大别山区基层,在感悟大别山区的红色文化的同时调研财税政策在乡村振兴中的作用,了解基层财税工作的现状,探析大别山区基层治理和乡村振兴的困境及对策。在调研过程中,我们感受到乡村脉动与家国情怀,作为大别山学子,我们的社会责任感和使命感被激发,以所学所思为家乡贫困山区乡村振兴建言献策支招解困,同时为我国财税体系的现代化发展提供有益的启示和建议。

关键词　革命老区　财税政策　乡村振兴　大别山

一、项目概述

大别山区有着丰富的红色革命资源,本团队在调研中多方位了解大别山地区的红色革命文化,尤其关注革命时期的财税政策及其对革命事业的支持作用和在社会主义建设时期的财税改革与发展成就,探索该地区红色革命文化在财税政策发展历程中所体现的财税精神,并分析其适应时代需求的经验和价值。本团队前往湖北省黄冈市,在革命老区浠水县、麻城市、红安县等地展开为期四天的调研,重点关注大别山地区财税政策的创新与实践,以及其对地方经济和社会发展的影响。

本项目的研究方法包括文献调查、采访、实地与线上调研相结合等多种,力求获取全面、准确的资料和信息。作为创新点之一,本次实践以大别山生源地学生为主体。本项目通过深入挖掘大别山的红色文化和红色精神,激发大别山学子的自豪感和责任感,鼓励大别山学子为家乡贫困地区振兴出谋划策,同时为我国财税体系的现代化发展提供有益的启示和建议。

二、调研目标

(一)保护传承红色文化

大别山坐落在鄂、豫、皖三省交界处,湖北省地域内的大别山主属黄冈市,是我国著名的革命老区。在这里,打响了黄麻起义第一枪,诞生了红四方面军、红二十五军、红二十八军三支红军主力,涌现了董必武、李先念两位国家主席和陈锡联、韩先楚、秦基伟等223位将军,牺牲了14万英雄儿女。这里有享誉"中国第一将军县"之称的红安县,有开国大将王树声将军曾经从事革命活动的麻城市乘马岗镇,有浠水三角山鄂豫皖苏区革命根据地。黄麻起义胜利后,红军在红安建立了苏维埃政府,制定战时经济政策,发展苏区经济,改善民众生活;解放战争时期,刘邓大军挺进大别山后,实施有步骤的分地区分阶段的土地改革政策,大力推行减租减息。大别山的命运与中国革命事业的发展紧紧相连。通过此次实地调查研究,本团队可以深入了解和记录大别山地区的红色历史文化,传承这段宝贵的红色记忆。

(二)教育提升青年道德

了解和调研红色财税文化可以让青年一代深入了解我党早期在艰难时刻如何开展财税工作,激发青年一代爱国热情,培养青年一代的家国意识和社会责任感,引导青年一代树立正确的人生观、价值观,筑牢理想信念之基,提高道德素养和价值判断能力。在乡村振兴情况的调研中,本团队深入基层,了解家乡建设成果,切身感受财税宏观政策对村民微观生活的影响,认识财税在乡村振兴中的重要作用,探索分析基层财税工作面临的困境。本次实践培养了青年学子的责任感和主人翁意识,激发财税青年挺膺担当。

(三)发扬传播财税魅力

此次实地调查研究,可以让青年学子切实了解大别山区脱贫工作的成果以及目前乡村振兴的状况,让青年学子实地感受乡村脱贫胜利带来的改变与喜悦,激发当代青年学子投身乡村振兴工作的热情。同时,青年学子们将理论知识与实践相结合,知行合一,能更好地掌握、巩固、消化所学知识并使之具象化,通过实地调研,感受乡村振兴中的财税魅力,了解基层财税工作者的不易。

三、调研方法

(一)文献调查法

查阅当地相关文献,了解历史事件的详细过程。本团队在线上查找资料的同时,还去往调研地的图书馆或资料库,查找和浏览馆藏历史资料以及各纪念馆、博物馆展出的实物,对大别山区的近代历史脉络形成初步认知。

(二)访谈调研法

本团队通过与大别山区县市财税部门工作人员进行访谈,了解基层财政工作和税务工作的现状、创新和挑战,从理论角度提出解决方案,提高团队成员理论知识运用能力和综合素质;通过与当地居民进行访谈,了解民众对当地财税政策的了解度、支持度、满意度,收集大别山区红色历史的民间故事,从微观角度丰富项目内涵。

(三)实地调研法

前往当地红色文化旧址和地方财税部门,获得真实信息。实地调研是本项目最主要的环节,本团队在实地调研的过程中以照片、视频、语音、文字等方式记录保存实时一手资料,确保调研报告的真实性。图1为实践队在浠水县财政局参访情况。

图 1　实践队在浠水县财政局

四、调研过程

（一）调研地点

以大别山区腹地县市为调研的主要地点，具体为浠水县、麻城市、红安县。本团队通过探寻大别山红色革命旧址，体悟大别山红色革命文化，实地走访县乡财政局和财政所，了解财税工作，感受财政税收对国计民生的重要作用，提升实际问题解决能力和综合素质，为财政工作建言献策，贡献青年智慧。

（二）调研时间

2023 年 7 月 22 日—7 月 25 日。

（三）调研行程

2023 年 7 月 22 日，于湖北省黄冈市浠水县集合，开启调研的第一站。当晚吃过晚饭即开会讨论和确认调研的行程安排等具体事项。

7 月 23 日，首先参访浠水县财政局，在周天竹副局长的带领下，参观县局财政史展厅，对整个浠水县的财政历史和县级财政工作形成初步认识。接着走访丁司垱镇财政所，同财政所干部进行座谈，了解乡级财政工作现状及财税在乡村振兴中扮演的角色和承担的责任。随后抵达享有全国"红色美丽村庄示范村"之美誉的孟家冲村，对当地村民进行走访调查，了解孟家冲村道路建设的故事，参观当地村民自主创业的成功典范——德意桃园。在同村民的访谈中，队员们还了解到"布衣省长"张体学的革命故事。下午，前往闻一多纪念馆参观，学习闻一多先生的生平事迹和重要贡献。队员们被闻一多先生追求自由民主、不惧牺牲的精神深深打动，大家一起在闻一多先生雕像前深情合唱《七子之歌·澳门》，表达对先生的敬仰。

7 月 24 日，抵达三角山红色教育基地，参观位于三角山的红色历史展馆，在红二十八军游击根据地纪念碑前合影并共同高唱校歌,致敬革命英烈。当日下午前往麻城市乘马岗镇。首先参访乘马岗镇财政所,同财政所的盛所长及在场干部进行了深入交流,获取了基层财政的具体信息资料。随后,来到乘马岗镇的美丽乡村——程家冲村和江树村,在村支书的带领下,参观当地的新农村建设成果,并走入村民家中参访交流。最后前往乘马会馆,参观瞻仰英烈伟绩。

7月25日,来到最后一站——红安县。参观瞻仰黄麻起义和鄂豫皖苏区纪念园以及董必武纪念馆。最后前往红军墓园,凭吊革命先烈。

五、现状问题

(一) 优势概述

1. 红色历史文旅资源充足

大别山区在我国革命事业发展史中具有重要的历史地位与特殊的历史意义。红安、麻城、浠水等地利用当地红色文化特色,打造红色旅游景点和教育基地,吸引外来资本,助力乡村振兴。其中,红安县的红色文旅产业已形成较大规模,发展比较完善,麻城、浠水等县市的红色文旅产业尚在起步中,未来发展空间可期。

2. 基础设施建设相对完备

"要致富,先修路"。便捷的交通既有助于释放广阔农村地区的招商融资潜力,增加村内就业的机会;也能有效降低人员流动的时间成本,使得村民进城购物更加方便,在消费端为乡村经济"活血"。本次调查范围内的各村落已全面实现道路硬化并同时建设了其他配套设施,较好满足了村民就医、上学等基本生活需求。道路等基础设施建设,为乡村持续发展提供了强有力的支撑,让村民能够走得出去,"财神"能够请得进来。

3. 绿色旅游农业前景广阔

大别山区各县都处在丘陵地带,以农业为主。以德意桃园为例,其起步早、发展快、规模大。桃园借助精准扶贫、乡村振兴的有利政策扩大规模;利用互联网平台和自媒体直播打开销路;在春天举办桃花节,打造网红景点,吸引游客前来旅游打卡,增收创收;桃园还对鲜果及树材进行深加工,酿制桃酒,生产桃胶,提高产品附加值,增加收益。目前德意桃园年纯收入已达60万元。同时,桃园吸纳附近的农民,在农闲时提供就业岗位,增加村民额外收入。此外,桃园还带动其他产业的兴起,比如餐饮、民宿、土特产杂货等。村支书表示,德意桃园在浠水农业中起到了示范带动作用。就地取材,因地制宜,绿水青山,就是金山银山。

(二) 问题概述

1. 乡村基建纠纷多发

尽管修建道路于村集体发展有益,但施工状况的复杂性,难免造成村民权益受损。以孟家冲村道路建设为例,一位农户家的房屋原建在路旁,修建柏油路的工程队在挖路基时不小心损毁了该农户家的房屋,但该情况未被上报给村部,村部也未查明情况,后该农户家不得不自己贷款重建房屋,给村民带来较大的经济损失;在乘马岗镇程家冲村,因为修路要占用村民的田地,造成村民经济损失,村部与村民协商修路占用田地事宜,但在工程建设阶段仍未达成一致,导致工期延误。

2. 村级产业发展缓慢

实践队在孟家冲村调研时发现,当地产业主要为桃树种植业及其派生的旅游产业,当地村民依靠桃林一年收入仅有七千多元,综合收入勉强达到脱贫标准,且该村的支柱农业主要依靠少数几户村民承包运营,尚不能惠及大部分村民。实践队也了解到,桃林经济收入不稳定,受天气等因素影响较大,风险较高。德意桃园的段老板曾表示,在他创办桃园的十二年中多次遇到因天气导致桃林受损的情况。大多数村民个人难以承担相关经营风险,因此仅有少数资金充裕、抵抗风险能力强的村民才会去承包桃林,这制约了桃园等种植产业的发展。

实践队在江树村调研时发现当地村民除务农外,还会就近前往由当地招商引进的养鸡场、化肥厂工作。在程家冲村,当地也同样通过招商引资,吸引一家制鞋厂为村民提供就业岗位来获得额外收入以补贴家用。但该村支书也表示,厂房规划用地等招商硬件条件仍有空余,现已入驻的企业提供的岗位还不足以为全体村民提供就业机会,今后仍会继续招商,为村民增收,早日实现村民,尤其是青年村民就近就业的目标,从而减少空巢老人现象。

3. 基层行政人才缺乏

实践队在乘马岗镇财政所了解到,该财政所一共有18个编制岗位,但实际人数只有10人,其中5人还被其他单位调用借走,在岗人数仅有5人,这直接导致财政所监管人手相对紧张,对资金往来监管困难。目前,整个麻城市财政局里,事业编制岗位占比达到90%,乘马岗镇财政所人员全部是事业编,财政局里公务员编制人员也仅有40位,且很少有考公考编人员愿意考去基层财政所工作。

(三)问题分析

1. 经济来源单一,以传统农业为主

村民生活来源以农业为主,经济来源中绝大部分为对外销售农作物取得的收入。因而村民对自家田地相当重视,在面对修路占用田地问题时,村民对于田地占用的考量相当谨慎,以致出现了因和村民协商不妥而使修路工期延长的事件。如若为村民提供其他经济来源,并对田地占用补偿条件稍作让步,此类经济纠纷或将减少。

2. 扶持力度有限,发展信心不足

乡村产业多由村民创办,且以第一产业为主,受自然条件影响大。大多数村民无力承担因天气等自然因素造成的亏损。实践队在孟家冲村德意桃园段老板那里了解到,前几年他的桃园受天气影响亏损,但村政府并无相应补贴,也无相应种类保险产品,所有损失只能由个人承担。对于有一些积蓄、足以尝试开办村企业的村民而言,其收入也并非高位稳定的。绝大多数村民在缺乏具体扶持政策的条件下,抗风险能力极弱。这导致他们开办村企业的动力较弱,这也是乡村产业发展慢、发展少的原因之一。

3. 基层岗位艰苦,有效激励缺位

大多数报考基层单位的考生,如刚毕业的青年大学生,往往选择家乡岗位或距家乡较近的岗位,而考生生源地的不均衡性,进一步使得部分异地基层岗位无人问津。且相较于基层工作重复单调、更考验耐性的岗位,青年人大多希望选择"大城市的高职位",以求在职级晋升、拓展空间上获得较高起点。相较于"高职位",基层工作岗位的工作需对接群众,对新一代青年人提出了较大挑战,而其相应的福利待遇并不突出,进一步增大了青年人报考的阻

力,因而造成了基层单位编制空余、岗位人手不足的现象。

六、调研结论

综合本次实践活动,可以看到乡村发展势头基本良好,红色、绿色农业文旅产业发展的潜力巨大,但也存在产业发展不足、青年人才短缺、乡村环境导致的治理压力增大等问题和短板。为谋求乡村产业的进一步发展,需要积极开展招商引资,拓宽村民的收入渠道;需要多方帮扶,政府予以适当补贴,并完善保险机制;需要建立新型合作经济,增强个体抗风险能力;需要创建好的条件和机制,吸引青年人才返乡创业。

通过对各个乡村的实地调查,队员们对地方发展的差异有了直观的认识,包括不同发展方式、村经济组织细节等。同时,各村的招商引资状况与产业发展偏好也有所不同。这些差异,一部分来自客观的地理条件与经济发展基础,另一部分则来自村民传统的生活习惯与文化观念。为妥善处理上述差异,需要在未来的产业发展和项目建设中从经济方面考虑其可能性与效益之余,着重考量可持续发展与地方感情的因素。

在与财政所等政府单位的访谈中,队员们能感受到基层工作人员的辛苦和压力。基层单位的人手不足会影响政策的推广实施,增大工作难度,也会影响工作人员的身心健康。而通过本次调查可以发现,此种现象与基层单位工作吸引力不足有一定关系。建议制定相关优惠政策,吸引青年人回乡返乡,服务基层,投身乡村振兴事业。

七、政策建议

(一)鼓励招商,拓宽村民收入来源

地方积极进行招商引资,既是促进乡村产业振兴的重要途径之一,也是村民非农业收入的重要来源。实践队在江树村调研时发现,很多村民会前往因招商引资吸引入驻的当地养鸡场、化肥厂工作。在程家冲村,当地通过招商引资吸引一家制鞋厂入驻,为村民提供更多就业机会以补贴家用。村支书表示,后续还要继续招商引资,引进更多产业进村,扩大就业岗位规模,增加村民的经济收入,提高村民的生活质量。对于这些选择入驻乡村的企业,其往往资金基础薄弱却又能提供大量工作岗位,因此更需要相应政策的支持,以改善经营环境,同时提升其他企业入驻意愿,形成良性竞争,让企业与村落共同发展,从而进一步带动村镇繁荣和村民致富。

现在,第一产业在大别山地区的产业结构中仍然占据主导地位,但要实现高质量发展,仅靠第一产业还远远不够,需要通过招商引资,扩大第二产业和第三产业的规模,促进产业融合,打造产业链,充分利用广大农村地区的人力物力资源,带动农村整体经济的发展。

(二)多方帮扶,强固乡村创业保障

乡村产业是围绕村落具体环境而开发的特色产业,它不仅可以合理充分利用村落环境,还可以为村民增收,提高村民经济生活水平。但乡村产业多以第一产业为主,受自然因素影响大,市场风险易发。适当补贴乡村产业,完善乡村产业保险机制,能使乡村产业更加规范、抗风险能力更高,从而吸纳更多村民就业,吸引农村青年返乡驻乡,在一定程度上解决空巢老人、留守儿童等社会问题。

除补贴保险外,政府搭桥以提升乡村产业技术水平、延长产业链、提高产品附加值同样对乡村产业现代化具有重要作用。例如,红安县的油茶基地由中国科学技术协会驻村创办,充分发挥科协系统的人才优势,以科技助力产业发展,在村"两委"和中国科学技术协会的支持下成功升级既有产品,并在过去难以种植的土地上成功实现茶树种植,形成了较大的生产规模;部分桃园引进新型生产线,通过产品深加工,提升产品附加值,实现了良好的经济效益。大力引进高新技术,既能提升乡村产品的品质,使其更具市场竞争力,也能在一定程度上减小产业风险,增强产业发展的活力。

(三)大胆探索,建立新型合作经济

为降低乡村创业门槛、均摊化解较高的个人经营风险、扩大产业惠及范围,各村往往采用建立合作社的模式经营村产业,这一模式的可行性在其他地区的乡村产业建设中已被反复验证。实践调研后,我们认为有必要在大别山地区乡村产业发展中进一步推行合作社建设。

实践队在江树村调研时发现,当地已经初步建立了相关合作社。如果进一步因地制宜,提升合作化公共劳动技术水平,精细划分劳动门类,向村民宣传合作化的益处,合并更多个体农业主体,同时由政府在税收、收购、灾害保险、劳动认定等方面出台更多有利于村合作社的切实可行的政策优惠,则村合作化经营方式不仅可以带动乡村产业发展,助力乡村振兴,也可以提供更多更高收入的就业岗位,吸引村民就近就业、青年返乡创业。

(四)完善保障,吸引各类青年人才

当前青年大学生参与公务员考试的规模不断扩大,但少有青年人才愿意前往基层工作。实践队在乡镇财政所了解到,基层工作岗位仍有不少空余,且时常人手不足,原定有18个编制岗位的基层财政所,实际工作人员只有5人,使得财政所对各种资金往来监管困难。而人才对乡村建设的驱动作用十分明显。例如,红安县的彭欢回村参与村"两委"工作,他依托"绿水青山"和城郊区位优势发展生态农业,吸引在外能人回乡成立专业合作社,开荒400余亩田地种植水稻、红薯等农作物,直接带动4户贫困户就业,每户平均增收3000元。

实践队建议通过提高基层工作的福利待遇和生活保障,吸引更多的青年人才返乡报考基层工作岗位,以解决基层人手不足的现状,同时也使青年人才用其所学的知识造福家乡,提高家乡村民的生活水平,加快村落建设,助力乡村振兴。

八、心得体会

本次社会实践,我们来到浠水县、麻城市、红安县三地,历时四天,进乡镇,入农户,实地走访调查感受大别山地区的红色文化,探究乡村振兴战略实施和基层财政部门工作的现状,收集翔实数据与信息资料,近距离触摸乡村脉动,真正走到田垄上,拜访农户家,行程充实,收获颇丰。

开阔了眼界。这四天,队员们通过参观红色基地、走访县财政局和基层财政所、走访农户、参观美丽乡村、参观桃园等,看到了校园外不一样的世界和风景,认识和了解了很多书本上没有的知识和事物,大有耳目一新、豁然开朗的感觉。"纸上得来终觉浅,绝知此事要躬行",读万卷书,还要行万里路。

增强了才干。在参访财政所和走访农户而与人面对面交流时,脑子需高速运转,快速搜索头脑中的知识储备,才能沉着应对,从而锻炼了自己的快速反应能力,并倒逼自己温习所学的专业知识,促进理论与实践的结合。在财政所,面对领导积极提问,问题直击痛点而又不乏专业素养;在田间地头上,面对村民友好交流,态度礼貌谦逊而又能与村民共情;在房间里,热烈讨论下一步计划,细细总结已有经验,无不展现出队员们的优良风貌。此外,这次实践活动中队员大多是第一次单独出行,队员的独立生活能力得到了锻炼。

增进了友谊。实践队6位同学来自大别山区的不同县市,来自不同的年级和班级,大家分明都是"外来客",心底却似旧相识,相处了几天,都成了好朋友。大家在行程中和工作中互相打气加油,互帮互助,情同手足。

短短四天实地调研,实践队走村串户,访谈交流,聚焦于大别山老区美丽乡村建设,探寻红色财税古今,见证了财税兴村的伟大成就,也了解了基层财税的现状和困扰。队员们纷纷表示,在未来的日子里,会不断汲取红色历史精神营养,不忘初心,热情不减,更加积极地投身于各类社会实践活动之中,更加努力地学好专业知识和技能,在实践与理论的结合中加深思考,提升专业素养,以期将来更好地回报桑梓,为大别山老区的乡村建设与振兴奉献才智和力量。

参考文献

[1] 刘建民,刘晓函,周思瑶,等.湖南省支持乡村产业振兴的财税政策研究[J].湖南大学学报(社会科学版),2020,34(6):66-72.

[2] 襄阳市财政局、襄阳市税务局联合课题组,罗兴斌,谢本洪.巩固脱贫攻坚成果同乡村振兴有效衔接财税政策研究[J].中国财政,2021(15):62-65.

[3] 裴育,李顿.深化财税改革　助力乡村振兴[J].经济研究参考,2022(11):38-48.

[4] 张雁,梁惠淋,王杰.乡村振兴战略视角下财政政策对广东省乡村旅游业发展影响研究[J].农业经济,2022(10):90-91.

[5] 储德银,罗鸣令,贺晓宇.助推乡村振兴的财税政策优化与机制设计——2019年财税制度创新与乡村振兴国际研讨会综述[J].经济研究,2019,54(8):204-208.

[6] 曹丽哲,潘玮,公丕萍,等.中国县域经济发展活力的区域格局[J].经济地理,2021,41(4):30-37.

[7] 吕进鹏,贾晋."革命老区＋民族地区"叠加区域乡村振兴的多维困囿、现实契机与行动路径[J].中国农村经济,2023(7):143-163.

[8] 宋晨瑜.乡村振兴战略下发展红色旅游研究——以W县为例[D].太原:山西大学,2023.

[9] 郑凯轩,陈祺.革命老区红色精神助力乡村振兴的作用机制及路径研究——基于茅山革命老区黄金村的调研[J].中国集体经济,2022(22):14-16.

金坛耒耕,赓红助乡
——红色金融助推乡村振兴的创新路径调研

金融学院　刘若曦　鲍政铭　江彦莹　曾煜林佳　龚笑萱

摘　要　强国必先强农。金融作为现代经济的核心和实体经济的血脉,在农业强国建设中发挥着资金活水、提质增效的赋能作用。依托中南财经政法大学金融学院全国党建工作样板党支部(银行管理教研室党支部)和中国建设银行湖北省分行乡村振兴金融部,实践团队于2023年8月14日—8月25日共同前往洪湖市、孝感市、浠水县三地,累计走访八个村镇、四个农业生产基地、两个乡镇企业,对洪湖市"随心贷"和"智慧渔业"、孝感市"红色金融先锋"和"裕农信用贷"等红色信贷产品以及浠水县"党建＋金融"和"大数据＋金融"等典型发展模式进行实地调研,切身参与中国建设银行和县域金融服务业务场景,充分挖掘"红色金融"助推乡村振兴的创新模式、机理效应及优化路径,将红色基因、党建活力转化为乡村振兴的动力,将党建势能转化为乡村振兴的动能,希望为解决乡村振兴面临的资金瓶颈与资本约束问题发挥作用。

关键词　红色金融　乡村振兴　创新路径

一、红色金融助推乡村振兴的创新模式调研

选取典型地区在红色金融助推乡村振兴实践中探索与创新的主要模式,形成典型案例分析和调研报告,归纳总结各地政策成效、存在问题与经验做法。本项目依托中南财经政法大学金融学院全国党建工作样板党支部(银行管理教研室党支部)和中国建设银行湖北省分行乡村振兴金融部,拟在三个地区进行实地调研,提炼典型地区在红色金融助推乡村振兴实践中的经验做法,形成红色金融助推乡村振兴的主要模式。这些模式主要包括:

(一)洪湖市选派"金融村官"

"金融村官"不是官,是服务农村的"排头兵"。把乡村治理好、建设好、发展好,组织保障是关键,而组织保障的工作质量,又着实考验农村基层干部的能力素质。乡村振兴关键是产业振兴。为让金融"活水"更好浸润农村田野,让农村"致富经"念得更响,让百姓钱袋子变得更鼓,"金融村官"立足资源禀赋,为乡村产业引资、引智、引技,将组织优势转化为推动农民创业致富、乡村产业振兴的发展优势。据洪湖市乌林镇香山村村支书徐书记介绍,中国银行保险监督管理委员会湖北监管局引导辖内农村商业银行积极探索基层党建和业务有机融合

的模式,选派业务骨干到村"两委"挂职"金融村官",通过参与主题党日活动、落实支农惠农政策、推介创业致富项目、宣传金融知识、创建文明村和信用村活动等,深度融入基层党建和乡村治理;同时,通过村"两委"拓宽业务信息渠道,以行政村为单位,对符合条件的村民给予授信额度,支持其发展生产和改善生活,形成"村银共建+整村授信"新模式。

(二)孝感市塑造"红色金融先锋"

做时代优秀建设者,锻造红色金融先锋。在此次调研中,本团队前往湖北省孝感市大悟县夏店镇朝阳村拜访了一位典型的"红色金融先锋"代表人物——吴稻长(化名)。2013年,吴稻长"挂冠归去",从城返乡,曾经的金领律师摇身变成了现在的孝感职业农人。同时,吴稻长作为律师兼无党派人士,也加入了党外知识分子联谊会,坚持以人为本,积极建言献策,努力服务社会,将小我融入大我。吴稻长荣归故里后,创建了湖北香润生态农业科技有限公司,旨在传承孝感传统香米产业。而后虽然历经马铃薯种植等诸多失败的尝试,但吴稻长从事农业带领家乡人民走向共同致富道路的决心未曾动摇。通过自身的不懈努力与中国建设银行的贷款援助,吴稻长筹得所需资金后重振旗鼓,倾力打造了"吴稻长""黄毛粘"等一系列商标产品,荣获"湖北省十大农产品"称号、湖北地理标志农产品金奖等。

(三)浠水县创建"党建+金融"模式

浠水县金信金融服务有限公司自成立以来,始终坚持以党建为引领,全面贯彻落实基层党组织建设提质增效工程,以"围绕服务抓党建,抓好党建促发展"为主题不断完善党员队伍建设,拓展党建品牌内涵,提升党建工作质量,切实激发党组织凝聚力,推动党建基础更强、品牌更亮、融合更深、服务更实、队伍结构更优,以高质量党建引领公司高质量发展。浠水县金信金融服务有限公司党建工作主要亮点:一是统筹持续开展"清廉国企,清廉金信""诚信浠水,红动金信"党建廉政双品牌建设;二是切实做好党员干部职工思想学习教育工作;三是坚持人才培育,坚持党管干部,坚持党管人才;四是增强党建灯塔引领,推动业务发展。

(四)孝感市推广"农业社会化服务"

近年来,湖北省孝感市供销合作社系统结合党史学习教育,积极推进"我为群众办实事"实践活动,通过大力发展农民专业合作社,着力推进农业社会化服务惠农工程项目,为解决大量农民进城务工,小农户缺劳力、缺农机具、缺资金、缺技术,土地抛荒严重,农产品销售难等问题寻找有效途径。孝感市供销合作社系统以构建农业社会化服务体系为重点,以创新农资经营、培育服务主体、畅通农产品销售为抓手,围绕农业生产提供产前农资配供、统一育秧、机耕机种,产中测土配肥、技术指导,产后机耕收割、烘干贮藏、购销服务等系列化服务,加强农业社会化服务建设,取得了较好的社会效益和经济效益。相关负责人介绍,全市系统通过构建以社有企业为骨干、以基层社为基础、以产业联盟为支撑的服务体系,使土地托管面积、代耕代种、统防统治等服务规模得到大幅增长。同时,全市系统强化农产品收储、烘干、加工、销售等"后半程"服务,努力构建农业社会化服务体系,有效解决了农民土地管理困难、留守农民经营土地收益难保障等问题。

(五)中国建设银行推进"红色信贷"工作

近年来,中国建设银行湖北省分行坚持以人民为中心的发展思想,持续推进和落实融合普惠、共享、科技、绿色的新金融行动,以新金融实践贯彻新发展理念,创新金融服务产品,助力当地乡村振兴,具有专业性、代表性、启发性。通过创建信用助农惠农新模式,广泛运用大数据技术,整合各领域信息资源,重构信用贷款模型,中国建设银行近年来推出了多款助农惠农信贷产品。本次调研中的典型产品如下:

1. 洪湖市"随心贷"特色产业贷款

当地农户全面推进立体养殖过程中,遇到了诸如资金不足、贷款手续复杂、放贷时间长和融资金额少等困难。这两年来,中国建设银行推出的"裕农快贷(信用)"产品(俗称"随心贷"),采用线上纯信用贷款方式,无须抵押,无须担保,使部分龙虾养殖户资金不足的问题得到有效缓解和改善。据洪湖市丰兆家庭农场小龙虾种苗繁育基地李先生所说,在中国建设银行贷款的支持下,他一年的龙虾产量能达到1200~1500斤,十分可观。

2. 孝感市"裕农信用贷"特色产业贷款

为大力提升对农村绿色小微企业的支持力度,中国建设银行不断加强农村普惠金融体系建设,推出"裕农信用贷"这一创新产品,而后也致力于将其打造成服务县域及农村地区小微企业的"拳头产品"。据湖北楚水荷乡生态农业有限公司董事长喻先生描述,其曾获得过中国建设银行所给予的200万元"裕农信用贷",在这份贷款的帮助下,荷花养殖规模得到了显著扩大。据中国建设银行的李先生描述,中国建设银行孝感分行采取多渠道推行"裕农信用贷",组建专业"裕农信用贷"业务推进团队,举行培训专题会,组织支农服务小分队,走进乡村调查客户,开展"一对一"金融服务。

3. 孝感市"农业经营贷"专项贷款

孝感当地传统产业及特色产业发展初期,诸多党员和群众苦于没有资金,发展经济无门路、创业无资金、申请贷款无抵押、销售产品无信息,此类"四无"难题成为制约农村经济发展和农民增收致富的瓶颈。对此,中国建设银行湖北省分行发放了"农业经营贷",从资金、信息、技术等方面给予支持,帮助他们转变思想观念,获取致富信息,掌握致富技能,成功提高了信贷资金的使用效率,防范了信贷风险。湖北香润生态农业科技有限公司的吴斌在创业初期,就向中国建设银行申请了"农业经营贷",造就了如今的"吴稻长""黄毛粘""荆楚优品"的底气。吴斌倾力带动周边农民共同致富,重点帮助贫困户脱贫增收。经过多领域试点探索,孝感市"农业经营贷"走出了一条"党组织牵线、政府贴息、农信社搭台、党员和群众唱戏"四位一体的农村信贷帮扶新路。

(六)多方打造"大数据+金融"服务场景

1. 洪湖市智慧渔业数据服务站搭建

在洪湖市龙口镇套口村,智慧渔业水平衡数据服务站已经成功搭建,该服务站是一个专门为养殖户提供技术指导和服务的线下站点,目标是帮助养殖户和监测人员获得准确、实时的渔业水平衡数据,以支持决策和研究工作。服务站通过先进的农业科技直达田间地头,能够有效检测、监控水质,为养殖户提供全套解决方案,实现真正的贴身服务。湖北作为中国第一大淡水养殖省,淡水养殖群体庞大,资金需求旺盛,但同时水产养殖经营风险较大,经营主体信息不准、不全。银行与养殖户之间存在信息不对称、养殖风险与信贷风险同频等问题。为有效解决这一难题,中国建设银行湖北省分行与武汉市中易天地物联科技有限公司共同探索打造"金融+智慧渔业"服务场景(平台),通过该场景(平台)为养殖户提供"养殖技术服务+银行信贷支持",从而推动更多养殖户使用智慧渔业技术,降低养殖风险和经营成本,提高经营能力,也为银行向养殖户提供更加精准、全面、个性化金融服务建立场景(平台)基础。

2. 浠水县金信数据化业务平台搭建

数字赋能、信用变现。中小微企业是国民经济的生力军,是扩大就业、改善民生、构建新发展格局的有力支撑,但其长期面临着融资难困境。其原因在于中小微企业存在经营风险较大,经营主体信息不准确、不全面等问题。金融机构与中小微企业之间存在信息不对称、经营风险与信贷风险同频等问题。为有效解决这一难题,浠水县金信金融服务有限公司探索搭建数据化业务平台,完善中小微企业信用评价指标体系,实现精准画像,进一步增强中小微企业贷款的可获得性。2022年,中南财经政法大学金融学院与浠水县共同建立了县域综合化服务浠水研究生工作站。该工作站着力推动县域金融服务平台数字化、智能化转型升级,对县域金融发展、乡村振兴金融服务产生了显著的推动作用,有利于浠水县实现经济的高质量发展。校企联手,校地合作,打造地方所需的专业人才,培养精品项目,大有可为。

二、红色金融助力乡村振兴的效果研究

(一)"红色金融"赋能小微三农,"信贷活水"冲破致富瓶颈

洪湖市水资源丰富、水质好,小龙虾养殖条件得天独厚,然而,当地农户在全面推进立体养殖过程中遇到了一些诸如资金不足、贷款手续复杂、放贷时间长和融资金额少的困难。1998年,洪湖市螺山镇花园村小龙虾养殖户刘飞在洪湖湖区包下200多亩水面进行围网养殖,但随着2016年退垸还湖政策的启动,农民的生产方式发生了改变,承包水塘,购买虾苗、虾饲料的资金投入让刘飞倍感压力。在此背景下,中国建设银行推出"裕农快贷"产品(俗称"随心贷"),采用线上纯信用贷款方式,无须抵押,无须担保,使得许多龙虾养殖户资金不足的问题得到了有效缓解和改善。了解相关情况之后,中国建设银行荆州分行为刘飞提供了"随心贷"金融产品,从贷前调查、收集数据开始,不到一周的时间,刘飞就线上申请到50万元支农贷款,解了燃眉之急。刘飞的鱼塘仅仅是中国建设银行服务"三农"、支持乡村振兴的一个缩影。截至2023年,像刘飞这样得到中国建设银行荆州分行支持的渔民就有900多户,累计获得贷款超过5000万元。中国建设银行通过"红色信贷"金融产品助力养殖户们积极备苗备料,整塘养水,"备战"新一年小龙虾旺季。

(二)"红色信贷"塑就粮安孝感,"党建品牌"牵动脱贫增收

"黄毛粘,两头尖,一人吃饭两人添。"这句谚语一直流传于孝感一带,讲的是一种名叫"黄毛粘"的稻米。据香稻育种专家汤俭民介绍,"黄毛粘"于20世纪60年代以前曾是湖北地区农村的晚稻当家品种,有嚼劲且香甜可口是"黄毛粘"的一大特色。但当时的"黄毛粘"具有一大缺陷:产量低,亩产仅达三四百斤,且植株秆高,易倒伏,受灾绝收。因此,在粮食都不够吃的年代,其他高产稻米品种逐渐取代了"黄毛粘"。2014年,吴稻长在自身投入1000万元以及红色信贷的支持下携手香稻育种专家汤俭民一同开展培育绝迹多年的"黄毛粘"种植工作,经过在孝感和海南两年的加代优化繁殖,最终取得成功,年亩产可以高达900斤。绝迹多年的"黄毛粘"稻米时隔多年带着绿色认证、有机认证、高亩产量重新回到老百姓的餐桌,这对于我国粮食的安全发展起到重要作用。

红色信贷重点扶持发展孝感香米、孝感糯米等传统优势党建产业,着力提升村民致富、增收、带贫能力,成为孝感服务"三农"的又一品牌。吴斌在塑造"吴稻长"这一基层党建品牌时,牢固树立"内容为王"的理念,坚持立意高、定位准、落地实,用好黄金圈法则,系统思考,推动党建品牌建设与中心工作、业务工作深度融合,让"围绕中心抓党建,抓好党建促业务"成为思想自觉、政治自觉和行动自觉,增强党建品牌的指导性、服务性。"吴稻长""黄毛粘"这一荆楚优品带动了周边农民共同致富,重点帮助了贫困户增收脱贫。曾经的国家深度贫困村朝阳村,七年来每年让村集体达到了5万到10万元的经济收入,村集体累计创收80余万元。

(三)"党建引领"打通乡企动脉,"金信金融"引擎县域经济

浠水县金信金融服务有限公司自成立以来,始终坚持以高质量党建引领公司高质量发展,为中小企业提供更加完善的金融产品与服务。在数字化时代,浠水县金信金融服务有限公司坚持党的新时期金融科技发展指导意见,持续推动金融数字化转型。立足公司真实的融资担保业务需求,充分运用科技手段,对传统企业融资业务流程进行优化,以科技创新为依托,搭建数字化业务平台,完善中小微企业信用评价指标体系,实现对中小微企业的精准画像。业务部经理王星凯向我们展示了未来数字化系统模版,基于真实案例、业务数据,他对平台的运作模式进行了汇报。浠水县金信金融服务有限公司拟引用全套智能系统来进行业务数据分析、风险评估和决策支持,利用智能系统进行业务保前、保中、保后的风险管理;依托"浠水金信"微信公众号实现企业线上申请、业务员线上初审等环节;迎合党建工作服务业务发展,挑战县域融资困难,促进融资担保工作防风险、提质效。

2022年,中南财经政法大学金融学院与浠水县共同建立全省第一家金融专业类的研究生工作站——县域综合化服务浠水研究生工作站,以肖春海教授为代表的教师群体为该站担任咨询顾问,定期开展工作磋商会议。

三、红色金融助推乡村振兴的现存问题

(一)"金融村官"普及程度存在局限

乡村振兴的关键是产业振兴。"金融村官"立足资源禀赋,为乡村产业引资、引智、引技,不仅能将组织优势转化为推动农民创业致富、推动乡村产业振兴的发展优势,更能使乡村治理与农村金融深度融合,不断提升乡村善治水平,不断增强群众的安全感、获得感、幸福感。在洪湖市的调研中,实践团队发现洪湖市"金融村官"制度不够普及,调研地乌林镇香山村仅有一位"金融村官",而据当地工作人员反映,许多村镇"金融村官"一职存在闲置现象。究其原因,一方面,宣传和推广不足,公众对"金融村官"这一职业知之甚少;另一方面,"金融村官"相较于其他职业,专业能力要求更高,而工资待遇和晋升空间有限,导致该职位在一定程度上缺乏人才吸引力。对此,需要有关部门加强宣传和推广工作,提高"金融村官"的人才吸引力,完善培训和发展机制,以及改革和优化管理体制。

(二)智慧渔业基础设施仍需完善

洪湖市位于我国中东部的长江中下游平原区域,夏季气温较高,空气湿度大,容易造成气旋系统和降水天气。加之山区地形的承接关系,洪湖市极易发生大气锁闭和暴雨等极端

天气。在发展智慧渔业的过程中,雷暴雨等极端天气造成了一系列隐患,具体表现为智能养殖设备,如传感器、水质监测设备等智能设备的损坏,从而造成渔民生产成本激增;渔业设施和产品的毁坏,如网箱、塘坝、鱼苗等的损毁,这直接影响渔民的正常养殖生产和未来所获收益;而在雷暴雨等极端天气下,渔民们处于高风险环境,发生人员伤亡事故的概率大大增加。因此,在发展智慧渔业之路上,我们还必须认识到极端天气对智能设备的危害性,进一步加强建设和维护工作,建立健全应急预案和售后服务体系,在保障渔民的人身安全的同时,确保农民利益损失降至最低。

(三) 红色信贷产品种类亟待扩充

红色信贷产品具备无担保抵押、融资成本低、注重信用、期限较长、额度较大的特点,但其最大的特点还是定制化程度高。不同乡村经济的发展阶段和服务要求各不相同,不同村镇之间的经济发展状况也存在着一定差异。与集中规模的城市经济相比较,乡村的产业经济分布则相对分散,且规模小、数量庞大,这对红色信贷服务的数量与类型提出更高要求。自 2021 年 3 月以来,中国建设银行创新推出的主要是"裕农信用贷""随心贷""农业经营贷"三款红色信贷产品,这对于改善乡村目前的信贷支持状况确实起到一定支持作用。但从更长远的角度来思考,丰富度不足的信贷产品很难为乡村振兴和普惠金融提供长久且充足的金融支持,要想真正做到顺应乡村经济的发展态势以及进一步为乡村经济的发展注入活水,势必需要充分挖掘与探索更多新兴的红色信贷产品。

(四) 农业产业互联网平台有待搭建

产业互联网是指以生产者作为主要用户,将互联网与传统企业融合,寻求全新的管理与服务模式,通过在生产、交易、融资和流通等不同环节的网络渗透,达到节约资源、提升效率等行业优化作用,创造出更高价值的产业形态。在双方(吴稻长与中国建设银行湖北省分行)的座谈会中,吴稻长在回顾自身稻米产业发展史的同时也提出了对未来有关农业产业方面的前景展望,指出了我国目前农业方面的产业互联网平台搭建仍然处于相对空白期,亟须有关部门出台相关支持性政策,为产业互联网平台提供更加精准有效的资源,为农业产业发展汇入更多新鲜的血液。

(五) 金融数字化转型升级疑难仍存

在讨论浠水县金信数据化业务平台的搭建问题中,中国建设银行湖北省分行两位老师就数据平台的审核机制、平台网络安全等方面提出了意见和建议。审核机制方面,老师指出目前平台客户信息收集的时间跨度偏窄,客户信用资质的评定依据不够充足,由此得到的企业信用画像结果存在精度不够的问题,因此,平台应建立良好的风险管控机制,加强动态信用风险管理;此外,平台对于企业信用评定的标准仍有优化空间,识别精度有待提高,对客户的信用评定结果可能存在误差。平台网络安全方面,由于数据化平台的搭建仍处于内测阶段,全面上线后数据库的安全维护将是关系到中小企业客户利益的关键性问题,平台方应加强相关风险的防控工作。

参考文献

[1] 杜代余.红色信贷 "贷"动乡村更红火[J].中国农村金融,2021(23):34-36.

[2] 郭熙保,周强.长期多维贫困、不平等与致贫因素[J].经济研究,2016,51(6):143-156.

[3] 黄振忠.随州实施"红色金融"全覆盖选派"金融村官"助力乡村振兴[N].随州日报,2022-08-20.

[4] 冷冲.中共红色金融实践及经验启示[J].党史文苑,2017(24):16-18.

[5] 李书娜."红色信贷"蹚出"党建+金融"新路[J].中国农村金融,2022(21):82-84.

[6] 吕新发.红色金融的概念、内涵与当代价值研究[J].金融理论探索,2021(3):3-24.

[7] 单德朋,余港.农户创业与贫困减缓[J].财贸研究,2020,31(4):52-62.

[8] 张晓晶,王庆.中国特色金融发展道路的新探索——基于国家治理逻辑的金融大分流新假说[J].经济研究,2023,58(2):20-38.

[9] 张勋,万广华,吴海涛.缩小数字鸿沟:中国特色数字金融发展[J].中国社会科学,2021(8):35-51,204-205.

[10] BERKOUWER S B, DEAN J T. Credit, attention, and externalities in the adoption of energy efficient technologies by low-income households[J]. American Economic Review, 2022, 112(10):3291-3330.

[11] HERMES N, LENSINK R. Microfinance: its impact, outreach, and sustainability[J]. World Development, 2011, 39(6):875-881.

[12] PHILIPPON T. On FinTech and financial inclusion[R/OL]. http://www.nber.org/papers/w26330.

发挥专业优势，激扬青春力量

金融学院　陈善越　曹宇航　江彦莹　黄曼　唐益伟

摘　要　高校学子通过参与社会实践，积极响应国家号召，提升自身价值，而托管项目则是为国家教育发展和建设添砖加瓦的有力途径。在暑期托管项目中，大学生利用其专业优势，为那些父母无法陪伴的小学生提供了一个了解外界知识的机会，这不仅让他们获得了陪伴，同时也为他们带来了许多知识。通过本项目的推动，广大的大学生志愿者有效地实现自我价值，同时也展现了其为社会所做的显著贡献。

关键词　暑期托管　社会实践　教育发展　青年志愿者

一、选题背景

（一）社会背景

在暑假期间，因家长工作繁忙，许多小学生在家无人看管及缺少关怀，尤其是当今社交网络盛行且发达，小学生易沉溺于网络，对他们身心的健康成长不利。在当前社会环境与教学体系，小学生财商知识教育缺失现象较为严重，随着我国经济与社会的快速发展以及消费水平的不断提升，小学生财商知识储备无法与其有效契合，容易因财务知识及管理能力不足而引发不良消费及金融行为。不少商家会根据小学生消费盲目、从众等弱点诱导他们进行非理性消费和形成不良消费习惯，所以很多家长都期待能由专业负责的机构或者组织来托管其孩子，接受一些财商知识的教育。

（二）政策背景

一方面，当前国家提出了减轻义务教育阶段学生作业负担和校外培训负担的"双减政策"，以促进义务教育阶段学生的全面发展与身心健康。中共中央办公厅、国务院办公厅在2021年7月24日印发《关于进一步减轻义务教育阶段学生作业负担和校外培训负担的意见》，明确要求各地各部门根据实际情况认真落实"双减"工作方针，对校外机构的培训工作进行严格管理和规范。本项目寓教于乐，有效地达到了国家政策的要求。

另一方面，《中华人民共和国义务教育法》及其他法规文件中明确指出应加强对青少年的财商教育，树立青少年正确的消费观念、理智投资观念、勤俭节约观念及良好的消费习惯。而本托管项目以财商教育为特色，教授学生财商知识，提升其金融素养。

(三)国际背景

我国在财商教育体系上同英、美等西方国家相比有一定的差距,具体地说就是我国义务教育阶段的学生在校内学习时间较长,课业压力比较大,课外活动开展得不多,而财商教育教材资源及受过相关专业培训的优秀财商教育师资匮乏。财商特色托管项目的实施,将有助于促进财商教育的蓬勃发展并使财商教育进入广大青少年生活中,缩短与国外义务教育阶段青少年财商之差距。

二、研究内容

(一)研究目标

2023年是中国共产主义青年团成立101周年,广大青年团员应该积极响应党团号召,学习习近平总书记讲话精神,提高自身政治觉悟,发扬当代青年奋斗不息、脚踏实地的精神。

中南财经政法大学金融学院青年志愿者协会与湖北省"信义兄弟"农民工帮扶基金会开展合作,对广大大学生志愿者进行层层选拔,结合党史、团史和青年运动史教育,依托专业素养和学科特色,开展为期一个月的财商特色暑期托管活动,使得暑期父母无空陪伴的学生们在学习科学文化知识的同时,也能够学习先进红色思想和优秀传统文化,树立正确的价值观,培养爱国主义精神和集体主义精神,促进德智体美劳全面发展。

(二)研究内容

本托管项目中的财商教育将依托中南财经政法大学金融学院学科优势展开,致力于将财商知识通俗易懂地教授给学生,使学生初步了解经济相关机构的设置,树立基本的理财观念,培养学生勤俭节约、量入为出的优秀品德,帮助其建立正确的消费观。

(三)研究思路

本托管项目从财商教育的角度出发,在正式开始实践的第一天,对学生发放问卷进行调查,统计学生对财商知识的了解情况。在实践活动期间,志愿者将对学生普及相关财商知识,在活动结束的时候,再次对学生发放问卷进行调查。比较两次问卷结果,进行数据分析,从而得出学生对财商知识了解情况的报告。

具体教学纲要如下:

1. 课程信息

课程类型为经济学教育课程,适用对象是小学一到六年级学生。

2. 课程简介

财商本意是"金融智商",是指个人、集体认识、创造和管理财富的能力,包括观念、知识、行为三个方面。财商作为与智商、情商并列的三大现代人必备的素质之一,是实现成功人生的关键因素。有关调查结果显示,在中国家庭内部,超过60%的家长对子女缺乏财商方面的教育。此外,社会对学生财商教育十分关注。当今社会市场经济的快速发展使拜金主义风气盛行,身处其中的广大学生群体也深受影响,尤其是不少学生群体对金钱的产生、来源、流通缺乏明确的认识,缺乏正确的消费观和价值观,攀比和盲从现象较为普遍,同时部分家长的溺爱和不合理的消费习惯对学生的消费观也造成了一定程度的误导。

因此,针对广大学生在平时生活中对财商知识的需求,本托管项目将理论与实践相结合,让学生们在一系列递进式的学习安排中掌握财商知识,提高对货币的认知能力;培养财富意识,树立道德与价值判断标准以及正确的金钱观、消费观;锻炼人际交往能力,为其今后成长道路上的消费与理财活动提供指导与帮助。

3. 课堂教学目标

(1) 知识目标。

① 了解"财商"一词的具体含义,树立简单的财商意识;

② 初步了解经济的运行规律,初步了解各种经济问题;

③ 通过学习了解生活中常用的相关经济学概念,并将所学知识用于实际的个人经济活动。

(2) 能力目标。

① 培养并提升学生与金钱打交道、获取和管理金钱的能力;

② 培养并提升学生对数字的敏感程度,增强学生认数、识数的能力。

(3) 素质目标。

① 培养学生对经济类教育的兴趣爱好,能够以理性经济人视角规范自己的日常经济行为;

② 培养学生树立"延后享受"的理财观念,教导学生延期满足自己的欲望,以追求未来更大的回报;

③ 培养学生勤俭节约、量入为出的优秀品德;

④ 帮助学生树立正确的消费观、理财观,使学生能在日常生活中科学地进行消费活动和理财活动,同时也为其更好地解决未来成长过程中的科学理财问题奠定基础。

(四) 研究价值

1. 丰富学生暑期生活

本托管项目除开展财商知识教育外,还结合托管人员的特长与知识能力,设置传统文化、红色教育等课程,一方面,可以在一定程度上解决学生暑期无人看管照顾、学生课外生活受限等问题;另一方面,丰富青少年暑假生活,激发其学习积极性和主动性,并端正其思想态度,引导青少年们树立正确的世界观、人生观和价值观,促进其身心全面发展。

2. 普及财商、党史及传统文化和科学教育

本托管项目积极响应国家加强理论学习和提升文化自信的政策,结合金融学院学科特点,对托管学生进行党史教育、传统文化教育、财商知识教育,顺应社会发展潮流。

3. 为大学生实现自我价值提供平台

本托管项目为有志于国家教育事业做出贡献的大学生们提供了一个平台和机会,大学生们通过这次活动利用自己所学到的知识来教授托管对象,真实体会国家教育事业的发展,并且使大学生能力得到增强,意志得到锤炼,密切他们和所学学科之间的关系,激励他们不断致力于中国特色社会主义的伟大实践和自我价值的实现。

(五) 调研方法

1. 文献调查法

在本托管项目开展前,通过浏览网页、查阅书籍等查阅了解能够调动学生积极性的授课

方法与适合小学生的课程内容,为托管期间的授课做准备。

2.实地调查法

志愿者通过授课了解学生的上课状况,运用多种教学方法获得学生的不同反馈,从而了解何种教学方法较适宜。在实际授课中,志愿者运用类比式讲解法,探索+总结式讲解法,辅以实例讲解法、情景带入讲解法等讲解概念性问题;运用讨论教授法、提问教授法、练习教授法等进行互动性教学。

三、实践开展情况

2023年7月5日至8月5日,中南财经政法大学金融学院青年志愿者协会与湖北省"信义兄弟"农民工帮扶基金会合作开展为期一个月的暑期财商特色托管活动,实践地点为武汉市中建三局一公司、汉阳市政公司、武汉市中建七局。参与的志愿者有21人,服务学生50余人。

(一)教学课程

三个托管点的志愿者们依据自身托管点人数、场地条件和公司职工要求设置相应的课表与教学内容,每天开展7个课时(上午4个课时,下午3个课时)的教学工作。托管课程既包括语文、数学、英语等文化课程,以巩固学生的课业知识;又有财商、天文、地理、诗词、传统文化等众多兴趣课程,以拓宽学生的文化视野;还有体育、手工、美术、舞蹈等活动类课程,以提高学生的综合素质。在课程开始前,志愿者们会先确定好该节课的教学内容以及教学方式,准备好本节课的教案以及所需要的PPT和教学道具。在课堂讲解中,志愿者们采用板书、PPT演示、情景模拟、游戏互动和视频播放等多种形式,激发学生学习兴趣,寓教于乐。同时,志愿者们会依据课堂上学生参与度和理解程度、教学效果等适当调整授课内容与教学方式,确保学生能够最大程度地投入课堂当中,学习到新知识。

三个托管点的志愿者们也会积极与学生沟通,了解学生的心理状况及学习习惯,每天分工撰写托管日志,记录当天的课堂情况、突发状况以及当天教学总结,提出优化建议。同时,每个点的志愿者们会定期开展例会,总结教学情况,反思教学问题,并对后续工作进行安排规划。

(二)日常生活

托管期间,志愿者们为学生们制定日常规范,如课间不追逐打闹、课堂上举手回答问题、文明有礼、饭前饭后洗手、午休期间不许大声喧哗等,使学生养成良好习惯;在课间,志愿者们也会与学生开展老鹰捉小鸡、木头人等趣味游戏,增进双方感情;同时,志愿者们还会组织开展各类趣味运动会、同学生日会、道德讲堂等一系列有意义的活动,丰富学生课余生活。志愿者们会定期开展例会,总结教学成果,反思教学问题,从而不断提高教学质量与效果。

(三)作业辅导

托管期间,除日常课程教学外,每天会有2小时的课业辅导时间,志愿者们督促并辅导学生完成暑假作业,既夯实学生的学习成果,最大限度地减轻额外的课业负担,又减轻了学生家长们的压力。

四、实践结果与发现

（一）实践结论

历经一个月的特色财商课程教学，学生对于财商知识的认识程度普遍加深。其中，学生对"货币""消费"等概念的认知在一开始基本都有所耳闻，但较多人只停留在一般了解阶段，经过特色财商教育后，学生基本都能够熟练掌握这些知识；而对于诸如"外贸""理财"等名词，从起初的几乎没有人能够准确说出其含义到最后能完美阐述，反映出特色财商教育不仅带领学生更好地了解之前一知半解的财商知识，同时也向他们展示了平日可能并不怎么有机会能接触到的财商概念。

随着经济的飞速发展和人们生活水平的不断提高，各种金融骗局层出不穷，让人防不胜防。在青少年的成长过程中，他们不仅要树立正确的世界观、人生观和价值观，也应该要培养正确的金钱观、财富观。财商教育对于青少年成长的重要性不言而喻。与其他国家相比，我国财商教育起步较晚、发展较慢，但其重要性却逐渐显现。在20世纪80年代，美国便在中小学开设了关于少儿理财的教育课程，欧洲发达国家也在20世纪90年代开设了少儿理财课程，并开始在高考中出现理财的内容。在2013年12月，我国首次提出：加强投资者教育，逐步将投资理财教育纳入国民教育体系。2015年9月，广州在36所中小学正式开设金融理财教育校本课程。

在本次2023年"融益筑梦"财商特色暑期托管项目中，中南财经政法大学金融学院青年志愿者协会依托专业优势，为三个托管点的学生开展了财商教育课程，这将助力我国财商教育进一步向前发展。

（二）问题发现

1. 学生普遍财商知识匮乏且部分缺乏正确的财商观念

在教学过程中志愿者发现托管点学生对财商知识缺乏基本的了解，也缺乏丰富的财商意识，他们对于一些简单的与财商相关的情景难以分辨对错。在大部分学生的潜意识里，财商就是"钱"，对于货币、保险、金融等概念缺少认识，有"钱"后的做法是"花钱"，对于储蓄、投资等缺少了解。因此，他们的财商知识和财商观念都有待丰富。

2. 学生接触财商教育的机会非常少

根据与学生的日常交流和课堂上的了解，大部分学生对财商的认知都停留在有零花钱可以进行购买这一方面，对于储蓄、投资、理财等概念的认识几乎为零，可以看出平时家庭与学校都欠缺该方面的教育。

五、实践结果分析

（一）财商知识缺乏系统教育

在我国当今的教育环境中，财商并未正式纳入基础教育体系，使得许多学生没有系统学习财商知识的机会，因此无法对财商形成正确的认识，更无法利用所学知识来管理和创造财富，提升自身能力。

(二)家长对财商教育存在观念上的误区

在家庭教育方面,许多家长多持有"谈钱多功利,不利于教育"的观点,认为财商教育要等孩子长大后进行,忽视了生活中的财商培养。实际上,财商教育能够帮助孩子塑造正确的价值观和世界观,更有利于他们的成长,家长自身对财商存在误区,导致目前许多学生缺乏财商知识。

(三)短视频、电子游戏等对孩子消费的影响

目前短视频、电子游戏风靡,其影响已渗透至各行各业,不可避免地对学生的财商意识,尤其是消费意识产生影响。在积极方面,新媒体平台的发展给学生提供了更多了解财商知识的途径,在一定程度上能够激发学生的学习热情。在消极方面,某些短视频有引导消费主义的趋势,让学生的消费行为更加不理性;某些短视频可能会让学生对投资、储蓄、银行等相关经济行为或主体产生误解;某些电子游戏需要进行充值,在一定程度上也会让学生对金钱、消费产生错误认知。

六、解决优化方案

(1)学校开设财商课程,对学生进行财商教育。
(2)家长有意识地在日常生活中为孩子普及财商知识。
(3)家庭条件允许的情况下家长适度地给予孩子零花钱,让孩子在生活中逐渐学会理财。

七、结语

此次托管活动可以给孩子们送去温暖和陪伴,在现实意义上有助于中国教育的发展和父母托管需求的满足。

同时,本次活动拉近了大学生志愿者与青少年之间的距离,让青少年了解更广阔的世界并激发对人生的好奇。大学生志愿者们互相帮助、通力协作地履行着自己的使命,加强了相互间的联系,对中国教育现状有了更深的认识并积极主动地进行反思,以期在改变这一现状方面做出更大的贡献,同时大学生本人教学能力、社交能力、组织策划能力及生活能力诸多方面得到发展,收获了作为教师这一特别人生经历。

参考文献

[1] 毛子连,黄思芸."双减"政策内容分析——基于改革开放以来减负政策的思考[J].教育实践与研究,2021(33):26-29.
[2] 赵维莉,陈籽初.财商教育,成人前的必修课[J].人生十六七,2019(25):4-5.

绿色普惠金融背景下农村光伏贷产品优化路径探究
——基于山东省潍坊市马家冢子村的调研报告

金融学院 刘科 吴彤 张栖敏 黄一格 沈思婷

摘 要 针对山东省潍坊市昌乐县马家冢子村的光伏贷发展情况进行研究,以调查问卷等形式获取农户光伏贷使用情况,基于 Logistic 回归模型对农村光伏贷购置意愿影响因素进行分析,并基于四分图模型对农村光伏贷发展路径提出优化建议,既总结了以往光伏贷产品运营模式的不足,为在全国范围内推广总结规律,又以光伏贷为切入点,立足当下研究未来金融支持分布式光伏产业、支持农户增收的道路和机制。

关键词 乡村振兴 绿色金融 光伏贷

一、调研过程

本项目采取线上与线下相结合的调研方式。经过前期讨论,团队研究并总结出政府和银行宣传力度、相关机构保障措施等多维度影响因素,并通过线上调研获得 103 份有效问卷,在进行信度和效度检验后运用多元回归分析与四分图模型测定不同因素的影响程度。同时,团队通过实地走访昌乐农村商业银行驻村金融服务站干部与马家冢子村村民,了解农户对光伏贷产品的认知程度及购置偏好。

(一)第一阶段——前期准备

在调研前期,团队成员定期召开线上会议,分阶段布置调研任务并及时总结资料和成果。成员紧跟时事热点,收集相关资讯及文献,深入了解乡村振兴与绿色普惠金融相结合的趋势。为了解村民购置光伏贷的影响因素和重要性,团队成员制作完成了针对当地村民和干部的问卷及访谈提纲,以探究光伏产业和光伏贷产品在当地的发展程度及村民的购买意愿。

(二)第二阶段——实地进村

寒假期间,团队成员前往马家冢子村金融服务站(见图 1)、农村大棚及民房进行实地调研,近距离接触昌乐县光伏发电及户用光伏模式,发现户用光伏电站广泛分布于农村大棚、房屋屋顶,且村民对每年收益较为满意,这表明潍坊市光伏扶贫宣传力度较大,成效较好。通过村民介绍,团队成员下载并试用目前广泛推行的电站用户软件,切身体验户用光伏产业流程,了解其在农村地区的发展现状。

图 1　金融服务站

(三) 第三阶段——红色经典

为在调研过程中更好地宣传红色文化、弘扬主旋律,团队成员与实践地村民共同学习李大钊先生的《青春》节选(见图 2),感受一代代青年踔厉奋发、将小我融于大我的精神。同时,团队成员创新学习宣传形式,通过策划举办二十大金句接龙游戏,展现习近平新时代中国特色社会主义思想,抒发对伟大时代、伟大事业的敬仰之情。

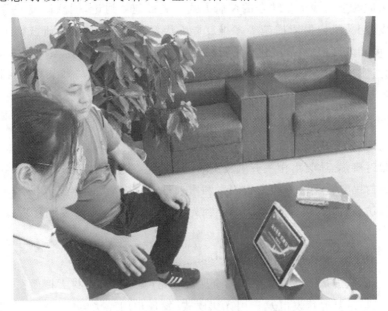

图 2　学习红色经典

（四）第四阶段——银行调研

团队成员实地走访当地中国建设银行，通过与银行工作人员座谈，了解光伏贷设定利率、银行保障措施等内容，同时了解光伏贷产品在潍坊市的普及程度及村民的反馈建议，以进一步总结现存问题和提出优化路径。

二、调研结果与发现

经过文献研究和实地调研，本次调研最终从不同角度总结出多个影响光伏贷购置意愿的因素，包括政府和银行的宣传力度、相关机构保障措施、光伏贷利率、贷款额度、还款方式灵活度等。为便于后续建立模型，运用多元回归分析各因素的影响程度，在问卷调查过程中，团队成员将各个影响因子量化，对不同程度的影响赋值。本次调研共获 103 份问卷，其中有效问卷为 103 份，有效率为 100%。数据分析结果将从样本特征分析和总体数理分析两方面进行阐述。

（一）样本特征分析

团队成员在进行正式调研前收集了参与调研者的个人信息，为尽可能避免个人信息对调研分析结果的影响，统计了收入、学历、家庭收入模式等与人口学变量相关的数据及其频率，对人口学变量分别进行差异性分析，由显著性判断该变量是否影响不同因素下购置光伏贷的意愿现状，包括光伏贷产品质量、政府作用效果、光伏贷购置意愿、银行作用效果。

参与调研的农户收入集中在 5 万元以下，占比 71.4%，其中 1 万元以下占比 44.4%。收入划为五组，对收入进行单因素方差分析（ANOVA），组间显著性都大于 0.05，说明不同收入下各因变量不存在显著差异，收入对现状影响较小。

农户学历普遍较高，大专及以上学历农户占比 59.4%，中学学历的占 26.0%，小学及以下学历的占 14.6%。对学历进行单因素方差分析，组间显著性都大于 0.05，表明不同学历下各因变量不存在显著差异，学历对现状影响较小。

家庭收入模式中双工占比 56.8%，家庭种养占比 25.8%，男工女耕或女工男耕占比 17.4%，见图 3。对家庭收入模式进行单因素方差分析，组间显著性都大于 0.05，表明不同家庭收入模式下各因变量不存在显著差异，收入模式对现状影响较小。

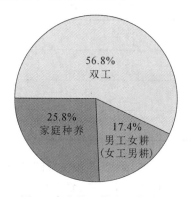

图 3　家庭收入模式频数分布

由上述分析可知，农户收入、学历、家庭收入模式三个人口学变量对光伏贷购置意愿差异的影响较小,同一变量不同分组间不存在显著差异,后续回归分析可忽视人口学变量的影响。

(二)总体数理分析

1. 信度与效度检验

(1)信度检验。

信度是一个测量学概念,检验问卷信度即考察影响因素量表内部一致性。除去收入、学历、家庭收入模式三个人口学变量外,对正式量表进行信度分析(见表1),本次调研的克隆巴赫系数为0.710,量表的内部一致性较好。

表1 信度分析

克隆巴赫系数	项数
0.710	13

(2)效度检验。

效度具体考察每一个题项的能效性,即检验每一个题项是否对调查购买意愿影响因素的量表发挥了重要作用。在正式检验效度前先进行适应性检验,KMO取样适切性量数达到了0.743,超过了0.6,而巴特利特球形度检验的显著性也达到了0.000,低于0.05的水平,说明可进一步使用探索因子分析检验效度。

调研使用的问卷维度未知,使用探索性因子分析,根据总方差解释分为五个维度,旋转后的因子载荷累计平方差大于60%,说明该划分较为合适。

2. 多元Logistic模型回归分析

根据模型拟合信息,显著性达到0.000(小于0.05),这说明所建模型有着良好的统计含义,并且经过了严格的检验。

表2中的伪R方值显示出较高的决定系数,这表明模型能够很好地解释原始变量的变化,并且拟合效果优秀。

表2 伪R方值

伪R方值	结果
考克斯·斯奈尔	0.965
内戈尔科	1.000
麦克法登	1.000

由模型似然比检验表(见表3)可知,最终进入模型的影响因子包括对光伏贷了解程度、宣传效果、政府扶持、保障措施、主观与客观利率、贷款额度、还款方式灵活性、放款速度。其中显著性小于0.05的影响因素变量对模型构成有显著贡献,不同分类水平的变化对因变量有显著影响。

表 3　似然比检验

截距	显著性	结论
1.对光伏贷了解程度	0.039	较显著
2.购置情况及意愿	0.02	很显著
3.宣传效果	<0.01	较显著
4.政府扶持	1	不显著
5.保障措施	1	不显著
6.主观利率	0.016	较显著
7.客观利率	<0.01	很显著
8.客观贷款额度	0.019	较显著
9.主观贷款额度	0.019	较显著
10.还款方式灵活性	0.016	较显著
11.放款速度	0.02	较显著
12.年收入变化影响	<0.01	很显著
13.主观保障措施	<0.01	很显著

进一步对显著性较小的影响因素进行分析，参数估算值表（见表4）中列出自变量不同分类水平对光伏贷购置意愿的影响检验。B 值即 Logistic 模型回归方程中的 $b_i(i=1,2,3,\cdots)$，$X_i(i=1,2,3,\cdots)$ 对应不同影响因素及其不同分类水平。

$$\mathrm{logit}(p)=\ln[p/(1-p)]=b+b_1X_1+b_2X_2+b_3X_3+b_4X_4+b_5X_5$$

根据模型拟合信息，显著性达到 0.000（小于 0.05），这说明模型有着良好的统计含义，并且经过了严格的检验。

表 4　参数估算值

影响因素	B 值	显著性
截距	29.571	0.039
1.对光伏贷了解程度	2.714	0.020
2.宣传效果	3.072	<0.01
3.主观利率	−4.442	0.016
4.客观利率	−4.660	<0.01
5.贷款额度	3.979	0.019
6.还款方式灵活性	4.030	0.016
7.放款速度	3.670	0.02
8.年收入变化影响	28.685	<0.01
9.保障措施	10.643	<0.01

为便于统计和分析，在运用 Logistic 模型时将购置情况及意愿划为"有购置意愿"和"无购置意愿"两类：p 为有购置意愿的概率，$1-p$ 为无购置意愿的概率。

X_1 代表光伏贷对农户年收入变化影响;

X_2 代表政府提供的主观保障措施;

X_3 代表光伏贷的客观利率;

X_4 代表光伏贷的主观利率;

X_5 代表光伏贷还款方式灵活性;

X_6 代表农户可申请的贷款额度;

X_7 代表银行放款速度;

X_8 代表光伏贷的宣传效果;

X_9 代表农户对光伏贷的了解程度。

$$G = \ln[p/(1-p)] = 29.571 + 28.685X_1 + 10.643X_2 - 4.660X_3 - 4.442X_4 + 4.030X_5 + 3.979X_6 + 3.670X_7 + 3.072X_8 + 2.714X_9$$

G 为购置意愿强度。

3. 四分图模型

通过线上问卷调研、实地调研以及专家访谈等,团队成员收集大量资料,整理后得出如下结论:

根据农户满意度调查以及专家访谈等得出:对光伏贷了解程度[B]、客观利率[B]、光伏贷所带来年收入变化影响[B]、主观保障措施[B]4个因素落入修补象限[B],指标分布在这些区域,表示这些因素对顾客来说是重要的,但当前光伏贷带给农户的体验感在这些方面比较差,满意度评价较低,需要重点完善、改进。同时,宣传效果[C]、利率[C]、贷款额度[C]、还款方式灵活性[C]、放款速度[C]5个因素落入机会象限[C],指标分布于该区域,表示这些因素尽管满意度评价不高,但对农户光伏贷购置意愿的影响不大,因此不是当前最紧迫需要解决的问题,无须投入大量精力,在精力有限的情况下可以暂时忽略这些因素。

三、存在的问题

(一)银行方面

1. 光伏贷后续配套服务不够完善

通过上面的模型数据分析可以得到,贷款后的配套措施,比如说设备定期维护、相关技术培训等对农户来说是重要的,但当前光伏贷在这一方面带给农户的体验感比较差,满意度评价较低。贷款后续的配套措施会影响农户在贷款后的营收以及后续还款能力,最终影响绿色发展与乡村振兴。相关服务不够完善对农户的购置意愿产生了负面影响。

2. 银行对农户资质审查门槛较高

本项目组在与农户、银行相关人员进行访谈以及查阅相关资料中发现,银行在发放光伏贷之前对农户的资产要求、年收入水平等设定的门槛较高,使一部分农户没有申请光伏贷的资格,而能够达到该门槛的农户中有一部分由于家庭经济条件相对较好,对通过光伏贷增加家庭收入的意愿相对较弱。因而,将光伏贷资质审查门槛设定过高,不利于光伏贷的进一步推广。

(二)政府方面

1. 政府在光伏贷宣传中"背书"不足

根据本项目组的调研结果,可以发现,整体来说光伏贷的宣传力度不大,宣传效果不佳:

一方面是因为银行投入不够；另一方面是因为政府在其中的"背书"作用不够明显。对于光伏贷这样具有普惠性质的产品，政府的"背书"会使农民更安心，更有信心，在实际宣传过程中，政府支持不足，会使农户忽略政府在其中的支持作用，将其视为一种纯商业产品。

2. 政府对光伏贷扶持力度有限

由于光伏贷产品还在初步推广阶段，需要大量的政府补贴资金与银行贷款资金的投入。相较于银行其他贷款业务，光伏贷的风险偏高，更需要政府的财政支持。但实际上政府的支持力度不够大，使得银行为控制风险在贷款利率、贷款额度、资质审查等方面要更为谨慎。

（三）农户方面

1. 对光伏贷政策了解程度有限

农户长期从事农业生产，对光伏贷这种类型的金融产品了解不够多，难以理解光伏贷与乡村振兴、绿色金融的内在逻辑。因而，农户对光伏贷的接受程度有限。

2. 光伏产业经营经验匮乏

大多数农户并没有关于光伏产业的知识储备。本项目组在调研过程中发现一些农户对经营光伏产品具有畏惧心理。同时，也因为农户没有光伏产业相关的工作经验，故一部分农户的经济效益并不理想，这一部分农户后期还款会有一定压力。

（四）产品方面

本项目组在实地调研中发现，当前的光伏贷产品本身具有利率较高、额度不高、还款方式与时间不够灵活的特点，这些特点会对农户对光伏贷的购置意愿有较为直接的影响。但暂时来说，由于银行控制风险的需要，这些特点难以改变，因此，其不是当前最紧迫需要解决的问题。

参考文献

[1] 张敏,刘进,林江刚,等."双碳"背景下屋顶分布式光伏开发环境效益分析[J].能源研究与利用,2021(6):37-41.

[2] 郭跃飞.户用分布式光伏发电精准扶贫模式研究——以高平市野沟村为例[D].太原：山西大学,2017.

[3] 温泽坤,邱国玉.中国家庭式光伏发电的环境与经济效益研究——以江西5kW光伏系统为例[J].北京大学学报（自然科学版）,2018,54(2):443-450.

[4] 吴璐阳,辛洁晴,王承民.计入用户从众心理的分布式光伏装机容量预测[J].电力系统自动化,2022,46(14):83-92.

[5] 吴璐阳,刘福斌,辛洁晴,等.计入激励政策影响的分布式光伏装机容量预测[J].电力系统及其自动化学报,2020,32(10):104-110.

[6] 梅应丹,邱纪翔,许杏柏,等.网络效应对家庭分布式光伏发电行为的影响[J].中国人口·资源与环境,2022,32(3):28-37.

[7] 赵春鹏.国内户用光伏可持续发展研究——商业银行视角[J].浙江金融,2022(4):64-71,44.

[8] 吴昊.光伏产业银行贷款所面临的风险及对策[J].现代商业,2012(11):46.

"数字红利"还是"数字鸿沟"?
——湖北省加快农村农业数字化转型问题研究

文澜学院　杨璨　翁诗棋　向盈羽　程心如　荣子睿　刘彬彬　陈科含

摘　要　党的二十大报告对全面推进乡村振兴进行了科学规划和战略部署。习近平总书记在党的二十大报告中强调:"加快发展数字经济,促进数字经济和实体经济深度融合"。2023年中央一号文件提出,要深入实施数字乡村发展行动,推动数字化应用场景研发推广。一系列重要指示和重要部署,为新时代全面推进数字乡村建设、以数字技术赋能农业农村现代化指明了方向。随着5G等技术应用到农业领域,现代数字技术与乡村生产、生活、生态的融合日渐深入,数字乡村建设正为乡村振兴按下加速键,插上腾飞的翅膀。湖北省积极响应中央工作部署,贯彻落实习近平总书记重要讲话精神,大力推广"三产融合＋数字化",充分释放数字化发展红利,扎实稳步推进乡村振兴。

关键词　数字乡村　农业数字化转型　乡村文旅转型升级

一、调研意义

(一)理论意义

虽然目前已经有少数学者关注到数字经济赋能农业转型问题,但现有数字农业相关研究相对落后且大都是以全国为样本进行的。本课题考虑区域特点,以随州市及潜江市为样本,进行实地调研,政策建议针对性强。此外,本课题将物联网、大数据等相关理论同农业信息化理论相结合,丰富农业现代化理论。

(二)社会意义

本项目深入剖析农业数字化转型的现存问题,对促进潜江市现代农业的转型、推进数字湖北的发展具有重要的现实意义。本项目政策建议有利于潜江市多角度、全方位地推进农业数字化转型,改变农业发展方式,使农业发展走上创新之路,逐步消除城乡之间的数字鸿沟,增加居民福祉,为数字湖北的建设乃至农业强国战略的推进提供强有力的支撑。

二、调研方法

本项目以社会科学质性研究为主,辅以相关数据分析。根据研究内容和目的的需要,本项目综合使用文本分析、焦点小组、深度访谈、次生数据分析、多维理论研究等调研方法，对调研所得信息进行归纳、分析、总结，从而达到研究的目的。

三、实践开展情况

（一）农村农业数字化转型问题之一：乡村文旅产业调研

随州历史悠久、文化灿烂，享有"炎帝故里""编钟之乡"的美誉。2023年8月3日，社会实践队赴随州博物馆（见图1(a)），随州市政协委员李易子表达了对随州文旅现实困境的苦恼："外地人提及编钟，都只知湖北，不知随州。"可见，随州对炎帝和编钟这两张世界级历史文化名片的宣传力度并不够大，随州文旅业的巨大潜力仍需深入挖掘。

随州市曾都区洛阳镇千年银杏谷景区中的银杏群是世界四大密集成片的古银杏群落之一。2023年8月3日下午，社会实践队来到千年银杏谷景区（见图1(b)），经过洛阳镇文化旅游办公室易主任的介绍，队员们了解到由于景区前开发公司的短视，景区中添加了许多快餐元素而忽略了对自然景观的开发，此外，银杏谷景区还面临着银杏景观季节性极强、农家乐质量参差不齐等巨大挑战。

8月3日下午，社会实践队来到随州市九口堰新四军第五师纪念馆（见图1(c)），参观旧址里展出的实物、史料、图片，革命先辈的丰功伟绩和轰轰烈烈的革命故事如在眼前。社会实践队成员纷纷表示中南财经政法大学青年生来便具有红色血脉，必将不忘初心、牢记使命。

图1 社会实践队参观随州博物馆、千年银杏谷景区、九口堰新四军第五师纪念馆

(c)

续图1

8月4日上午,社会实践队与中共随州市委统一战线工作部、随州市文化和旅游局、随州市农业农村局、随州市商务局等相关部门负责人开展了一场深入座谈,以凝聚智慧力量,助力乡村振兴。针对随州文旅"繁星满天,明月不朗"的发展困境,社会实践队初步提出系统打造随州文旅全生态,聚焦重量名片,运用数字渠道实现流量破圈;针对随州香菇产业精深加工不足的问题,提出促进物联网、区块链、大数据等数字技术与香菇全产业链深度融合,引领香菇保健品和香菇预制菜等新产品安全标准统一制定,香菇龙头企业区域品牌整合聚力等建议。

8月4日下午,龚强教授带领社会实践队前往云峰山万亩茶园开展实地调研和座谈交流(见图2)。社会实践队参观了茶叶种植场地以及茶叶加工车间,聆听了随州市神农茶叶集团的发展历史。云峰山茶场设有茶廉文化基地、普法空间、农耕文化展厅等多个研学板块,队员们可以在动手实操、耳濡目染中感受清廉文化、法治文化和农耕文化。随后,龚强教授带领社会实践队队员与茶场负责人开展了一场深入的交流座谈,就随州市茶产业及茶旅融合发展存在的问题,如乡村文旅服务行业质量参差不齐、景区开发规划不合理、周边游的刚性需求与茶场现有资源难以有效衔接等展开深入讨论。

(二)农村农业数字化转型问题之二:农业生产加工全产业链调研

早在2021年,社会实践队部分师生队员就依托湖北省重大调研项目,赴潜江调研了小龙虾产业数字化转型升级情况,并撰写了咨政报告报送中共湖北省委政策研究室,为本次调研铺好了"最先一公里"。为持续跟进潜江小龙虾产业发展现状、更新及完善相关建言,社会实践队于2023年8月6日再次赴湖北省潜江市调研学习。

为了解小龙虾全产业链布局及数字化技术应用情况,社会实践队于8月6日下午前往湖北小龙虾产业控股集团和湖北新柳伍食品集团有限公司进行调研(见图3(a))。第一产业方面,湖北小龙虾产业控股集团拥有一个小龙虾选繁中心和五大养殖基地;第二产业方面,湖北小龙虾产业控股集团拥有湖北莱克食品科技有限公司、康宏有限公司、楚玉有限公司等多家省级、国家级重点龙头加工企业;第三产业方面,湖北小龙虾产业控股集团不仅拥有40万立方米的冷链库容量、小龙虾农旅研学示范基地,还构建了内销、出口和电商三大营销渠道。

8月7日,团省委学校部负责人、中南财经政法大学校团委书记黄小妹赴潜江市看望慰

图 2　龚强教授带领社会实践队队员与茶场负责人开展交流座谈

问"数智"助农社会实践队,并举行交流座谈会。中南财经政法大学文澜学院分团委书记刘千惠老师从调研队伍构建、前期工作准备、调研工作开展、后续工作重点四个方面汇报实践队工作开展所取得的阶段性成果(见图3(b))。团省委学校部负责人听取报告并结合自身调研感悟现场向社会实践队讲授"微思政课",勉励社会实践队师生在社会课堂中受教育、长才干、做贡献,在观察实践中学党史、强信念、跟党走,努力成为担当民族复兴大任的时代新人。

为深入了解数字技术在小龙虾产业销售环节中的应用,8月7日下午,团省委学校部负责人与社会实践队队员共同前往晓飞歌电商孵化基地(潜江星抖影视传媒有限公司)和潜网集团中国小龙虾交易中心进行实地调研(见图4)。潜网集团积极挖掘数字价值,不断探索数字技术在销售、物流和定价方面的应用。社会实践队注意到物流中心旁挂牌"区块链"字眼的大楼,经介绍,潜网集团正在开发区块链溯源追踪技术,以期能够实时监测小龙虾的运输状态。此外,交易中心还推出小龙虾价格指数,指导全国市场价格、规范企业定价行为。

社会实践队前往赵脑村万亩虾稻工作基地(见图5)。基地由华山科技股份有限公司(简称华山科技)倾力打造,以形成的"公司+协会+基地+农户"特色合作模式,打破了乡村产业融资壁垒,推动供应链金融的发展。此外,赵脑村的田间地头装有智能化监控器、水质传感器等一系列数字设备,进一步提高劳动效率。为促进第一、二、三产业融合发展,推动乡村产业全链条升级,赵脑村正积极探索虾稻特色产业与乡村文旅的深度融合。

8月9日,社会实践队与潜江市小龙虾产业发展促进中心的工作人员举行了座谈会并进行交流(见图6),深入了解了潜江市小龙虾产业发展的全过程及未来方向,并就小龙虾产业

图 3　社会实践队赴湖北新柳伍食品集团有限公司调研，
刘千惠老师汇报"数智"助农队调研工作

发展过程中面临的产品季节性强、出口形式严峻、数字化技术应用尚待完善、品牌知名度尚需提高等问题进行了广泛建言。

四、调研结果分析

（一）问题分析

第一，省内传统农业数字技术应用场景具有局限性，农业物联网还未普及。近年来，虽然湖北省各地农业、科技、商务等部门在农业物联网等数字农业相关领域开展了一些示范应用，但是应用效果还不明显，没有与新型农业经营主体的产业发展实际需求有机结合。

第二，以网络直播为代表的电商营销人才不足。湖北省农业电商虽迎来高速发展期，但"痛点犹存"。特色产品网络营销活动的开展离不开人才的支撑，而数字化营销仅靠从外部邀请知名度高的相关人员来直播带货，成本高、不确定性大，并非湖北省传统特色产业可持续、高质量发展的长久之策。

第三，产业精深加工的研发投入力度仍不足。全省农产品精深加工企业的产品深加工程度不够，较少有企业以农副产品为原料进行高附加值食品、药用中间产品、下游产品的开发与综合利用。

图 4　社会实践队调研晓飞歌电商孵化基地、潜网集团

图 5　社会实践队调研赵脑村万亩虾稻工作基地

图 6　社会实践队与潜江市小龙虾产业发展促进中心的工作人员交流

(二) 原因分析

第一,信息化推广应用效应弱。湖北省大多数农副产品加工业仍采用传统的生产模式和简单的自动化控制,智能车间、智能工厂普及程度低。此外,还未建立以信息流促进上下游、产供销协同联动的企业间产业数据链,仍需推进"5G+工业互联网"的融合应用。

第二,目前湖北省电商从业人员文化水平普遍不高,传统特色产品主要经营人员尚未转变传统观念。2018年湖北省有近45万农村电商从业人员,其中近一半没有接受过系统的职业培训,缺乏品牌包装、宣传促销、售后服务专业人员,这是全省电商发展中的突出短板。再加上产品生产和加工企业因于资金有限,对培养网络营销专职人员和开展网络营销培训工作的投入力度不足,导致网络营销相关技术人才缺乏,制约了特色产品网络营销活动的开展。

第三,湖北省相关企业对传统优势产业的研发投入力度普遍不足,加工精细化、纵深化程度不高。根据调研,潜江龙虾加工业产值占综合产值的比例不足30%,加工业还有很大提升空间。虽然龙头企业在改良加工技术方面做了很多有益探索,但从产业整体发展来看,潜江本土多针对小龙虾进行基础的食用加工,加工产品种类单一,产品同质化现象严重,竞争较为激烈。

(三) 访谈分析

1. 针对乡村文旅(随州)

访谈对象:随州市文化和旅游局局长解伟

Q1:数字化手段赋能乡村文旅发展,对随州文旅的进一步发展是否带来了一些启示?

A1:启示是有的。一方面,我们积极举行短视频宣传大赛,通过本土网络达人的宣传来引流;另一方面,积极搭建互利互惠平台,吸引爱好摄影的人才来此,通过他们的镜头记录美丽风光,从而吸引游客。

Q2:将随州文旅从"网红"变"长红",从"引流"变"固流",您认为应该采取什么措施?

A2:我认为文旅生态的建构是很重要的。游客看了网上的宣传视频到随州来,不论游客的消费水平如何,都有得玩、有得住,"吃、住、行、游、购、娱"六大服务都要跟上。

2. 针对数字农业(潜江)

访谈对象:潜江市农业发展中心副主任杨运刚

Q1:请问在小龙虾生产环节,虾农在乡务农收益情况如何?回乡务农的年轻人多吗?

A1:华山科技推出"公司+协会+基地+农户"的合作模式,保障小龙虾的销路,年轻人在家门口通过"虾稻共作""虾稻鳝共作"能取得不错的收益,所以有一部分年轻人会选择不在城里打工,回乡创业。

Q2:请问在小龙虾加工环节,数字技术的运用是否增加了小龙虾制品的附加价值?

A2:当然是有的。数字技术的大量运用,正引领小龙虾产业走向高附加值领域,比如多元化、多口味的小龙虾预制菜产品,小龙虾中甲壳素的提取工艺。同时,通过大力发展第二产业——小龙虾精深加工,从而推动第一产业——养殖产业的高质量发展。

Q3:请问在加工之后的营销、物流等环节,潜江主要运用了哪些数字化保障手段?

A3:在宣传销售方面,我们依托潜江本地小龙虾养殖加工企业的集群优势来推动电商产业的发展,比如做得比较成功的晓飞歌电商孵化基地;在物流方面,潜网集团正在开发区块链溯源追踪技术,物联网、大数据等数字技术的运用满足了日均 1500 吨的运输需求,同时能够实时监测小龙虾的运输状态。

Q4:请问有关小龙虾产业的数字化发展,您认为潜江面临的最大挑战是什么?

A4:我个人认为当下小龙虾产业的数字化发展面临的最大困境是冷链物流的建设与完善。因为缺少自己独立的冷链,为了及时销出小龙虾产品,我们曾经选择上架大型商超。但是出于商超资金占用时期长、加工利润低等原因,最终未大规模推广。

五、优化建议

(一)丰富应用场景,促进数字技术与实体经济深度融合

以数字技术与农业深度融合为支点,丰富物联网、大数据、区块链等技术的应用场景,实现优势产业全方位、全链条的升级,为经济发展打造新的增长极。

1. 推动物联网融合生产,拓展精深加工产业

推动物联网技术融合生产,有效提高生产加工效率。基于传感器和连接设备,物联网技术联通了生产机器、加工车间和企业管理系统,使得企业能够实时获取各种生产数据,实现远程监测和管理;还可以通过远程发布命令来迅速调控设备,不断优化生产过程,提高运行效率的同时保证质量。

产学研融合助推加工产业升级工艺、拓展精深加工。传统农副产品加工业若始终囿于简单加工初级制品,会使产业链陷入"低端锁定"的风险,建议企业与高校、科研院所等技术研发单位积极合作,拓展精深加工,延长产业链条。譬如潜江市华山科技与武汉大学共建甲壳素研发中心,破解甲壳素不易被人体吸收的难题,横向拓宽、纵向延伸小龙虾加工产业链条,实现经济效益的提高。

2. 搭建大数据云平台,引入区块链技术溯源

搭建大数据云平台,管理产业链实现"集群效应"。由省市级单位提供技术支持,并牵头搭建大数据云平台,通过龙头企业带头、中小企业效仿的模式引导企业上传产业数据,实现全产业链数据的收集与共享,促使产业链上各个环节的企业主体紧密合作,管理产业链实现"集群效应",提高产业经济效益。

引入区块链技术溯源产品,保证产品品质的同时实现精细化管理。区块链技术具有杜绝篡改性、公开透明性和可溯源性,以随州香菇和潜江小龙虾的生产加工产业为例,香菇有关食品和饮料、小龙虾预制菜等食品,以及与香菇有关的化妆品、甲壳素相关产品等保健药物的质量安全尤为重要,以区块链作为底层核心技术记录产品的相关信息,一则能及时遏制假冒伪劣产品流向市场,二则能够保护厂商的知识产权和消费者的权益,实现区域品牌价值的保护。

(二)支持技术、资金、文旅"三下乡",赋能乡村振兴

1. 技术下乡,探索政企合作新模式

为解决农业技术水平不高的掣肘难题,各地可探索科技公司与政府合作模式。例如,华山科技与赵脑村合作,通过土地流转、统一改造、成片开发,将不规则的小块田地转化成虾稻

田单元,形成了万亩虾稻工作基地。华山科技通过向赵脑村农民优先返租田地、提供技术规范指导并与其签订保底收购协议等方式,与赵脑村形成了紧密的合作。此外,华山科技还向村委会提供活动资金,强化了合作社的管理作用,最终实现虾稻共作模式的规模增收,建议其他规模化种植区域可借鉴"华山经验",鼓励科技企业、科研院所等加强下乡考察、推动成果转化。

2. 资金下乡,完善乡村金融服务体系

乡村是传统金融服务难以触及的"长尾地区",资金不足制约了乡村发展。这种状况对乡村金融服务体系的完善提出了要求,即要大力发展农村普惠金融:一方面,各级政府需落实金融"滴灌计划"的实施,提供如"5年500亿元文旅产业发展信贷"等专门金融服务,提高乡村借贷的资金可得性;另一方面,村镇基层单位应增强普及金融知识的力度,鼓励农户利用金融服务借贷资金、购买商业保险。

3. 文旅下乡,推动乡村旅游转型升级

基于乡村的风土人情特色开发文旅产业,打造可持续发展的乡村旅游业,通过多元化产业助力乡村振兴。各地可结合本地自然风貌、特色产业,打造集景观农田、餐饮民宿、度假康养、农耕体验于一体的乡村旅游新业态。首先,要进行旅游资源特色化开发,形成区域协同的旅游格局。其次,要制定行业发展规范,打造优良的乡风、民风。地方政府联合龙头企业制定行业标准,解决乡村文旅服务水平"参差不齐以及服务监管缺位"等问题,对此可以采取以奖代补的措施,从而提高服务质量。

4. 强化数字营销,推动全民参与

"人多流量大",推动全民参与乡村数字营销。可鼓励农户、加工企业、经销商户、农户等积极参与,在实践中壮大本土数字化营销人才队伍。为提升队伍的数字化营销水平,各地可聘请大流量主播进行授课,帮助企业和农户了解基本的数字化营销理念、直播卖货流程;武汉有大量的高校学生,考虑与高校对接打造学生实践基地,鼓励寒暑假期间学生下乡实践,参与乡村数字营销的同时发挥才智,助力乡村数字营销的发展。

5. 依托电商平台,打造区域名牌

电商平台的普及让特色产品走得更快、更远,助力区域打造名牌。湖北省兼具全国最多的互联网企业优势和"九州通衢"的地理优势,具备发展电商的坚实基础,可以从以下三点推动电商发展:第一,鼓励头部电商进驻,利用其巨大影响力提升自身流量;第二,培育壮大本土电商,惠及小微企业、个体户和农户,拓宽产品销售渠道,提高商品流通效率;第三,借助平台了解消费者的喜好和需求,快速反应、"柔性"生产,打造"现象级"产品。

六、结语

习近平总书记在给中国农业大学科技小院的同学们的回信中说,希望同学们志存高远、脚踏实地,把课堂学习和乡村实践紧密结合起来,厚植爱农情怀,练就兴农本领,在乡村振兴的大舞台上建功立业。在此次调研中,社会实践队深入社会、深入基层、深入群众,始终坚持以"三产融合+数字化"为导向,努力探索农业三产融合突破口,将数字化手段应用于农业农村全产业链,加快数字化思维、认知和技术在广大乡村中的普及和运用,促进第一、二、三产业融合发展,赋能乡村振兴。未来,社会实践队将在持续跟进随州、潜江的数字经济发展动态的基础上,进一步扩大调研范围,在全国的田间和工厂里开阔视野、增长才干、磨炼品格,运用理论知识解决发展难题,热心助农、热情爱农、热忱兴农,为乡村振兴贡献中南财经政法大学的力量!

参考文献

[1] 李国英."互联网+"背景下我国现代农业产业链及商业模式解构[J].农村经济,2015(9):29-33.

[2] 刘海启.以精准农业驱动农业现代化加速现代农业数字化转型[J].中国农业资源与区划,2019,40(1):1-6,73.

[3] 罗凌文,李荣福,卢波.数字经济、农业数字要素与赋能产值——基于GAPP和SFA的实证分析[J].农村经济,2020(6):16-23.

[4] 马述忠,贺歌,郭继文.数字农业的福利效应——基于价值再创造与再分配视角的解构[J].农业经济问题,2022(5):10-26.

[5] 谢康,易法敏,古飞婷.大数据驱动的农业数字化转型与创新[J].农业经济问题,2022(5):37-48.

[6] 易加斌,李霄,杨小平,等.创新生态系统理论视角下的农业数字化转型:驱动因素、战略框架与实施路径[J].农业经济问题,2021(7):101-116.

[7] 殷浩栋,霍鹏,汪三贵.农业农村数字化转型:现实表征、影响机理与推进策略[J].改革,2020(12):48-56.

[8] 张蕴萍,栾菁.数字经济赋能乡村振兴:理论机制、制约因素与推进路径[J].改革,2022(5):79-89.

农村人居环境整治多元协调治理研究调研报告
——以贵州省为例

法学院　刘继伟　李家君　杨一伟　符双喜　潘奥

摘　要　进入新时代,以习近平同志为核心的党中央站在人与自然和谐共生的高度谋划发展,提出了"生态文明建设是关系中华民族永续发展的根本大计""绿水青山就是金山银山"等理念和乡村振兴等战略,并系统化地形成了习近平生态文明思想。本调研报告旨在通过对贵州省农村人居环境整治的社会实践调研,深入了解贵州农村人居环境的现状、治理经验以及采取整治策略后的实际效果,提出了将联户制、积分制、投工投劳、护林员养护制纳入农村人居环境整治的多方面治理举措。本调研报告还分析了相关政策、实践案例以及学者的观点,探讨了如何更好地改善贵州农村人居环境,为贵州省的生态建设和可持续发展提供有益的参考。

关键词　人居环境　乡村振兴　美丽乡村　贵州农村

一、调研背景

党的二十大报告在中国式现代化的主要内涵和本质特征方面,重申了人与自然和谐共生的重要意义。当前,在习近平生态文明思想的指导下,党的政策文件、国家的法律法规、地方政府的规章、民间的乡规民约以及居民风尚都表现出对生态文明建设的高度重视。我国高度重视农村人居环境改善,2018年中共中央办公厅、国务院办公厅印发了《农村人居环境整治三年行动方案》,扭转了农村长期以来存在的脏乱差局面;2021年中共中央办公厅、国务院办公厅印发《农村人居环境整治提升五年行动方案(2021—2025年)》,农村人居环境整治提升工作全面推进。

开展农村人居环境整治工作在生态环境保护、国家战略实施、乡村经济发展、传统文化保护等多方面都具有深远意义。首先,农村地区是生态环境的重要组成部分,整治人居环境可以有效地减少污染,维护生态平衡,为国家的生态文明建设做出贡献。其次,随着乡村振兴战略的推进,整治农村人居环境不仅能够改善农民的居住条件,提高他们的生活质量,还能提升农村的整体形象,吸引更多的人才和资本回流,从而促进乡村经济的发展和文化的振兴。再次,随着人们对休闲旅游需求的增加,一个整洁、有序的农村人居环境可以吸引更多的游客,为农村带来额外的经济效益。此外,整治工作也有助于保护和传承农村的传统文化和历史遗产。在公共健康方面,处理生活垃圾、污水和其他污染源是预防疾病传播、保障农民健康的关键。最后,一个和谐、有序的农村人居环境可以增强农民的归属感和自豪感,维护农村的稳定,促进邻里之间关系的和谐。因此,农村人居环境整治不仅关乎农民的切身利益,也关乎整个国家的长远发展和人民的福祉。

二、调研内容

(一)贵州省人居环境整治面临的困境与挑战

贵州省作为我国唯一一个没有平原的省份,其生态环境面临着众多的挑战。贵州省拥有大面积的喀斯特地貌,且生态环境脆弱,石漠化现象和水土流失问题严重。目前,全省的水土流失面积已经达到了73000平方千米,而石漠化区域更是高达3.48平方千米。除此之外,贵州省农村地区的生活垃圾和企业废弃物排放问题也使得农村环境问题日益严重,这些问题的产生有两个主要原因:其一,贵州省的大部分农村居民在生活中大量使用木材,这导致对森林的依赖度较高。随着农民生产生活水平的提高,农村的生活垃圾产生量持续增加,且缺乏有效的监管机制。其二,人们的环境保护意识相对较弱。

此外,贵州省的贫困地区较多,农村基础设施建设落后,财政能力较弱,这使得农村人居环境的全面整治面临着较大的资金缺口。贫困地区通常存在着基础设施不完善、产业发展基础薄弱、经济总量小、创新能力不足、投资增长疲软、财政收入增长困难等问题,尽管近年来有各种政策和资金的支持,但是转变经济发展方式、调整经济结构、稳定经济增长、扩大经济总量都需要一定的过程和积累。因此,贵州省实现脱贫攻坚和同步小康的系统性建设任务仍然十分艰巨。

(二)调研经过

2023年7月6日—8月1日,团队成员分组分别前往铜仁市珠池坝村、铜仁市渔溪沟村、黔南布依族苗族自治州(简称黔南州)五新村开展驻村(社区)调研。这三个村都是人居环境卫生整治的典型示范村,团队成员通过20多天的沉浸式调研,总结村庄治理的先进经验。

1. 铜仁市珠池坝村

珠池坝村位于乌江江畔,自然资源丰富,山高坡长,风光秀丽,传统村落错落有致,恰似一幅美丽的乡村田园山水画。村落周边植被茂密、山色葱郁、满目扑绿,分布于村落周围的主要树种有柏、竹、松、樟等,全村森林覆盖率超过70%,这使得村落拥有良好的自然生态环境。珠池坝村集奇、险、幽、美、古于一体,是集居住、休闲、游玩于一体的场所。该村是传统农业村,地势平缓,生态条件优越,发展山地农业的优势十分明显,缓坡丘陵面积非常大,土层深厚,非常适合发展果蔬生产业。

珠池坝村以达到中国传统村落保护和社会主义新农村建设为标准,以建设富、美、学、乐"四在农家·美丽乡村"为目标。根据珠池坝村苗家风情自身的特点,将该村落建设成为苗族文化突出、传统建筑特色鲜明、自然环境优美、民风淳朴的民俗村落。利用经济杠杆的协调平衡作用,吸引更多的人力、物力、财力投入村落的保护建设之中。结合网络媒体等增强全社会的传统村落保护意识,激发当地村民的自豪感,逐步形成全社会对传统村落保护的意义和价值的共同认识,形成全民爱护、保护和建设传统村落的社会风尚。把村落建设成一个环境优美、生产发展、生活宽裕、乡风文明、村容整洁、管理民主的社会主义新农村。

该村整体风貌变化较大,但由于村落所处地区偏远,居民的卫生意识薄弱,受现代生产生活方式的影响,传统风貌的保护情况十分严峻和紧迫,急需改善和修复村落环境。

经过整治,珠池坝村干净卫生,村落人居环境非常和谐,绿化、美化都到位。空间环境构成及特征比较典型,地域地理小气候特征明显,气候宜人,环境舒适。村内道路四通八达,硬化公路贯穿南北,百年古树、古井、古墓、知青陈列室及民居建筑文化、民俗习惯、地域文化特色得以传延,村落景观给人的感受、体验非常丰富。建筑与青山、果园融合在一起,有利于人们的生存和生活,村落自然也就变成吉祥福地。新建珠池坝村村级文化广场和乡村旅游接待中心,方便旅客来珠池坝村旅游、体验乡村生活。"没想到我们村能变得这么美,我们都发自内心地感谢党的好政策!"74岁的老人邓国祥感慨地说,前些年村里都是泥土路,一到下雨天遍地泥泞,现在路宽了,生态环境好了,家家户户都有花园,日子过得比城里人还美。

2. 铜仁市渔溪沟村

渔溪沟村位于乌江江畔,风景秀丽,村落周边植被覆盖率高。该村兼具缓坡与平地,缓坡适合发展山林果业,平地则适合种植蔬菜。渔溪沟村邻近邵家桥镇,来往的行人和车辆多,给环境卫生管理带来了一些困难。同时,由于村集体企业的发展,建材公司等产业也给环境卫生带来了压力。

近年来,乡村振兴中的生态振兴目标对人居环境提出了新要求。为了不断提升人居环境综合整治水平,切实改变渔溪沟村的村容村貌,提升人民群众的获得感和幸福感,渔溪沟村持续做好文明村寨创建工作,把人居环境整治工作作为基层治理、生态宜居、联系群众的重要主题和重要实践,坚持"党建引领聚民、文明浸润育民、产业发展富民、环境优化兴民、保障提升惠民"发展思路,完善村规民约,激发群众参与村级治理的积极性与主动性,创宜居宜业新乡村。

经过一系列行之有效的措施之后,当地人居环境整体发生了较大的变化。此前,由于村落分布零散,管理难度较大,同时村民卫生意识薄弱,整体卫生环境一般。随着集中建房的实现,不少村民聚集在村庄主干道两边,这样可以更好地实行环境卫生管理工作。同时,渔溪沟村从村规民约着手,要求村民们自觉打扫住房周边环境卫生并做好保洁,实行"三包",即包卫生、包清运、包秩序,并通过村委会的月度检查来贯彻落实。村规民约规定,绩效考核与村庄福利挂钩,由此实现村民对环境卫生的保护。从村民自身着手,发动全体群众,就能最大限度地解决环境卫生问题。

如今渔溪沟村村内道路都已实现硬化,"厕所革命"也已经完成,茂密的植被也有护林员来养护。村内干净卫生,村落人居环境和谐优美,整体村容村貌大为改观。"好多外村人都来我们村,说我们村发展得好啊,谁都羡慕!"村民陈芬骄傲地说。

3. 黔南州五新村

五新村,位于贵州省黔南州五里县东南部,由原五里村和新民村合并而成,邻近龙里县城。村庄周边是九条龙社区、大新村、鸿运社区以及大冲社区。村庄交通便利,湘黔铁路、贵新高速公路、G210国道及夏蓉高速公路贯穿全境。村庄占地面积约21.3平方千米,总人口近3000人,辖16个自然村寨、22个村民小组,其中包括格老湾、洞门前、余家院、五里桥和永瑞等。

五新村坚持组织带村、民主管村、产业兴村,努力创建组织美、产业美、村庄美、行为美、生活美"五美"村寨。村庄通过村集体经济合作社整合项目资金1500余万元,构建以近1200亩花卉苗木、700余亩优质水果、1100余亩精品茶叶种植为主的"3+N"产业布局,2022年集体经济收入达115.26万元。

另外,五新村也非常重视民族文化的保护和传承,充分利用多民族融合发展的特殊优势,围绕少数民族传统节日(如"四月八""六月六"等)和"重阳节"重要节庆,举办丰富多彩的活动。同时,村委会也将这种民俗节庆活动与养老互助、老有所养、老有所依、尊老爱幼的思想积极融合,开展"关爱老年人、服务老年人"等志愿服务活动。

如今,五新村的环境卫生、公共设施、农业生产、农产品加工和销售、村民生活质量都得到了显著的改善。村民们的幸福感与获得感明显增强,五新村的发展也得到了社会各界的广泛认可。

(三)贵州省人居环境整治机制

1. 护林员养护制

调研发现,贵州省各村整治环境卫生方面形成一套较为统一的管理模式,即"保洁员+农民+护林员"的模式。

据珠池坝村护林员介绍,他当前的工作任务并不繁重,主要是定期对他所负责的山林进行巡查养护,如在山林中发现有人滥砍滥伐、抽烟、放火,需要及时制止,否则容易出现火灾。此外,他们会不定期开展宣传活动,来提高公众的环境保护意识。一般来说,护林员都是小组长或联户长,他们并不需要额外耗费很多时间和精力去普及相关知识,只需要在日常与左邻右舍闲谈的过程中不经意地宣传环境保护知识。

2. 积分制

积分制是当前社会治理的一种创新模式,旨在通过积分与奖励挂钩的方式规范失范行为,动员社会力量参与社会治理。积分制是一种创新的社会治理模式,它在延伸和拓展城乡网格化管理平台功能的基础上,通过建立信息库,以积分形式对治理对象的行为、表现进行全方位量化考核,将社会福利和资源与积分挂钩,并向获得高分的治理对象倾斜。这种模式通过激励机制全方位调动治理对象的积极性,其目的在于通过正面引导,动员社会力量主动参与社会治理和村社活动,在社会治理层面形成"人人有责、人人尽责"的命运共同体。

铜仁市渔溪沟村通过《渔溪沟村村规民约》(以下简称《村规民约》)和《渔溪沟村村民绩效考核制度及实施细则》(以下简称《实施细则》)对村落的人居环境进行治理。《实施细则》中规定:"所有群众自觉打扫住房周边环境卫生并做好保洁,由村委会组织每个月开展环境卫生检查,将不卫生的记入档案,一次扣10分,扣完为止。"《实施细则》同时对绩效分数进行规定:总分为100分,为80分以上的村民缴纳合作医疗、养老保险费用的一半,上升10个百分点的以此类推;60分以下的不作任何补贴,全家外出的按40%补贴。绩效分数会影响各种补贴的领取,从而对人居环境整治工作起到较为重要的作用。渔溪沟村的许多环境卫生工作并不算繁重,倘若每家每户都对自家房前屋后进行简单的打扫与日常维护,整体卫生状况就能得到很大改善,村民不需要为此花费巨大精力,以与绩效考核挂钩的补贴作为激励,足够支撑村民们的日常清洁工作。

铜仁市珠池坝村设立了具有特色的积分超市,将具体的加分、减分事项与村规民约挂钩。

3. 联户制

联户制是近年来贵州省推广的一种基层治理创新机制,是对网格化治理机制的深化与创新。这一模式按照十户左右的标准将网格中相对集中居住的村(居)民划分为联防联治服务单元,由联户长负责专门联络。该治理机制已在各个村得到推广,此次团队调研的村落也都有落实。联户制的推广对农村人居环境整治有着极大的促进作用。

通过走访联户长和村干部可知,联户长的主要职责有解决纠纷、反馈群众需求、传达会议精神和政策、参加联户长会议。与小组长相比,联户长的工作范围更小,联户长能够获得本联户成员更加具体的信息,并能够为成员提供力所能及的帮助。在熟人社会场域,这种左邻右舍的互动掺杂着更多的情感体验,能让联户长获得经济报酬之外的一种情感反馈,有很多的情感收益。联户制给了村民联户长的身份,在此身份之下,联户长也成为村庄内一种可供利用的治理资源,在人居环境整治工作中,村干部会要求联户长帮助组织活动、参与相关工作。

4. 投工投劳

五新村的村庄内部还存在一种投工投劳的合作模式。在各个村组进行入户走访的过程中,我们了解到五新村在修建村内道路的时候会集体合作,在修路时每户人家都会主动出人做工,一般是每一户出一个人,如果不能出工,则出钱。在村庄基础设施集中建设的阶段,村民的积极性都非常高。例如,在永瑞组和大西堡,当地的村民会集体修建灌溉水池为全组的人提供农田灌溉用水,建设过程中都是当地的村民出工,在外工作不能及时回村的人则出钱作为补偿,嫁到外地的女性也会自发出资。在必要时,村民甚至愿意为集体让出自家宅基地和棚屋。

村民对集体事务的热情历来都是比较高涨的,他们积极响应投工投劳的原始动力并不是国家政策或者村委的要求,而是当地已经形成的一种长久且稳定的民俗民风,具体表现在没有积分制的许多年之前,这里也都有浓厚的共同劳动、民主协商的文化底蕴和群众基础。

在村级治理活动当中,这种投工投劳的模式可以最大限度地分担村庄治理跟协调成本。在需要建设道路、桥梁、水池等集体设施时,村组中的村民自发组织起来,政府或村委只需要给予适当的行政和施工物料的支持。这种投工投劳可以增加村组内部各个家庭之间的交流互动,各类集体设施的建设和集体资产的积累让村组内部各户有了共同的利益。投工投劳这种模式可以使村组内部的凝聚力和认同感得到强化。

5. 基本形成多元协同治理模式

农村人居环境整治已经基本形成一套政府主导、农户参与、企业运维的协同治理模式(见图1)。各村在逐步构建以县级政府为责任主体、以乡镇政府为落实主体、以村级组织为管理主体、以农户为受益主体以及以第三方专业服务机构为服务主体的"五位一体"农村生活污水建设运维体系。

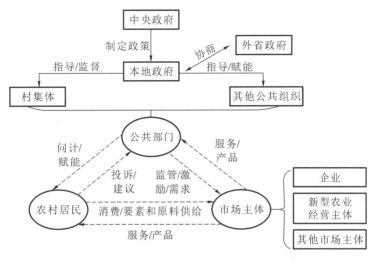

图 1　多元协同治理模式

三、治理经验

(一) 村庄地域的"活化"：环境空间中内生性动力的激活

欲实现乡村建设与振兴，既要促进现代农业产业的发展，也要夯实乡村的社会基础，激活其内生性动力。首先，农村人居环境治理要加强社会关系和社会支持网络的修复。作为内在的重要动力，乡村组织和人才的作用非常重要。村"两委"在实际的环境治理工作中不仅要起到积极的组织与动员作用，而且要提升自身的环境保护知识，善于平衡多方利益。此外，地方精英和人才的回归不但能黏合逐渐松弛的社会关系，而且可以为人居环境治理注入资源与技术，发挥其领导力与影响力。引导村民参与，不仅要激发其能动性，更要将环境空间治理融入乡村的生活和教育。与此同时，村民的自然生态经验和环境利益诉求需要通过社会组织来表达。现阶段环境社会组织的参与度低，几乎所有的沟通与协商都需要依靠政府的基层工作人员，这大大增加了成本并降低了时效。

(二) 文化资本的"修复"：环境空间中乡村文明与记忆的唤醒

乡村的文化资本意味着其自身的发展历史，更意味着在村与离村的人对村庄的归属感与认同感。作为一种表征性空间，村庄的生活领域承载着感性与觉知，也承载着记忆与体验。乡土文化的传承与延续渗透在观念、行为和自然关系的方方面面，多重交织的复杂联系形成了乡风与社会秩序。环境治理的实践不但要修复传统的自然生产经验，更要唤醒集体记忆，促进乡村生态的发展。一方面，人地关系的修复应建立在生产方式之上，既要重新定义科学化的农业生产，也要通过乡村环境教育构建环境价值体系。环境治理不能永远依赖自上而下的推动，而是要从社会生活本身出发寻找地方经验，延续村庄的文化规范，将本来零散化的公共生活凝聚成有组织的、有意识的环境集体行动。另一方面，乡村是集体情感和文化的共同载体。在村庄的社会生活中，普遍的社会支持网络的建立是环境治理的着力点，也是增强村民幸福感和归属感的途径。因此，农村环境的改善总是要依赖于地方性的需求和自然的文化体验。人居环境整治是多元主体参与的过程，将地方经验融入治理工作不仅能够传承乡土文化,还可以建立共同的乡村情感。无论在村与否,村民主体只有记得住"乡愁",才能回归农村,用实际行动建设农村。

(三)制度的重构:环境空间中乡村治理秩序的确立

环境空间的有效治理,需要确立一种良好的乡村治理秩序。环境治理秩序的构建源自制度规则和组织行动,这就要求在人居环境整治过程中建立一个基于乡村的环境空间治理共同体。首先,农村人居环境治理的场域应覆盖城市与乡村。当前的环境问题已经不仅仅是乡村问题,还涉及城市。比如,秸秆焚烧带来的空气污染,化肥农药过量使用对食物的影响,垃圾围城发展到垃圾围村的问题等。因此,环境空间治理共同体的建立应保持边界的开放性。共同的环境建设行动是推动农村人居环境走向善治的保障,促进多方生态利益相关的主体联结在一起。在发挥党政主导作用的同时,还应发挥市场和组织的积极作用,使城乡企业组织、社会组织、政府组织和公众主体等形成协同性互动。其次,农村环境治理应重视主体性和复合型权威的建构,增强组织的认同度。在社会交往中,主体的行为嵌入社会网络之中,受到社会关系和社会结构的直接影响。人居环境治理行动面临着农民的主体性发挥不足的困境,一个重要原因在于政府的主导性较强而村民的参与不足。鉴于此,村域环境空间的治理应基于信任、文化等情理因素,一方面,促进乡贤组织复合型权威的生成,将治理内容和任务分工、细化,增强治理的柔性;另一方面,农村的环境治理不能脱离村域内外资本的结合,应在综合发展的过程中进行有效自治。在项目制进入村庄后,环境的治理主要依托外部资源的输入,在外部资源本地化的过程中,村庄的本源性和自主性都可能受到抑制。政府在主导治理的过程中,需避免市场和资源对乡村本土资源的侵蚀和掠夺,在合适的环境下可以发展村内的环境治理资源与技术。最后,乡村空间的环境治理应合理增加社会管理的制度约束,为乡村空间的环境治理共同体提供秩序保障。目前,基层政府相应的文件针对具体环境治理项目的完成进度和程度进行了规划,并涉及相应的具体问责内容;然而,对于影响环境治理的生产方式与生活行为并无相应的规定。因此,环境秩序还应通过组织的规范来形塑,在约束村民环境行为的同时,解决治理过程中出现的难题。

四、结论

此次调研聚焦贵州省农村人居环境整治,分别考察铜仁市珠池坝村、铜仁市渔溪沟村、黔南州五新村三个地方的治理经验。在调研的基础上,团队提出将农村环境整治纳入联户制、护林员养护制、积分制、投工投劳的治理体系,并从环境空间中内生性动力的激活、环境空间中乡村文明与记忆的唤醒、环境空间中乡村治理秩序的确立三个维度确立人居环境整治的具体目标和实施方向,为贵州省乃至全国提供治理经验。乡村振兴战略功在当代、利在千秋。农村人居环境整治作为乡村振兴的重要环节,是深入贯彻习近平生态文明思想,全面推进美丽中国建设的重要行动,最终推动全面建成富强、民主、文明、和谐、美丽的社会主义现代化强国!

参考文献

[1] 卢青,王彬,黄明.我国农村人居环境问题研究述评[J].社会科学动态,2023(5):81-87.

[2] 张诚,刘旭.农村人居环境数字化治理:作用机理、现实挑战与优化路径[J].现代经济探讨,2023(5):109-118.
[3] 湛东升,周玄,周倪,等.城市人居环境感知对幸福感的影响——基于长三角地区城市体检数据的分析[J].地理科学进展,2023,42(4):730-741.
[4] 李志军.利益相关者视域下欠发达地区农村人居环境协同治理路径研究——基于粤北L村的实证分析[J].云南农业大学学报(社会科学),2023,17(3):150-157.
[5] 赏秘芳.乡村振兴视域下乡村人居环境治理研究——甘肃省宕昌县乡村环境治理的实践与思考[J].南方农机,2023,54(9):122-124.
[6] 王晔,侯庆丰.美丽乡村建设下的农村人居环境综合治理优化研究——基于乡村振兴战略视角分析[J].生产力研究,2023(4):67-70.
[7] 王佳锐,高文永,魏孝承,等.国外改善农村人居环境及其经验借鉴研究[J].中国农业资源与区划,2023,44(4):89-98.
[8] 王刚.传统村落人居环境转型发展模式研究——以南通市二甲镇余西社区为例[J].美与时代(城市版),2023(3):130-132.
[9] 李美莹.简论社会资本对农民参与农村人居环境治理的影响——基于F村的个案研究[J].领导科学论坛,2023(3):119-123.
[10] 陈柏峰.中国式法治现代化的中国特色[J].法制与社会发展,2023,29(2):5-25.
[11] 陈柏峰.基层执法能力建设的中国经验——以第三世界国家为参照[J].法学评论,2023,41(2):33-45.
[12] 陈柏峰.当代中国法治的标识性概念和理论体系[J].开放时代,2023(1):78-81.
[13] 陈柏峰.习近平法治思想领航中国之治的实践机制[J].法学研究,2022,44(6):3-19.

少数民族地区未成年人犯罪预防与普法宣传实践
——以凉山彝族自治州会理市为例

法学院　沈梅花　罗舒阳　胡馨予　周中堂　孙英航

摘　要　小组成员依托苏正民志愿服务队开展的夏令营活动,深入凉山彝族自治州会理市开展一周左右的支教活动,并且通过实地调研探究少数民族地区未成年人犯罪现状以及普法宣传模式的优化,并利用法科学子的优势在当地以未成年学生为对象开展相关普法宣讲,推动乡村法治发展,助力中国现代化法治强国建设。

关键词　少数民族地区　未成年人　犯罪预防　普法　支教

一、项目主要内容

(一)项目概述

党的十八大以来,习近平总书记多次强调:"全社会都要了解少年儿童、尊重少年儿童、关心少年儿童、服务少年儿童,为少年儿童提供良好社会环境。"但2022年6月1日发布的《未成年人检察工作白皮书(2021)》显示,2021年未成年人盗窃罪、聚众斗殴罪、强奸罪等五类主要犯罪活动的嫌疑人数在受理审查起诉人数中的占比超过三分之二。未成年人犯罪呈现低龄化趋势,且涉电信网络犯罪上升较快。在部分山区和一些少数民族地区,未成年人因为获取信息的渠道有限,普法宣传难以长期开展且难以形成体系;在相关法律知识学习中,青少年家庭教育严重缺位,针对性的社会教育尚不完善;由于条件限制,现阶段的多数普法宣传未取得成效,多种因素共同作用导致这些地区的青少年极易受到外界不良信息、社会不良人士的影响,从而走上犯罪道路。在未成年人成长过程中,完善的法律体系保护以及积极的法律引导,对未成年人个人发展以及当地社会的安定具有重要的现实意义。本项目在揭示少数民族地区未成年人犯罪根源的基础上,进行相关的普法宣传。本项目可以提高当地未成年人的法律素养与法律参与度,创造更加和谐和稳定的社会环境,最终促进少数民族地区的可持续发展。

(二)项目背景

少数民族地区受民族传统文化、山川地理环境、经济发展水平等客观因素的影响,整体相对闭塞,未成年人犯罪问题日益凸显。而我国目前针对少数民族地区的法治教育还不够完善,在某些方面甚至还存在法治力量的缺位。本项目以四川凉山彝族自治州(简称凉山州)为调研实践地点,总结该地区预防未成年人犯罪的相关普法项目的实施现状和经验,旨在为我国少数民族地区的未成年人法治教育贡献中南财经政法大学学子的法科智慧。

1. 项目基本问题梳理

未成年人犯罪,是指已满12周岁不满18周岁的人实施了犯罪行为,未满12周岁的人实施法律规定的犯罪行为不认为是犯罪,不承担刑事责任。

针对未成年人犯罪现象,国家历来坚持"教育为主、惩罚为辅"的原则,实行教育、感化、挽救的方针。而根据近年来对全国未成年人的犯罪统计与数据分析,中国未成年人犯罪率逐年升高,深刻影响着个人发展与社会安定。相关数据显示,在全国范围内的未成年人犯罪案件中,有56.5%是由14岁以下的未成年人实施的,呈现低龄化的趋势。对我国各省市地区法院受理裁判未成年人的犯罪案件进行数据分析和比较可知,少数民族地区是我国未成年人犯罪案发最多的地区,其中又以西部地区为最。因此,探究少数民族地区未成年人犯罪现象及其原因对预防未成年人犯罪具有重要意义。本项目以四川凉山州为调研实践地点,总结该地区预防未成年人犯罪的相关普法项目的实施现状和经验。

2. 调研区域

凉山州位于四川省西南部,为我国规模较大的彝族聚居地之一。凉山州目前彝族总人口达455.64万人,占全州总人口的78.45%。

3. 少数民族地区未成年人犯罪的现状

凉山州是我国集中连片特困地区之一。由于历史和地理等客观原因,凉山彝族地区一直处于较为落后的状态。这里的人多聚居在高山峡谷间的狭长地带,社会环境相对闭塞,教育水平也较为落后,加之该地区经济发展落后,民众文化水平不高,当地未成年人犯罪现象也较为突出。根据凉山州中级人民法院和凉山州人民检察院公布的数据:近几年凉山州未成年人犯罪人数呈上升趋势,且未成年人犯罪案件占总犯罪案件的比例持续上升。据统计,凉山州未成年人犯罪案件的数量占全州刑事犯罪案件的比例已达到了60%以上,且大部分案件都是抢劫、强奸、故意伤害等严重暴力犯罪。因此,为促进少数民族地区的社会安宁与经济发展,对其进行以预防犯罪为主题的法治宣传教育显得尤为重要。

4. 对少数民族地区未成年人犯罪的重视程度

少数民族地区出于历史、地理等客观原因,社会环境相对闭塞,各方主体对未成年人犯罪的重视程度较低。相关数据显示,仅有27.1%的少数民族地区开展过与预防未成年人犯罪相关的普法项目,而在城市与东部沿海地区这一比例分别为71.7%和53.1%。此外,由于经济条件和教育资源的限制,少数民族地区的学校也不能很好地满足当地未成年人的法治教育需求。在接受调查的学校中,仅有45.8%的学校有专职或兼职的法治教育教师,而在城市和东部沿海地区这一比例分别为81.8%和71.5%。

5. 少数民族地区未成年人犯罪的相关法律动态

2013年,最高人民法院、最高人民检察院、公安部、司法部联合发布《关于依法惩治性侵害未成年人犯罪的意见》(以下简称《意见》),这是我国首次专门针对未成年人犯罪问题所制定的专门法律规范性文件。

《意见》对司法机构受理未成年人刑事案件提出了明确要求,同时还对公安部门、检察院、人民法院和有关单位提出了建议。《意见》强调,要严格依法办案。在办案过程中要充分听取被害人意见,并积极做好释法说理工作。此外,《意见》还强调了要落实社会调查制度。公安机关应当认真履行社会调查义务,调查材料应当由办案人员和未成年被害人签名。

从以上分析可以看出,我国针对少数民族地区未成年人的法治教育还不够完善,在某些方面存在缺位。在这个大背景下,我国的部分高校和研究机构联合地方政府、学校和社会组织开展了针对少数民族地区的与预防未成年人犯罪相关的普法项目。这些项目取得了一定的成果,但是在具体实施过程中仍然存在一些问题,如缺乏统一的指导、资金供应不足、缺乏法律专业人才等,急需引起重视。

(三)选题意义

1. 培养少数民族地区法治人才

在少数民族地区开展预防未成年人犯罪的普法项目,就是要培养少数民族地区法治人才,提高少数民族地区预防未成年人犯罪的控制水平。在少数民族地区开展预防未成年人犯罪普法项目,还能为少数民族地区培养一支数量充足、素质优良、结构合理的法治人才队伍。

2. 提高少数民族地区法治建设水平

少数民族地区法治建设水平直接影响区域法治建设水平,同时,少数民族地区法治建设水平的提高也有利于少数民族地区的法治建设。因此,提高少数民族地区法治建设水平是一项系统工程,既要从理论上系统地阐述其内涵、意义和作用,又要在实践中不断提高其运行效果。

3. 加强少数民族地区法治宣传教育

我国少数民族地区经济文化发展相对落后,需要更多的法律和道德作为引导和支撑。随着市场经济的发展,法治宣传教育需要不断地创新,使少数民族地区的民众对法治的内涵有正确的了解与认识。少数民族地区只有不断加强法治宣传教育,才能为少数民族地区培养出一批法治人才,才能切实而又长远地提高少数民族地区的法治建设水平。

4. 巩固民族团结和维护国家统一

在彝族聚居区,受历史文化的影响,未成年人犯罪行为具有本地区的特殊性。开展少数民族地区预防未成年人犯罪相关普法项目,可以通过法治宣传教育帮助少数民族地区未成年人增强法治意识、树立法律信仰、弘扬法律精神、规范行为,使他们养成喜法、守法、爱法的习惯。此外,开展少数民族地区预防未成年人犯罪相关普法项目对于维护我国的社会安定、促进民族团结具有重要意义。

(四)项目创新特色概述

1. 紧扣时代热点,具有较强的社会实际意义

少数民族地区法治建设和青少年法治教育一直是党和国家重点关注的议题。本次活动的主题新颖,主动向时代发展需求靠拢,具有很强的时代性与现实性。同时,本次活动反映出了当代大学生对国家政策的关注,将国家需求与个人使命相结合,体现出当代大学生紧跟党和国家的步伐、积极响应党和国家号召的强烈的社会责任感与社会建设参与感。

2.选题角度创新,寻找支教新突破

少数民族地区的支教一直是热点问题,但本小组通过调查发现如今的支教陷入了课程同质化的困局。对于这一困局,本小组在开展支教的过程中普及法律知识,增强未成年人法律意识,构建少数民族地区学生的法律信仰,同时运用迎合少数民族地区风土人情、文化传统的普法方式,增强法治宣传的同时发挥民族团结教育作用。

3.实践方法独特,支教模式创新

本小组以实际状况为立足点,建立了一个多角度、全方位、深层次的实践方式,建立了一个有效的信息收集和反馈机制,并对同一实践对象持续跟踪调查,获取其发展变化的数据,通过定性、定量分析,获得科学合理并且切实可行的方案,进行支教模式的创新,结合凉山州当地实际状况,针对青少年群体进行普法宣讲。

4.实践地点具有典型性,成果具有可推广性

经过之前的支教服务研究,小组成员发现凉山州少数民族聚居人数较多的县对学生的普法宣传教育缺位,导致青少年对犯罪的认知和对法律的了解较少。凉山州的教育发展因远远落后于大城市,在该地区进行普法宣传教育,若能够取得相关研究成果,则对较为落后地区以及少数民族聚居地区的普法教育工作开展具有极大的参考价值。

（五）项目方案设计

1.调研对象

（1）凉山州会理市益门中学学生

在支教志愿服务中,小组成员课堂宣讲《中华人民共和国未成年人保护法》相关知识,课后进行一对一面对面访谈、问卷调查以及视频采访等,通过这种形式初步了解少数民族地区犯罪概率,以及学生对相关罪名的了解情况和对开展普法宣传的态度。

（2）凉山州会理市益门中学教师

小组成员通过采访教师来了解学校是否开设预防犯罪及相关普法课程,以及老师遇到的一些问题,并探究校园普法宣传存在的缺失以及传授方式的不足。

（3）学生家长

小组成员采用线上与线下相结合的方式,通过线上向学生家长发放调查问卷,线下采访当地村民,获取他们对少数民族地区预防未成年人犯罪以及相关普法宣传的看法与建议,以在后期探究优化路径时,满足学校和相关部门在教育理念以及教育方式上有所突破的需求。

（4）当地教育局

小组成员通过实地考察和访谈的形式,了解当地教育局在开展预防犯罪教育方面的力度、相关政策和措施以及取得的成果,获得该地区与未成年学生犯罪概率相关的第一手资料。

2.调研方法

（1）实地调研法

① 半结构化访谈。在实践初期,小组成员采取实践访谈的方式随机选取少数民族地区青少年,询问其对预防犯罪的了解情况。在实践中期,小组成员进行线下分层访谈,就少数民族地区青少年对普法课程的体验感进行访谈,并据此进行本小组实践方案的调整和优化。

② 问卷调查。小组成员以少数民族地区青少年为主要调查对象,制定调查问卷,筛选

出具有研究价值的有效问卷,并对调查问卷进行分析以提取出有效的信息;然后借助数据分析进行深入研究,并从现实角度为优化路径提供思路和方向,为实践提供指引与支持。

(2)多学科交融

本次实践综合运用社会学、教育学、心理学、法学以及新闻传播学的相关知识,试图通过不同学科的分析方法和研究思路来探究实地调研现象和数据背后的真实原因,为我国青少年预防犯罪教育的途径提供参考。

3.调研思路(见图1)

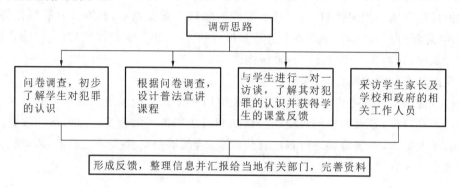

图1 调研思路

4.项目实施具体内容

本次调研主要以实地考察为主,以问卷调查以及面对面访谈为辅。

小组成员先参与凉山州会理市益门中学的支教活动,在支教授课中讲授《中华人民共和国未成年人保护法》相关法条并由此进行拓展延伸,深入了解学生对未成年人犯罪的认知、态度与感情,采取一对一访谈交流的方式,探寻未成年学生在校园以及家庭中接受的预防犯罪教育程度,思考如何提高少数民族地区未成年人对相关犯罪罪名的认识,提高自我保护意识,为之后的未成年人保护方式寻找更加可行、合理的途径。

首先,小组成员将采取访谈的方式,采访学校老师和学生家长,了解其是否给孩子讲授过《中华人民共和国刑法》中有关青少年犯罪的各类罪名,在普法宣传以及实施过程中面临的问题,了解少数民族地区未成年人普法工作中的难点。

其次,小组成员将探访当地教育部门,获取教育部门在普法、预防犯罪上的相关政策措施和政策措施的实行力度及成果等一手资料,再进行数据对比及分析,了解少数民族地区未成年人犯罪相关信息。

最后,小组成员以提案报告的形式,将分析对比后得到的数据、可行性建议整理反馈给当地政府以及教育部门,以加强少数民族地区未成年人犯罪预防与普法宣传教育,守护未成年人健康成长。

二、项目实施计划

1.项目实施流程(见图2)

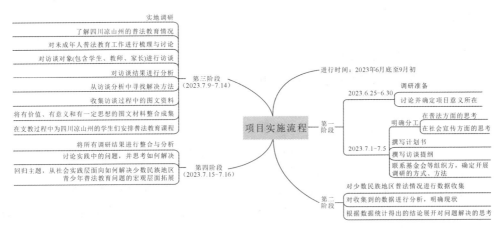

图2 项目实施流程

2.人员分工(见表1)

表1 人员分工表

姓名	工作任务
沈梅花	主要负责人,组长。宏观把握项目进度,与支教相关基金会对接,在实践过程中对凉山州的青少年学生进行犯罪预防普法课程的教学
胡馨予	协助负责人。负责调研准备,组织讨论项目会议、确定计划书撰写的人员分配等,同时对实践过程进行拍摄记录
孙英航	相关法律分析人员及教学人员。前期准备过程中,主要负责对青少年犯罪预防普法教育进行专业分析,制订教学计划。支教过程中,与主要负责人合作,为当地青少年讲授犯罪预防普法课程
罗舒阳	资料整合人员。前期准备工作中,对数据与文献资料进行阅读和整理,分析项目研究中预防青少年犯罪普法的现状,并协助相关法律分析人员进行项目意义的思考,并在实践过程中实时记录
周中堂	宣传人员。对项目前期准备工作、行程与教学过程进行完整记录,策划针对特定研究对象的访谈,深入了解情况。后期将拍摄与记录的内容进行整理,以供深入研究讨论

三、问题发现与探究

(一)青少年普法教育起步较晚,形式单一

《青少年法治教育大纲》提出,以宪法教育为核心全面推进法治教育,切实将法治教育纳

入国民教育体系,在中小学设置法治知识课程。调查显示,有30%的孩子主要从学校教育中接受有关预防未成年人犯罪的普法教育知识,有将近30%的学生是通过家庭教育来获得普法教育知识,但是凉山地区未成年人接受普法教育的频次却非常低。该数据体现出青少年通过学校、家庭等途径获得的普法知识较少,普法效果不佳。经交流得知,大部分学生需要依靠自己上网查找了解相关知识。而网络信息良莠不齐,缺少辨识能力的青少年群体容易被误导,影响普法教育工作的推进。

(二)普法教育课程缺位、内容缺漏的问题突出

未成年人犯罪呈现低龄化趋势,涉电信网络犯罪人数上升较快。问卷调查显示,仅有三分之一的学生身边没有发生过未成年人犯罪,甚至有超过60%的学生崇拜未成年犯罪人。学生接受普法教育的方式、法制课程的内容等均十分匮乏。综上,部分地区仍有学校并未开设相关普法教育课程,这在一定程度上阻碍了青少年法律知识的获取与普及。学生们很希望能通过更多的方式,如主题课堂、视频放映、心理咨询等,接受普法宣传教育。这反映出现今普法教育涉及领域的不均衡性,而且说明学校普法教育课程缺乏统一安排与指导,导致课程内容不全面。

(三)青少年普法教育开展成效较差

凉山各地、各部门坚持以习近平新时代中国特色社会主义思想为指导,深入学习宣传贯彻习近平法治思想,全面实施《四川省法治宣传教育第七个五年规划(2016—2020年)》,持续推进社会主义法治文化建设,社会治理法治化水平明显提高。然而,问卷调查数据显示,多数青少年对法律知识的了解程度不够、知识掌握不够牢固,直接体现青少年普法教育开展成效差,仍存在很大改进空间。

在此次活动开展前进行的调研显示,仅有30%的学生一年接受多次普法教育,多年才接受一次普法教育的学生约有30%。而经过此次普法学习活动之后,学生们对法律的了解更加深入,并且有很多学生立志未来要成为一名优秀的法律工作者,这更为直接地显示出系统、创新的普法教学的重要性,也在提醒我们青少年普法教育工作任重道远。

(四)普法教育宣传工作不到位导致家庭与社会教育缺位

前期调研过程中我们便发现,四川省凉山州推进的普法学习教育大多数是面向拥有较高文化水平的群体,对青少年等其他群体的普法教育工作还处在起步阶段。问卷调查结果也显示,青少年对犯罪和法律的了解程度不高,将近三分之一的学生不太理解"犯罪"这一概念。

问卷调查显示,多数学生的家庭普法教育程度较低。这是因为一些家长可能对法律知识了解有限,难以有效地为孩子提供指导。同时,家长与孩子之间缺乏有效的沟通,导致孩子缺少法律意识。并且家长们往往不太重视对孩子的普法教育,没有意识到普法教育的重要性。

四、解决与优化

(一)学校开设专门的普法教育课程

学校作为孩子们学习和生活的场所,是进行普法教育的最佳场所。初中生面临中考升

学,原本必须开设的许多素质课程都被考试科目挤占。学校应该认识到进行普法教育的重要性,各班要配备专门的老师,给同学们传授系统、科学的法律知识。尤其是《中华人民共和国宪法》和《中华人民共和国未成年人保护法》的普及对少数民族地区的青少年有十分重要的意义。

同时,学校可以促进文化融合教育,制订多元文化教育计划,将法律知识与少数民族文化相结合,增强学生的共鸣感。基于实际案例展开课堂讨论,鼓励学生自主思考,理解法律的现实意义。利用多媒体、互动课件等,丰富教育形式,激发学生的学习兴趣。

(二)加强与家长沟通,家校合作提高家长法制素养

学校应该安排教师进行定期家访,在家访的过程中不仅要关注学生的学习情况,还要与家长就家庭普法教育进行沟通,印发相关资料,加深理解。同时,政府相关部门可以在医院、车站、商场等人流量较大的地方张贴宣传海报,对社会公众进行普法教育的知识宣传。还可以为学生家长开展免费的普法教育和家庭教育讲座,从而提高家长的法制素养。

(三)加强普法宣传,推广多元化理念

政府可以出台相关政策,在政策的指导下,收集民众意见,并且先进行前期宣传,再进行普法宣传教育。进行多元文化宣传,推广多元文化理念,消除歧视,创造一个包容和谐的社会环境。设立针对少数民族未成年人的社会支持计划,提供教育、职业培训和心理健康支持。

参考文献

[1] 张小娟."六大保护"守护"明天"更美好[N].青海法治报,2024-01-19(4).

[2] 杨贤,李景忠,王宇.未成年人犯罪问题调查与研究——以检察机关为视角[J].法制博览,2023(36):91-93.

[3] 左果果.未成年人暴力犯罪的特点及其神经生理与行为调节因素分析[J].法制博览,2023(35):22-24.

[4] 徐梁.法律视角下未成年人犯罪预防机制评价与探讨[J].法制博览,2023(32):84-86.

法治示范村的典型经验及模式推广

法学院　卢希武　王文君　董杰　颜诗婧　程小航

摘　要　党的二十大报告指出,全面建设社会主义现代化国家,最艰巨最繁重的任务仍然在农村。中南财经政法大学法学院"法权乡邻"社会实践队基于前期19省101村的实地调研,依托暑期"三下乡"社会实践,聚焦从移民建制村到法治示范村的十年蝶变,探究新博村乡村振兴的优秀答卷。实践队以探究新时代移民村在移民精神鼓舞、红色基因引领下的伟大实践为基点,采用了文献研究与实地考察相结合的方法,探究了移民村的法治建设经验和乡村振兴成果,旨在弘扬爱党爱国、舍己为公、万众一心、舍己为人的移民精神风貌和推广具有移民特殊性的乡村振兴"法治样板",推进乡村依法治理,以民主法治推进乡村治理体系和治理能力现代化,以"法治引擎"助力乡村振兴。

关键词　乡村振兴　法治样板　南水北调　新博村　移民精神

一、法治示范村的调研实践

(一)调研方案设计

1.调研对象与地点(见表1)

本调研以湖北省武汉市黄陂区新博村村干部、村民等为调研对象,通过在村内抽样发放纸质调查问卷、个人访谈的方式进行,共发放调研问卷400份,回收有效调研问卷387份,有效回收率为96.8%;面对面访谈50人,共形成50份访谈问卷。

表1　调研对象与地点

调研对象	调研地点
村党支部书记、村委会主任	湖北省武汉市黄陂区新博村村民委员会
集体经济合作社负责人	湖北省武汉市黄陂区新博村合作社
驻村公司、产业园、种植园等负责人	湖北省武汉市黄陂区新博村
全村村民	湖北省武汉市黄陂区新博村

2.实践内容

依托法学"双一流"学科优势,打造一堂精品线上课程。为打造民主法治示范村,有效改善农民法律意识薄弱、法律知识储备不足的现状,"法权乡邻"社会实践队将依托中南财经政法大学法学"双一流"学科的优势和专家顾问团队诸位老师的资源开展线上培训课程,包括基础法律知识普及课程以及"法律明白人"专业培训课程。

联动高校公益服务力量,建设法治志愿者服务站点。"法权乡邻"社会实践队将会组织武汉市各高校法学院师生、各高校及公益组织的法律援助队伍在新博村建立常态普法工作站——法律咨询志愿者服务站。公益性乡村公共法律服务驻地的方式,方便了乡村村民进行法律知识学习、法律咨询和申请法律公益性援助等。

构建"普法志愿者+法律顾问"新模式,定期送法下乡。"法权乡邻"社会实践队将会定期组织合作律所的律师、专家顾问团队的法学教授、公益组织的普法志愿者走进新博村进行面对面的线下普法宣讲。

通过"法权乡邻"公众号发布普法推文与法律资讯,通过在村内文化法律展板张贴海报等方式宣传文本、传递法律文化知识,推进民主法治示范村建设。

(二)调研对象分析

新博村位于六指街南部(见图1),是2010年南水北调工程丹江口浪河镇搬迁至黄陂的3个安置点中规模最大的移民建制村。全村共4个村民小组,127户571人,村"两委"班子成员5人,全村党员21人。现在村中居住的主要为老年人与儿童,青壮年人大多在武汉及其周边城市务工,全村土地面积近1000亩(1亩≈666.67平方米)。

图1 新博村村落一角

总体而言,新博村环境优美、村舍整洁,土地规划合理,交通设施便利。在产业发展上,不忘本来,创新奋进,建立了以传统手艺为支撑的黄酒、茶叶合作社;因地制宜,统一承包,种植多种果树。在治理成就上,新博村坚持民主法治,乡风淳朴,获得"全国民主法治示范村"等多项荣誉称号。

(三)调研纪实

1. 座谈交流

在新博村村民委员会的大力支持下,实践队一行与新博村村干部进行了座谈交流(见图2),专门就新博村的发展成就进行了座谈,现概括如下:

党建引领乡村振兴,建强建好基层支部,确保乡村法治方向正确。新博村全面推进标准

图 2　社会实践队与新博村村民举行交流座谈会

化、示范化党组织建设,建立"两委"联小组、党员联农户的"双联"工作机制,推广"一个党员帮三户"做法,有效提升党组织的凝聚力,加强党群联系,扎实推进法治乡村建设工作。

全面盘活集体经济,构建田园综合示范体,依法保障人民权益。新博村通过"党员创业带富工程",激活村里"红色细胞",引导农业合作社蓬勃发展,稳步推进集休闲康养、文化旅游、特色农业于一体的田园综合示范体,物质文明建设和精神文明建设两手抓。

打造"一约两队三会",加强矛盾纠纷化解,构筑法治屏障风景线。新博村发展特色"枫桥经验",依托村党员群众服务中心"老师傅调解室",构建"法治服务队+志愿服务队",引导大学生志愿者送法下乡,切实保障人民权益,提升人民群众法治意识。

创新基层治理模式,推动村规民约建设,凝聚民主法治同心合力。新博村规范落实"四议两公开"制度,建立村民代表会议、村民议事会等不同议事协商载体,构建民事民办、民事民管的乡村自治新格局,由村民共同缔造"大美法治新博"。

公布小微权力清单,绘制清廉村居底色,筑牢法治意识底线。新博村深入实施村级事务阳光工程,实施村级纪检监察工作,畅通群众监督举报信访渠道,严厉打击"村霸"、宗族恶势力背后的腐败行为,实现全村无一例上访、无一例治安案件发生,推动清廉建设与基层法治同频共振。

2.切身普法实践(见图3至图5)

1)普法课堂

党的十八大以来,以习近平同志为核心的党中央高度重视青少年法治教育工作。在本次调研中,"法权乡邻"社会实践队秉持"以法律服务乡村,以法治保障振兴"的精神,为新博村带来未成年人权益保护和预防犯罪课堂,进行了一次精彩的普法宣讲。

首先,在"为什么要守法"模块,主讲人结合经典案例进行讲解,并就相关困惑进行了准确答疑;其次,在"青少年三大法律责任"模块,主讲人向同学们介绍了以其同龄人为当事人的典型案例,指出青少年犯罪的五大类型,起到了极大的警示教育作用;最后,在"怎么保护我们自己"模块,介绍了"拒绝校园欺凌""预防性侵行为""坚决抵制毒品""警惕电信诈骗"四个方面的内容。

图 3　普法课堂

图 4　团队的普法宣讲 PPT

图 5　社会实践队合影

此次普法宣讲向新博村的青少年传递了学法、用法的力量。宣讲队的讲解深入浅出,生动有趣,领会精神,切合实际,给同学们留下了深刻印象。此次普法活动超过30位同学参与,获得了新博村青少年的积极响应。普法之声,入耳入心,对以"法治引擎"助力乡村振兴发挥了积极作用。

2)法入万家

法入万家,润"农"无声。实践队构建"普法志愿者+法律顾问"模式,拿出提前准备好的300多页普法材料,组团走进农户家普法(见图6)。在老年人活动中心,一位老奶奶亲切地跟我们讲起新博村的治安变化,并向我们询问老年人权益保护相关法律问题。

图6 深入农家普法

二、法治示范村的经验总结

(一)法治两大抓手

从新博村的法治建设具体措施不难看出,新博村锚定美丽乡村、和美乡村的治理目标,坚持党建引领和发扬移民精神。

"党建引领"把握法治前进方向。新博村通过标准化的党支部建设,形成党建品牌。依托党员中心户、党支部双联机制,创新"一约两队三会"法治工作机制及"清廉村居"的法治治理模式,极大地提高了法治工作效率与质量,为民主法治示范村的建成奠定了制度基础。

"移民精神"凝聚治理动力合力。与红色文化有效衔接,新博村打造南水北调移民文化法治长墙,时刻提醒要感恩党的领导,保持廉洁自律,继续弘扬南水北调移民精神,团结带领群众向着乡村振兴目标稳步前行。

(二)调研总结

从移民村到幸福村,新博村的改变是以加强法治建设,做深、做实基层社会治理,缔造人民安居乐业环境的一个缩影。在法治建设的制度设计方面,村党组织领导有力,治理政策依法规范,治理方式创新健全,法律资源配置齐全;在宣传引导的互动影响方面,参与主体多元

联动,文化品牌深入人心,阵地建设多样拓展,村风民风淳正向善。实践队将新博村特色经验总结如下:

坚持党建引领,牢牢把握民主法治建设正确方向。第一,两委一体"强堡垒"。依托党支部,统一管理驻村干部和村"两委",加强"两委一体"的基层组织建设。第二,选优配强"领头雁"。抓关键少数,村"两委"干部先学一步、深学一层,学深悟透后依托联片包组到户机制,选任一批年轻、有文化、能吃苦、肯干事、敢担当的村"两委"班子。第三,建强夯实"党组织"。全面推进党组织向着标准化、示范化的目标靠拢,加强村干部廉洁教育,严格落实"三会一课"等党内基本制度,打造风清气正的政治生态。

完善顶层设计,画好乡村法治建设"施工蓝图"。扎实推进法治乡村建设,不仅是各村的建设工作重点,也是基层政府创新治理、实施乡村振兴战略的必然要求。因此,各地方政府工作部门需及时根据地方实际出台相应文件,进行监督管理。地方政府及相关政府部门要为乡村开展法治建设工作提供工作方案,为不断创新乡村治理手段,扎实推进法治乡村建设提供具体工作方向。在工作力量较为充足的前提下,实施"一村一策",推行"个性化"创建模式。

健全工作机制,拓展法治乡村治理"创新路径"。一是形成以党员协调为载体的基本工作机制。创新"党员＋群众"模式,将村民家庭一一分包给党员,基层干部通过上门走访,文字、语音、视频沟通的方式每周遍访一次"包户"家庭,实现随时随地为村民解纠纷、化矛盾。二是形成以数字治理为手段的基本工作支撑。首先,开发"数字党建"系统与基层治理系统,通过手机扫码接入评价反馈、纠纷化解、法律服务等应用,全面构建基层数字治理工作闭环;其次,提供公共法律服务领域科技创新支撑技术,推进公共法律服务向移动服务、随身服务方向发展。

统筹法律资源,打通乡村法律服务"神经末梢"。以法律服务为抓手,推动纠纷精准化解;以公共法律服务为载体,完善基层民主自治;以多元化解纠纷为支点,促进基层依法治理。一是扎实推进一村(社区)一法律顾问工作,提升基层群众法律服务获得感。二是加大对基层"法律明白人"的培养力度,重点培育一批以村"两委"班子成员、村(社区)妇联干部等为重点的"法律明白人"。三是设立便民法律服务机构并配备设备。引导群众运用法治思维和法治方式参与管理公共事务、化解矛盾纠纷,打通乡镇法律服务的"最后一公里"。

注入多元力量,配备乡村依法治理"参谋助手"。一是志愿齐参与,织密矩阵。本村层面,成立乡风文明志愿者服务队、法治宣传志愿者服务队等,党员干部群众齐上阵,提高法治建设参与度,织密民主法治矩阵。社会层面,充分引入普法志愿者等队伍,积极引导群众学法、守法、用法。二是公检法配合,带活引擎。设立警务室和法律工作站,加强同公安派出所、司法所、人民法院、人民检察院等单位的协调联系。公安派出所、司法所是网格中的重要节点,应在法治建设问题上及时主动下沉介入,构建警、司、村"三位一体"的网格化协作机制,通过小网格带动大引擎,促进民主法治在基层开花结果。

三、结语

移民之初的新博村,由于土地等生产要素缺乏、资金来源不稳定、村居环境变化较大,村民之间矛盾纠纷不断。而如今,站在新博村的石板路上,抬头望去,法治墙绘多彩和谐;侧耳倾听,乡村振兴声声入耳。新博村在党的引领下,在不畏艰险的移民精神的鼓舞下,探索以清廉村居为抓手的"一约两会三队"基层治理新模式,治理体系不断完善,荣获了"全国民主法治示范村"等荣誉称号,续写了移民村法治乡村建设的大美篇章。稳定的村居环境也不断赋能经济、产业发展,乡村振兴工作持续取得新成效……

"法权乡邻"社会实践队深入了解了这一巨变背后的制度创新,通过对访谈问卷的梳理,总结出了新博村的法治经验,并结合文献资料,总结了法治乡村建设的"七部曲",力图为奏响乡村振兴之歌做出贡献。同时,实践队也践行"法安天下,德润人心"的理念,组成一支普法宣讲服务团队,开展一堂精彩的法治讲座,走进新博村农户家,协助开展了新博村的法治宣传教育活动,切身体验了新博村的法治氛围。

这是一个还在继续的故事,相信在党支部的坚强领导下,新博村将会续写乡村法治的大美篇章,团结村民走好乡村振兴"金路子"!

参考文献

[1] 安宁,潘越.乡村振兴视域下政府提供公共法律服务的现代化治理路径[J].河北法学,2023,41(3):153-174.

[2] 陈柏峰.促进乡村振兴的基层法治框架和维度[J].法律科学(西北政法大学学报),2022,40(1):3-17.

[3] 陈柏峰.送法下乡与现代国家建构[J].求索,2022(1):98-106.

[4] 陈悦琳.我国农村基层公共法律服务建设机制研究——以镇江市为研究对象[D].镇江:江苏大学,2020.

[5] 冯鹏.农村公共法律服务中存在的问题与对策研究——基于眉山市仁寿县的调研[D].成都:四川农业大学,2019.

[6] 高其才,张华.乡村法治建设的两元进路及其融合[J].清华法学,2022,16(6):42-63.

[7] 黄博."三治融合"视域下乡村治理能力提升的三维审视[J].求实,2022(1):81-92,112.

[8] 蒋银华.政府角色型塑与公共法律服务构建——从"统治行政"到"服务行政"[J].法学评论,2016,34(3):19-25.

[9] 李春仙.实施"互联网+公共法律服务"的路径探析[J].人民论坛,2019(26):70-71.

[10] 陆娟梅,王林飞.公共法律服务建设标准化初探——以嘉兴市实践为样本[J].中国司法,2016(3):43-46.

[11] 宁琪.农村公共法律服务供给体系完善与创新研究[J].农业经济,2020(6):47-49.

乡村振兴，与法同行：
激活法律服务力量，助推送法下乡实践

法学院　易虹菲　杨颜如　梁鸿威　陈洁　谭沁尔

摘　要　乡村建设，法治引领。习近平总书记在党的二十大报告中提出建设覆盖城乡的现代公共法律服务体系，国务院以及司法部门出台文件强调要加强欠发达地区的法律服务设施建设，强调要均衡配置城乡法律资源。然而乡村基本法律服务作为基本公共法律服务的重要一环，现实状况与政策目标仍存在较大差距，尤其是农村地区基层法律服务体系仍不完善。实践队利用假期前往宜昌市夷陵区太平溪镇开展法律宣讲工作，并总结乡村基本公共法律服务面临的问题与解决思路。

关键词　宜昌　乡村振兴　公共法律服务

一、展开法律宣讲会

在2023年6月30日—7月29日期间，实践队前往宜昌市夷陵区太平溪镇太平溪村、富村坪村、龙潭坪村3个村共开展3场送法下乡主题宣讲会，覆盖人数超200人。宣讲内容涉及宪法、物权法、消费者权益保护法、婚姻法等多方面内容，宣讲形式包含主题宣讲、法治情景剧表演、以案说法、有奖问答、发放法制宣传册等多种形式。

（一）主题宣讲

宣讲会上，易虹菲和陈洁同学开展了一场针对农民生活实际的法律知识主题宣讲活动（见图1）。宣讲内容包含了民间借贷认定、借条的准确写法、借贷追偿的有效期限以及婚姻彩礼的失效偿还、土地承包，以及土地征收等方面的法律知识。此次宣讲活动极大地帮助农民们更好地了解自身的权益，提高维权能力，避免个人财产受到侵害或损失。

（二）原创情景剧表演

宣讲会上，团队还进行了一场名为《一夜豹富》原创法治情景剧表演。情景剧讲述了一个追求暴富的年轻人，受到了四个自称"成功学家"的人的引导，一起学习暴富经验最后被骗的故事。通过精彩的表演，演员们生动地揭示了骗子的真面目。情意剧表演既具备观赏性，又有教育意义，实现了"寓教于乐"。

图1 送法下乡宣讲会

（三）以案说法

团队还利用情景剧中的案例开展以案说法的宣讲活动（见图2）。演出结束后，团队成员杨颜如揭示了剧中设计的违法行为，并从经济法、合同法、民法以及消费者权益保护法等多个方面，为观众提供了遇到同类问题时的解决方案。案例和法律知识相结合具有较强的代入性，使得法律知识深入人心。

图2 以案说法

（四）有奖问答

为了激发观众的积极性，每场宣讲活动在结尾设立了与宣讲内容相关的法律常识有奖问答环节，这个问答环节引发了热烈的反响，观众答案的正确率超过90%，反映了观众对宣讲内容和形式的认可。

（五）发放宣传册

在会议的最后，团队成员发放了法制宣传册和小礼品，并一起合影。这次举行的三场宣讲活动顺利进行。考虑到农村地区大部分居民接触到法律知识的机会相对较少，普遍法律意识薄弱。通过宣讲法律知识，可以增强农村居民的法律意识，让他们了解到法律的规定、权利以及义务,从而避免违法行为的发生,并更好地保护自身权益。

二、调研结果

在实践过程中,实践队采用线上问卷与线下走访相结合的方式,就乡村群众对基层法律服务的了解程度进行了全面的调查。建立了有效直接的信息来源渠道,获取了清晰真实的数据。通过对数据进行系统的归纳整理,形成了对基层公共法律服务现状的初步了解。调查结果如图 3、图 4 所示。

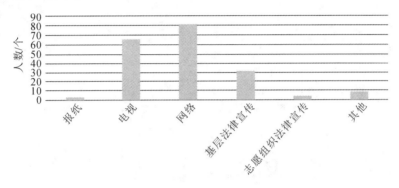

图 3　法律知识获取途径

图 4　完善基层法律服务建设对人们的影响程度的调查结果

2023 年 7 月 29 日下午,实践队先后到龙潭坪村与太平溪村法律服务中心,就基层公共法律服务等话题对基层法律服务工作者展开采访并与之交流(见图 5),形成了详细的访谈记录。龙潭坪村公共法律服务中心主任对该村法律服务体系建设过程以及现阶段取得的成果等方面展开介绍。她表示龙潭坪村法律服务的内容与形式在不断更新与优化,前几年主要工作内容为发放普法手册、组织普法宣讲以及以村干部介入调解的方式解决邻里纠纷,现在逐渐增加了新的服务方式,比如通过微信群发送普法与政策宣传推文、建立各个司法公众号向村民推送法律知识、依托乡司法所解决法律纠纷。太平溪村公共法律服务中心的值班人员系统地介绍了该村法律服务队伍建设、调解网络构建与矛盾纠纷化解等方面的情况。他提到,以"一村一律所"的方式可以达到点对点具有针对性的法律援助效果,设立法律服务专线电话可以更高效便捷地满足群众的法律服务需求。

图5　采访基层法律服务中心工作人员后合影

三、问题与解决路径

根据乡村法律服务中心负责人介绍的实际情况,实践队了解到基层法律服务依旧存在一些痛点、盲点与难点。比较突出的问题有:村民的法律服务需求与法律服务供给存在错位难题,法律咨询需求日益增长,但法律援助人员不足;普法宣讲工作难以常态化展开;线上宣传关注度不足,无法接收到群众的有效反馈;农村法律援助经费保障不够,缺乏持续性的资金投入;公共法律服务水平参差不齐。

针对不同的症结,实践队提出了一些可行性解决路径与建议。本地干部加强法治学习,成为法律"后备军";多元主体联动,以多种形式及时高频地开展政策宣传与普法活动;组织针对打破线上壁垒的培训学习会议;各级政府优化资金规划,加大乡村地区法律援助的预算投入;加快构建均等化公共法律服务体系,填补漏洞与差距。

四、实践总结

本次暑期社会实践,在走访基层公共法律服务中心、开展普法宣讲活动、深入采访乡村群众的过程中,"乡见未来,与法偕行"小分队全方位了解了基层公共法律服务现状,深切感知了乡村地区群众的法律需求,认识到提高乡村法律服务质量对实施乡村振兴战略具有重大意义。实践队将以此次社会实践为新的起点,锤炼自身本领,打好专业基础,为法治中国建设贡献更多青春力量。

参考文献

[1] 宋方青,邱子键.论基本公共法律服务的供给侧结构性改革[J].东南学术,2023(1):206-213.
[2] 宋方青,张向宇.公共法律服务体系建构的三重逻辑[J].华东政法大学学报,2022,25(6):96-108.
[3] 杨凯.习近平法治思想中的公共法律服务理论[J].东方法学,2022(6):4-18.
[4] 方世荣,付鉴宇.论法治社会建设中的政府购买公共法律服务[J].云南社会科学,2021(3):124-133.
[5] 张世红.农村公共法律服务供给创新机制构想[J].人民论坛(中旬刊),2016(2):153-155.
[6] 陈寒非."送法进村"与基层治理能力的法治建构——基于皖西华县农村法律顾问制度运行实践的分析[J].甘肃政法大学学报,2022(6):39-52.
[7] 吕云峰.我国当前农村基层法律服务现状与对策[J].乡村科技,2017(27):30-31.

"七彩假期，彝路同行"
四川凉山素质拓展夏令营

法学院 邓齐林 朱萌 旦增央珍 吕长骏 高静怡

摘　要　党的二十大报告提出："坚持以人民为中心发展教育，加快建设高质量教育体系，发展素质教育，促进教育公平。"为了积极响应国家政策，更好地落实国家"五育并举"与"双减"政策，推动四川凉山当地文化教育事业的发展，中南财经政法大学法学院志愿者协会"苏正民"志愿服务队在凉山州教育基金会、福慧教育基金会的支持下，与福慧之友项目组、阿依助学专项基金项目组创新活动形式，整合各方资源，汇聚广大高校大学生的力量，于凉山两地同步开展"七彩假期，彝路同行"四川凉山素质拓展夏令营系列活动，通过绘画、音乐、舞蹈、武术、法律等多样化课程，为孩子们提供走近艺术、提高素质教育的机会，汇聚大学生的力量搭建凉山儿童成长阶梯，放飞阿依七彩梦想。

关键词　凉山　夏令营　素质教育　七彩假期

一、实践背景

（一）立足凉山，文金同驱

凉山彝族自治州位于四川的西南部，多高山，地势起伏较大，交通较为闭塞，加之历史因素，自中华人民共和国成立以来发展较为缓慢，但近年来，在国家政策的大力支持之下，凉山彝族自治州发生了翻天覆地的变化，昔日旧貌已不在，经济有了较大的发展，人民生活无忧。在实施乡村振兴的同时，也需要实施文化的教育帮扶。

（二）控辍保学，观念转换

自我国大力推进教育扶贫以来，各地坚持开展控辍保学工作，全面落实义务教育"三免一补"等政策，让辍学学生重返校园，但部分辍学学生仍存在抵触心理，消极读书。控辍保学不仅仅需要政府进行外力干预，更需要从根本上扭转当地"读书不如打工"的观念。在该背景下，开展素质拓展夏令营活动，提升凉山阿依（孩子）的自信，激发他们的学习兴趣，使他们视野开阔并勇于展现自我，从而引导他们建立积极向上的人生观，树立远大理想，思索创造人生道路的可能性。

（三）夯实基础，拓展素质

在国家的帮助支持之下，凉山彝族自治州目前已经建立起了较为完善的基础教育体系，九年义务教育得到普及，青少年辍学率呈下降趋势，各项教学设施完备，但素质教育仍是一块短板。自改革开放以来，党和国家始终把提高全民族的素质作为关系社会主义现代化建设全局的一项根本任务。基础教育提升之后，凉山地区的素质教育的发展迫在眉睫。在国家倡导法治建设的大背景之下，法治教育等素质教育需要得到更多的重视。

（四）扬少年志，赴青春行

此次素质拓展夏令营系列活动面向广大高校大学生招募志愿者，为校内外大学生提供志愿服务机会，让他们真正在实践活动中"受教育、长才干、作贡献"。志愿者则在志愿服务领域进行自身专业知识传播，在助力凉山学子全面发展的同时提高自身综合素养，成长为德才兼备的社会主义现代化建设人才。

二、实践方案

（一）整体思路

项目组通过整合团队内部及外部资源，结合服务队已有开展活动的经验，分书屋活动、校园夏令营两大方向有针对性地面向凉山地区留守儿童开展素质拓展类志愿服务。项目组以艺术教育为核心目标，并辅以法治教育、心理教育、体育教育、劳动教育，坚持以国家"五育并举"及双减政策思想为指导开展志愿服务，在为留守儿童带去陪伴和关怀的同时，为其传授绘画、音乐、主持、心理、武术、法律等方面的多样化知识，为促进凉山孩子们多项素质的提高贡献一份力量。通过在阿依书屋和当地校园内有针对性地开展素质拓展夏令营，探索出一套有效的、可复制和传承的志愿服务形式，并为以后寒暑期常态化开展志愿服务活动积累经验、奠定基础。同时，活动全过程有专业宣传人员跟踪记录，开展社会宣传，以扩大社会实践影响范围。

（二）参与人员

1. 主办方

福慧教育基金会、凉山州教育基金会、中南财经政法大学法学院志愿者协会"苏正民"志愿服务队。

2. 志愿者

（1）"阿依森林"夏令营（志愿者老师15人）："苏正民"志愿服务队成员、中南财经政法大学大学生志愿者、面向外校招募的大学生志愿者。

（2）阿依书屋活动（8支团队100人左右）：中南财经政法大学大学生志愿者团队、面向其他高校招募的大学生志愿者团体。

3. 服务对象

以书屋周边进城务工农民工子女、自主搬迁户子女、留守儿童为主；会理县民族实验中学布拖女子班的102名学生。

（三）服务内容

项目紧跟国家推进"五育并举"和双减的政策导向，以志愿服务队为平台，以服务队凉山本地书屋、会理县民族实验中学为基点,通过实地开展素质拓展夏令营的形式,探索并完善大学生与凉山地区教育资源对接的新模式,促进凉山当地孩子们多方面素质的提升。

1. 立足阿依圆梦书屋,开展主题聚焦式素质教育(见图1)

图1 孩子们手拿画作与志愿者合影

阿依圆梦书屋的基础功能是提供图书馆服务,除此之外,相较于凉山其他大部分乡村书屋,阿依圆梦书屋在人力资源方面具有一定的特色。阿依圆梦书屋在暑期招募优秀的返乡大学生等高学历的志愿者来运营书屋,以确保书屋在孩子们需要时都能够发挥其基础乡村图书室的作用。

暑假期间为学生提供作业辅导与假期陪伴,以解决父母忙于工作或是无力辅导(文盲或半文盲)孩子、留守儿童功课无人辅导的问题。书屋在活动期间举办了一系列主题聚焦式夏令营,通过走进科学、彝族文化、歌舞、四大名著品读等主题课程为孩子们提供走近艺术、提高综合素质的机会,激发孩子们的想象力与创造力,用素质教育(艺术)为孩子的未来创造更多可能性。

2. 深入凉山当地中学,举办多样化素质教育夏令营(见图2)

团队在暑假期间与会理县民族实验中学合作,针对102名布拖女子班的女孩们举办多样化素质教育夏令营,带领孩子们开展有趣活动,传递爱心,拓展素质。

夏令营的活动内容包括绘画、舞蹈、音乐、武术、法律等,旨在丰富孩子们的课余生活,提高他们的文化素养和综合素质。此外,夏令营还设置了一些团队合作和挑战类活动,如拓展训练、户外拓展等,以帮助孩子们提高团队协作和沟通能力,培养他们的领导力和创新能力。

在夏令营期间,大学生支教团队与孩子们建立起了深厚的友谊,传递爱心和关爱,帮助他们解决学习和生活中的困难。同时,夏令营还为孩子们提供学业和生活指导,帮助他们了解自己的兴趣和优势,制定个人发展计划,为未来的学习和工作做好准备。

三、实践成效

本项目立足于团队长期已有经验与外部多方面支持的根基,紧跟国家政策导向,用青春

图 2　孩子们身着彝族服饰与志愿者合影

力量参与推动"五育并举"和"双减"政策的实施,将凉山暑期陪护与素质拓展教育相融合,为凉山孩子们带去一段不一样的夏日记忆。

(一) 高效整合资源,凝聚社会力量

团队背靠中南财经政法大学法学院志愿者协会,承接其开展项目的优势经验以及与项目开展所在地良好的合作关系,将项目顺利、高质量地完成;同时,团队背后有福慧教育基金会、凉山州教育基金会的大力支持通过与多所高校实践团队合作,整合社会基金资源与高校人才资源,广泛凝聚社会力量,点对点有针对性地有效促进素质教育资源互补。

(二) 注重多维陪护,赋能全面发展

团队项目开设书屋活动和校园夏令营两大主方向,在提供暑期陪护的同时,以素质教育为核心,为凉山小朋友们从彝族文化、法治教育、艺术教育、心理教育、经典阅读等多维度提供帮扶,多管齐下赋能凉山学子全面发展。

(三) 助力社区建设,激发朋辈效应

项目团队在凉山当地已建成 5 所"1＋N"阿依圆梦书屋,此次选取其中 2 所书屋作为暑期活动开展试点地,形成优质经验并在后续假期继续推进项目,搭建凉山学子与返乡大学生的长期交流平台,通过设计主题聚焦式活动有针对性帮扶书屋周边留守儿童,形成返乡大学生志愿者、村幼老师与学生之间的良性互动,激发朋辈效应,助力当地素质教育事业发展。

四、活动剪影

(一) "阿依森林"校园夏令营

2023 年 7 月 8 日—7 月 14 日,中南财经政法大学法学院志愿者协会"苏正民"志愿服务队协同福慧教育基金会、凉山州教育基金会在四川省凉山彝族自治州开展为期 7 天的夏令营("阿依森林"夏令营),夏令营通过线上线下多种方式宣传,层层选拔招募综合素质强、有专长技能的优秀志愿者,以素质教育为主线,通过绘画、音乐、武术、法律、主持等多样化课程为孩子们提供走近艺术、拓展素质教育的机会,激发孩子们的想象力与创造力(见图 3 至图 6)。

图 3 "阿依森林"夏令营开营仪式

图 4 法律课堂剪影

图 5 普通话/主持课堂剪影

图 6　美术课堂剪影

（二）阿依书屋暑期夏令营

2023年7月至8月，为更好地落实国家"五育并举"政策，推动四川凉山当地文化教育事业的发展，中南财经政法大学法学院志愿者协会"苏正民"志愿服务队在福慧教育基金会的支持下，与福慧之友项目组、阿依助学专项基金项目组通过创新活动形式，整合各方资源，汇聚广大高校大学生的力量，招募多支团队于凉山两所阿依圆梦书屋开展了一系列"七彩假期"主题式暑期课程活动。

1.晨曦文艺下乡服务队（见图7）

团队为孩子们带来了以音乐律动、乐理、舞蹈、美术、声乐为主的民族主题课程，帮助孩子们在轻松愉悦的氛围中加强文化认同感。

图 7　晨曦文艺下乡支队与孩子们合影

2.中南财经政法大学儿童文学阅读推广学生志愿者团队（见图8）

团队走进大凉山，和学生们一起阅读，分享读书的乐趣，畅游在文字的海洋。

图8　中南财经政法大学儿童文学阅读推广学生志愿者团队与孩子们合影

3.青年先锋队讲解四大名著(见图9)

团队以四大名著为授课重点,通过丰富有趣的教学设计带领孩子们领略中华优秀传统文化的独特魅力。

图9　青年先锋队为孩子们讲解四大名著

参考文献

[1]　陈瑶瑶.志愿服务参与精准扶贫的机制研究[D].上海:上海师范大学,2017.
[2]　赵慧玲.微文化下大学生志愿服务机制研究[D].北京:中国石油大学,2017.

垄上有品到垄上优品
——恩施建始县"OEM品牌化"模式的路径延伸探究

刑事司法学院　杜东润　郭鑫　许博　喻宇轩　胡杰

摘　要　本项目以中南财经政法大学重点对口扶贫县城建始县为调研地,通过探究建始县"OEM品牌化"乡村振兴模式的发展历程与现状,尝试探索农村经济OEM模式的创新之路。项目调研与实践活动围绕"四个一"展开:制作一份文创设计,为当地特产的品牌化道路注入特色文化元素;牵起一根校乡联动的"丝线",搭建高校助力乡村振兴的桥梁;开展一场特色带货直播,结合地方特色探索"互联网＋乡村振兴"的建始模式;成为生产线上的一枚"螺丝钉",通过亲身体验,记录建始县从脱贫到致富背后的故事与经验。

关键词　建始县　OEM品牌化　乡村振兴

一、调研背景

(一)乡村振兴迈入新赛道

2020年我国现行标准下农村贫困人口全部实现脱贫,贫困县全部摘帽,区域性整体贫困问题得到解决。贫困人口收入水平大幅度提高,自主脱贫能力稳步增强。贫困地区生产生活条件明显改善,经济社会发展明显加快。打赢脱贫攻坚战、全面建成小康社会后,要进一步巩固拓展脱贫攻坚成果,推动脱贫地区发展和乡村全面振兴。

(二)农村OEM模式前景展望

工业OEM模式可能导致现场管理水平低下、代工与自主品牌利益冲突等问题。而农业生产比工业生产的流程更为复杂,并容易受到外部因素的影响,这意味着委托方和被委托方之间需要更密切的合作,共同协商和规划生产过程,以确保高效的现场管理和顺利的生产流程。此外,还需要解决代工与自主品牌利益冲突的问题,确保双方的利益能够得到合理的平衡。最后,需要合理定位和推广自主品牌,以适应当地特色农产品的市场需求,并与OEM厂商进行紧密配合,实现合作双方的共赢。

(三)乡村振兴呼唤高校方案

1.高校定点扶贫政策助力乡村振兴

我校承担建始县定点扶贫任务,并提出了6个"200"帮扶任务。通过贡献中南大智慧,确保以高质量的机制帮助建始县取得脱贫攻坚战的胜利。

2.高校定点扶贫平台助力实践育人

高校定点扶贫平台的创建为大学生社会实践背书,借助已有资源,大学生得以探究乡村农产品销售的新路径,了解其背后运行的机制。

二、调研目的和意义

项目团队响应深入实施乡村振兴战略、开展高校定点帮扶政策的号召,对标OEM模式在实践中的应用情况以及表现出来的困境。实践团队深入湖北省恩施土家族苗族自治州建始县业州镇乐家坝村,感受深入实施乡村振兴战略以来取得的伟大成就,通过访谈、问卷、考察、实践等形式深入研习OEM模式在当地的开展情况与实施效果,找到OEM模式在乡村振兴中发展的痛点与难点,结合实践中了解的具体情况,提出可行的解决措施与优化路径,进一步推动OEM模式在农产品流通、加工、销售等各个环节高效运转,拓宽乡村农产品的营销渠道,为达成农民致富增收、农业生机蓬勃、农村兴旺发展的目标贡献智慧与力量,助力乡村产业振兴。

三、调研方案

(一)调研对象:湖北省恩施土家族苗族自治州建始县业州镇乐家坝村

1.水果特产助力振兴,地利焕新文旅名片

建始县业州镇乐家坝村凭借良好的区位、产业和资源优势,成为探索致富新路径的优质试验田。通过脱贫攻坚与乡村振兴的有效衔接,激发了乡村发展新活力,改善了居民的收入状况。

2.打造乡村振兴样板,昔日穷乡蜕变脱贫

建始县业州镇乐家坝村在OEM模式的支持下形成了"十里硒果长廊",并以产业为动力打造休闲旅游品牌,成为乡村振兴的先行者和领头羊,具有典型性。

(二)调研思路

调研思路如图1所示。

(三)调研实施过程

在项目开展过程中,实践成员亲历生产实践,通过丰富的实践活动将调研实践真正落到实处。团队在实施初期制定了四个实践目标,从多维度打开乡村振兴模式,研习OEM模式对促进农业农村现代化、扩展农业产业链的重要作用,积极投身乡村振兴实践,发现实施过程中存在的问题,进一步推动产业扶贫良性发展,进一步扩展OEM模式的应用与转型,为当地深化乡村振兴提供政策建议。

四、调研结果分析与建议

影响产业振兴的因素包括客观环境因素、技术创新能力、市场开拓范围、人力资源发展、政策支持与资金支持等,经过对恩施土家族苗族自治州建始县业州镇乐家坝村的调研之后,发现当地产业振兴已经发展出了一套相对比较成熟的模式,该地的龙头企业在促进当地发

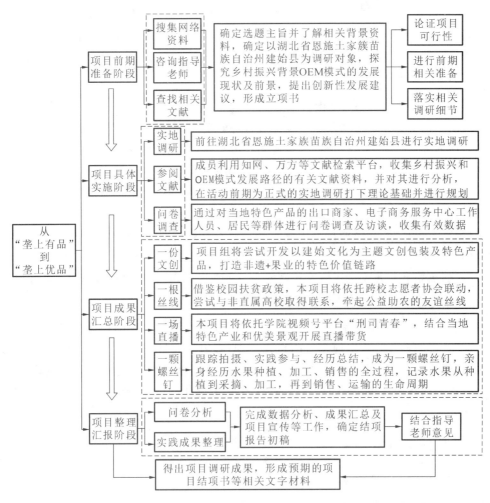

图 1 调研思路

展方面也起到了重要的作用。该地的产业模式发展现状可总结为以下几点：

（一）充分利用各级资源，打造完整产业链

农产品 OEM 模式在发展的过程中受制于农业现代化进程的影响，难以构建完整的产业链，导致资源的增值空间有限；同时创新不足，难以获得消费者的喜爱。为此，乐家坝村在实行加工代理的同时，积极引进数字技术赋能，通过数字技术打造可视化治理体系，构建"数字乡村一张图"；挖掘自身资源优势，融入"互联网＋"发展理念，构建集第一、二、三产业与农旅相结合的"美丽乡村"系统，精准推动乐家坝村的全面振兴发展。

（二）开辟生态致富路径，大力发展生态农业

在本次的调研活动中，实践小组采访到了当地龙头企业德溢民生态农业开发有限公司，其代表创业项目"桃园跑步鸡"堪称当地生态致富的典范，用富硒的枸杞饲养当地的桃园鸡，再以富硒为卖点进行宣传；同时，鸡也可以为枸杞的生长提供必要的肥料，降低化肥的使用率，在一定程度上保护了当地的生态环境，养殖成本也能得到降低；在实践的过程中我们了解到，乐家坝村在发展的同时时刻注重生态环境的保护，通过引进先进的科学技术，发展生态农业,在一定程度上降低了成本,创新了产品生产模式,实现了可持续发展。

同时,调研地积极引进育种中心,依据当地自然环境优势培养最优良的水果种植,助力了水果产量增收,不管是后续进行 OEM 代工生产,还是创新产业链条,都打好了优良的质量基础,实现了生产规模的扩大。

(三)创新产品宣传模式,助推产品销售增收

该地由于得天独厚的自然条件以及优势育种的发展,水果的产量与质量很高,良好的宣传与销售就显得十分重要。该地有代表性的宣传与销售模式主要有以下几种:

电商+直播带货:该地积极引进互联网直播带货平台,深入挖掘产品特色——例如抓住"健康"这一关键词,推广"富硒"水果、"富硒"鸡蛋等特色产品,经由直播带货平台宣传、电商平台销售,实现了产业链的延伸,规避了一部分"OEM"产业加工销售的风险。

高校合作,校企融通:该地特色产业与高校有着良好的联系,例如和华中农业大学开展育种合作与创业合作,依靠大学生的专业知识与创业素养创新产品形式,实现良好育种、创业项目孵化;建始县与高校也保持着扶贫联系与创业联系,其销售渠道得以进一步拓宽。

(四)深度挖掘人力资源,激发人民内生动力

人力资源与劳动力资源是产业发展的基础,该地充分激发村民的积极性,在宏观治理上深入贯彻"一统四治"理念,实现乡村的良好治理;大力发展村民免费劳动培训课程,龙头企业牵头,教给劳动者实用的劳动技能与种植经验,实现了精细分工;注重深入发展合作关系,实现与合作方的有效互动,降低了"OEM"生产模式受外部因素影响导致管理能力低下的风险。

五、优化解决方案

(一)党政引领,立足政策部署

基层作为国家社会治理的神经末梢,对经济形势、政策部署等均具有较高的响应值。建始县的发展模式作为混沌模型,任何轻微的扰动都可能影响全盘的治理效能。从建始县的治理实践来看,无论是政策部署还是经济民生,无论是应急响应还是群众协商,都应当树立党建引领的预设意识,做好党政统筹、党群联系;无论是溯源治理、系统治理,还是以德治理、依法治理,都应当以基层党组织为战斗堡垒,把握统领全局、协调各方的战略眼光,抓住关键处,找准突破口,疏通各行业各领域互联互通机制,充分团结各方力量投入社会治理。建始县的党建模式为合村并组背景下充分利用和落实"党建+"的基层治理模式提供了有益经验。立足新形势下的新情势、新优势,应当继续坚持党政引领的正确部署,落实党政机关责任清单,为建始县发展提供宏观布局基础。

(二)打出差异,培育一村一品

以产业链转型升级为导向,助力"一村一品"模式全面落地。以乡村振兴重点村为依托,打造一批特色产业示范基地。对于不同类型和规模的农业产业基地,应采取差异化的补贴政策,以激励创新和提升产品质量。此外,应加大对农业旅游等新业态的支持力度,促进农旅深度融合,推动产业转型升级。通过修剪、加强病虫害防治、加强肥培管理等措施升级,并针对不同的措施制定补贴标准,鼓励重点产业做强做精,打造特色产业示范基地。

(三) 做出价值,延伸产业链条

面对 OEM 模式转型新形势,建始县应当继续加大农产品加工业扶持力度,因地制宜,引导第一产业向加工业、低端产业向高端产业、服务业延伸,鼓励乡企合作,创办高水平生产加工一体化车间,通过引进体系化加工设备、生产线,实现农产品产业的生态化。对于重点领域、规模主体,如新购置设备投入达到一定规模或拟建设冷藏库、通风库等生产硬件设施的经营主体,按照一定标准予以补助。

(四) 释放活力,培育市场主体

释放市场活力,就需要培育和壮大市场主体,激发集群规模效应。立足现有优势资源,建始县应当继续鼓励、支持涉农经营主体的引进和壮大。通过放宽和支持准入,对新进规模以上、州级、省级等龙头农企提供适当物质奖励和税收减免优惠;鼓励村民抱团创业,加大农村合作社、家庭农场等准集体产业支持力度,落实示范社评定机制,对于诚信经营、硬件设施完备、社会效益好、带动力强、具有创新示范效应的单位主体进行宣传奖励。

(五) 追求卓越,支持品牌建设

以优质农产品资源为依托,建始县具备良好的品牌孵化能力。在产业结构转型布局中,应当着重支持品牌建设,以质量认证、品牌认证为锚点,积极鼓励、支持涉农经营主体在有机农产品、绿色食品、地理标志、非物质文化遗产等认证的创建申报力度,塑造良好的品牌集群,打造鲜明地方特色,树立较高的市场认知口碑。支持区域性公共品牌的创建,依托区、州、省等媒体渠道,为涉农主体品牌、产品等宣传提供渠道帮助。

(六) 推动创新,鼓励科创产投

创新是模式变革的先行条件,建始县应当建立健全体系化农业创新激励政策,加快农业成果的实际价值转化,加强农业科技人才培训;立足建始县地区特色富硒产品的种质资源优势,对采用科技育种技术、模式等的单位和个人给予扶持。鼓励科技企业申报科研项目,对于获得科技立项的主体给予额外配套奖励,营造良好的科技创新环境。以湖北省优势高校人才资源为基础,加快打造创新实验研发、实验示范基地,实现农业的技术赋能。此外,建始县政府应当提升市场敏感度,积极探索以财政为硬资产基础的投资模式,以"资金项目化、项目资产化、资产效益化"为指导路径,面向农产品批发、冷链物流、电商分销、厂房大棚等农业产业链硬件设施扩大招商引资,激发市场内生动力,形成市场良性发展。

六、农产品 OEM 品牌化的优秀模式可推广研究

(一) 品牌合作模式

农产品 OEM 品牌化可以通过与知名品牌或企业合作,共同打造农产品品牌。合作过程中,品牌企业可以提供品牌形象、市场推广和销售渠道等支持,农民则负责生产和供应产品。这种模式可以有效利用品牌资源,提高品牌知名度和市场份额。

(二) 农产品合作社模式

通过农产品合作社实现农产品 OEM 品牌化。合作社可以整合农民资源,提供生产技术和管理支持,帮助农民进行农产品加工和销售;协调农产品供求,提高农产品的市场竞

(三)农产品电商模式

农产品 OEM 品牌化可以通过农产品电商平台来实现。农产品电商平台可以为农民提供销售渠道和市场推广支持,帮助农产品进行品牌化加工和销售。农民可以通过电商平台展示和销售自己的农产品,同时平台也可以提供产品包装、物流配送等服务。这种模式可以打破传统销售渠道的限制,直接连接农民和消费者,提高农产品的市场覆盖率和销售额。

(四)农产品旅游模式

农产品 OEM 品牌化可以通过农产品旅游来实现。农民可以将农产品加工成特色农产品,并结合旅游资源,推出农产品体验和观光旅游项目。这种模式可以吸引更多的游客和消费者,同时提高农产品的附加值和竞争力。

七、实践成果

1. 制作一份文创产品,品牌路上注入潮流

团队着眼于文化元素的挖掘和运用,打造出具有独特文化特色的产品,以此拓展"非遗+产业"的特色价值链路,为当地特产的品牌化道路注入特色文化元素。

2. 牵起一根丝线,扶贫路上构建桥梁

团队借鉴一校园一扶贫政策,牵起一根校乡联动的"丝线",与非直属高校取得联系,牵起公益助农的友谊丝线,助力建设外校"爱心扶贫超市",搭建高校助力乡村振兴的桥梁。

3. 开展一场直播,销售路上打造爆款

团队将表演、访谈等元素与带货有机地融合,开展一场新颖的直播带货活动,与传统营销方式相比,直播带货在价格方面也具备一定优势。

4. 成为一枚螺丝钉,振兴路上深入实践

团队成员成为生产线上的一枚"螺丝钉",学习劳作,深入农业与工业生产,亲身经历水果种植、加工、销售的全过程,记录水果从种植,到采摘、加工,再到销售、运输的生命周期。

5. "初心磨砺处,青春奋斗时"联读联学活动

团队队员带来《习近平的七年知青岁月》一书的精彩访谈片段朗读,与全体参与人员共勉,约定在新时代新征程上留下无悔的奋斗足迹。

6. "送法下乡:法科学子下基层"普法宣传活动

团队依托乐家坝村党日活动平台,针对广大村民进行说理释法,并为当地村民郑某提供了一次法律咨询服务,有效地化解了邻里矛盾。

7. 撰写青年提案,探究延伸路径

团队在实践路上引发法理之思,撰写成稿并依托青年模拟政协平台进行提案,探究乡村振兴模式在广大农村基层推广延伸的可行路径。

8. 其他成果

团队致力于将本次社会实践与调研活动转化为可视化成果,形成调研报告、访谈实录、宣传视频、照片锦集、思政青课等。

此外,团队对 6 名乡镇政府干部、2 名杰出企业家、31 名村民、3 户乡贤进行了调研走访;

在乐家坝村党支部面向乐家坝村120余名党员代表开展1场习近平法治思想宣讲活动，以经典红色书目为主线进行联学联读、交流分享；在"七一"主题党日活动中面向221名村党员代表开展1场法律知识普及活动；针对乐家坝村的一起合同纠纷案件，面向7位当事人开展了1次法律志愿服务活动。

八、宣传成果

本次实践活动中，团队积极搭建公众号平台，于多个媒体与公众号平台发布宣传推文、视频等，拓宽宣传渠道，增加宣传力度。宣传成果列举如下：

1. 形成三篇发布于校级微信公众号的推文

（1）https://mp.weixin.qq.com/s/LuzCY0W0DV6oR24BVv-YZg

（2）https://mp.weixin.qq.com/s/vPKGdxOfd5lpYAlXIl59cg

（3）https://mp.weixin.qq.com/s/LAajDnoc1w-HwxlKCt1jjg

宣传成果

2. 形成三篇发布于院级微信公众号的推文

（1）https://mp.weixin.qq.com/s/yr6SXcikQJHcbNu1uZJljQ

（2）https://mp.weixin.qq.com/s/7e1tQBb0PILUEYybFP1W5w

（3）https://mp.weixin.qq.com/s/t9hFoDjyl0pIHnUTrAlfPQ

3. 形成一篇发布于中青校园网的新闻报道（见图2）

https://xiaoyuan.cycnet.com.cn/s?signature＝jqEkWRmZyvzPO2bBdGX78xMYM-hzpkB57l36xneA0QpKgM9NYL8&uid=7428445&phone_code=5fa31adf68863f34482448-cf4bbdbb75&scid=1603352&time=1697161792-&app_version=（null）&sign=97d8f56a1927626377a14f3703b5258b

图2 中青校园网新闻报道

4.形成两份社会实践视频,发布于"刑司青春"视频号(见图3)

图 3　发布于"刑司青春"视频号的视频

5.形成三份社会实践视频

(1)https://pan.baidu.com/s/1STADfuSvxervjC9MK-Fb7Q(提取码:fhp0)

(2)https://pan.baidu.com/s/1ihBLaL9FlGDkIbC6nhWG5w(提取码:pe4e)

(3)https://pan.baidu.com/s/1s3dudGDlfOPCSmInwhKk_A(提取码:tzyk)

垄上有品到垄上优品——结项视频

中南大学子"三下乡":希望垄上种,自有优品来

垄上优品:匠心红研小队启程

九、结语

国家发展已打开崭新篇章,时代画卷正待中南大人续写。青年应积极主动地把握住机会锤炼本领、增长才干,在社会实践和志愿服务活动中,培养团队协作、乐于奉献的精神。到乡村振兴的工作没有捷径可走,也不是纸上写写、嘴上说说、墙上挂挂的空洞理论。匠心红研小队的每位队员在今后将以实际行动服务经济社会发展和广大人民群众,在祖国需要的地方淬炼青春、茁壮成长。

参考文献

[1] 曹少疑,何格伦,黄晏如.发展农产品加工业对村落振兴的启示——以香港盐田梓为例[J].中国市场,2023(15):69-72.

［2］ 刘贵博.基于系统观念的农村产业发展极及金融支持路径研究［J］.金融经济,2023(6):73-80.

［3］ 高晓宇.乡村振兴下农产品物流发展困境与对策研究——以山西省孝义市为例［J］.江苏商论,2023(6):42-44.

［4］ 李琳.基于状态-效率二维度的我国省域农村产业发展水平评价研究［D］.重庆:重庆大学,2020.

［5］ 张国帆."评"出乡村振兴新气象［N］.恩施日报,2022-07-06:001.

［6］ 雷闯,苏玺,侯康.年产值超5亿元,带动8.5万农民增收建始水果种出"甜蜜"日子［EB/OL］.(2021-10-22).［2023-06-04］.https://www.hubei.gov.cn/hbfb/xsqxw/202110/t20211022_3821804.shtml.

［7］ 肖华.湖北建始:开全域旅游之花 结全域脱贫之果——湖北省文化和旅游厅［EB/OL］.(2020-01-08).［2023-06-04］.http://wlt.hubei.gov.cn/bmdt/xydt/202001/t20200108_1905927.shtml.

四青并举　筑法于基
——"三治"融合理念下青年参与乡村社区矫正的长效化机制研究

刑事司法学院　孙婧怡　蒋紫璇　姚凯译　许博　吴桐雨

摘　要　实践队结合专业特色，以三治融合理念为指引，聚焦乡村治理中较为突出的农村社区矫正问题，调研福建省福州市晓澳镇的乡村社会矫正工作情况。前期调研中发现目前农村社区矫正中存在矫正效率不高、社会力量参与积极性与活力较弱等问题。基于此，团队以晓澳镇四村三社区作为实践调研地，从"青为""青力""青果""青言"四维度构建"四青体系"，探索青年力量参与乡村社区矫正的长效化机制，创新基层治理，筑牢"中国之治"。

关键词　三治融合　四青体系　社区矫正

乡村治理工作是一项长期且艰巨的任务，发展过程中存在着不容忽视的问题。习近平总书记强调当下的乡村要"健全党组织领导的自治、法治、德治相结合的基层治理体系"。因此，本次社会实践，法润乡土小分队结合专业特色，以三治融合理念为指引，聚焦乡村治理中较为突出的农村社区矫正问题。2023年8月20日—2023年8月24日，法润乡土小分队暑期社会实践团怀揣着感悟基层法治、重走振兴之路、调研创新实践的初心，踏上了前往福建省福州市晓澳镇开展实践调研的旅途（见图1）。

经过一番辗转来到了晓澳镇，通过与当地的渔民交流，我们得知晓澳镇渔业发达，渔业资源极其丰富。社区矫正工作人员告诉实践队成员当地存在较多违法捕捞、违法养殖的现象。所以社区矫正的对象中，渔民占了相当一部分，且管理起来比较困难。在社区矫正工作人员的介绍中了解到了晓澳镇社区矫正制度设计的背景以及矫正工作开展情况（见图2）。

此次法润乡土小分队的调研成果可以总结为"四青"，即"青为""青力""青果""青言"，分别对应调动青年参与社区矫正工作的积极性、青年于社区矫正贡献青春力量、总结复盘产生实践成果、发现问题并且积极建言献策四个阶段。

法治筑根基，青春当有为。法润乡土小分队将青年力量与志愿服务相融合，以此来调动青年力量参与社区矫正的积极性。

基层点微火，青年献青力。法润乡土小分队采用"线上＋线下"模式，推出"护苗计划"与"互助计划"，积极探索青年力量的有效参与路径。

实践出真知，自省成青果。对于最后实现的成效需要进行评估，法润乡土小分队采取一

图 1 实践队在晓澳镇

图 2 实践队与社区矫正工作人员进行交流

系列措施分析不足,持续跟进,收集实践数据与资料,并在此基础形成最终的调研报告。

建言促发展,献策展担当。在参与社区矫正志愿服务的过程中,青年应当有所得、有所言。法润乡土小分队助力青年学生在实践过程中建立正确的社会主义核心价值观并进一步提升青年的社会责任感,在志愿活动中收获新的感悟与认识。

我们首先走访了四村三社区的社区矫正对象,了解他们的生活情况(见图3)。然后通过对当地司法所负责人进行深度访谈,我们了解到社区矫正工作极度缺乏法学人才以及其他的青年力量,需要有更多的法学青年来参与社区矫正工作,促进基层法治工作的开展。通过走访与访谈对当地社区矫正现状及社会力量参与水平有了初步了解。

图3 实践队针对社区矫正对象开展思实践政课

实践队成员针对社区矫正对象开展了一场生动特别的思政实践课(见图3)。思政实践课反响热烈,起到很好的教育作用,并获得了良好的启发效果。同时,为了保障调研的充分性,实践队成员对社区矫正的工作人员以及社区矫正对象都进行了访谈,向其询问对于实践团实践效果的看法以及建议。在征得同意后实践队成员以录音、拍照等形式对访谈进行了记录。

在实践过程中,法润乡土小分队深刻认识到基层社区矫正还需要更多青年力量的参与。因此,团队积极搭建公众号平台,构建推文、视频、新闻多渠道宣传矩阵,以期提高社区矫正及本次实践的影响力,吸引更多青年力量参与乡村社区矫正工作,切实提高基层治理实效,积极探索中国特色乡村善治之路。

同时,实践队将实践调研结果转换为可视化成果,形成调研报告、宣传视频、照片集锦、推文、新闻稿件、思政课件与讲稿、社区矫正对象思政心得等,得到了实践单位的嘉奖与鼓励(见图4)。

脚下沾有多少泥土,心中才能沉淀多少真情。在这段实践旅程中,法润乡土小分队用脚步丈量基层热土,了解社区矫正对象情况,针对这些情况设计社区矫正方案。在一次次调研交流中,我们对于基层社区矫正困境有了切身的体会。法润乡土,德润人心。此次社会实践让实践团成员深刻认识到,青年的担当是在大有可为的时代有所作为。青年群体作为社会力量参与社区矫正工作,以真才实学服务社会,以青年之智建设基层法治,是贯彻习近平总书记关于青年工作重要思想的应有之义,更是青年在新时代挺膺担当的生动写照。

图 4 实践单位的鼓励

参考文献

[1] 金俊杰,刘辉.社会力量参与社区矫正的理论基础与实践路径[J].芜湖职业技术学院学报,2023,25(2):53-57.

[2] 林金青.社会工作介入社区矫正对象再社会化的研究[D].漳州:闽南师范大学,2023.

[3] 王高兴,肖乾利.社会力量介入社区矫正的现实困境与路径匡正[J].河南司法警官职业学院学报,2023,21(1):24-28.

[4] 闫榕.协同治理视角下基层社区矫正管理研究[D].呼和浩特:内蒙古农业大学,2022.

[5] 陈清霞.社会治理视域下社会力量有效参与社区矫正工作的路径探索[J].社区矫正理论与实践,2022,1(3):54-60.

[6] 陈清霞,王晓迟,叶惠玲.社会力量参与未成年人社区矫正工作的有效路径探索[J].中国司法,2022(9):90-96.

[7] 殷林琴.社会力量参与社区矫正的路径研究——以F县为例[D].南昌:南昌大学,2022.

"三治融合"背景下村民自治的功能定位与实践逻辑
——以贵州乡村为例

法律硕士教育中心 谭辉玲 张雨凡 何少敏 曾文铎 袁泽玮

摘 要 从历史上看,我国农村的自治活动经历了多轮变革,在不同的政治、经济、社会背景下以不同形式体现了村民的自治意识。在目前"三治融合"背景下,村民自治在乡村治理中获得了新的治理内涵,德治与法治在多维度、多视阈下协助村民自治,使乡村治理以新的机制与原则运作。本项目以经验调查为基础,结合贵州当地村庄的自治实践,尝试分析"三治融合"中的村民自治如何开展,德治与法治如何与村民自治协调运作,以厘清当下村民自治的功能定位与实践逻辑。

关键词 三治融合 村民自治 纠纷调解 基层治理

一、引言

(一)选题背景

"三治"的表述源自 2013 年浙江桐乡的治理经验,桐乡政府将其概括为法治、德治、自治"三治融合"的"桐乡经验"。由于其显著的治理效果,该经验以"三治融合"作为符号进入学术讨论的范畴。2017 年党的十九大会议召开后,"三治融合"的乡村治理体系被明确写入了十九大报告中,成为理论研究的热点。

国家通过投入资源和行政力量,在结构上获得了对乡村的控制与领导。但这种控制与领导并非绝对无空隙的,依旧需要村民的自治作为补充。改革开放后,村民委员会机制在实践中不断完善,并以"基层群众性自治组织"的属性获得党和国家的认可,"乡政村治"的基层治理格局渐趋形成。目前,自治更多地在"三治融合"的语境中被提出,其目的是消解在之前的自治实践中出现的形式主义作风。自治是有丰富含义的秩序构建,民主是自治的一个形式维度,自治需要借助法治的"硬约束"和德治的"软约束"来提升治理水平和质量,实现乡村社会的善治。

(二)研究思路

本课题的调研思路如图 1 所示。

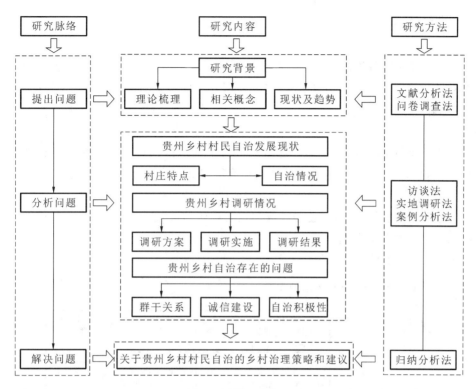

图 1　调研思路流程

二、调研方法

本课题采用的调研方法主要有实地调研法、访谈调研法、文献调研法等。

实地调研法是首要的方法,即到调研地进行实地探访,获取最真实的资料。我们计划前往贵州黔东南台盘村,对该村的"三治融合"情况进行实地调研,以获得第一手资料。

访谈调研法也是重要的方法,我们将对村干部、乡镇干部、村民、承包商、联户长进行走访调研。通过近距离的访谈交流,我们希望了解各方主体对村民自治的认识以及对开展村民民主活动的看法。

文献调研法在活动开始之前就要进行,我们将提前查询相关文献,了解"三治融合"的现状,明确当前有关研究成果。结合调研地的实际情况,我们将确定调研思路和调研过程,以确保调研的准确性和有效性。

三、实践开展情况

(一)调研对象

本课题主要围绕"三治融合"的社会治理背景来研究贵州黔东南台盘村村民自治情况,在此简要介绍台盘村情况。

(二)调研日志

1. 准备阶段

6—7月为课题准备阶段,确定本课题的主要研究方向并整理相关的资料,撰写研究计划和方案,明确课题组研究人员和分工,进一步对相关的文献、资料进行整理和研读,为正式调研奠定基础。

2. 实施阶段

7—8月为课题实施阶段,安排课题组成员对不同地区的村民自治状况进行调研,并对调研结果进行整理和讨论,分析其中的共性和值得借鉴之处,从个别经验上升到一般经验。

3. 总结阶段

8—9月为课题总结阶段,对已经获取的相关调研情况进行总结,形成相关的文字成果,发表相关论文,完成结题报告。

调研日志如图2所示。

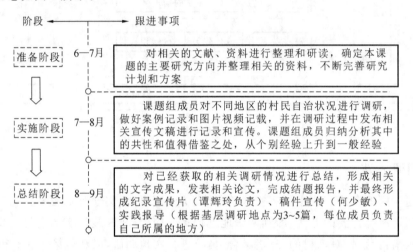

图 2 调研日志

四、调研结果与发现

(一)节日、民俗、巫蛊下形成的内生秩序

无论是台盘村当地的节日还是关于"鬼"和"蛊"的禁忌,都集中体现了苗族浓厚的自然崇拜、祖先崇拜的民族信仰和民族文化。这种文化的形成与苗族的民族历史和社会环境有着密切的关系。

对自然的崇拜、认为自然事物有灵性,其实是苗族"万物有灵"的观念的表现,苗族在此基础上进一步引申出灵魂与肉体分离的概念,认为人的灵魂可以脱离肉体,亡魂称为"鬼"。祖先的灵魂不灭,虔诚祭祀祖先就可以保佑后人,人们在喝酒前会先敬祖先,在每家的客厅明显位置摆放很大的祖先灵位,祖先灵位下粘贴着娃娃的剪纸,祈求祖先的保佑。

苗族祖先在选择安全封闭的山区生活的同时也给民族的生存带来了极大的困难,大山之中的自然条件十分恶劣,只能依靠有限的耕地资源满足生存需求,想要生存下去就必须互助,共享资源。但是"鬼""蛊"观念的出现实际上是对内部的社会进行了分层。在这种社会当中,虽然父母们看似不过介入子女们的恋爱过程,但是婚姻的联结和缔造绝不是个人的私事而是家族和社会的事项,将影响到整个家庭、家族、村寨甚至族群的构建。

族群认同和边界会对婚姻的边界造成影响,在苗族当中,这个边界就是以"鬼"之名划定的。这种"鬼"的划分对村民的阶层和族群进行了划定,从另一个意义上也巩固了原本群体的稳定性。

村民们想象与建构了我群与他群的界限,在这样高度紧密的群体当中,如果有人不遵守这个界限,那么他就会面临孤立无援的境地,而在恶劣的条件下被排斥出群体的后果是个人难以承受的,所以村民都会严格地遵守这些界限。这种区分可以实现社会的高度整合,从而保证群体内部资源的稳定。

相较于其他地区,台盘村长期以来都与现代政权、现代观念有着比较频繁的联系,在传统与现代观念的碰撞过程中,虽然访谈中有一部分村民认为这些原本应严格遵守的习俗都属于"老黄历",但是其影响力依旧是存在的,在当前台盘村村民的生活中依旧随处可见这些习俗。

(二)"打平伙"现象丰富了村庄的内生秩序

"打平伙"作为当地一种特殊的群体交往方式,维系着村庄的强关联关系,其表现形式、功能都具有特殊性。

就其表现形式而言,在规模上,打平伙往往分为大、小两种,大型打平伙往往全村参与,而小型打平伙人员不定,通常有8～9人。在时间和地点上,大型打平伙往往适逢每年的大型节日,特别是"三八"妇女节,在村篮球场集体庆祝;而小型打平伙可以在非农忙季节的任何时期,以任何理由在任何地点举办。在组织流程上,大型打平伙由村妇女主任牵头,在村微信群里自发集资筹钱,并聘用约20个有闲人员负责准备工作和管账。而小型打平伙往往由自家亲戚朋友中的一人牵头,参与的人出钱并备酒。在话题上,小型打平伙涉及话题众多,主要包括村级事务、八卦娱乐(但不会涉及群体内人员)、日常生活问题意见和对策。

打平伙主要承载了以下几种功能:① 提供人际交往平台。打平伙的群体并不是完全固定的,村庄内的各类人员可通过打平伙方式不断加强彼此之间的联系。② 提供商量对话平台。在日常生活中,有些问题仅凭个人是难以解决的,有些话在家中也是不适合表达的,此时可通过打平伙的方式向兄弟姐妹寻求帮助,共同商讨解决方式。③ 提供情绪释放平台。正如访谈中一位大姐所说,"打平伙的目的就是要喝得尽兴,喝得开心。"打平伙提供了一个远离日常生活的环境,让平时的压抑情绪和不满得以释放,可安抚参与者的内心情绪。

总的来说,打平伙在丰富村民日常生活的同时也形成了较强的内生秩序,通过这种交往方式,很多问题都能在村级内部被有效地化解。因此可考虑将其延伸作为基层治理的一种手段,在男性外出务工、妇女作为村庄主要构成成员的情况下,发挥妇女的主体力量,优化村级治理模式,例如"十妇共管",使自治形式得以创新。

五、调研结果分析

(一)问题分析

1."三治融合"化解村庄婚恋纠纷

村庄中的婚恋纠纷涉及三类:首先是恋爱关系中的情感纠葛;其次是由于家庭分工导致

的婚姻纠纷;最后是日常家庭纠纷中出现的婚姻纠纷。在访谈中我们发现,在以前的婚姻纠纷中,严重情况下村干部会介入协调解决,特别严重情况下公安派出所会介入。而现在在出现婚姻家庭矛盾时,一般都是公安派出所介入,村干部在这方面的工作和作用已经弱化了很多。

虽然村庄整体的婚姻状况较好,但是纠纷前后的变化也反映出有新的因素介入当地村民的情感生活中。网络对村庄婚姻生活产生了很大的影响,尤其是当地村民普遍使用抖音等进行娱乐、聊天,分居的夫妻或者情侣往往会因为网络聊天而产生情感摩擦甚至婚姻出轨。在面对此类纠纷的时候,其他多方力量会加入来协调解决,比如负责在早期就调查纠纷的综治办和司法所,在解决纠纷时需要考虑当地的民俗,比如在一次婚恋纠纷中,一方要求赔偿三万元,但是经过调解,最终达成协议,通过买东西进行赔礼道歉来解决此次纠纷。村庄纠纷看重情理和面子,解决纠纷时一般避免村民们的情感、面子需求得不到满足而引发更大矛盾,以最小的成本换取村庄稳定。

2."三治融合"化解村庄土地纠纷

村庄中频繁出现的另一类纠纷就是土地纠纷,包括林地纠纷、宅基地纠纷、耕地纠纷。这类纠纷往往更加复杂:一方面土地纠纷会涉及多方主体;另一方面由于土地的历史比较久,原有的资料不足,在行政变动、不动产证件更换的过程中,村民们只能估量地界,许多细节已经难以明确。再加之台盘地区的耕地资源有限,村民往往会选择自己开荒,但是开荒地确权十分困难。整个台盘村的房子十分密集,相互之间的距离很小,滴水、通行占地等也导致产生了许多纠纷。

在村庄中,土地纠纷中的当事人往往是相熟的邻居和亲人,一般可采取"打感情牌"的方式进行调解,有时候村干部还会采取吃"连心饭"的方式。根据村干部的讲述,吃"连心饭"本来是当地扶贫干部与村民进行感情联络的方式,后来村干部们在调解难题的时候也选择了这一方式。

总的来说,调解村庄中的土地纠纷除了需要行政部门的介入,比如当地的林业部门、国土资源部门以及综治办和司法所外,还需要考虑当地熟人社会的背景,通过打感情牌、吃"连心饭"等方式来解决。

3."三治融合"下处理破坏环境资源犯罪

在与当地司法所交流的过程中我们发现,当地村民破坏自然资源犯罪的情况较为常见。村民们因砍伐树木、捕鸟、挖兰花等而入罪的时候,其是不理解的,村民们世世代代都是靠山吃山靠水吃水,尤其是在资源贫乏的台盘地区,山中的资源是他们的生存之本。但这些事物都属于刑法所保护的法益。

村民们在这些事件当中表现出了他们与法律之间的距离。首先表现为不知法,对年纪大、长期生活在村庄中的村民来说,法律是完全陌生的。他们认为,维护人情关系才是处事的基本法则。在司法所的干部对社区矫正对象进行教育的过程中,法律教育固然是重要内容,但是与矫正对象的交流、互助和人情往来才是关键。矫正对象因为相信司法所工作人员才愿意配合,并不是单纯因为法律教育而受到感化。其次,这种距离表现为难知法。根据司法所的经验,有关生态自然资源犯罪的相关普法活动有限。在破坏生态环境类的犯罪中关于犯罪的标准本身也存在争议。村庄中"法律明白人"基本上都是当地的村干部,普法活动大多采用线上(微信群)和线下结合的方式,但是普法的次数少,时间短,普法的效果没有反馈,村民只是被动地参与普法,能认识法律并运用于生活中的十分有限。最后是难守法。比如,村民们在拿到准伐证之后伐木时,因对要求的伐木量缺乏认知而导致伐木数量超过要求;山中鸟类、植物等种类较多,有些属于保护动植物,也列入专门的目录,在当地习以为常的生物变成了必须保护的对象,村民们难以理解。

违法性认识问题本质上是一个社会问题,刑法规制具有被动性与事后性,更多地关注在具体行为发生后的评价问题。对于违法性认识错误问题,应从信息分化产生的根源及其表现形式出发,强化民众整体的违法性认识水平,尽可能减小社会信息资源分配的差距。与民众的知法义务相对应,国家也应承担起普法责任。

4."三治融合"中的社区矫正

作为司法局的派出机构,台盘村司法所承担了当地社区矫正对象的社会评估工作,在法院做出判决后司法所矫正局会进行评估,如果犯罪分子的户籍是台盘,那么台盘村司法所会进行社会背景评估。评估的时候要综合考虑家庭经济状况、保证人情况、犯罪分子之前在村里的表现、犯罪分子有没有前科、同乡的被害人的态度。如果犯罪分子不是台盘户籍,但是在台盘地区工作,有长期稳定的居所和收入,也可以由台盘村司法所执行社区矫正。

当地的司法所对社区矫正对象,在思想上进行引导,在法律上进行教育,在生活上进行帮扶。在思想方面,矫正小组的人会根据经验对矫正对象进行初步的性格分析,比如矫正对象之前经常打架闹事、酗酒,那么会提醒他不能参加大型的聚集活动,参加之前也要进行报备。针对矫正对象的普法教育包括刑法、野生动物保护法、道路交通法等。

(二)原因分析

贵州"三治融合"能够起作用的原因在于政策支持、体系组织、信息共享、多元参与和经验借鉴等方面,这些因素共同促进了贵州"三治融合"工作的顺利推进并取得了一定的成效。

(1)政策支持:贵州省政府高度重视"三治融合"工作,出台了一系列政策,包括"联户制""院坝协商",明确了"三治融合"的目标、任务和责任分工,为"三治融合"提供了政策保障和资源支持。

(2)体系组织:贵州省建立了"三治融合"工作领导小组和工作机构,明确了各级政府、部门和社区的职责与任务,形成了协同合作的工作机制,提高了"三治融合"的组织化程度和工作效率。

(3)信息共享:贵州省建立了统一的信息平台,实现了各级政府、部门和社区之间的信息共享与数据互通,提高了信息的及时性和准确性,为"三治融合"提供了数据支持和决策依据。

(4)多元参与:贵州省注重发挥社区和村民的主体作用,鼓励广大村民积极参与"三治融合"工作,形成了政府、社区和居民三方共同参与的局面,增强和提升了"三治融合"的可持续性和社会认可度。

(5)经验借鉴:贵州省积极学习借鉴其他地区的成功经验,吸纳先进理念和做法,不断完善和创新"三治融合"模式,提高了"三治融合"的针对性和实效性。

六、优化解决方案

（一）移风易俗推动"三治融合"的发展

教育及外出观念的改变，接受教育程度的提高和去广州、福建等经济发达省份的经历使人们对传统习俗的看法有所改变。推动移风易俗，让越来越多的农村群众了解移风易俗的内涵与意义，并积极参与移风易俗行动，具有重要意义，推行婚事新办、丧事简办、孝老爱亲、勤俭节约，用移风易俗推动"三治融合"发展。

（二）多方主体推进"三治融合"

1. 民心所向

人们普遍希望移风易俗，应顺应人心，集聚力量，凝聚人心，营造良好局面，最大限度激发基层发展活力。村"两委"应发挥模范带头作用，践行移风易俗，扎根基层，服务基层，以身作则，推动村庄良性发展。

2. 村规民约的奖罚分明

村规民约的效力源于村民的广泛参与、民主议定、自我认同以及国家的官方认可，来自基于村民的共识而产生的约束力，来自基于个体权利让渡而产生的集体约束力。因此，移风易俗类村规民约应就解决滥办酒席、高价彩礼等问题达成村民集体共识，做出内部约束。制定村规民约，明确规定奖励和处罚措施。

3. 政府的介入和村民的支持

政府成立红白理事会，制定工作流程、办理原则和标准，并提供资源来推动整治运动。政府的介入可以增强移风易俗的力量，通过行政的力量，可以打破内部力量的限制。这种行政的合法性也有助于实现村规民约和积分制的"三治融合"。

七、结语

通过对台盘村"三治融合"情况的调研和分析，我们可以得出以下结论：首先，信仰和禁忌是形成苗族文化的重要因素。苗族对自然的崇拜和祖先的崇拜在节日、民俗和巫蛊等方面有所体现。这种文化与苗族的民族历史和社会环境密切相关。其次，村庄婚恋纠纷和土地纠纷是台盘村常见的问题。婚恋纠纷涉及恋爱关系、家庭分工和族群认同等方面，需要村干部和相关部门的介入来解决。土地纠纷涉及林地、宅基地和耕地等方面，需要行政部门和社区矫正机构的协调和调解。此外，村庄中的破坏环境资源犯罪也需要得到有效的处理。村民对法律的认知和遵守存在一定的障碍，需要加强普法教育和培养法律意识。为了推动"三治融合"的发展，我们提出了优化解决方案，包括推动移风易俗，通过教育和多方主体的努力改变村民的习俗观念；加强村规民约的奖罚措施，提高其约束力；加强政府的介入和村民的支持，通过行政力量和资源来推动整治运动。

参考文献

[1] 张文显."三治融合"之理[J].治理研究,2020,36(6):2,5-8.

[2] 郁建兴."三治融合"的持续创新[J].治理研究,2020,36(6):8-11.

[3] 郑容坤.从村级自治到多元共治:乡村纠纷调解的逻辑转向及其优化 基于"结构——行动"视角的分析[J].求实,2023(3):95-108,112.

[4] 朱政."三治融合"乡村治理体系探索——以"积分制"治理为素材[J].湖北民族大学学报(哲学社会科学版),2022,40(4):71-78.

[5] 池建华.道德"红黑榜"与"三治结合"乡村治理体系的健全[J].农业经济问题,2019(9):46-53.

[6] 公丕祥.新中国70年进程中的乡村治理与自治[J].社会科学战线,2019(5):10-23.

[7] 张明皓.新时代"三治融合"乡村治理体系的理论逻辑与实践机制[J].西北农林科技大学学报(社会科学版),2019,19(5):17-24.

[8] 张文显,徐勇,何显明,等.推进自治法治德治融合建设,创新基层社会治理[J].治理研究,2018,34(6):5-16.

[9] 张领,吴战.合作治理:乡村治理中行政与自治的一种关系[J].贵州民族大学学报(哲学社会科学版),2023(2):45-57.

[10] 夏立安,史盛洁.乡村自治与国家法治的界分——基于"辅助性原则"的视角[J].浙江社会科学,2023(4):49-58,158.

[11] 李太淼.经济社会结构变迁背景下乡村自治组织建设创新之理路[J].中州学刊,2022(11):20-28.

[12] 何立荣,何宇.自治、法治、德治在乡村治理中的地位探讨[J].广西民族研究,2022(2):8-14.

[13] 陈洪连,孙百才."三治融合"视域下乡规民约的实践困境与破解之道[J].行政管理改革,2022(3):80-88.

[14] 胡宝珍,欧渊华,刘静.新时代"五治融合"乡村治理体系之建构——基于福建乡村治理实践的考察[J].东南学术,2022(2):126-133.

[15] 黄博."三治融合"视域下乡村治理能力提升的三维审视[J].求实,2022(1):81-92,112.

"与法同行，护航企业"
——美国经济制裁背景下武汉市企业受制裁现状与应对策略提升调研

法律硕士研究中心　娄雨琪　郭艳艳　张雅丽　陈旋轲茜　洪宜　丁怡欣

摘　要　经济制裁是美国打击他国最常用的外交手段，本文在对武汉市已遭受美国经济制裁的企业进行实地调研的基础上，结合中国企业受制裁的程度、行业、产品、技术现状，深入探讨中国企业受制裁的原因、法律依据及救济手段，并依据其基于美国类似有关联法律法规可能持续面临的法律风险提出行之有效的合规建议，尽可能弱化美国经济制裁对中国企业生产经营发展的负面效应。

关键词　经济制裁　武汉企业　应对措施

本研究所指的美国经济制裁是指美国使用包括贸易禁运、交易限制、投资限制以及资产冻结等在内的一系列措施，对其目标对象进行限制和打击的行为。美国为了确保其在政治和经济上的优势地位，对中国企业、高校、科研机构进行制裁或管制行动，其 2022 年 10 月出台的《国家安全战略》报告中更是充斥着冷战思维。

近年来，美国持续打压中国，给中国企业带来重大影响。本研究希望通过仔细考察美国经济制裁法律体系，实地调研武汉被列入制裁清单及实体清单企业的受影响现状，为学界提示当今中国企业受美国经济制裁影响最大的产业、产品及技术，使相关研究者能够对症下药地提出被制裁或管制企业的应对手段及未来发展动能；通过为被制裁企业提供基于国际法、美国国内法的救济手段及合规建议，创新性地丰富相关领域论文的研究主题，增加文献研究层次，拓展文献研究深度。

一、调研方法和对象

本研究主要通过文献研究法、实证研究法以及比较研究法对武汉受制裁企业进行调研，以尽可能全面了解美国经济制裁对我国企业的影响。

（一）调研方法

1. 文献研究法

鉴于美国经济制裁对全球企业发展和经济运行产生的巨大影响，国内外国际法和经济法等领域的学者已经在该领域进行了大量研究。在知网上检索以"美国经济制裁"为主题的文献,可发现文献数量自 2016 年起便呈指数级激增趋势,仅 2023 年发布的文献数量就高达 20 篇;在 Westlaw 上以"U. S. economic sanctions"为主题进行检索,可见 10000 多篇相关文章。在检索之后,我们对符合主题的高质量研究文献进行了阅读梳理。

本研究通过对国内外文献进行阅读和梳理,并对学者基于中国企业困境提出的建议进行概括总结和系统学习,增进了对美国经济制裁的了解,较为全面地把握了该领域的最新动态,完善了本研究的技术路径和内容。

2. 实证研究法

马克思主义理论中极为重要的一步便是理论与实际相结合,且随着法律研究思想与方法的发展,实证研究法已成为现代法律研究的重要手段之一。此方法通过收集数据、分析数据,解释各类法律问题及其所涉及的相关社会活动。

本研究运用该方法将调研落在实处,切实对武汉企业进行拜访调研。美国的经济制裁对企业的影响只有企业自身才能深刻体会,因而走进企业、深入采访方能对美国经济制裁有更真实的体会和更立体的理解。在此过程中,我们记录了不同企业在美国经济制裁下面临的困境及不同应对策略。

3. 比较研究法

张东荪学者曾提出多元交互主义和多元逻辑观,对应的研究方法就是"比较法",即对不同企业不同程度的困境及解决办法进行一一比较,总结出概括性的结论并针对不同情况逐一分析。

本研究在拜访调研企业的过程中,通过文献研究法和实证研究法对美国经济制裁有了体系化的认识,并对不同企业不同应对策略进行记录,最后采用比较研究法进行分析,对不同企业提出共性建议以及个性化的应对策略。

(二)调研对象

本研究团队共走访了武汉的 6 家企业,鉴于企业的保密要求,本研究对受调研企业以字母代称,在此简要概括三家典型的受制裁企业情况。

A 公司是专业从事光纤激光器及其关键器件与材料研发、生产和销售的国家火炬计划重点高新技术企业。其负责人表示,A 公司被列入制裁清单后,全公司加强了面临经济制裁的防御能力和企业合规建设以及对相关法规的了解,严格遵守有关国际商业惯例。

B 公司产业涉及芯片核心技术研发,在科技领域声望较高。该企业负责人表示该企业技术大多涉密,已对其进行了严密保护,并且为了防止美国经济制裁,公司相关负责人认真研习了相关法律法规以及政策。

F 公司是涉及医学微生物学、免疫学、细胞工程、基因工程的技术企业,在生物领域地位举足轻重。但该公司目前尚未被列入制裁最为严重的实体清单,只列在未经核实清单里,企业表示面临的制裁困境尚不严重,企业在合规方面加强了警惕,避免出现纰漏而损害企业利益。

二、调研结果与发现

根据调研结果,受制裁企业以电子通信等高科技企业为主,几乎所有的调查企业在被列入清单后都受外需减少、资金短缺、创新能力受阻等问题的影响,都认为美国的经济制裁措施影响了企业的进一步发展。

为了摆脱困境,这些企业都在积极采取措施,包括但不限于优化经营范围和产品结构、提高创新能力、推进合规管理等,尝试将自己从相关清单中摘除。与此同时,超过一半企业表示在面临美国经济制裁的大背景下,需要政府相关部门提供更多的支持,以加强外贸载体建设,应对美国经济制裁的负面影响。

(一)受制裁企业特点

本次调研的 6 家企业中有 5 家被列入美国"实体清单",另有 1 家被列入"特别指定国民清单"(SDN)清单,如表 1 所示。这些企业表示均受到了美国经济制裁所带来的不利影响。

表 1　调研企业的基本情况

企业名称	A	B	C	D	E	F
经营范围	激光器、电子元件等	通信、电子、软件开发等	通信、电子产品	半导体、集成电路	化工产品	生物制品
清单类型	实体清单	实体清单	实体清单	实体清单	SDN 清单	实体清单
企业表示受影响程度	深	较深	较深	较深	深	较深

1. 受制裁企业以电子通信等高科技企业为主

由表 1 可以看出,武汉受制裁企业呈现出以电子通信等高科技企业为主的特点,与全国受制裁企业的总体情况保持一致。本次调研的企业主要从事电子通信、微生物和化工产品等方向的研究与生产,均属于我国在高科技产业领域的翘楚。

2. 受制裁企业对受制裁影响感受不同

企业的业务结构、经营范围和发展战略影响了企业对美国经济制裁的应对能力。对外贸依赖小、业务结构合理、企业市场影响大的企业通常具有更完善的管理结构和应对策略,对受经济制裁的影响感受也较小。

(二)受制裁现状

1. 受到的制裁以贸易制裁和次级制裁为主

美国经济制裁可以归纳为三大类,分别是贸易制裁、金融制裁和待遇制裁。除此之外,针对不同的适用对象,还可以分为初级制裁和次级制裁。根据调研结果,武汉企业受到的制裁多为贸易制裁和次级制裁。

2. 受制裁前出口营收占比高、受制裁后企业外贸受阻

调研结果显示,受访企业在受到制裁前,对美贸易中市场发展势头强劲,出口营收占比高,贸易顺差明显。依托迅速发展的市场和收入红利,相关企业拥有更多的资金、人才从事关键技术的研究开发,企业的核心竞争力不断提升,形成了市场与技术的良性互动。受到美国经济制裁后,部分企业的经营状态并不理想,部分企业规模收缩。在对外投资方面,被列入相关制裁清单后企业态度也更加谨慎。就经营状态而言,仅 1/3 的企业能基本保持原有的创收能力,另有 1/3 的企业甚至面临经济下滑的窘境。相应地,相关企业的人才与科研投

入占比下降,市场开拓能力减弱,进而影响了企业核心竞争力的提升。

3. 企业受到的制裁措施存在细微不同

在调研过程中我们发现,针对不同的高科技产业类型,美国采取的具体制裁措施存在差别。例如,电子、通信等业务往往会因美国的"海外政策"而受到管制,生物制品和化学化工产品则被认为会影响美国的国家安全。此外,美国相关部门还会寻找企业自身合规管理方面的漏洞,使得相关的制裁措施在表面上"合法"。

(三)企业现有困境

尽管受访企业已经采取一系列自救措施,但是相关人员表示,仅靠现有的努力很难彻底摆脱美国经济制裁带来的不利影响。结合调研结果可以发现,受制裁企业目前普遍面临成本增加、融资和技术突破难、人才支持不足等困境。

在调研过程中,小组成员了解到企业运行过程中具有研发、材料、营业、管理以及税收等各种费用,受制裁影响,这些方面的费用都将有所增加。此外,超过2/3的受访企业表示,被列入美国相关制裁清单后企业的融资难度增加。在技术研发方面,企业近年研发出现迟滞,在被制裁后,技术突破更加困难。在具体层面,由于受经济不利因素的影响,部分企业员工待遇有所波动,住宿、餐饮等配套设施保障方面余力不足,后续人才引进困难。

(四)应对措施现状

1. 企业事前预防不足,以事后应对为主

只有极少数企业提前对美国经济制裁采取了应对战略搭建,大多数企业都是在受到制裁之后才开始被动地应对。受不利影响的企业表示,为了能够在不利的外部环境下实现继续发展,其不得不临时改变企业事先制定的发展策略,通过进一步优化企业管理来降低外部风险。

2. 更加关注企业质的提升与合规管理建设

在事后的应对措施上,一方面,企业更加关注"质"的提升,希望通过加强产学研合作、攻克技术难题,来维持原有的市场竞争力;另一方面,企业在谋求发展的同时,也意识到合规管理在谋求长期稳定发展过程中的重要性,尝试通过合规管理体系的建设,推动企业架构更加优化,运行更为规范化,努力达到美国相应部门的要求标准,以期被解除相关的管制。

三、调研结果分析

(一)问题分析

1. 企业成本增加

经济制裁会直接导致企业的研发难度、成本增加,为了保证已有的研究项目顺利推进,企业不得不减少新项目的开展。此外,企业的供应链受到限制、产业链稳定性下降,意味着公司必须付出更多的人力和资金进行管理,还要单独拨出一部分资金用于相关的合规研究和规范化体系建设,导致生产经营成本升高。雪上加霜的是,在受到制裁后,产品出口将面临更高的境外税收,使得利润率受到影响,价格竞争力下降。

2. 融资难度增大

受制裁后,一方面,企业很难再得到来自美国本土的投资或者合作伙伴的支持;另一方面,企业在美国的公司很难获得授信,在向银行等金融机构贷款时会受到限制。在此背景下,与海外市场的同行相比,产品会面临更多挑战,性价比降低,市场份额会呈现出不断衰退的趋势,企业发展因而受限。

3. 技术突破更难

在技术研发方面,从事电子通信等方面研究的B、C两家公司均表示,从美国获取技术受到了更加严格的限制,材料采购、储存及物流成本上升,直接导致产品的研发周期变长,不利于核心技术的攻坚。多家企业均表示希望能够从政府方面获得更多的支持,并希望加强与科研院所的对接,同相关领域的专业团队开展合作,通过更多的培训与项目交流来提高研发水平,突破"卡脖子"困境,实现更好的发展。A公司受访人员就指出,产学研一体化不仅有利于技术的突破,更便于将技术转化为现实的生产力,应当着重加强这一方向的发展。

4. 相关保障不足

在科技人才方面,近六成受访企业的研发人员占比在30%以下,后续人才引进困难。在法治保障方面,企业希望得到更完善的法律支持和政策保障。而《中华人民共和国反外国制裁法》法条一共只有16条,操作性有待提高,责任划分也有待明晰,这些都会使得相关职能部门在执法时出现缺乏依据、措施有限等问题。企业作为弱势方,也难以寻求有效救济。

团队成员在调研过程中还了解到,目前可能出现一些背离《中华人民共和国反外国制裁法》立法初衷的现象。具体来说,我国一些企业可能会主动支付相关罚金,与所涉第三国经济实体切割等,以绕过美国市场封禁,避免陷入制裁困境。这是企业面对商业风险时权衡利弊后做出的选择,即使受到的制裁是不合理的,也会选择服从。这样一来,企业就可能会触犯《中华人民共和国反外国制裁法》,面临二次处罚的窘境。此时,企业在本国处罚与外国制裁的双重夹击下很难顺应市场竞争的本来规律而发展。

（二）原因分析

美国之所以能利用"实体清单""SDN清单"这些武器来实施经济制裁,究其根本还是其强大的国家实力、其在全球尖端科技与高端制造领域的领先地位,他国对其不可避免地存在不对称的依赖性。

除美国滥用其在全球金融体系主导地位的外因干扰之外,国家与企业也需反思内因。我们必须承认,打铁还须自身硬,若不能在尖端科技领域特别是精密制造类设备与材料的研发中取得更大突破,掌握核心科技,中国企业被"断供"的危险将始终不能消弭。与此同时,立法与司法的滞后反映出我国对经济制裁的相关研究与举措还不到位,无法予以有效地防御和反击;企业作为市场竞争的直接参与者也缺乏审慎参与国内外高新技术产业竞争市场的态度,识别与核查所参与的项目是否已经被制裁或面临被制裁的风险的能力有待提高。

四、解决优化方案

（一）国家层面

我国是美国发起次级制裁的主要受害方。为此,我国应加强反制裁国内立法,尽快制定反制裁法。我国政府还应加快人民币国际化进程,加强中国企业的合规管理。对于美国发起的次级制裁,中国政府应积极利用WTO争端解决机制对各类次级制裁措施的合法性进行审查,从法律上打破次级制裁对我国经贸、投资、金融的封锁。例如,2021年,我国《阻断外国法律与措施不当域外适用办法》(以下简称《阻断办法》)出台,旨在阻断美国对我国实体或个人与其制裁对象的经贸活动的制裁措施,进而维护我国实体、个人在国际经济贸易往来中的正当权益。

(二)企业层面

我国企业可以从加强内部体系建设、减少外部金融依赖、事前完善合同条款、事后积极寻求救济等多角度入手,降低风险,减少损失,更好地维护自身权益。

1. 提高识别美国经济制裁风险的能力

我国企业应改变现有的被动态度,主动地通过多渠道加强对美国经济制裁的关注,提前了解美国经济制裁的有关动向,以提高识别制裁风险的能力,例如可以通过美国法律法规、美国"SDN清单"和美国政府人员等渠道了解相关信息。

美国在进行经济制裁之前,会出台相关的法案和行政命令,比如美国对伊朗和古巴的制裁。美国通过"SDN清单"对某些组织、实体或个人进行制裁。一旦被列入清单,这些组织、实体或者个人的财产和财产权益将被冻结,同时与"SDN清单"中的对象存在资金往来的组织、实体或者个人也面临着高度的受制裁风险,甚至也可能成为"SDN清单"中的对象。在一些相关文件或者场合中,美国的政府高层尤其是美国国务卿和财政部部长有时候会表示,非美国人进行某种业务或者活动会面临次级制裁的风险,这些都是企业需要关注的风险信息。因此,我国的企业可以通过关注这些信息来识别经济制裁的风险。

2. 加强对经济制裁风险的预防措施

对我国企业来说,最有可能受到的制裁是次级制裁,因此我国企业主要要预防次级制裁风险。

第一,我国企业应当积极主动地掌握相关法令、政策的更新动态,并做好应对准备,同时还应当密切关注国内的相关立法或政策,尤其关注我国有关反制裁和阻断法的新动态。

第二,对企业自身提出更高的合规要求,同时要求各关联方进行合规管理。为预防制裁风险,企业应当更加重视自身的合规性。除此之外,企业在进行相关活动之前需要对关联方包括供应链主体、分包商等进行充分调查,至少需要保证这些关联方及其人员没有受到制裁或管制。同时,选择合作伙伴时,应当确保在将来的合作期间,双方都不会被制裁或被实施管制措施,都不会从事有制裁风险的活动,并积极规避潜在的制裁或管制风险。

第三,慎重地选择交易对象。企业需要在美国的各种清单包括"SDN清单""实体清单"等一系列制裁或管制工具中,查看交易对象是否在其中,交易所涉及的商品是否受到管制,在交易的每个环节都保持审慎的态度。

3. 提高化解经济制裁影响的能力

《阻断办法》的第9、10、11条指明了我国实体、个人面临美国限制措施的救济制度。第9条明确了当我国公民、法人或其他组织因美国制裁受损害时,向法院起诉的权利。因此,当我国的企业遭受此类损害时,可以通过诉讼手段维护自身的合法权益。当我国企业因履行合同义务而遭受损失时,可以根据《阻断办法》第9条的第一款起诉遵守美国制裁措施的外国实体,要求其赔偿我方的损失,同时也可以将该条第二款作为在他国被起诉时的抗辩依据,并且还能要求获益的当事人赔偿相关损失。

除了通过诉讼手段外,企业自身还可以设立有关的合规部门或岗位,将这一事项专门化、规范化。

作为被制裁的主要国家之一,美国对我国实行的经济制裁不仅破坏了WTO的现实规则,有违联合国大会的宗旨和决定精神及国际公正的基本原则,也影响了中美之间的经济和商业互动,影响了中美人民的利益,遏制了经济和全球化的良性发展。

国际社会以主权国家为基本单元构成,对任何主权国家来说,保障其安全及发展利益都是其最为核心的需求。为了更好地保障我国企业的合法权益,一方面,我国应建议在联合国框架下建立次级制裁的授权机制和合法审查机制,完善并充分发挥WTO争端解决机制对次级制裁合法性的审查,推动国家加强反制单边次级制裁的国内立法,建立阻断次级制裁的国际合作体系;另一方面,在经济全球化的背景下,中国企业必须对此保持高度警惕,小心应对,才能更好地走出国门,迎来更大的发展机遇。

参考文献

[1] 孙才华.美国经济制裁风险防范:实务指南与案例分析[M].北京:人民日报出版社,2020.

[2] 罗长远,吴梦如.美国出口管制、技术距离与企业自主创新:基于2010~2018年中国上市公司数据的研究[J].世界经济研究,2022(10):25-39.

[3] 程慧,刘立菲.拜登政府对华出口管制政策分析与应对[J].国际交易,2022(8):34-42.

[4] 杨宇田,陈峰.列入美国技术出口管制部门受限名单的企事业单位分析[J].情报杂志,2018,37(10):90-96.

[5] 周磊,杨威,余玲珑,等.美国对华技术出口管制的实体清单分析及其启示[J].情报杂志,2020,39(7):23-28.

[6] 王润华.法律实证研究法的结构解析、工具演进与样例介评——以美国刑事司法实证研究案例为例[J].法理,2021,9(1):196-212,264-265.

[7] 樊鹏飞.张东荪的文化主义多元逻辑观评析——兼论张氏的比较研究法[J].武汉理工大学学报(社会科学版),2022,35(5):128-133.

基于共同缔造理念的乡村治理路径探索

工商管理学院　谢宜峰　冯悦　侯典璞　石佳腾　韦力萌　张钰瑶

摘　要　为全面推进乡村振兴战略实施,加快乡村治理体系和治理能力的现代化,改善乡村发展环境,在全面贯彻落实新发展理念的基础上,湖北省提出开展"美好环境与幸福生活共同缔造"活动。基于此,围绕乡村治理、共同缔造等主题,调研组在湖北省咸宁市咸安区展开实地调研,探索乡村治理现状和存在的关键问题,了解相关主体对共同缔造理念的理解和实践情况。通过调研发现,咸安区已经形成了基于共同缔造理念的乡村治理路径,但是在治理中还存在村民参与积极性弱、组织建设规范性弱、治理方式创新性弱和政策帮扶支撑性弱等问题。因此,调研组提出相应的对策建议:上下协同树立共治理念,统筹协调强化党建引领,要素整合创新治理体系,项目建设驱动乡村发展。

关键词　乡村振兴　共同缔造　乡村治理

一、选题依据

(一)研究背景

在全面建设社会主义现代化国家新征程、向第二个百年奋斗目标进军的关键时刻,实施乡村振兴战略,是国家建设和乡村发展的必然选择。乡村治理是实现乡村振兴的重要保障和牢固基石,与农民最直接、最现实的利益紧密关联。"共同缔造",承载着新时代城乡基层社会治理最现实也最复杂的难题。"共",即发动群众,广泛参与,共议、共干、共管,共同缔造美好家园。为深入贯彻落实湖北省第十二次党代会精神,关注乡村治理和农民"急难愁盼"的问题,湖北省多地市广泛开展"美好环境与幸福生活共同缔造"活动。基于乡村治理理念和团队成员的专业特点与研究特长,本次调研重点聚焦"共同缔造"的核心要义和实践成效。

(二)研究意义

(1)丰富和发展中国特色社会主义理论。本研究重点在于研究乡村治理路径,解决社会发展问题,以丰富与发展相关理论。在中国特色社会主义建设过程中,对具体的政策、机制与制度进行改革与创新,是马克思主义中国化研究中必不可少的一环。

(2)丰富和发展乡村治理理论。党的十九大报告提出的乡村振兴战略是新时期中国共产党乡村治理的未来趋势和前进方向。在共同缔造理念的引领下,摸索和探寻基层乡村治理路径,不仅是对新时代乡村治理机制的研究,还丰富了基层乡村治理理论,对理论的深化和发展具有一定的创新意义。

(3) 有助于推动乡村全面振兴。基于共同缔造的乡村治理途径有助于乡村治理的多元主体利用乡村优质资源因地制宜发展特色产业,吸纳培养优秀人才,建立可持续的乡村人才资源库,有助于弘扬先进、积极的乡村文化,也有助于让乡村的良好生态与农民的美好生活相匹配,产生多重叠加效益,还有助于加强党建,提高党组织的战斗力,发挥乡村多种组织的合力作用,进而全面推进乡村"五大振兴"。

(4) 有助于统筹城乡协调发展。城乡发展不平衡之处不仅在于收入水平和公共服务供给水平,还体现在城乡社会治理体系和治理能力上。基于共同缔造理念,构建乡村治理体系和治理模式,将有助于破除长久以来束缚乡村发展的陈旧观念和封闭机制,有利于进一步消除社会治理领域的城乡差距。

(三) 研究现状

1. 中国乡村治理路径演变

在中国共产党的带领下,中华人民共和国成立以来的乡村治理路径由"政社合一"转向"乡政村治"再到"乡村善治"和"乡村治理现代化"。在社会主义革命和建设时期,中国农村社会首先采取以"乡政权"为主的乡村治理方式,而在土地改革后,人民公社逐渐成为乡村治理的核心主体。十一届三中全会以后,农村管理体制和机制得到进一步完善,在废除人民公社制度、确立村民自治制度的基础上,形成了"乡政村治"的治理格局。但由于巨大的城乡差异和村庄"空心化"等问题,村民自治的有效性下降。党的十八大之后,为了实现城乡的良性互动和协调发展,有效化解农村社会主要矛盾,实现社会主义现代化,我国开始逐步探索乡村善治和治理现代化的路径,并取得了一定的成效,形成了"三治融合"乡村治理体系、"共同缔造"治理理念等新的乡村治理方式。

2. 当前我国乡村治理存在的问题

改革开放后,随着政府和市场对农村的不断干预,农民收入构成在潜移默化中发生变化,农村与城市的联系更加紧密。同时,在乡村治理的时空境遇发生重大结构性变革的情况下,一些基层政府仍然沿用传统的管理思维和方式,形成了习惯性认同,社会管理越位和缺位问题突出,挤压了其他治理主体参与公共事务的空间。尽管党和国家提出了治理新理念和新要求,但"管理即服务"的理念在短时间内难以消除,基层治理能动性不足。"乡政村治"的治理架构仅从形式上削弱了乡镇政府的主体行为。在我国现行制度下,乡镇组织隶属于国家权力体系,在政府权力结构的框架内,乡村的领导者和管理者听命于上级政府的指示安排。总之,当前我国乡村治理多元共治的格局尚未形成。基于此,亟待建立"纵向到底、横向到边、协商共治"的治理体系,将自治组织下沉至具有统一认同、共同参与基础的自然村,让基层自治覆盖到每个村民,形成可持续的村庄内生的发展力量。由此,乡村自发、自主建立的治理体系会不断驱动村落去解决自身问题,形成良性循环,实现乡村善治。

3. 共同缔造理念的提出与实践

"共同缔造"理念起源于吴良镛先生的人居环境科学理论和西方"参与式规划"理念,强调激发多元主体参与基层治理,改善人居环境,提升居民幸福感、获得感和满足感。党的十八大以来,城乡发展的重心由单纯实现经济目标转为实现人的幸福和全面发展,"共同缔造"

理念成为城乡人居环境改善的新思路,并在多地取得了良好的实践效果。2014年,厦门将社区治理创新作为推进城市治理现代化的重要基础,开展"美丽厦门共同缔造"活动,构建了"纵向到底、横向到边、协商共治"的治理体系。2017年,沈阳市全面推进"幸福沈阳共同缔造"行动,构建上下贯通的领导体系,坚持上下联动、横向衔接、齐抓共管,吸引了全社会的关注、支持和参与。基于上述地区开展共同缔造实践的成功经验,2017年,时任住房和城乡建设部部长的王蒙徽同志正式提出"共同缔造"的工作方式,要发动群众在实践中"共谋、共建、共管、共评、共享"。随后,住房和城乡建设部在全国范围内选取多个地区开展"共同缔造"试点活动。其中,湖北省红安县柏林寺村推行"五进塆组"党建模式,在中心塆设立5个党小组,探索出一条"村美、人和、民富"的乡村振兴之路;麻城市石桥垸村让村民人人参与村庄建设和管理,构建各类利益联结机制,实现旧貌换新颜。2022年,湖北省提出在全省范围内开展"美好环境与幸福生活共同缔造"活动,推动共同缔造活动在全省广泛开展,不断取得实效。

二、基于共同缔造理念的乡村治理现状

(一)调研点基本情况

调研组于2023年7月13至7月21日在咸安区横沟桥镇、高桥镇、桂花镇开展调研活动,调研点基本情况如下。

1. 横沟桥镇

横沟桥镇位于湖北省咸宁市咸安区,由咸宁高新技术产业园区托管,镇区距武汉70千米,南与咸安、温泉构成边长为10千米的"金三角"。全镇下辖13个村2个社区267个村民小组,总人口7.6万人。其中,低保户、五保户、高龄老人、重病残障人士、困难儿童等特殊群体共2530户3564人。镇内地势平坦,东邻双溪桥镇、高桥镇,南接马桥镇,西靠官埠桥镇,北毗贺胜桥镇。全镇国土面积约149平方千米,耕地面积6.3万亩。林地面积4951.86公顷,森林覆盖率达35.39%。农业种植以水稻、油菜为主,林地种植以杉树为主。

"十三五"时期,横沟桥镇通过将贫困村和非贫困村进行同步统筹安排,压实各单位扶贫责任,有力促进了各项惠民政策落地落实,累计争取上级扶贫资金5000万元,极大地巩固了帮扶成果。一方面,借助高新区园区企业用工平台和农村"公益事业"岗位,为贫困对象"量身定做"帮扶就业岗位;另一方面,依托新增的46个特色产业基地,带动500余户贫困户就业;遴选创业致富带头人3个,带动19户贫困户发展生产;新建的鹿过村、长岭村、李堡桥村、马安村扶贫车间,可提供近400个就业岗位,帮助贫困劳动力实现在家门口就业;发放扶贫小额信贷2266.4万元,支持210户贫困户发展生产。

在横沟桥镇存在两个典型村——栗林村和长岭村。自2008年起,栗林村的农业用地基本被征收,有显著的"去农业化"特征。全村共有2000余人,大多在周边工厂和企业务工,工资水平在5000元左右。在村集体经济方面,栗林村通过租借经济用地、山林用地和办公楼实现年收入300万元,是名副其实的"富裕村"。因此,栗林村自行制定政策,实现全村村民医保由村集体资金购买,60岁以上老人每人每年发放1000元养老金。长岭村则是横沟桥镇唯一一个脱贫村,目前仍处于巩固脱贫攻坚成果与乡村振兴有效衔接阶段。相较于栗林村,长岭村村集体经济相对薄弱,土地流转价格也相对较低。

2.高桥镇

高桥镇位于咸安区东南部,是咸安、通山、鄂城三(县)市边民据河两岸结集经商之地,也是三县边民农产品主要集散市场,素有"市集鄂、咸、通,一桥架两县"之称。全镇共辖10个行政村1个社区170个村民小组,共有人口2.6万人。

高桥镇充分利用生态环境优势,以国有平台投资7600万元,打造对外可以接待、展示,对内可以聚集、交流,兼具实用功能的高桥网红河"乡村客厅"项目。该项目为高桥镇经济高质量发展增添活力,有效助推乡村振兴和农旅产业融合发展。"十三五"期间,高桥镇农业、工商业、旅游业欣欣向荣,三产融合发展,经济形势向好,截至2021年,全镇农村居民人均可支配收入达18056元,同比增长8.6%。在乡村建设与治理方面,高桥镇先后获得了"先进基层党组织""湖北省先进基层党组织"等荣誉称号。

但在不同村落调研过程中,我们也发现如下问题:高桥镇以白水畈为核心的"乡村客厅"发展日益红火,但并非每一个村庄都能在得到发展机会的同时维持住发展的红利,部分村庄缺乏建设用地,即便想借势发展,也心有余而力不足。澄水洞村村干部在座谈会中提出:"前期投入的公共服务、基础设施建设后期维护成本大,村里没有这方面资金,导致后期难以维护。"

3.桂花镇

桂花镇隶属于湖北省咸宁市咸安区,地处咸安区南部,东与大幕乡接壤,南与通山、崇阳两县为邻,西与汀泗桥镇毗邻,北与马桥镇相连。行政区域面积为185.6平方千米,耕地面积4.8万亩,林地面积13733.08公顷,盛产桂花、茶叶、木材、楠竹。全镇下辖2个社区13个行政村221个村民小组,户籍总人口3.5万人。

桂花镇镇域内资源丰富,具有良好的自然条件和传统优势,可以发展特色旅游、桂花利用等产业。因此,桂花镇以传统古桂花树资源为优势,积极开辟如桂花月饼、桂花酒、桂花护肤品等桂花现代产业,以此提高集体经济收入。目前桂花镇已有260个50亩以上的桂花苗木种植基地,400多家农户经营苗木电商销售,线上线下年销售额接近2亿元。

但在不同村落调研时,我们发现了不同的现象。X村有三家农户反映近几年桂花苗价贱难卖,而这和位于桂花镇中心的柏墩村形成了鲜明的对比。柏墩村的村民通过"互联网+"发展电商产业,通过直播带货等方式,探索线上销售新渠道。"互联网+"促进传统产业优化升级生动体现在两个村子关于桂花苗销售问题的对比中。

(二)乡村治理现状

1.决策共谋

共同构建一个和谐的乡村环境,需要村民们积极参与,激发主体意识,培养自治能力。在此环节中,政府功能由决策向服务转变,统筹协调各参与方,为共同缔造改善人居环境工作奠定上层基础。咸安区政府采取了"多跑腿、多汇报、多交流"的治理方式,建立起一种纵向到底、横向到边的工作机制。自2023年5月以来,横沟桥镇长岭村召开党员会、小组会、群众会6次,开展村湾夜话12次,多次集中讨论汇民智,充分调动村民参与集体事务的积极性、主动性,为顺利开展"共同缔造"工作奠定了群众基础。

2.发展共建

共建是"共同缔造"理念下乡村治理的重要环节,需要多主体全过程参与,共同创造良好的乡村环境。政府通过加强对农村人居环境治理的监督和管理,推动农村人居环境治理工作的进行。村"两委"是农村基层治理的重要组织,负责具体的农村人居环境治理工作。横沟桥镇孙祠村加大投入力度,注重多渠道筹集资金,积极探索"政府主导、社会参与、农民自筹"多渠道投入机制,引导社会资本参与,鼓励引导新乡贤出资出力,农民投工投劳。村民则通过政府宣传、网络媒体等形式了解"共同缔造"的方式和价值后,主动参与乡村治理过程,支持政府和村"两委"开展工作,对工作量大、技术含量低的项目投入劳动。

3. 建设共管

共管是指政府、村"两委"和村民等各主体各自承担责任,实现共同治理。在共管环节中,各级政府加大监管和执法力度,建立起多主体参与的监管机制。咸安区政府以村民自我监督为主,提出县、乡、村三级监督模式,以期达到良好的监督效果,同时,村"两委"和村民协商共建共管,建立村庄内部监管制度。横沟桥镇高桥村为保证村庄建设工作的顺利开展,在多次会议讨论后,在村庄内部建立了资金监管制度。这种多方共同协调监管机制的建立,将县、乡镇、村和各方参与者紧密联系起来,确保了监督监管机制的长期稳定和村庄建设工程质量的安全可靠。村民则通过村民大会等渠道提出管理意见,参与乡村治理。

4. 效果共评

共评环节,是指政府、村"两委"、村民等各主体对农村人居环境治理进行绩效评价。政府在农村人居环境治理中扮演着重要的角色,负责评估项目质量安全问题及实施成本核对和监管。村"两委"统计村民满意度及公众参与程度,将其作为项目评价标准。高桥镇乡村建设领导小组由村委联合各村民小组组长共同成立,下设规划建设、后勤保障、运行维稳等职能部门,并建立例会制度,确保工作有序推进。村民自评则采用"睦邻乡约"的形式,明确村民应共同遵守的村规民约,细化村民自评的日常行为准则。

5. 成果共享

在共建、共管之下,经过持续的探索与实践,以人居环境为抓手的"共同缔造"工作取得显著成效,村庄旧貌换新颜。越来越多的村民感受到"共同缔造"工作带来的幸福感更加具体充实。多个调研点的村"两委"对村内的党员群众服务中心进行全面改造,完善党员活动室、文化活动中心、图书室等硬件设施,不仅为村民们提供了更加舒适的环境,也为村民们的文化娱乐生活提供了更多的可能性。高桥镇高桥村的"网红河"等景点为乡村旅游起到了锦上添花的作用,随着各旅游景点的不断完善,每逢节假日,前来游玩的游客络绎不绝,较好地带动了当地旅游业发展。

三、乡村治理存在的问题及对策建议

(一)乡村治理存在的问题

1. 村民参与积极性弱

一是长期以来政府对乡村治理的大包大揽使得村民的"等、靠、要"思想、攀比思想较为严重,村民遇事不愿沟通、不愿让利,寄希望于政府能解决所有问题,主动参与乡村治理共建的积极性不强。二是实地调研发现,农村青壮年人口流失现象普遍,常住人口以老年人和孩童为主,二者均没有实际参与村庄治理、评价的能力,他们很难真正理解乡村治理的相关政策和工作,也很难给出有效的评价和建议,乡村治理评价体系不完善。三是对村民的宣传引导不到位。部分村民对乡村治理的主动性和参与度没有大幅提高，还停留在事不关己的状态。如在D村虽有垃圾处置、污水排放设施，却大多处于闲置状态，村民环保意识淡薄，乱扔垃圾、乱排废水、乱堆杂物的现象依旧存在，村委也没有实际性惩戒措施来整治这些不良行为。

2. 组织建设规范性弱

一方面，党的基层组织建设不完整。中国的国家建设和社会转型离不开中国共产党的领导，乡村治理更是如此。党组织建设是村庄治理的核心，党小组通过党建引领、组织嵌入和要素整合等途径嵌入乡村社会，凭借自身的比较优势，实现对乡村社会的整合和治理的优化。这就要求在全域内建立以党组织为核心的乡村治理组织体系，打造"村党支部＋村湾党支部＋党员和村民代表＋农户"的四级乡村治理网络和"党建＋乡建、村建、家建"的基层党组织领导体系，实现干部带群众、群众动员群众的格局。但在调研点部分村落，党的基层组织建设不完整、不规范，村湾党支部建设落后，无法及时将创新理念传达给村民，难以推动基层有效治理和治理现代化。另一方面，理事会架构职能不明确和工作难落实。乡村治理理事会体系不完善，各个理事会的内部架构不明晰，且缺乏有效的沟通和协作，容易出现职能缺位或"孤军奋战"的局面。同时，分工不明也导致各项工作难以落实推进。

3. 治理方式创新性弱

传统的农村治理模式一直依赖于政府的行政手段，而当前部分基层政府的工作作风和工作思路仍以"我来管""我来定"为主，忽视了人民群众的智慧，项目实施时以单向输入为主，双向共谋不够，使得村民参与乡村人居环境治理缺乏积极性、主动性，乡村治理方式未能实现一切从实际出发、与时俱进。例如，在B村调研时村民反映，村委会在制定和推行相关政策的过程中，不考虑村民实际生活情况、缺乏人性化关怀等情况时有发生。同时，在"纵向到底、横向到边、共建共治共享"的乡村治理体系中，"纵向到底"要求各级政府部门包括村级组织的治理理念发生转变。但是当前基层政府的认识还不够深入，治理理念转变存在困难，现代化乡村治理方式迟迟没有落地。

4. 政策帮扶支撑性弱

虽然政府部门已经出台了一系列相关政策支持乡村治理，但是在实践中，政策执行力度不够，政策帮扶支撑力度弱。Z村村民反映，政府出台的相关乡村治理政策层层过滤，最后到达农村时，影响和效果已经微乎其微了。除此之外，资金投入不足也是政策无法最大限度地起到帮扶支撑作用的原因之一。尽管政府已经加大了财政资金的投入并鼓励社会资本的介入，但仍难以满足实际需求，资金短缺以及项目融资难等问题依然存在。农村经济基础薄弱，财政收入有限，使得资金投入面临着严峻的挑战，难以满足乡村治理的经济需求。同时，农村人口分散，治理范围广，治理问题复杂，本身就存在一些技术和管理上的难点，这都大大增加了治理成本和资金投入的难度。

（二）对策建议

1. 上下协同树立共治理念

"共同缔造"活动有效开展的关键在于思想观念的转变。各级政府部门要深刻领会"共同缔造"的内涵、目标和意义，在出台公共政策或实施项目时，要做好与群众共谋、与部门协同，避免与群众所需相悖项目的实施，减少重复性的工作以减轻基层干部工作压力。要逐步引导人民群众破除"等、靠、要"思想,使之成为乡村治理的参与者乃至主导者。一是要加大对各级领导干部的培训力度,使党员干部能够真正理解"共同缔造"的核心要义,进一步改变工作作风,走到人民群众中去,推动政府社会治理理念的转变。二是以多种形式开展"共同缔造"理念和实践宣传,形成以人民群众动员人民群众的格局,激发村民的集体认同意识和行为主体意识,真正转变其思想观念。三是充分发挥乡贤能人的动员作用,利用互联网链接大量在外务工年轻人,使其关注并积极投身家乡建设。通过上下统筹发力,共同推动基层社会治理,实现"自上而下"与"自下而上"的纵向互动。四是牢固树立以人民为中心的发展思想,坚持群众主体,深入践行"五共"理念,充分调动群众参与村级事务的积极性,变"你和我"为"我们",干群合力打造环境优美、群众富裕、乡风文明的魅力村庄。

2. 统筹协调强化党建引领

在乡镇开展"共同缔造"活动需要不断完善党组织领导下的共商共谋组织平台,创新"评理说事"载体,组织党员代表、退休干部、种植大户等组成"评理说事"团队,设立"评理说事"点,为村民提供零距离、低成本、高效率的矛盾纠纷调解服务;以党员中心户为纽带,以15分钟步行距离为半径,建立志愿服务团,通过"党员引领、乡贤助力、群众互助",有效组织群众、凝聚群众、服务群众,持续增强互动,增进情感,增加认同。由优秀党员干部带头成立网格党小组,发动村民选举乡贤能人组成乡贤理事会、红白理事会、道德评议会等自治组织,做到群众事群众议,推动民事民提、民事民议、民事民决,坚持思想引领,引导群众共谋。全覆盖开展志愿服务,坚持"支部书记亲自挂帅、党员干部带头、全村群众总动员",组建志愿者队伍,制定文体、教育、社保、医疗、养老等志愿服务"菜单"。以村"两委"干部为核心,以村内乡贤为支撑,广泛开展"共同缔造美好家园推动乡村振兴"百姓宣讲,采取干部带头讲、乡贤广泛讲的方式,不断凝聚群众共识。采取"网上学"和"走出去"相结合的方式,组织群众代表到各地考察学习,转变思想观念,提升思想认识。

3. 要素整合创新治理体系

"共同缔造"理念推动乡村治理优化,更要加强治理体系的创新性。强化社会参与、政府引导和市场调节的联动机制,让农村发展成为全社会参与的系统工程。政府应设立共同缔造专项激励资金,制定激励标准,鼓励社会各方积极参与人居环境治理。政府需要优化市场准入和退出机制,让社会各主体在政府的正确引导下进行公平、公正的竞争,以实现利益最大化,促进农村人居环境的可持续发展。这种方式可以提高市场的活力。在选择社会服务时,应当坚持公平、公正、公开的原则,确保服务质量,精心筛选,努力为市场创造良好的发展环境,建立健全群众与企业之间的利益共享机制,实现双赢,从而吸引更多社会组织参与到环境治理中去。坚持细化责任落实,调动群众积极性,让大家主动参与进来,实现管理水平大提升。建立健全村规民约,将乡村振兴、惠民政策、村庄环境治理、文明新风等写入村规民约。

4. 项目建设驱动乡村发展

"共同缔造"实践要以具体项目实施为载体,在项目选择和设计过程中要充分贯彻"五共"理念,特别是在样板点选择过程中,不能由政府或者实践队直接指定,要开展广泛深入的调研,充分了解村民精神面貌、基础设施情况、资源禀赋状况、产业发展基础,结合"共同缔造"的实践要求,选择样板点。在项目选择过程中,要在统筹考虑乡村现实基础、政策要求、各方财力的基础上,广泛征求群众、村委、各级政府部门和专家的意见,共同谋划、精心打造、精心设计、精心规划,保障项目建设的民主与科学,使项目建设符合实际情况和广大人民群众的切实利益要求,真正做到为村民办实事解难题,确保通过项目实施实现"共同缔造"理念落地见效。基于乡村发展的资金约束,坚持"小切入、大纵深"的原则,通过聚焦群众身边的实事小事,补齐乡村发展的短板,谋定乡村振兴大文章。不搞整村推进,以有一定基础的自然村湾为单位,以少量多批的资金投入形式形成小项目,撬动乡村的"大发展"。

四、研究方法

1. 文献分析法

调研组成员充分利用校图书馆馆藏资源及知网等网络资源多渠道查阅有关"共同缔造"的文献资料,在已有研究的基础上,初步探索基于"共同缔造"理念的乡村治理模式。

2. 问卷调查法

在实地调研过程中,调研组成员按照经济水平好、中、差三个层次对当地村民随机抽样,以确定入户访问对象,依照事先编写的问卷访谈村民,进而了解村民实际的生产生活情况。

3. 深度访谈法

调研组到达乡镇及乡村时,召集村镇干部和村民代表(村民小组组长)召开"共同缔造和乡村治理"主题座谈会,了解村镇的基本发展情况、乡村治理的现状及问题等信息。

4. 跨学科研究法

本研究运用社会学、经济学、法学、管理学、信息学的理论、方法和成果,在田野调查中探寻乡村治理存在的关键问题,了解基层对"共同缔造"概念的理解与实践成果,总结适合推广的"共同缔造"乡村治理模式。

参考文献

[1] 周文,刘少阳. 乡村治理与乡村振兴:历史变迁、问题与改革深化[J]. 福建论坛(人文社会科学版),2021(7):47-59.

[2] 李三辉. 乡村治理现代化:基本内涵、发展困境与推进路径[J]. 中州学刊,2021(3):75-76.

[3] 桂华. 面对社会重组的乡村治理现代化[J]. 政治学研究,2018(10):2-5.

[4] 吕德文. 乡村治理70年:国家治理现代化的视角[J]. 南京农业大学学报(社会科学版),2019(4):11-19.

[5] 赵一夫,王丽红. 新中国成立70年来我国乡村治理发展的路径与趋向[J]. 农业经济问题,2019(12):21-30.

[6] 秦中春. 乡村振兴背景下乡村治理的目标与实现途径[J]. 管理世界,2020(2):1-6.

[7] 韩鹏云. 乡村治理现代化的实践检视与理论反思[J]. 西北农林科技大学学报,2020(1):102-104.

[8] 刘涛,王震. 中国乡村治理中"国家-社会"的研究路径——新时期国家介入乡村治理的必要性分析[J]. 中国农村观察,2007(5):59-64,72.

[9] 沈费伟,刘祖云. 发达国家乡村治理的典型模式与经验借鉴[J]. 农业经济问题,2016,

34(9):93-94.

[10] 于法稳.乡村振兴战略下农村人居环境整治[J].中国特色社会主义研究,2019(2):80-85.

[11] 王春光.迈向多元自主的乡村治理——社会结构转变带来的村治新问题及其化解[J].人民论坛,2015(14):11-13.

[12] BYERLEE D,DE JANVRY A. Agriculture for development:toward a new paradigm[J]. Annual Review of Resource Economics,2009,1:15-31.

"移民精神+软籽石榴"的乡村振兴之路
——基于河南省淅川县3镇14村的实地调研

工商管理学院　陆宇涵　葛兆钧　林镕鑫　温思雨　曲笑阅

摘　要　本文简要介绍了淅川县县情,论述了淅川县发展软籽石榴产业的有利条件和潜在机遇,详细说明了本研究的前期准备工作和调研过程,在对淅川县三家典型软籽石榴企业进行对比并使用波特五力模型进行竞争分析后,对淅川县软籽石榴产业化发展进行了SWOT分析,总结出淅川县软籽石榴产业发展主要存在三方面的现实困境:对软籽石榴产业风险识别和风险把控不科学不到位;管理粗放,产业链不完善;配套基础设施及采后加工滞后等。本文针对性提出了淅川县软籽石榴产业发展对策:着力构建政府支持引导体系;建全技术人才支撑;强化延长产业链条;加大品牌打造推介等。

关键词　乡村振兴　移民精神　淅川县　软籽石榴　现实困境　发展对策

一、绪论

(一)调研背景

1.产业振兴是推进乡村振兴与共同富裕的重要引擎

草木有韵,乡村有魂,乡村振兴的关键是把握住乡村的"魂"。不论是国务院发布的《国务院关于促进乡村产业振兴的指导意见》,还是2024年中央一号文件,都强调乡村振兴中最关键、最需要重视的是产业发展。

产业振兴从多维度为乡村的全面振兴注入了强劲动力。微观角度有助于保障农业基础地位,发挥农业多重作用,稳就业增收入,保障农产品供给,促进农民深度参与现代产业链,从多维度赋能乡村振兴。在宏观经济角度更具有健全农村商贸流通体系、补齐现代经济体系短板、带动城乡经济齐头并进、构建新发展格局的重大战略意义。

如今我国已经从巩固拓展脱贫攻坚成果过渡到推进乡村振兴的时期,产业的稳定发展和振兴成为重要议题之一。发展乡村产业(如河南省淅川县发展以软籽石榴为代表的乡村特色产业)可以充分调动并发挥农民在乡村振兴中的主体作用,通过共享发展继而促进共同富裕。乡村产业的稳定发展和逐步振兴,是促进农民就业与增收、避免出现返贫现象的保障,可以使我们在实现共同富裕的乡村振兴道路上稳步迈进。

2.淅川以绿色发展理念引领乡村振兴

河南省淅川县是南水北调渠首所在地和核心水源区,确保"一库清水永续北送"是发展的首要责任。作为曾经的国家级贫困县和现在的全省乡村振兴重点帮扶县,淅川县通过产业发展巩固脱贫攻坚成果,从而有效衔接乡村振兴。在实际工作中,淅川县坚持以绿色发展引领乡村振兴,走出一条"生态产业化、产业生态化"的发展道路。

然而,林果产业的发展也面临着一定的现实问题。首先是淅川产业基础薄弱,林果产业基地大多为山坡地、石窝地,田间道路、灌溉设施跟不上,配套设施匮乏,严重影响产品的产量和品质。仓储冷链物流和深加工体系建设存在短板,林果产业链条短、产品附加值低,对外缺乏"拳头"产品,市场竞争力弱,综合生产效益不高,促进林农增收致富的效力还不显著。其次是产业损毁风险大,林果产业前期投资大、周期长、见效慢,前三至五年基本没有效益,虽然淅川县出台了相关的补贴政策,但财政资金远远不够,资金缺口很大。农户发展林果产业自主性大,个别果农或果企缺乏后续资金,难以为继,致使果园荒草一片,随时都有损毁、荒废的风险。综合来看,淅川县林果产业的发展仍有一系列的问题有待解决,产业发展体系亟须改革转型。

3.移民精神融入乡村振兴的价值意蕴

2021年5月,习近平总书记在淅川县考察时指出,当地移民群众"舍小家为大家"的精神是一种伟大的奉献精神。淅川人民牢记总书记嘱托,全县上下发扬"大爱报国、忠诚担当、无私奉献、众志成城"的移民精神,巩固拓展脱贫攻坚成果,全面推进乡村振兴。充分发挥移民精神在乡村产业、生态建设、乡风文明、乡村治理中的价值引领作用,不仅是统筹推进乡村振兴战略目标的必然要求,更是全县人民实现共同富裕的内在动力。新时代把移民精神融入乡村振兴符合时代要求,能够激发乡村振兴的活力,推动乡村振兴实现高质量发展。

移民精神为淅川乡村产业发展提供了宝贵资源。南水北调中线工程的建设,不仅铸造了宝贵的精神财富,更为中华儿女留下了宝贵的物质遗产。从渠首通水以来,淅川县依托南水北调特色资源,不断拓展丰富旅游产品,建设了渠首风景区、南水北调移民展览馆、丹江移民民俗博物馆等一大批富含移民元素的乡村产业。

移民精神内涵丰富,表现多样,新时代重塑与传承移民精神,一方面有助于吸引外来资金投入,开发如软籽石榴等乡村特色产业项目,另一方面能够带动周边各类产业的迅速发展,进而完善乡村产业链条,建立起更加科学完整的乡村产业结构。

(二)相关概念

1.软籽石榴

软籽石榴即籽粒是软的,可以直接食用;硬籽石榴的籽粒是硬的,不能直接食用。软籽石榴具有早实性与丰产性;同时软籽石榴适应范围广,对土壤条件的要求不高,能够在我国北纬35°以南的地区栽培推广。软籽石榴具有皮薄和成熟早的特性,它的耐贮性相比苹果等水果表现平平,在低温冷藏条件下可贮藏约60天。软籽石榴因品种得到了优化,所以出汁率好于硬籽石榴,同等体积的软籽石榴,质量会比硬籽石榴重20~50克,同时,软籽石榴吃起来更甘甜。

2.适宜种植的区域、环境适宜度

冬季温度不低于-14℃,土层较厚,没有积水和重盐碱的地方,即河南省以南的我国广大地区都可以种植软籽石榴。栽植时底肥施足,株行距2米×3米,每亩110株,一年生的幼树抗寒性差,冬季一定要采取封土押埋等保护措施,前三年主要是长树、扩冠,要多施氮肥。树形以纺锤形和疏层形较好,三年后开始结果,树势中庸偏弱者,结果良好,过旺时落花落果严重。为了提高坐果率,保证高产稳产,除摘除钟形花外,还应环割和环剥,花期适当喷施1~3次0.3%(质量分数)的尿素和硼砂等,提高树体营养水平。

3. 土地流转

土地流转是指土地使用权流转,即拥有土地承包经营权的农户将土地经营权(使用权)转让给其他农户或经济组织,即保留承包权,转让使用权。可以通过转包、转让、入股、合作、租赁、互换等方式出让经营权,鼓励农民将承包地向专业大户、合作社等流转,发展农业规模经营。

二、调研对象与调研方法

(一)调研对象

本调研主要选取由河南仁和康源农业发展有限公司投资建设的渠首万亩软籽石榴基地、由河南丹圣源农业开发有限公司投资兴建的软籽石榴基地、由河南豫淅红生态农业有限公司投资建设的石榴种植基地所在的共3镇14村作为调研对象。此次调研结合了实地考察、深度访谈对比分析等多种调查方法进行深入研究。

(二)调研方法

1. 文献研究法

文献研究法的使用方式主要是在确定研究课题以后,搜索、整理文献并进行研究,以便支撑后续的整体研究工作。本课题组在搜集与整理中国软籽石榴发展现状、土地管理、农民与市场的关系等有关文献的基础上,对文献进行研究,形成了新的全面且客观的认识。

2. 深度访谈法

在本调研中,我们运用深度访谈法对三家软籽石榴企业负责人进行采访,总结和分析淅川县软籽石榴产业发展现状、目前所存在的问题及其成因。另外,我们也和县乡村振兴局、县林业局等有关部门领导进行了深入的交流,从宏观上了解现在淅川县乡村振兴阶段的执行工作和关于软籽石榴产业方面的一些政策支持。

3. 实地调查法

调研组应用科学的方式,深入田间地头观察石榴长势、生长环境,聆听专业人士讲解,搜集三家软籽石榴企业相关的资料数据,并运用科学的统计方法进行数据分析,发现存在的问题,进而得出调查结论并提出对应建议。

4. 对比分析法

淅川县有得天独厚的自然环境和适种条件,因此在县内有多家软籽石榴种植企业,我们运用对比分析的方法,从纵向、横向等多个维度来比较上述三家特点较为突出的企业,分析它们之间的相似性和差异性以及不同时期的变化,从而归纳发现淅川县软籽石榴产业发展现存的问题并提出解决建议。

三、调研过程

（一）河南仁和康源农业发展有限公司

通过与河南仁和康源农业发展有限公司（以下简称仁和康源）负责人的深入交流，我们了解到仁和康源主导产业为软籽石榴全系列开发，公司将保水质、促生态作为宗旨，发展目标为打造出以生态观光、休闲度假、科研、种植、精细加工、销售为一体的全产业链现代化农业公司。渠首万亩软籽石榴基地是由仁和康源于2014年起在九重镇张河村投资建设的，截至目前，仁和康源已按照"政府＋公司＋基地＋农户＋金融"的总体思路，采取"政府主导、市场运作、三权分置、利益共享"模式，以九重镇张河村为核心，以库区周边和调水总干渠沿岸为重点，辐射带动九重镇、厚坡镇、香花镇3乡镇17个行政村高标准建园18000余亩。

仁和康源以保水质、促生态为宗旨，以生态至上、绿色发展为主线，配套建设渠首石榴文化庄园、办公研发中心、科普培训基地、有机产品质量检测中心、职工宿舍及保鲜贮藏和现代化冷链物流等。通过各功能区的搭建，把高效农业生态园建设成集生产种植、产品研发、观光旅游、休闲度假为一体的综合性农业生态观光园，打造规模化、产业化、现代化农业发展项目。

（二）河南丹圣源农业开发有限公司

河南丹圣源软籽石榴基地为河南丹圣源农业开发有限公司（以下简称丹圣源）于2012年4月投资兴建，涉及盛湾镇瓦房、泰山庙、袁坪等村共3100余亩，带动周边1000余户农民增收致富。

丹圣源在软籽石榴基地建设中，一是采用"龙头企业＋合作社＋家庭农场、专业大户"的产业化联合体经营模式，通过捐赠树苗、产业带动、培训农民技术技能等方式，在脱贫工作中带动了161户建档立卡贫困户。丹圣源还为农户们设置了最低保护价，使得农民在收购过程中无风险获取利润，实现高效绿色产业可持续发展，助力乡村振兴。二是丹圣源和中国林业科学研究院、河南省林业科学研究院、陕西师范大学、河南林业职业学院、南阳师范学院、县林业局等开展深度技术合作，引进新品种、水肥一体化灌溉、覆膜抑草等先进技术，对园区实施产业化、精细化管理，实现林果产业提质增效。

除了石榴种植外，丹圣源在产业链下游也做了积极有效的尝试，在瓦房村建设了一个石榴分拣储存车间和一个标准化石榴酒加工车间，引进石榴剥皮机和分拣机等机器提高生产效率；销售上，丹圣源主要通过电商进行软籽石榴和石榴酒的售卖，曾在拼多多上做到了全国第六的销售佳绩。

（三）河南豫淅红生态农业有限公司

调研组调研的第三个公司河南豫淅红生态农业有限公司（以下简称豫淅红）为淅川县重点招商引资的农业企业。河南豫淅红软籽石榴基地为河南豫淅红生态农业有限公司于2015年10月投资兴建，涉及老城镇险峰、杨家山、下湾、王家岭等村，总面积5000亩，其中豫淅红占3300亩，带动周边农民发展1700亩。八年来，豫淅红先后在多村流转土地近3000余亩，带动农户约2000亩。该公司将石榴种植、采摘观光、深度加工、乡村旅游等多种项目集为一体，始终不懈地行走在振兴乡村经济、发展生态农业、带领村民致富的道路上。

豫淅红的主要做法是：① 坚持生态发展，通过实施"果菜茶有机肥替代化肥"项目，在全园区全部使用有机肥，推广果园生草，减少面源污染，保证清水北送，自觉提升社会责任意识；② 引领村民致富，其通过"一地生三金"（即土地租金、管护酬金、提成奖金）的方式，让农民有真实的获得感，使得农民与公司的目标同向，利益同向；③ 致力管理创新，在抓好园区规范化精细化管理、全面实现生产成本有效控制的同时，豫淅红与众多院企开展深度合作，在繁育石榴新品种、引进新技术、创新新模式、营销新渠道等方面不断取得突破，为企业持续健康发展开辟途径。

四、问题分析

仁和康源、丹圣源、豫淅红是淅川县软籽石榴产业的龙头企业，经上述对比和竞争分析，下面用SWOT模型综合分析淅川县整个软籽石榴产业化发展情况。

（一）优势（strengths）

1. 得天独厚的自然资源及适种环境

淅川县处在北半球亚热带过渡到暖温带的区域，优越的地理位置使得淅川县气候温和且光、热、水资源都十分丰富，具有冬不严寒、夏不酷暑的温和气候。土壤肥沃，各项指标均适宜软籽石榴的生长，得天独厚的生态环境和适宜的气候为淅川县的软籽石榴产业提供了充足的发展空间。

2. 较好的产业效益

种植在淅川县的软籽石榴具有明显的特性，如抗逆性强、结果早、果实大、产量大、品质优良、耐贮运等，经济效益显著。软籽石榴的平均收益要比水稻、玉米等普通粮食作物高出10多倍，是当之无愧的高价值农产品，软籽石榴产业也是名副其实的富民产业。农户们种植软籽石榴的热情被可观的产业收益激发出来，并且在将来有望转化为软籽石榴产业的发展动力。

3. 政府的大力支持

淅川县是南水北调中线工程渠首所在地，承担着保护水质的重要使命。发展软籽石榴产业，可以有效涵养水源、保护生态，尤其在化肥使用方面，应全面推广有机肥，禁止使用高污染的化肥。软籽石榴产业的发展与"水质保护是第一要务"的政治方针高度契合，得到政府的大力支持。

（二）劣势（weaknesses）

1. 对软籽石榴产业风险识别和把控不科学不到位

林业产业存在发展周期长，前期投入大，以及市场风险、自然风险、技术风险高等不利因素。在市场方面，淅川县软籽石榴产业会受到十分成熟的四川会理、云南蒙自等地软籽石榴产业的影响；在自然气候方面，坐果时期的倒春寒和授粉时期的连天阴雨都会对软籽石榴产量造成影响；在技术方面，据考察淅川县软籽石榴的种植较为依赖农民，机械化程度低。

2. 管理粗放，产业链不完善

淅川县发展软籽石榴产业时间不长，各项技术尚不成熟。没有一支过硬的技术队伍，很难达到标准化、规模化生产的需要。前期管理粗放，据一些企业管理人员介绍，随着企业规模扩大,管理难度随之增大,无法形成高效有序的管理体系;在雇佣农民劳作时,通常选择按亩或按天计费,无法有效保证劳作质量;有效引导的缺失,栽植分散的现状,以及牵引、支撑力量的缺失都使得群众十分忧虑软籽石榴的销路和价格。在产业链方面,大多数公司以售卖鲜果为主营业务,对残次果的利用不充分,造成资源浪费。产品深加工发展方向单一,仅有的石榴酒酿造产业也未形成规模,其他领域缺乏布局。

3. 配套基础设施及采后加工滞后

淅川县的部分软籽石榴种植区还存在着生产条件差(水利等方面)、交通配套等基础设施建设不完善等问题,它们严重阻碍并影响了产业快速发展。

软籽石榴具有膨大速度快的特性,成熟期易出现裂果的现象。由于淅川县缺少有深加工能力的企业进行采后加工,因此裂果的浪费率高,经济效益低。缺乏采后加工经营的主体使得高附加值的软籽石榴加工产品稀少,种植效益无法显著提升。

(三) **机遇**(opportunities)

1. 经济价值显著

软籽石榴营养价值较高,经济价值显著。发展优质软籽石榴种植产业,不但能为库区周边群众增收,还能满足人民群众日益增长的消费需求。软籽石榴果实价格约10元/斤,盛果期平均株产鲜果最少为30斤,按每亩42株计算,亩效益达12000元以上。除了鲜食外,软籽石榴还可以制作成果酒、果汁等营养丰富且美味可口的高档饮品,从而增值增效。

2. 市场需求量大

随着消费稳定增长、提质升级,软籽石榴因果大、籽粒绵软、口味清甜而深受消费者的青睐。北方冬季寒冷,不易种植;南方很多地方由于潮湿,也较少种植。目前,软籽石榴产量很低,仅占水果总产量的0.1%,在市场上供不应求。

(四) **威胁**(threats)

1. 国内其他地区石榴产业发展更为成熟

国内某些地区因为资源、政策等条件和因素的促进,石榴产业在当地蓬勃发展,如四川会理、云南蒙自等。

近年来,随着直播的火热,不少商家通过研究热门短视频拍摄,展示石榴的特色和美味,将石榴销往全国各地。四川会理的石榴产业已经形成集石榴种植、农资物流、精深加工、观光旅游等为一体的"甜蜜"产业链,产值超60亿元。淅川县软籽石榴产业各方面与其尚有较大差距。

2. 自然灾害的威胁

软籽石榴种植受天气变化影响较大,容易受到自然灾害的威胁。河南省在夏季易下冰雹暴雨,容易对果树枝桠和果实造成伤害,降低树势。2023年3月中旬,突如其来的大雪导致淅川县软籽石榴大幅减产,严重的自然灾害会大大降低淅川县软籽石榴的商品果率和精品果率,阻碍淅川县软籽石榴产业的提质增效。

3. 居民消费观念转变

当前,随着生活水平的不断提高,消费者关注的不仅仅是价格,对水果品质和食用安全性的要求越来越高。同时,消费者对石榴的消费方式不再局限于鲜果,对石榴新茶饮、石榴酒、石榴休闲食品的消费需求大幅增长。这对石榴的采后保鲜、冷链运输等技术及深加工方式提出了新要求。

五、结论与建议

软籽石榴产业存在发展周期长、前期投入大、管理风险高等不利因素，群众因对未来收益不明、怕担风险而难以自行发展。淅川县有关部门应在以前的基础上持续通过政策扶持和引导，加强果园精细化管理，打造软籽石榴标准化示范园，通过精品果园建设起到以点带面的示范作用，提升群众主动性和积极性，形成你追我赶联动发展产业新格局，推进软籽石榴产业提质增效。

政府应加大科研投入力度，全面推广软籽石榴标准化种植技术。在专业人才储备上，淅川县林业局、林果发展中心等应积极与林业高校对接合作，在淅川培养一批本科及以上学历技术人员，充实稳定技术服务人才储备，为淅川县软籽石榴后续发展储备实用型人才，有效提升管理水平。另外，应充实林业主管部门的技术队伍，加大对果树病虫害防治、果树整形修剪、绿色果品生产技术、配方施肥技术等果树管理方面的培训。

目前淅川县软籽石榴深加工程度低，还处于"种果卖果"的发展阶段，应鼓励引导软籽石榴深加工产业的发展。一方面大力扶持淅川本地企业，另一方面重点招商引资，引进多家深加工企业入驻淅川，出台优惠扶持政策，鼓励本土企业扩大生产，外地企业尽快落地，研发生产果酒、果茶、护肤品等深加工产品，提高软籽石榴附加值，切实提高软籽石榴的质量和效益。探索"林旅"融合，在靠近城郊、主干道沿线基地规划建设田园综合体，举办休闲观光、采摘体验游等活动，走"林旅"融合发展之路。在销售上，淅川县软籽石榴企业如丹圣源应充分发挥电子商务平台作用，积极做好直销和网上销售，开发国内、国外市场。

淅川可以发挥区位优势，加强经济林果品（产品）品牌认证和商标注册，拢指成拳，引导更多软籽石榴企业整合使用"淅有山川"品牌，使"相约中线源头、豫见淅有山川"享誉全国，在更深层次、更广领域扩大淅川县软籽石榴的品牌效应。企业自身和县级部门可以赴河南省内外开展产销对接活动，通过"展览展示＋会议推介＋线上直播"，搭建展销平台，拓宽销售渠道，助力推动淅川县软籽石榴走向全国大市场。持续加大宣传力度，在央视、人民日报、河南日报等主流媒体宣传报道淅川软籽石榴产业，扩大影响力和知名度。

参考文献

[1] 周磊,姚自祥,马成战.对湖北丹江口石鼓镇软籽石榴产业发展的思考[J].果树实用技术与信息,2023(7):46-48.

[2] 贾昆,常志有.生鲜农产品直播带货的营销策略分析——以丽江突尼斯软籽石榴为例[J].安徽农业科学,2022,50(11):215-218,228.

[3] 罗之法,寇建宗.淅川打造软籽石榴品牌[N].中国绿色时报,2018-07-12(2).

[4] 李庚兰,高正清,梁明泰,等.云南软籽石榴产业发展思路探索[J].中国果菜,2020,40(4):88-90,105.

[5] 陈延惠,史江莉,万然,等.中国软籽石榴产业发展现状与发展建议[J].落叶果树,2020,52(3):1-4.

[6] 陈杰.做强特色产业 助推乡村振兴——以姚安县软籽石榴产业发展研究为例[J].云南农业,2022(8):32-36.

[7] 杨益民.乡村振兴背景下农村土地管理存在的问题及对策研究[J].南方农机,2023,54(6):114-117.

[8] 柳晓军.完善农村土地管理方式促进乡村振兴[J].黑龙江粮食,2021(7):89-90.

[9] 张铁军.完善农村土地管理方式促进乡村振兴[J].河北农机,2023(5):160-162.

[10] 张绪成.关于创新农村土地管理制度助力乡村振兴的思考[J].国土资源情报,2020(2):33-37.

[11] 陈坤秋,龙花楼,马历,等.农村土地制度改革与乡村振兴[J].地理科学进展,2019,38(9):1424-1434.

[12] 史洋洋,郭贯成,吴群,等.乡村振兴背景下宅基地利用转型逻辑机理与实证[J].经济地理,2023,43(1):148-158.

[13] 李晗静.基于乡村振兴战略需求的农村集体用地规范化管理研究[J].山西农经,2022(6):128-130.

[14] 徐忠国.农村集体建设用地管理概念模型的理论构建与实证检验[D].杭州:浙江大学,2020.

[15] 熊凤水,江立华.土地流转中农民主体性的缺失与建构——基于国家、市场与农民视角的考察[J].河北学刊,2023,43(3):183-190.

[16] 王秋月.社会性中介:农民与市场的链接机制——基于郫都区D村经纪人经济行为的考察[J].农林经济管理学报,2020,19(2):235-243,260.

[17] 李永萍.市场性与社会性:农民市场化的实践逻辑探析——兼论农民与市场关系的区域差异[J].现代经济探讨,2020(10):82-92.

[18] 李珍刚,张晴羽.论欠发达地区资本下乡与农民市场意识的养成[J].农村经济,2020(4):98-106.

[19] 王长征,冉曦,冉光和.农民合作社推进农村产业融合的机制研究——基于生产传统与现代市场的共生视角[J].农业经济问题,2022(10):60-71.

[20] 秦晖.传统与当代农民对市场信号的心理反应——也谈所谓"农民理性"问题[J].战略与管理,1996(2):18-27.

[21] 何林英,钟语嫣,何祖峰.乡村振兴战略视域下对农民市场经济主体性的思考[J].农业经济,2021(11):82-83.

种业振兴在行动：新《种子法》背景下襄阳地区村际差异对农户政策"认知—行为"响应模式影响的扎根理论研究

工商管理学院　黄志坚　文思远　刘洋
外国语学院　邹乐轩

摘　要　新《种子法》修订后，我国种业发展迎来新局面。作为种业市场的消费端，农户对于《种子法》的认知程度、行为决策对《种子法》的有效落实和种业市场具有重要影响。包括资源禀赋和村治模式在内的村际差异一直是影响地区农户决策的重要因素。本项目选取襄阳地区两区(县)作为调研对象，共完成对7镇16村近80名农户与各类工作人员的座谈、入户访谈工作，并根据扎根理论对所收集数据进行编码与分析，最终归纳出农户政策"认知—行为"响应模式的影响因素与影响路径，总结不同村际差异下的农户政策"认知—行为"响应模式，以期为我国农民选种行为的研究与种业制度的发展提供参考。

关键词　种业振兴　扎根理论　村际差异　基层治理

一、引言

(一)选题背景

种业是国家战略性、基础性的核心产业，是农业的"芯片"，是粮食安全的根基。但长期以来，我国种业发展仍然存在种质资源保护利用效率低、自主创新能力弱、相关企业"多小散弱"、市场监管缺位等诸多问题，这些问题严重制约着我国种业的整体发展。为了我国种业市场的持续健康发展，使之适应我国新的经济发展形势与国家战略，2021年12月，第十三届全国人民代表大会常务委员会第三十二次会议通过《全国人民代表大会常务委员会关于修改〈中华人民共和国种子法〉的决定》，再次对《中华人民共和国种子法》(简称《种子法》)进行修订。该版《种子法》仍然坚持鼓励维护创新，进一步扩大了植物新品种权的保护范围并完善了保护环节，还完善了种子侵权赔偿制度，同时借鉴国际成熟经验。

(二)研究思路

1. 对农民选种行为的研究

本项目选择作为湖北省水稻主产区之一的襄阳市,选取南漳县、襄州区两区(县)7个镇共16个村的农户及各级工作人员,共完成对近80名农户、10余名各级工作人员的结构化访谈与数据整理和研究工作,详细调查了不同地区的地理位置、气候水热条件、自然资源、产业结构和治理模式,并在此基础上对农民的种植成本、收入与行为决策等进行深入探究,以期为农户选种行为的相关研究提供参考。

2. 对农户政策"认知—行为"响应模型的研究

当前,国内外学者对农户政策"认知—行为"响应模式进行了探究,然而尚无关于农户对种业制度的政策认知模式的研究报道。本项目针对这一研究空白,在访谈过程中设置部分与《种子法》及相关政策认知密切相关的问题并进行探究,以期为后续相关研究提供思路与方法方面的参考。

二、实践开展情况

为深入学习宣传贯彻党的二十大精神,领悟习近平新时代中国特色社会主义思想,积极响应"以商科视角观察中国,用脚步丈量祖国大地"的号召,中南财经政法大学社会实践小队"妙哇种子小队"团队成员,以襄阳地区农户为调研对象,自2023年7月7日至20日深入襄阳市谷城县、南漳县、襄州区等地7镇16村,开展了为期14天的田野调查活动。

在本次实践活动中,团队成员主要针对各村的自然资源、农业发展情况、村内治理模式、种业法律的落实与推广现状等,对多位农技站主任、农资站经销商、合作社负责人、村支书及六十余名农户进行了深入访谈。在当地政府的支持下,团队成员还参观了特色农业合作社、种植示范基地、品种展示基地及村民诚信银行等,领略了乡村振兴下新农村经济发展与基层社会治理的新风貌。

(一)红色之旅,思政青课进乡村

2023年7月9日,团队成员到达调研第一站——谷城县茨河镇石井冲村。在石井冲村党群服务中心,团队成员代表以"赓续红色血脉 争当时代先锋"为主题,邀请村内青年共同上了一堂生动的红色主题团课,引发热烈反响。

(二)躬身实践,田间访谈出真知

调查研究是谋事之基、成事之道。为真正摸清情况、找准问题,实践小队深入田间地头与调研对象进行面对面交流,以文字、影像、音频等形式对实际过程进行了记录。

在7月10日至7月15日的南漳之行中,实践小队选取了九集、武安、东巩、肖堰等四镇中的十余村,对当地农技站主任、农资站经销商、村支书、农户等不同类型的调研对象进行了深入访谈。7月16日,实践小队到达襄州区,在当地政府的帮助下,小队在朱集、古驿、黄龙三镇中的五个村开展调研,对当地的多位村支书与二十余名农户进行了访谈。

(三)互利共赢,村企携手结硕果

7月10日,实践小队参观了九集镇当地郑家畈村的水稻种植专业合作社及品种示范基地,郑家畈村积极探索"村党组织+公司+农户""村党组织+合作社+农户"等利益联结模式,持续完善"联农带农富农"机制,实现了"农田增量、农业增效、农民增收"的好局面。

7月18日,实践小队参观了古驿镇罗岗村金太阳土地种植专业合作社,并在合作社负责人的带领下观摩了万亩花生种植示范基地(见图1)。

图1　实践小队参观金太阳土地种植专业合作社种植示范基地

(四)助农增收,特色产业促振兴

乡村要振兴,产业必先行。为巩固拓展脱贫攻坚成果同乡村振兴有效衔接深化,襄阳下属各县、乡镇多措并举发展特色产业。茨河镇石井冲村依托"三线"资源,打造"航空新村",发展"稻菌轮作"等特色产业,带领村民增收致富;东巩镇的吊瓜、黄精、贝贝南瓜等特色农作物产业欣欣向荣……

(五)共同缔造,基层治理新亮色

2022年9月6日,湖北省部署"共同缔造"试点工作,发动群众"共谋、共建、共管、共评、共享",为构建全国新发展格局先行区凝心聚力。在本次调研中,团队成员也切身体会到"共同缔造"是如何在襄阳大地上谱写基层社会治理新篇章的。

团队成员在实地调研中强信念,跟党走,在深入基层中真切了解到了乡村振兴带来的巨大变化,在调研中归纳出村际差异影响农户政策"认知—行为"响应模式的路径,总结不同村落间农户的政策"认知—行为"响应模式,以期为新《种子法》的基层落实效果提供参考,为我国种业制度的不断完善提供可行意见,从而为乡村振兴贡献属于中南财经政法大学学子的青春力量。

三、调研结果与发现

(一)调研数据

1.问题识别分析开放式编码结果

实践小队将对襄阳市各乡镇的63名农户、3名农技站主任、2名驻村工作队工作人员、7名村委会工作人员、2名合作社负责人的访谈资料进行统一梳理,在对访谈资料进行处理的过程中,团队成员尽量保证采访内容的准确性和真实有效性,便于后续具体的编码分析。团队成员汇总了与农户相关的77篇访谈文稿、调研语音等材料,并将材料中的文字逐个编码,经过贴标签、概念化、范畴化三个步骤,最后在保留文本原意的基础上提炼编码。

2.问题识别分析主轴式编码结果

针对农户政策"认知—行为"响应模式的文本,通过问题开放式编码将其标签化、概念化,最终总结为水资源、土地资源、到城区距离、村内交流频率、村内交流内容、劳动力年龄结构、劳动力兼业程度等18个初始范畴,再经过进一步编码处理,进而将18个初始范畴整理为7个核心主范畴。具体的对应关系见表1。

表1 主轴式编码与主范畴提炼结果

主范畴		初始范畴	关系内涵
自然禀赋	自然资源	水资源	水资源影响种植规模与方式
		土地资源	土地资源影响种植规模与方式
	地理位置	到城区距离	城区距离影响农户信息来源
		周边农业资源	周边农业资源影响农户种植策略
社会禀赋	村情氛围	村内交流频率	交流频率影响农户交流意愿
		村内交流内容	交流内容影响农户信息来源
	劳动力	劳动力年龄结构	年龄结构影响农户种植能力
		劳动力兼业程度	兼业程度影响农户对种植的态度
		劳动力种植经验	种植经验影响农户种植方法选择
	农业技术	周边农业组织	周边农业组织影响农户种植策略
		农业技术来源	农业技术来源影响农户技术选择
		机械化使用情况	机械化情况影响农户种植策略
		农业技术成本	农业技术成本影响农户种植策略
	政府政策	政府引导力度	引导力度影响农户种植策略
		政策传播路径	政策传播路径影响农户信息来源
	农业市场	种子市场环境	种子市场影响农户对种子的重视程度
		其他要素市场环境	其他要素市场影响农户对种子的重视程度
		销售市场环境	销售市场环境影响农户对种子的选择策略

3.问题识别分析选择式编码结果

本项目围绕襄阳地区村级资源禀赋差异对农户政策"认知—行为"响应模式影响的问题,通过调查襄阳地区农户对《种子法》相关政策的认知情况与实际种植策略,参考前期的问卷调查结果,将村庄分为"优势型村庄""一般型村庄""引导型村庄"与"透明型村庄"四种类型,如表2所示。通过发现不同经营模式在经营过程中呈现的问题,可以在一定程度上更好地探寻问题的解决之道,使得研究结论更具有科学性和指导性。

表 2　村庄类型表

	政府引导力度强	政府引导力度较弱
农业资源优势强	优势型村庄	一般型村庄
农业资源优势弱	引导型村庄	透明型村庄

（二）调研结论及成因分析

1.种业市场环境现状

（1）当前种业市场秩序已明显改善。

自2000年第九届全国人民代表大会常务委员会第十六次会议通过《种子法》以来，《种子法》已经历四次修订。在这二十余年的时间里，我国的种业市场制度和规范不断完善，我国的种业市场环境已有了较为明显的改善。随着《种子法》的修订和相关政策的不断完善，我国种业市场秩序将更加规范化、有序化。

（2）育种企业生存环境面临重重挑战。

尽管新的《种子法》已实施两年有余，我国种业企业仍面临险恶的生存环境。在团队成员与襄阳市最大的小麦育种合作社负责人的访谈过程中，实践小队了解到当前种业企业仍面临"研发周期长""育种费用高""品种推广难""成本回收慢"等问题，这些问题是由种子品种研发过程的特点引发的，并且正不断加快中小育种企业消失的速度。

（3）农户对《种子法》认知程度仍有待提升。

在访谈过程中，团队成员注意到：尽管农户对于假、劣种子的警惕意识不断提高，但农户对《种子法》以及相关政策的认知程度仍有较大提升空间。近1/2的农户在访谈过程中表示从未听说过《种子法》，听说过《种子法》的农户中有2/3的农户不清楚《种子法》的大致内容。由此可见，当前农户的法律意识依旧有待提升，我国乡村法治建设依旧任重而道远。

2.优势型村庄的特征及响应模式

（1）优势型村庄的主要特征。

优势型村庄往往是当地乡镇农业发展成果的代表性村庄，并大多具有土地平整、高标准农田面积大、农业组织发达、农业劳动力年龄结构相对年轻等特征。

（2）优势型村庄的响应模式。

对于优势型村庄的农户来说，他们对于政策的了解程度明显高于一般型村庄的农户，并且他们对种子信息的掌握也更加全面。出于成本因素以及降低风险的考虑，这些地区的农户更加关注种子的品牌、审核标准、参数等信息，因此他们对政策的关注度以及响应态度会更加积极，并且这种积极性多是由农户自发产生的。

3.一般型村庄的特征及响应模式

（1）一般型村庄的主要特征。

一般型村庄是本次调研中最普遍的一种村庄类型，这些村庄均匀地分散在各个乡镇。这些一般型村庄往往面临村庄空心化、农业劳动力年龄结构老化的问题。而在种植规模上，这些村庄往往只有少数大户，且种植面积相对优势型村庄要小得多。

(2) 一般型村庄的响应模式。

由于相对缺乏种植优势,这些一般型村庄的农户多以外出务工为主要收入。他们大多数都以不成文的形式将土地有偿或无偿地转让给和自己关系较近的农户,而得到土地的农户除当地的种植大户之外,多是一些年龄较大的老人。对于这些一般型村庄的大部分农户来说,他们对《种子法》相关政策的响应是相对消极的,缺乏自发性的。

4.引导型村庄的特征及响应模式

(1) 引导型村庄的主要特征。

引导型村庄是近年来我国乡村振兴工作的成果。在乡村振兴前,这些村庄往往因为资源禀赋较差而成为当地的贫困村。通过近些年襄阳地区驻村工作队的努力,这些过去的贫困村大多逐渐摘掉了贫困的"帽子"。尽管这些村庄依旧面临较为严重的空心化、农业劳动力年龄结构老化的问题,但相比一般型村庄而言,这些村庄却拥有更多的政策扶持。

(2) 引导型村庄的响应模式。

引导型村庄由于缺乏优势的粮食作物耕种条件,因此当地多在村两委及驻村工作队的帮助下以发展特色经济作物产业为主。对于《种子法》的大致内容,这些负责人由于经常参与乡镇的政策传达工作,也多拥有较为清晰的认知。尽管引导型村庄在政策认知程度上与优势型村庄相似,但这种积极响应的态度却多是一种由政府引导而产生的相对被动的响应。

四、问题发现及分析

根据调研结果分析与扎根理论成果,我们发现本次调研中一般型村庄的数量最多、分布范围最广,优势型村庄与引导型村庄数量适中、分布零散,暂未找到符合透明型村庄定义的案例。同时,对比现有的优势型村庄、一般型村庄、引导型村庄在自然禀赋与社会禀赋方面的村际差异,我们发现一般型村庄在发展潜力、农户政策响应程度两方面与优势型村庄、引导型村庄存在差距。

(一) 一般型村庄的农业产业高质量发展的潜力相对较小

在小组进行调研的14个村庄中,有8个村庄为一般型村庄,显现出的共同问题是在农业高质量发展上的潜力相对较小,具体体现在以下方面。首先,一般型村庄本身的自然禀赋不具有突出的优势,自然资源方面的物质基础一般,同时农业生产专业化与规模化的程度较低。其次,农户对于农业政策、农业发展新动向的关注度较低,村民交流并不以农业生产为焦点,且交流频率不高。再次,一般型村庄里的农业生产多局限于传统生产模式下的小规模的种植业,当地农业从业人员的平均年龄高于50岁。对于中青年劳动力来说,种地收益远低于外出务工,因而农户参与农业产业高质量发展的意愿不高,导致内生动力不足。最后,政府在农业政策方面的引导和宣传力度有待提高。于是,内生动力的欠缺与外部推力的薄弱共同造成了农业产业高质量发展的潜力明显小于优势型村庄与引导型村庄。

(二) 一般型村庄农户对农业政策响应程度较低

在整个调研过程中,受访的近1/2农户表示从未听过《种子法》,剩下1/2的农户即使听说过《种子法》,也不太了解其中内容。另外,对于与自身农业经营相关的种植补贴,有近1/5的农户不知道其具体内容。此外,还有近1/3的农户表示从未了解过种植补贴。对于一般型村庄，农户对政策没有较强的认知意愿，同时政府的政策引导力度有限，因而一般型村庄中的大部分农户对政策认知程度都较为有限，行为响应都显得迟缓和滞后，甚至不会因为政策而改变决策。

五、解决优化方案

（一）国家方面

1. 坚持科教兴农发展战略

将农业技术推广上升到国家层面，在一定程度上可以推动基层组织加大对农技推广和政策宣传的投入力度。

2. 发展农村教育，提高农民的知识文化水平

大部分受访农户的学历为初中以下，导致其对新政策接受慢。国家应加强对农村教育的硬件设施条件的投资，加强对农民的知识水平和农业技能的培训，提高农民对新政策、新技术的接受程度。

3. 持续推进乡村振兴战略

重视"三农"问题，稳步提升农村人才素质，解决政策传达和落实问题。同时要注重完善相关管理制度，在保证农民收入不断增加的基础上，进一步推进乡村的振兴发展。

（二）基层方面

1. 建立系统全面的农业技术推广体系

个别乡镇存在技术与政策难以向下传达到农民的问题。鉴于此，乡镇的基层管理部门应设立农技综合服务站、农业科技示范基地和农民推广小组，形成以镇为中心、以乡为纽带、以社区和村为基础、以示范区和示范户为代表的农业技术推广体系。

2. 创新政策宣传方式

大部分受访农户并未了解过《种子法》新修订的内容。可见，要创新宣传方式，将标语、宣传栏、广播等传统手段和微信群、微博、短视频等互联网现代手段相结合，引导农户积极主动地了解新颁布的政策。

3. 加强宣传人员的培训

宣传部门应对宣传人员进行业务素质和工作效能的培训，让宣传人员加深对新政策的理解，同时对宣传人员的农业知识与技能进行培训，深入田间地头，根据农民的种养需要进行相应的普法和政策宣传，从而到达精准宣传的效果。

六、结语

本项目在实地调研的基础上，详细调查了襄阳地区农户对《种子法》相关政策的认知情况，对地区农业种植情况、实际种植策略、技术推广模式、农户认知等客观现状进行了翔实的总结与分析。同时还通过对调研行政村资源禀赋、治理模式等差异的对比分析，将村庄分为优势型村庄、一般型村庄、引导型村庄等不同类别，并进行了针对性的成因分析，给出了问题解决方案。

此次调研中，因时间不足、调研经费有限与交通不便等客观问题，团队成员的足迹限于襄阳市襄州区、南漳县等粮食主产区,并没能对其他地区乃至边缘地区进行调查分析,得出的结论也许存在片面性、准确性欠佳等问题。希望未来在提升团队的知识水平后,能够有机会收集更多的样本,行走更多的地区,在此方面进行更为深入的探究。

经过这次调研,我们更感受到"把论文写在祖国大地上"的艰辛和困难。十余天的独立调研虽然让人疲倦困顿,但在行走中感受不同的农村文化,在田野中学习知识,了解农户真实的认知与需求,也让我们感到充实与兴奋。未来我们还将继续将课堂理论学习与社会实践紧密联系起来,牢记总书记的殷殷嘱托,继续发扬"自找苦吃"的精神,在祖国大地上挥洒中南财经政法大学学子的青春与汗水!

参考文献

[1] 邓大松,李玉娇.制度信任、法律认知与新农保个人账户缴费档次选择困境——基于Ordered Probit 模型的估计[J].农村经济,2014,382(8):77-83.

[2] 国务院.中共中央 国务院关于做好 2022 年全面推进乡村振兴重点工作的意见[Z].2022-01-04. https://www.gov.cn/zhengce/2022-02/22/content_5675035.htm.

[3] 湖北省统计局.襄阳统计年鉴—2021[EB/OL].[2022-01-26]. https://tjj.hubei.gov.cn/tjsj/sjkscx/tjnj/gsztj/xys/202201/P020220126363981166108.pdf.

[4] 金刚,柳清瑞.新农保补贴激励、法律认知与个人账户缴费档次选择——基于东北三省数据的有序 Probit 模型估计[J].人口与发展,2012,18(4):39-46,13.

[5] 旷宗仁,左停.我国农民认知与行为改变研究综述[J].中国农业教育,2006(4):1-5.

[6] 李汝敏,朱文玉.中日植物新品种法律比较研究[J].世界林业研究,2020,33(3):90-94.

[7] 蒙秀锋,饶静,叶敬忠.农户选择农作物新品种的决策因素研究[J].农业技术经济,2005(1):20-26.

[8] 缪宗崇.中国植物新品种保护制度的完善思考[J].中国农学通报,2022,38(26):100-104.

[9] 庞新燕.浅析建立实质性派生品种制度的法律价值和意义——以新修订《种子法》为研究文本[J].种子,2022,41(7):144-148.

[10] 全国人民代表大会常务委员会.全国人民代表大会常务委员会关于修改《中华人民共和国种子法》的决定[Z].[2021-12-25]. https://www.gov.cn/xinwen/2021-12/25/content_5664477.htm.

[11] 全国政协农业和农村委员会课题组.推进种业振兴 筑牢粮食安全屏障——学习贯彻习近平总书记在全国政协联组会上的重要讲话精神[N].人民政协报,2022-04-01.

碳达峰碳中和背景下碳汇核算研究
——以云南省大理州洱海湿地碳汇为例

会计学院　韩骏腾　陈濯　董稚妤　熊雅芬　刘晨茵

摘　要　随着高质量发展的稳步推进,碳汇已经成为联系经济与绿色发展的关键一环。党的二十大报告再次强调了我国的双碳目标,并从碳排放双控、能源革命、健全碳市场、提升碳汇能力等方面具体部署。为了充分挖掘碳汇背后蕴藏的经济效益,本文拟运用文献研究法、问卷调查法、碳储量与生物量转化法,通过实地考察测量,得出数据进行洱海湿地碳汇核算。本文基于测量得出的洱海地区生物量与植被量数据,核算得出洱海湿地碳密度,发现其低于全国平均水平,仍有不小的提升空间。据此结合洱海地区当前环境保护现状,为洱海地区的环境治理与可持续发展提供建设性意见。

关键词　碳汇核算　大理洱海　湿地

一、引言

（一）选题背景

"碳中和"指的是国家或区域通过对经济构造及能量系统的改革以控制温室气体释放量的总体规模,从而达成其内部生产与消费之间的均衡状态。"碳达峰"是实现这一长期愿景的重要里程碑。随着全球气候变暖形势越发严峻,碳储量已成为气候变化领域和国际社会关注的热点,习近平总书记在出席世界经济论坛"达沃斯议程"对话视频会中指出,中国力争于2030年前二氧化碳排放达到峰值,2060年前实现"碳中和"。因此,估算碳储量对于研究区域和全球碳循环有着十分重要的意义。本文通过碳储量与生物量转换法以及问卷调查法对洱海实地碳汇进行调研,分析洱海碳汇储量,了解当地居民对生态保护的认知。

（二）研究思路

首先,在调研前,咨询专家,收集官网资料;其次,在调研中,实地考察,对当地人进行询问;最后,整理资料,核算洱海湿地碳汇。

二、实践开展情况

2021年7月3日上午,滇西应用技术大学会计学院党委书记张祖斌、院长孙贤林与中南财经政法大学会计学院团支部书记赵达骋及苍洱青年志实践队的队员们一同参与了"会计知识分享促进自我提高,共同探讨青年的理想追求"的互动活动。当天下午,吴卫华教授、赵达骋书记与来自会计学院的苍洱青年志实践队的队员们一同参加了在滇西应用技术大学的"苍山不墨千秋画,洱海无弦万古琴"洱海保护经验交流分享会。

2021年7月4日,吴卫华教授、赵达骋书记及苍洱青年志实践队前往大理市环洱海流域湖滨缓冲带生态修复与湿地建设工程进行实地考察,他们深入森林湿地区段及沙漠地貌区域去观察、了解当地生态环境状况,并对相关数据资料做了详尽分析。

苍洱青年志实践队在吴卫华教授和赵达骋书记的带领下,于2021年7月5日到达了云南省大理市喜洲古镇并展开调研活动(见图1)。在此过程中,他们分组协作,采用提问、调查问卷等方法同当地居民、环保志愿者以及环保工作者互动,以获取近年来生态环境变迁、洱海保护措施的影响以及公众对于"双碳"政策认知的信息。

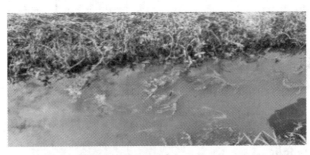

图1 喜洲古镇水域实勘与水质对比

三、调研结果与发现

(一)调研数据

根据云南省第四次森林资源规划设计调查资料统计,洱海流域面积259022.9公顷,其中:林地面积152847.9公顷,占流域土地面积的59.01%;非林地面积106175公顷,占流域土地面积的40.99%。根据地类的不同,我们对林地的划分如下:共计142680.1公顷的森林区域(包括有林地、疏林地和灌木林地),另外有1796.3公顷的未成林造林地区域,3770.8公顷的无立木林区,以及4384.2公顷的宜林地。此外,还存在着20.8公顷的苗圃用地,如图2所示。

该区域内森林生态系统的碳储量达到了4047584吨,每年可吸附大约14841.14万吨二氧化碳,其潜在经济效益可达3.314亿元人民币。碳存储主要集中于乔木林地的纯林与混交林区,占总碳储量的82.45%(见图3)。

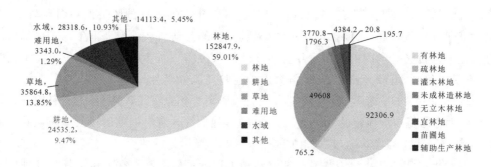

图 2　洱海流域土地资源利用类型与林地构成

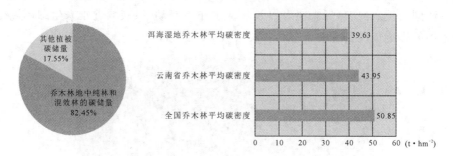

图 3　洱海流域森林植被碳储量及乔木林平均碳密度对比

（二）调研发现与分析

收集到的有效调查问卷共有 166 份，我们根据问卷反映的基本情况做了如下分析。

根据问卷反馈可知，志愿者宣传、科普教育和网络报刊是受访者获取环保知识的主要来源，占比分别为 25.78%、26.29% 和 23.71%。个人主动学习的占比较低，只有 11.08%，如图 4 所示。

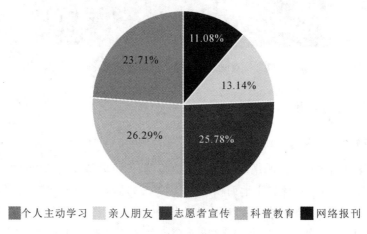

图 4　受访者低碳环保知识的来源

此外，受访者对洱海目前主要污染来源认知不足，仅有 28% 的受访者选择了正确选项"农业污染"（见图 5），表明对洱海污染治理的宣传有待加强。图 6 结出了此次问卷调查的量化统计图。

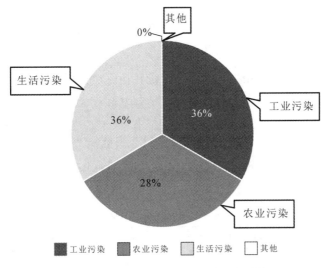

图 5 受访者对洱海主要污染来源的认知

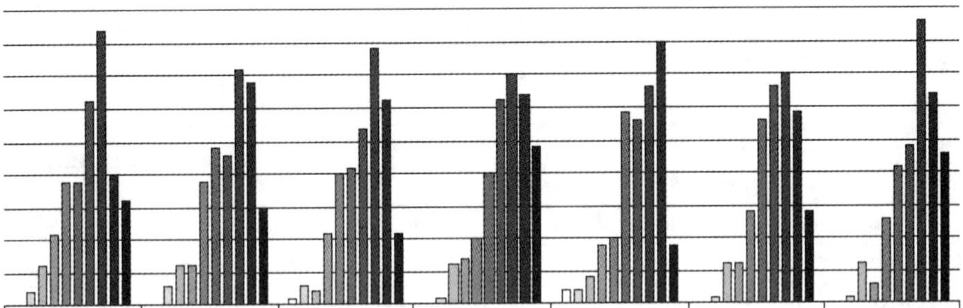

	对洱海水域面积、污染治理等水环境知识的了解程度	对碳达峰碳中和概念的了解程度	周围人的低碳环保意识	低碳和我们的日常生活息息相关吗	洱海目前的环境状况如何	对目前洱海保护工作打分	有没有必要开展洱海保护教育活动
1	0	0	1	0	2	0	0
2	2	3	3	1	2	1	1
3	6	6	2	6	4	6	6
4	11	6	11	7	9	6	3
5	19	19	20	10	10	14	13
6	19	24	21	20	29	28	21
7	31	23	27	31	28	33	24
8	42	36	39	35	33	35	43
9	20	34	31	32	40	29	32
10	16	15	11	24	9	14	23

图 6 针对受访者在"双碳"背景下对洱海治理的认知、个人及周边人的低碳意识与行动意愿等的问卷量化统计图

四、调研结果分析

(一)洱海湿地森林植被生物量分析

针对当地乔木林、疏林,采用生物量与蓄积量转换模型估算法。

对乔木林和疏林森林的植被生物量进行评估和分析:

$$B = aV + b$$

其中:B 代表单位面积生物量(t);V 代表单位面积蓄积量(m^3);a、b 为参数。

表1汇总了各类树木的含碳率,针对一些不能明确蓄积-生物量关系的树木,我们用相近树木模型加以替换。

表1 云南省各优势树种的蓄积-生物量方程和含碳率

编号	树种/组	蓄积-生物量方程	含碳率/(%)	面积/(×$10^4 hm^2$)	编号	树种/组	蓄积-生物量方程	含碳率/(%)	面积/(×$10^4 hm^2$)
1	冷杉	$B=0.4642V+47.499$	49.99	36.45	17	樟木	$B=1.0357V+8.0591$	49.16	1.44
2	云杉	$B=0.4642V+47.499$	52.08	5.28	18	楠木	$B=1.0357V+8.0591$	50.3	3.35
3	铁杉	$B=0.4158V+41.3318$	50.22	2.4	19	榆树	$B=0.7560V+8.31$	48.34	0.96
4	油杉	$B=0.4158V+41.3318$	49.97	18.24	20	木荷	$B=0.7560V+8.31$	48.34	4.32
5	落叶松	$B=0.6096V+33.806$	52.11	0.48	21	枫香	$B=0.7560V+8.31$	48.34	0.48
6	华山松	$B=0.5856V+18.7435$	52.25	35.03	22	其他硬阔类	$B=0.7560V+8.31$	48.34	7.2
7	云南松	$B=0.5101V+1.0451$	51.13	283.12	23	杨树	$B=0.4969V+26.9730$	49.56	2.88
8	思茅松	$B=0.5101V+1.0451$	52.24	56.15	24	桉树	$B=0.8873V+4.5539$	52.53	42.24
9	高山松	$B=0.517V+33.238$	50.09	21.11	25	楝树	$B=0.4750V+30.6030$	49.56	0.48
10	其他松类	$B=0.5168V+33.2378$	51.10	0.48	26	其他软阔类	$B=0.4750V+30.6030$	49.56	52.3
11	杉木	$B=0.3999V+22.541$	52.01	58.05	27	阔叶混	$B=0.6255V+91.003$	49.0	603.2
12	柳杉	$B=0.4158V+41.3318$	52.35	1.92	28	针阔混	$B=0.8019V+12.2799$	48.93	194.37
13	柏木	$B=0.6129V+46.1451$	50.34	5.76	29	其他经济树种	23.7	47.0	166.04
14	针叶混	$B=0.5168V+33.2378$	51.68	59.02	30	疏林	$B=0.5751V+38.706$	50.0	24.48
15	栎类	$B=1.1453V+8.5473$	50.04	191.48	31	竹林	47.86	46.2	11.52
16	桦木	$B=1.0687V+10.237$	49.14	8.64	32	灌木林	19.76	48.97	437.6

根据调查数据的计算结果,洱海流域森林植被的碳储量为4047584 t,主要来源于有林地和灌木林地。这个碳储量的价值是845944.9万元,年度碳储量的价值为2523.39万元。

(二)碳储量分析

根据表1中的含碳率,我们采用单位面积生物量法进行碳储量估算,有林地(包括乔木林地和竹林)碳储量3530807 t,占总碳储量的87.23%;疏林地碳储量7107 t,占总碳储量的0.18%;灌木林地碳储量461546 t,占总碳储量的11.40%;散生木碳储量22828 t,占总碳储量的0.56%;四旁植树碳储量25296 t,占总碳储量的0.63%。洱海流域森林植被碳储量详见表2。

树木群落中的碳储量达到了3337416 t(3143808 t+193608 t),占总碳储量的82.45%。分析表3可知,各龄组的碳储量以中龄林、近熟林碳储量为主。对比各类森林类型下的碳储量,我们建议应加强流域区域的中等年期的造林工作,精确地增加每平方米林木的存活率,这将有助于大幅度提升整个流域范围内的森林碳储量。

表2　洱海流域森林植被碳储量

项目	合计	有林地				疏林地	灌木林地	散生木	四旁植树
		乔木林地			竹林				
		纯林	混交林	乔木经济林					
碳储量/t	4047584	3143808	193608	90179	103212	7107	461546	22828	25296
百分比/(%)	100.0	77.67	4.78	2.23	2.55	0.18	11.40	0.56	0.63

表3　乔木林纯林、混交林碳储量及碳密度

地类	项目	幼龄林	中龄林	近熟林	成熟林	过熟林	合计
乔木林	碳储量/t	295632	1606955	959436	433078	42315	3337416
	碳密度/(t·hm^{-2})	19.27	42.30	46.92	50.48	26.35	39.63
纯林	碳储量/t	267282	1510374	920391	403557	42204	3143808
	碳密度/(t·hm^{-2})	18.52	41.71	47.11	51.90	26.38	39.52
混交林	碳储量/t	28350	96581	39045	29521	111.00	193608
	碳密度/(t·hm^{-2})	30.90	47.82	42.84	36.75	19.14	41.58

（三）碳密度分析

根据上文测算，洱海流域乔木林碳密度为39.63 t/hm^2，低于全国乔木林碳密度（50.85 t/hm^2）和云南省乔木林碳密度（43.95 t/hm^2）；洱海流域纯林碳密度为39.52 t/hm^2。混交林碳密度为41.58 t/hm^2，针叶树平均碳密度为39.96 t/hm^2，阔叶树平均碳密度为37.30 t/hm^2，以上各类型碳密度均低于全国平均水平，仅有混交林中针叶混碳密度（43.89 t/hm^2）略高于全国平均水平（41.66 t/hm^2）。

五、结语

时光荏苒，我们的社会实践项目——洱海湿地的碳汇分析圆满结束。在这段时间里，我们的团队深入洱海湿地，切身感受到了湿地的独特魅力和脆弱性，增长了见识，也收获了宝贵的社会实践经验。我们将继续秉持着环保的初心，将所学所得转化为实际行动，为洱海湿地的生态保护和持续发展贡献自己的力量。

参考文献

[1] WANG Q,SONG J,CAO L,et al. Distribution and storage of soil organic carbon in a coastal wetland under the pressure of human activities [J]. Journal of Soils & Sediments,2016,17(1):11-22.

[2] HRIBLJAN J A,ESTEBAN S,HECKMAN K A,et al. Peatland carbon stocks and accumulation rates in the Ecuadorian paramo[J]. Wetlands Ecology and Manage-

ment,2016,24(2):113-127.

[3] 白雪洁,王旭峰,柳晓惠,等.黑河流域湿地、农田、草地生态系统碳通量变化特征及驱动因子分析[J].遥感技术与应用,2022,37(1):94-107.

[4] 王永志,刘胜林.黄河三角洲芦苇湿地生态系统碳通量动态特征及其影响因素[J].生态环境学报,2021,30(5):949-956.

[5] 姜楠.芦苇湿地生态系统碳通量的测定与土壤碳通量的贡献分析[D].上海:华东师范大学,2016.

企业红色文化对中小学红色精神宣传的启发和应用价值

——以延安精神和大唐陕西发电有限公司延安热电厂为例

会计学院　段亚军　唐珂萱　边策　杨舒然　李品渔

摘　要　企业文化立足时代前沿,响应企业时代发展,对红色精神的宣传教育具有一定的启示意义。本项目旨在通过学习大唐陕西发电有限公司延安热电厂红色企业文化,深入体会企业文化对延安精神的再发展和创新应用,为以延安精神为代表的红色精神的宣传教育在中小学的宣传与深化提供些许建议与反馈。项目采用了实地观察与学习、采访问答和电话访谈的调研方法,成功获取了同红色企业的对话机会,汲取了红色精神宣传教育的经验。通过调研我们得出结论,现阶段中小学红色精神教育在部分小学已经得到重视,但是仍面临困境。与此同时,企业灵活运用红色精神,将红色精神融入企业文化,在时代中互促发展。以学校为代表的红色教育宣传阵地应当借鉴红色企业的经验,通过拓宽红色精神教育与宣传媒介、丰富教育物料等措施摆脱当前所面临的困境。

关键词　延安精神　企业文化　宣传教育　中小学

一、项目实践背景

(一)项目社会背景与现状

1. 继承并发扬红色精神的必要性

(1)红色精神的内涵与意义。

红色精神脱胎于伟大的建党精神,扎根于中华优秀传统文化,源于马克思主义的精华,淬炼于中国共产党所领导的革命、建设、改革进程之中,其本质是马克思主义中国化、时代化的结果。但红色精神并非一种历史特定精神,它的持续创新对中国特色社会主义建设有着不可或缺的当代价值意蕴。由于红色精神族谱庞大,本文以延安精神为例,以小见大,分析红色精神如何更好地在中小学中传播与发扬。

(2)红色精神对企业发展的作用。

红色企业文化以红色精神为核心和灵魂,将红色文化与企业文化有机结合,极大地激发了企业的斗争精神,能够引导企业积极化解经营风险,破解技术难题。红色企业走在时代的前列,积极继承并发扬以红色精神为核心的红色企业文化,不断探索赓续红色精神的新路径。其传播与发扬的手段极具实践意义,值得我们在研究中小学红色精神传播路径中加以借鉴。由于红色企业较多,本文仅以大唐陕西发电有限公司延安热电厂(简称延安热电厂)作为典型代表进行采访学习。

(3)建党精神与延安精神的关系。

建党精神形成于中国共产党创建时期,其内涵在革命、建设、改革进程中不断地得到丰富和深化。而延安精神是建党精神的一种时代化表现,二者一体相连,一脉相承。建党精神是滋养延安精神的"源头活水",延安精神也从多方面发展了建党精神。

(4)延安精神的历史价值与当代价值。

延安是中国共产党曾经的指挥中枢和战略后方,延安精神指引着诸多关系中国革命前途命运的重大决策的方向,滋养着诸多共产党人的精神世界,激励着一代又一代共产党人为中华民族的独立与复兴事业而奋斗。如今,延安精神仍以其带来的廉政建设效应、经济建设效应、精神文明建设效应引导着陕西省的高质量发展。新时代弘扬伟大建党精神与延安精神更是为了"赓续共产党人精神血脉,始终保持革命者的大无畏奋斗精神,鼓起迈进新征程、奋进新时代的精气神"。

2.国内中小学校园红色精神的传播现状

(1)传播现状。

通过对武汉市吉林街小学四年级语文老师的采访得知,目前,我国小学传播延安精神主要有三个途径:一是通过思想政治课直接进行精神的传播与培养;二是通过语文教材中的红色课文潜移默化地对中小学生进行精神熏陶;三是有计划地展开与党史、党的建设有关的故事会,红色故事演讲朗诵比赛,舞台剧比赛,手抄报等多种教育形式。

(2)传播困境。

其一,在互联网快速发展的大环境下,多元文化的输入与碰撞,庞杂的各类思想充斥在网络平台,良莠不齐,中小学生作为未成年人,缺乏成熟的辨别是非的能力,极易在网络信息中迷失自己,给红色精神的传播造成困难。其二,在校园文化建设方面仍存在不足,校园红色精神文化氛围不够浓厚,可能存在学生对红色精神印象不深或者"应付式听课"的情况。

(二)调研地选择与优劣势分析

青年红色筑梦之旅项目旨在通过"追寻延安精神"活动,引导青少年更好地认识和体验伟大祖国的红色文化,从而激发青少年的爱国情怀,带动广大青少年更好地体验我国历史传统文化,使他们能够从红色文化和精神中获取动力和启迪,真正地担当起实现中国梦的重任。

1.历史的厚重

(1)延安古称延州,被誉为"三秦锁钥,五路襟喉",有"塞上咽喉""军事重镇"之称,屹立着宝塔山、清凉山和凤凰山,是陕北地区政治、经济、文化和军事中心,延河和汾川河两条河流在此地交汇。

(2)延安在20世纪中期成为中国共产党的重要基地。在历史长河中,毛泽东等老一辈革命家亲手培育的以实事求是、理论联系实际、全心全意为人民服务和自力更生艰苦奋斗为主要内容的延安精神,成为中华民族精神宝库中的珍贵财富。新华社、解放日报、中央印刷厂、新华广播电台都曾设在这里,党中央的声音通过通讯社、报纸、电台迅速传遍抗日根据地。历史选择了延安,延安铸就了辉煌。

2. 发展的现状

(1) 延安市通过开设公益性"慢火车",增开红色文化研学专列、旅游专列等举措,持续打造"圣地情"花儿服务队,为延安的绿水青山"淌"金银。同时,高铁的开通也助力延安加入全国高铁网,延安成为新"高铁旅游"城市。

(2) 从延安火车站出发,驱车半小时便可到达延安革命纪念馆景区。延安市对"延安精神"的载体旧址进行了连贯的基础设施规划建设,发挥了延安红色旅游资源集群的优势,也充分保护了红色资源。

(3) 多个部委、高等院校和部队在延安建立了教育教学基地,红色教育培训活动的开展丰富了延安文化和旅游产业的内涵,也提升了其品位;延安很多纪念场馆创新宣传形式,推出说、唱、跳结合的讲解方式,采用声、光、电等先进技术,提升陈列展示效果,让珍贵的史料、遗迹成为鲜活的延安精神的教育课堂。

(4) 为了建设"智慧旅游",延安大力开发以"手机游客助手终端"为核心的智慧旅游系统,延安市 AAAA 级以上景区全部覆盖了免费 Wi-Fi,实现了"说走就走"的自助式导游。

(5) 企业将延安精神融入企业文化中,一方面增强了群众对企业的认同感和员工的自信心,另一方面也创建了企业延安精神党建品牌,发挥了延安精神的引导示范作用。

3. 不足分析

(1) 延安精神传播适应性不强。延安精神是在特定历史时期形成的价值观,其诞生的背景与当代中小学生的生活实际存在较大差异,导致学生无法较好地理解其精神含义。在宣传时,由于学生对价值观的认知不同,会存在传播内容与学生发展需求不相匹配、学生不感兴趣的情况。

(2) 延安精神传播途径有待创新。目前,延安精神的传播发展主要依赖于传统媒体行业,而当前中小学生普遍接触且使用频繁的媒介主要是微信、抖音、快手、哔哩哔哩等新媒体平台。然而,在新媒体平台上策划与创作的关于延安精神的相关内容相对较少,缺乏以学生们喜闻乐见的语言形式呈现的延安精神的内容。因此,学生们难以充分体验和理解延安精神的深刻内涵及时代价值,难以有效地将延安精神转化为中小学生对国家和民族的认同感。

(三) 实践目标与思路

1. 实践目标

延安精神是贯穿中国共产党领导中国人民进行革命、建设和改革近百年历史的精神谱系的重要组成部分,是中国共产党人在未来奋斗中取之不竭、用之不尽的强大精神动力。为了推动延安红色精神的传播,为需要"扣好人生第一粒扣子"的中小学生做好红色精神宣传,为培养担当民族复兴大任的时代新人出一份力,中南财经政法大学会计学院团委宣传中心响应"青年红色筑梦之旅"的号召,通过这次社会实践活动促进课堂知识与生活实践的深度融合,加强延安红色精神宣传,在实践活动中培养学生的精神力量,做好红色基因的传承者、实践者。队伍成员通过社会实践活动的开展,了解并认识到目前青少年红色教育存在的不足,并创新性地提出企业的红色精神运用对中小学在弘扬红色精神方面有借鉴作用,为中小学红色精神教育建言献策。

2. 实践思路

本次实践活动采用线上和线下相结合的方式进行。

首先,队伍成员对武汉市吉林街小学的吴老师进行采访,了解关于延安精神等红色精神在小学中的传播情况以及效果;其次,队伍前往延安进行实地调研,通过对当地红色景点的参观学习,了解当前延安精神的传播现状与红色景点对于弘扬延安精神所做出的努力;再次,队伍通过致电延安热电厂的工作人员,了解企业内部宣扬传播红色精神的方式,总结延安热电厂的红色精神宣传经验,优化当前延安精神的宣传路径;最后,队伍成员线上为武汉市吉林街小学的四年级学生开展以延安精神为主题的思政课教育,通过对延安之旅的反思与总结,将学习成果运用于延安精神宣传中,以期更好地推广延安精神。

(四) 项目研究的意义与价值

互联网信息技术的快速发展,推动传播技术不断转型升级,新型传播媒介的冲击使得传统的传播形式和方法越来越难满足现代人对精神文化消费的高质量需求,这给红色精神的传播带来诸多阻力。

作为建党精神的重要组成部分,延安精神对于党和人民而言,具有深远的社会意义。党的二十大闭幕后,习近平总书记带领中央政治局常委前往延安,以激励全党团结奋斗。本实践队针对红色精神在新时代中小学的传承发展过程中存在的问题,结合时事热点,选择以延安精神为例,不拘泥于传统学习方式,前往当地开展红色精神主题教育学习活动,真切感受红色精神,在主题教育实践活动中寻找新的红色精神传播弘扬路径。

队伍成员在搜集资料时发现,大多数关于红色精神传播的研究都聚焦于高校,受众多为接受过良好教育且有一定知识储备的大学生,对中小学生的关注较少。但队伍成员一致认为中小学是青少年成长的重要阶段,了解红色精神在中小学中的弘扬情况与宣传困境同样重要。因此,本实践队针对红色精神在中小学中的传播情况,探究如何通过创新传播途径让红色精神在中小学生群体间更好地发挥方向指引作用。

二、实践内容

实践时间安排见表 1,实践开展流程如图 1 所示。

表 1 实践时间安排表

阶段	时间	事项安排
前期准备阶段	2023 年 8 月 1 日—2023 年 8 月 16 日	联系调研企业——延安能源化工集团(后因时间冲突等问题协调取消,考虑其他企业进行参访)和当地红色景点场馆工作人员;安排调研日程和出行住宿事宜
教师采访	2023 年 8 月 18 日	采访武汉市吉林街小学教师,了解延安精神等红色精神在小学的传播情况
场馆参观	2023 年 8 月 19 日	参观延安革命纪念馆和中共中央西北局旧址,了解延安精神的时代背景知识,向工作人员了解场馆受访情况,夜晚前往宝塔山观看夜景
思政青课准备	2023 年 8 月 20 日	联系思政青课授课对象;爬凤凰山,感受先辈艰苦奋斗历程

续表

阶段	时间	事项安排
思政青课授课与物料拍摄	2023年8月21日	在武汉市吉林街小学讲授思政青课,合唱校歌并拍摄,制作宣传物料
电话采访企业	2023年8月22日	对延安热电厂工作人员进行电话访问
后续安排	2023年8月25日—2023年8月28日	宣传物料后期制作与投稿,完成项目结项书

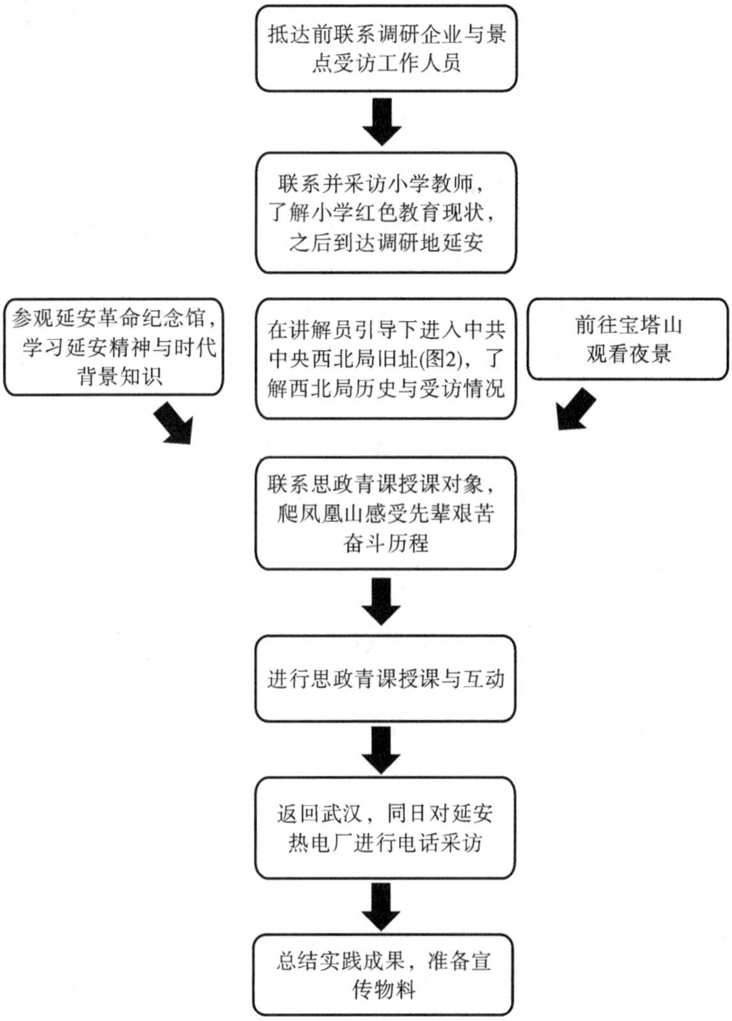

图1 实践开展流程图

(二)实践亮点

1. 从红色企业中汲取经验(见图2)

(1)与仅前往国内高校、校企单位学习借鉴不同,本实践队还前往红色企业进行借鉴学习。相较于校企单位多数选择单纯宣传发扬红色精神的方式,红色企业走在时代的前列,能

图 2　中共中央西北局纪念馆前合影

够将实际生产与精神发扬相结合,不断探索红色精神、文化赓续新的传播路径。红色企业传播与发扬红色精神的手段极具实践意义且方式灵活多变,值得我们在研究中小学红色精神传播路径中加以借鉴。

(2)队伍成员在阅读相关文献时发现,通过借鉴红色企业经验来优化学校红色精神宣传手段和途径的相关研究较少,因此,本实践队特别选取了红色企业作为学习借鉴对象。

2.以中小学的学生作为宣传的对象

队伍成员在阅读相关文献时发现,大多数红色精神传播的研究都聚焦于高校,研究对象多为已经接受过较为完整教育的大学生,对中小学生的关注较少,但中小学是青少年成长的重要阶段,更需要接受红色教育。因此,本实践队特别选取中小学生作为宣传对象。

(三)宣传成果汇总

(1)中南财经政法大学会计学院团委微信公众号"中南大会计学院团委"推文——《实践说|忆峥嵘岁月,悟延安精神》。

(2)中南财经政法大学团委微信公众号推文——《暑期社会实践143|忆峥嵘岁月,悟延安精神》。

(3)剪辑并在哔哩哔哩平台分享视频——《青年红色,筑梦之旅》。

三、总结与展望

借鉴延安热电厂的经验,我们对目前红色精神在中小学中传播的困境提出以下几点建议,以便探究如何创新传播途径,让红色精神在中小学群体间更好地发挥方向指引作用。

(1)继续发展传统的红色精神校园宣传手段与途径。通过思想政治课进行精神的传播与培养,通过教材中的红色课文对中小学生进行潜移默化的精神熏陶。

(2)借鉴延安热电厂聘请"红后代"讲述红色革命精神的方式,开设红色革命故事会,邀请老兵或者"红后代"面对面向孩子讲述红色故事,寓教于乐,营造更深层的红色经历感和红色氛围感。

(3)借鉴延安热电厂将红色精神与文化融入道路等方式,用红色名称命名特定道路或者建筑,在特定规划的区域展开大面积的红色文化建设,在日常生活中对中小学生产生潜移默化的影响。

（4）借鉴延安热电厂开展固定主题团日、党日活动的方式,将红色主题活动固定化,如每月举行一到两次红色教学活动,将红色教育贯穿于教学生活中。

（5）有计划地开展红色故事演讲朗诵比赛、舞台剧比赛、手抄报评比活动,观看相关红色影片,以趣味性更强、互动性更强、沉浸感更强的方式展开教育,以此提高学生参加活动的积极性。

参考文献

[1] 习近平在瞻仰延安革命纪念地时强调弘扬伟大建党精神和延安精神为实现党的二十大提出的目标任务而团结奋斗[N].人民日报,2022-10-28(001).

[2] 习近平.在庆祝中国共产党成立100周年大会上的讲话[N].人民日报,2021-07-02(002).

[3] 习近平.高举中国特色社会主义伟大旗帜　为全面建设社会主义现代化国家而团结奋斗:在中国共产党第二十次全国代表大会上的报告(2022年10月16日)[M].北京:人民出版社,2022.

[4] 习近平.在党史学习教育动员大会上的讲话[J].求是,2021(7):1-9.

[5] 刘林凤,陈洪友.源与流:伟大建党精神与延安精神[J].行政科学论坛,2023,10(3):24-30.

[6] 陈平云.弘扬延安精神　推进中小学德育工作[C]//云南省延安精神研究会,云南省教育厅.弘扬延安精神　推进德育建设——云南省第八次用延安精神办学育人工作经验交流会材料汇编.[出版者不详],2012:4.

[7] 关宏,唐岢.弘扬延安精神促进陕西省高质量发展的对策研究[J].现代商贸工业,2022,43(10):6-7.

[8] 刘晶莹,苏振.延安精神进入中小学校园的必要性[J].学园,2014,151(18):189-190.

[9] 刘旭方,石青青.论延安精神的科学内涵与当代价值[J].文存阅刊,2018(15):169-170.

[10] 高永红,邓娟.延安精神的成因、内涵及当代价值探析[J].中学政治教学参考,2022(15):94-96.

[11] 符琳.延安精神的主要内容及其时代价值[J].长春工程学院学报:社会科学版,2012,13(1):15-16,19.

[12] 尹丹阳.延安精神及其育人价值[J].中学政史地:高中文综,2020(Z2):188-192.

[13] 茅娜翔.论延安精神对大学生的教育价值[J].漳州师范学院学报:哲学社会科学版,2011,25(1):169-172.

[14] 加春阳,薛念文.新时代提升延安精神传播效度的路径思考[J].人民论坛,2022(3):107-109.

[15] 任丽.延安:多元发展提升红色城市底蕴[N].中国旅游报,2020-11-26.

[16] 任丽.延安:红色旅游迎新机　老区振兴添动力[N].中国旅游报,2021-09-15.

助力银发科技：老年人对智慧养老的认知、意愿及利用率的实证分析
——以东、中、西部试点社区为例

公共管理学院　王林慧　聂佳睿　赵艺　刘茜茜　马一茗

摘　要　在数字中国整体布局不断推进的背景下，促进养老数字化、实现智慧养老高质量发展、提升老年人晚年生活质量，成为实现和谐社会的重要导向。智慧养老致力于提供智能化、人性化、高效化的养老服务，涉及社会、医疗、科技等多个领域，以满足老年人的生活和医疗需求。本项目立足"互联网+"的时代背景，对老年人关于智慧养老的认知、使用意愿及利用率展开系统性、相对稳定的测度，同时基于东、中、西部地区不同类型试点社区的实地考察与问卷收集，利用 Logistic 回归模型，分析智慧养老服务的采用意愿及其影响因素。此外，本项目还研究了智慧养老的社会影响和未来发展趋势，识别政府推行智能养老体系的障碍与难题，针对性地提出了完善智慧养老服务体系、建立智慧养老产业生态的对策与建议。

关键词　智慧养老　数字中国　基层建设　路径研究

一、引言

自 1999 年我国进入人口老龄化社会以来，中国老年人口规模持续扩大，即将步入深度老龄化社会（图 1）。少子化和家庭规模小型化使老年人尤其是高龄老人、失能老人等群体对养老服务的需求不断攀升。

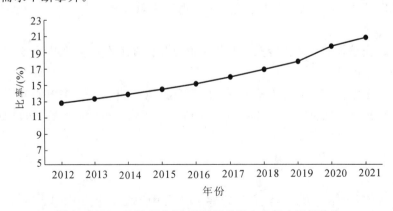

图 1　2012—2021 年全国 65 周岁及以上老年人口抚养比

"互联网+"概念与居家养护相结合推动智慧养老雏形出现，智慧科技迅猛发展推动养老产业不断革新。在数字中国整体布局不断推进的背景下，为促进养老数字化、实现养老高质量发展，满足老年人的生活和医疗需求，以互联网、物联网、人工智能等技术为支撑的智慧养老模式应运而生。2022年2月，国务院印发《"十四五"国家老龄事业发展和养老服务体系规划》，提出推动智慧健康养老规范化、标准化发展。但国内智慧养老模式尚处于试点萌芽阶段，需要探索更多方法及路径来实现产业的大众化普及。

本项目采用Logistic回归模型实证检验东、中、西部三地老人对智慧养老服务的认知、意愿、利用度及其影响因素，研究智慧养老的社会影响和未来发展趋势，识别政府推行智能养老体系的障碍与不足，针对性提出完善智慧养老服务体系、建立智慧养老产业生态的对策与建议。

二、研究方法

除问卷调查法、深度访谈法、实地观察法之外，本文还采用了Logistic回归法来分析所得到的数据，这里重点介绍Logistic回归模型。

我们首先确定智慧养老存在的问题，然后分析各自的影响因素。分析影响因素时，首先通过卡方检验找出对智慧养老认知程度这一因变量有显著影响的因素，然后将这一因素纳入考虑之中，考察不同认知程度下使用智慧养老服务意愿和实际利用率的差异。经过上述单因素分析后，将对因变量有显著影响的变量作为自变量，利用SPSS 18.0软件进行多因素Logistic回归分析，进行共线性诊断，剔除与其他变量相关性较高的自变量，保留可提高拟合优度的自变量，最后得到如下概率模型：

$$P(Y=1\mid X) = \frac{\exp(\alpha + \beta_1 X_1 + \beta_2 X_2 + \cdots + \beta_m X_m)}{1 + \exp(\alpha + \beta_1 X_1 + \beta_2 X_2 + \cdots + \beta_m X_m)}$$

其中：$X=(X_1, X_2, \cdots, X_m)$为相关因变量的影响因素且影响显著；$\beta=(\beta_1, \beta_2, \cdots, \beta_m)$为相关系数。若$\beta<0$，则表示该影响因素与因变量呈负相关关系；若$\beta>0$，则表示该影响因素与因变量呈正相关关系。

本研究采用Logistic回归模型分析对智慧养老认知程度、使用意愿、实际使用率造成影响的因素，通过最大似然法来确定Logistic回归模型的参数，即

$$P(Y=1) + P(Y=0) = 1$$

事件Y发生的概率经Logistic转换，可变为

$$\ln\left[\frac{P(Y=1)}{P(Y=0)}\right] = \ln\left[\frac{P(Y=1)}{1-P(Y=1)}\right]$$
$$= \alpha + \beta X$$
$$= \alpha + \beta_1 + \beta_2 + \cdots + \beta_n$$
$$= \alpha + \sum_{i=1}^{n} \beta_i X_i$$

式中：α为该线性模型的截距；$\beta=(\beta_1, \beta_2, \cdots, \beta_n)$为各影响因素的系数；$X=(X_1, X_2, \cdots, X_n)$为该模型的自变量。根据上式可进一步得出：

$$\frac{P(Y=1)}{1-P(Y=1)} = \exp\left(\alpha + \sum_{i=1}^{n} \beta_i X_i\right)$$

则有：

$$P(Y=1) = \frac{\exp(\alpha + \sum_{i=1}^{n}\beta_i X_i)}{1 + \exp(\alpha + \sum_{i=1}^{n}\beta_i X_i)}$$

三、实践开展情况

（一）湖北省武汉市武昌区（中部）

调研地点：杨园街四美塘社区众成颐家养老服务中心（智慧养老示范建设点）。

调研对象：养老服务中心负责人、社区居家老人、养老服务中心周边老人。

养老服务中心负责人为队员详细讲解了杨园街道智慧养老管理平台的"一库、一中心、一平台"智慧养老服务体系（图2），带领队员参观杨园街道的一体式智慧养老模拟房间。

图2 实践照片1

（二）湖北省武汉市江汉区（中部）

调研地点：民权街道王家巷社区。

调研对象：社区内负责人、社区居家老人。

实践队成员为当地十余名老人宣讲了智慧养老的概念（图3），从国家政策推行到各种智能设施、数字平台等，帮助老年人了解智能技术的好处，感受科技带来的便利。

图3 实践照片2

（三）新疆维吾尔自治区乌鲁木齐市（西部）

调研地点：天山区固原巷社区。

调研对象：社区内负责人、社区居家老人。

实践队走入固原巷社区（图4），了解了新疆社区的养老服务现状。天山区固原巷社区位于乌鲁木齐市，近90％的老人是少数民族，有很强的代表性。

图4　实践照片3

（四）浙江省杭州市（东部）

调研地点：萧山区瓜沥镇梅林村（智慧养老示范建设点）。

调研对象：养老服务中心负责人、社区居家老人、养老服务中心周边老人。

实践队来到萧山区瓜沥镇梅林村（见图5），养老服务中心负责人向队员介绍中心的具体情况，讲解试点地区目前智慧养老的困境。

图5　实践照片4

四、调研结果与发现

（一）调查数据

本项目选取湖北省武汉市、浙江省杭州市、新疆维吾尔自治区乌鲁木齐市60岁以上的老年人为调查对象，采用随机抽样的方法，在武汉市武昌区杨园街四美塘社区众成颐家养老服务中心（智慧养老示范建设点）、武汉市江汉区民权街道王家巷社区、杭州市萧山区瓜沥镇梅林村(智慧养老示范建设点)、乌鲁木齐市天山区固原巷社区开展问卷调查。能够独立作答的老年人自行填写问卷,对于不能独立作答的老年人,则由实践队成员面对面访谈作答。本次调研共发放260份问卷,每个地区65份问卷,回收260份,有效问卷252份,有效回收率96.92%。

1. 智慧养老认知情况

比较了解智慧养老概念的有53人,仅占21.03%,比较了解智慧养老政策的有36人,仅占14.29%,一般了解具体服务项目的有51人,仅占20.24%。

2. 智慧养老服务使用意愿情况

愿意使用智慧养老服务的有115人,占45.63%,不愿意使用智慧养老服务的有137人,占54.37%,可见老年人对智慧养老服务的使用意愿并不十分强烈。实践队进一步对影响智慧养老服务使用意愿的因素进行分析。

(1) 使用意愿影响因素单因素分析。

对调研对象的使用意愿影响因素进行单因素分析发现,地区、婚姻状况、居住状况、生活费来源、医保类型、身体状况、对智慧养老具体服务了解程度的差异具有统计学意义,而年龄、性别、受教育程度、子女个数、月收入、户口类型、对智慧养老概念和政策了解程度的差异不具有统计学意义。

(2) 使用意愿多元Logistic回归分析。

以老人智慧养老使用意愿为因变量,将单因素分析结果中有统计学意义的因素作为自变量进行多元Logistic回归分析,结果显示,年龄、婚姻状况、医保类型、身体状况、对智慧养老具体服务了解程度是影响老人对智慧养老服务使用意愿的因素。年龄越高,使用智慧养老的意愿越强;有配偶的老人对智慧养老的需求意愿小于无配偶的老人;参与城镇职工基本养老保险的老人的使用意愿强于参与城乡居民基本医疗保险的老人;失能老人需要智慧养老服务的意愿大于普通老人;不了解智慧养老具体服务项目的老人的使用意愿低于了解智慧养老具体服务项目的老人。

3. 智慧养老服务实际使用情况

在调查的四个社区或村庄中,只有武汉四美塘社区和杭州梅林村在推行智慧养老,故从这两个社区着手进行分析,在以上两个社区共126名调查对象中,不使用助餐服务的有72人(57.14%),不使用远程照护服务的有90人(71.43%),由此可见,助餐服务实际使用率大于远程照护服务实际使用率。另外,由于两个社区均未推行助医服务,只有四美塘社区提供助浴服务,样本数据较少,为保证调研的严谨性,不再对助浴和助医服务进行深入分析。

(1) 助餐服务实际使用率影响因素单因素分析。

对助餐服务实际使用率影响因素进行单因素分析发现,婚姻状况、居住状况、医保类型、身体状况、对智慧养老具体服务了解程度、使用意愿的差异具有统计学意义,而地区、年龄、性别、受教育程度、子女个数、月收入、生活费来源、户口类型、对智慧养老概念和政策了解程度无统计学意义。

(2) 助餐服务实际使用率多元Logistic回归分析。

将上一步具有统计学意义的因素作为自变量,助餐服务实际使用率作为因变量进行多元Logistic回归分析,结果显示,身体状况、对智慧养老具体服务了解程度和使用意愿是影响助餐服务实际使用率的因素。对于不太了解智慧养老服务的老人来说,相比于一周使用1~3次助餐服务,他们更倾向于不使用;对于普通老人来说,相比于一周使用4次及以上助餐服务,他们更倾向于不使用;对于不愿意使用智慧养老服务的老人来说,他们更倾向于不使用助餐服务。可见,使用意愿是助餐服务实际使用率的重要影响因素之一。

(3) 远程照护服务实际使用率影响因素单因素分析。

单因素分析结果表明,年龄、婚姻状况、生活费来源、身体状况、对智慧养老具体服务了解程度和使用意愿具有统计学意义,而地区、性别、受教育程度、子女个数、居住状况、月收入、户口类型、医保类型、对智慧养老概念和政策了解程度不具有统计学意义。

(4) 远程照护服务实际使用率多元 Logistic 回归分析。

将上一步具有统计学意义的因素归为自变量,远程照护服务作为因变量进行多元 Logistic 回归分析,结果显示,身体状况和使用意愿是影响远程照护服务的因素。对于非失能的老人来说,他们更倾向于不使用远程照护服务;对于不愿意使用智慧养老服务的老人来说,相比于一周使用4次及以上远程照护服务,他们更倾向于不使用。可见,身体状况是影响远程照护服务的重要因素。

(二) 调查结论分析

1. 智慧养老认知程度有待提高

通过对智慧养老了解程度的描述性分析,不难看出现阶段我国老人对智慧养老的认知程度并不高,大部分老人表示对智慧养老不太了解,无论是对智慧养老的概念,还是对智慧养老相关政策和具体服务,其中对智慧养老政策的了解程度最低,只有14.7%的老人一般了解或者比较了解智慧养老相关政策。

2. 智慧养老使用意愿可进一步提升

调查研究发现,愿意使用智慧养老服务的老人略少于不愿意使用智慧养老服务的老人。同时我们发现,不同地区的老人对智慧养老服务的需求不同,农村地区的老人对智慧养老服务的使用意愿低于城镇地区,西部地区老人的使用意愿也较低,因此,在建设智慧养老体系时应注意地区差异。Logistic 回归分析显示,年龄、婚姻状况、医保类型、身体状况、对智慧养老具体服务的了解程度也是影响老人对智慧养老服务使用意愿的因素。

3. 智慧养老实际使用率有待提升

智慧养老实际使用情况不容乐观,70%左右的老人表示平时不使用智慧养老相关服务,比如助餐服务或者远程照护服务,在使用智慧养老服务的人群中,大部分老人也会选择一周使用1~3次。影响智慧养老服务实际使用率的因素是多样的,通过对相关指标进行多元 Logistic 回归分析发现,身体状况、对智慧养老具体服务的了解程度以及使用意愿是影响实际使用率的重要因素。

五、政策建议与优化路径

在新的发展形势下,智慧养老是推动我国养老服务行业转型升级的催化剂。养老机构的数字化转型不仅受技术的影响,还受资金、政策、人员等因素的影响。流程和运营管理模式的升级、技术和人员整体素质的提高有助于养老机构的数字化转型,对于养老机构的数字化转型来说,建设的重点不应该放在平台的建设上,应更加关注组织的变革、流程的改造、管理方式的改进等方面,与平台的引进形成合力,推进养老机构的数字化转型。

(一)加大资金投入:引导社会资本参与投资

鼓励、支持公益性基金组织推动智慧养老,引导保险公司与养老机构合作。保险公司与养老机构合作对保险公司的发展有积极意义,保险公司投资智慧养老可以使资金流动起来,获得后续较大的收益,也有利于提升保险公司的整体形象,提高保险公司的品牌价值。

(二)加强政策引导:加大政策扶持力度

增加对智慧养老的资金扶持力度。增加对智慧养老专项资金补贴成为加速养老机构转型的重要方式,政府部门可以依照养老机构的规模、数字化转型的阶段、老人的入住人数等因素设置资金的补贴等级,推动养老机构加快实现更高层次的数字化水平。

(三)创新服务内容:设计优质智慧养老产品

通过前文的实证分析发现,产品服务功能是影响智慧养老服务的关键因素,因此,作为供给方应该积极主动地探寻适合老年人智能居家生活的产品,满足和丰富老年人的养老生活。智慧居家养老服务供给方应与产品开发方沟通,使其从老年人的实际需求出发,创新地探索现有服务之外的其他服务模式,鼓励更多新产品的开发,充分满足老年人对于智慧居家养老服务的需求。

(四)培育优秀人才:促进智慧养老可持续发展

养老服务行业应采取"筑巢引凤"策略,吸引优秀人才参与养老服务行业的建设。为了更好、更有效地管理养老服务人员,在建立统一的执业资格认证的基础之上,应细化职称评级制度,积极为养老服务体系保留和积蓄人才,保证养老服务体系的完整性和长期可持续发展。完善养老服务人员的薪酬体制和人才流动机制,既可以推动职业体系内良性竞争,也可以促进服务人员自觉主动地提升自身能力。

(五)贯通联结层的智慧:实现"居家-社区-机构"养老

智慧居家养老的功能结构可以嵌入并整合智慧社区养老、智慧机构养老的部分功能,从而构筑综合性的智慧"居家-社区-机构"养老服务体系。首先,建立智慧"居家-社区"养老服务交互系统,提供多元化服务功能。利用5G移动通信网络、云计算、物联网、智能养老终端等,构建智能养老综合信息服务平台和各类数据库系统,将老人、社区、医疗机构和医护人员联系起来。在在线交互系统方面,通过各类智能家居技术,实现老人与子女、老人与社区、老人与机构之间的联系,方便为老人提供生活服务、紧急救援和精神慰藉服务。在养老服务机构和社区居家养老照料中心配置相应的智能照护系统,包括环境辅助生活(AAL)系统,实现健康管理、服务监控、运营管理等功能。为老年人开发配备各类专属的智能设备、智能终端,如老年人智能手机、一键呼叫设备、GPS定位器,并在App上集合各类老年人专属服务,包括老年人的生活服务体系、医疗保障体系、社交体系、亲情互动体系、精神文化体系,提供全覆盖的智能化养老服务。

参考文献

[1] 王玉琪,朱沁,王红漫.老年人对智慧养老的认知、需求及影响因素分析——以北京市4

个智慧健康养老示范街道为例[J].卫生软科学,2023,37(4):36-43.

[2] 白玫,朱庆华.老年用户智慧养老服务需求及志愿服务意愿影响因素分析——以武汉市江汉区为例[J].现代情报,2018,38(12):3-8.

[3] 王立剑,金蕾.愿意抑或意愿:失能老人使用智慧养老产品态度研究[J].西北大学学报:哲学社会科学版,2021,51(5):89-97.

[4] 陈友华,邵文君.智慧养老:内涵、困境与建议[J].江淮论坛,2021(2):139-145.

[5] 左美云.智慧养老的内涵、模式与机遇[J].中国公共安全,2014,242(10):48-50.

[6] 朱海龙,唐辰明.智慧养老的社会风险与法律制度安排[J].吉首大学学报:社会科学版,2020,41(5):27-36.

[7] 王康,魏俊英,兰翔英,等.智慧养老模式影响因素及相关产业研究——以河北省为例[J].金融理论与教学,2023,177(1):91-97.

[8] 张雷,韩永乐.当前我国智慧养老的主要模式、存在问题与对策[J].社会保障研究,2017,51(2):30-37.

[9] 姚兴安,苏群,朱萌君.智慧养老服务采用意愿及其影响因素研究[J].湖北社会科学,2021(8):41-53.

[10] SURYADEVARA N K,MUKHOPADHYAY S C,WANG R,et al. Forecasting the behavior of an elderly using wireless sensors data in a smart home[J]. Engineering Applications of Artificial Intelligence,2013,26(10):2641-2652.

婺韵飘香：非物质文化遗产保护视角下中国传统戏剧传承外宣策略探究
——以昆剧（湘昆）为例

外国语学院　蒋可可　刘湘　陈秋伟　义丽婷　刘孟宵　蒋美湘

摘　要　昆剧作为中国传统戏剧，至今已有600余年的历史，有着"百戏之祖"的美誉，而湘昆则是昆剧于湘南地区孕育出的剧种分支。为探究昆剧在当今社会的传承外宣策略，本项目以湘昆为切入点，采取田野调查等多种调研方法，如实地走访湖南省昆剧团、采访相关政府文化保护宣传工作者与高校学者、探访湘昆文化遗产保护相关博物馆等，多视角了解当前湘昆发展现状，针对湘昆在传承弘扬和守正创新面临的困境，助力湘昆创造性转化、创新性发展，进而将研究成果推广至整个昆剧及其他剧种，从而推进中国传统戏剧长足发展。

关键词　非物质文化遗产　中国传统戏剧　湘昆　文化传承　文化自信

一、项目背景

（一）戏剧传承

随着我国经济进步及社会发展，诸如昆剧等中国传统戏剧中"衣钵相承"的传承理念已不顺应当前时代发展对于技艺传承的要求了，昆剧传承存在严重的断档现象。老一辈昆剧艺术家难以找到合格的年轻继承人，昆剧传承陷入"绝代"危机。另一方面，目前我国对昆剧的传承及保护缺乏足够的资金支持，难以支撑昆剧表演中的服化道等基础设施需求以及昆剧人才的培养支出需要，从而导致剧团的管理及运营、昆剧人才的培养和管理陷入周转危机。

（二）政策支持

自中华人民共和国成立起，中国传统戏剧保护相关政策先后经历了"抢救、继承、改革、发展""创造性转化、创新性发展"等主要政策调整，为包括昆剧在内的中国传统戏剧传承发展提供了政策导向。

2021年8月12日，中共中央办公厅、国务院办公厅印发了《关于进一步加强非物质文化遗产保护工作的意见》，强调突出两个阶段的保护目标：到2025年，非物质文化遗产代表性项目得到有效保护；到2035年，非物质文化遗产得到全面有效保护。为健全非物质文化遗产保护传承体系作出了新一轮战略规划。

"中华优秀传统艺术传承发展计划"的落地实施，推动了戏曲进乡村、戏曲进校园，加强了戏曲教育,深化了国有文艺院团改革,鼓励了民营文艺表演团体改革发展,进一步在政策方面推动了戏剧人才培养。然而,立足于戏剧的现实危机,现有政策支持尚未有效解决戏剧的"绝代"危机、周转危机等发展关键性问题,仍须进一步加强完善。

(三) 国内外相关文献综述

1. 保护传承层面

1) 国内戏剧保护传承路径研究情况

以中国知网为检索平台,输入检索条件:主题为昆剧保护传承,共检索出81条结果(检索数据时间截止为2023年6月),其中关于昆剧保护传承的研究较少,可借鉴性较弱,因此只能从戏剧发展的共性出发,探索戏剧保护传承的路径,进而总结提炼出昆剧保护传承的路径。

随着建设社会主义文化强国战略的提出,我国戏剧保护传承方面的研究不断深化,但研究力度还有待加强。以中国知网为检索平台,输入检索条件:主题为戏剧保护传承,共检索出227条结果(检索数据时间截止为2023年6月)。对相关文献分析发现,如今戏剧保护传承路径重点集中在戏剧文化发展核心理念、戏剧传承人才培养、推动戏剧发展相关政策等方面,但国内关于戏剧保护和传承的具体发展路径研究仍存在片面性问题,创新性举措较少,尤其是在戏剧文化的宣传机制上,对于新媒体等平台的利用较少,戏剧的宣传覆盖面以及力度不够,并且文旅融合的发展举措提及较少,难以发挥戏剧文化的经济价值,不利于人才引进和戏剧文化的长足发展。

2) 国外戏剧保护传承路径研究情况

目前,日本、韩国等国家在戏剧文化的保护和传承方面积累了大量经验,学习借鉴外国戏剧保护传承路径对我国戏剧文化发展大有裨益。国外针对戏剧文化的保护主要包括认定制度、机构设置、传承人保护以及社会参与等方面。

2. 外宣层面

我国戏剧文化"走出去"的研究较少,研究方向也较窄,以中国知网为检索平台,输入检索条件:主题为戏剧外宣,共检索出21条结果(检索数据时间截止为2023年6月)。目前,针对戏剧文化"走出去"的研究主要立足于"一带一路"建设背景,聚力打造符合时代特色的中国戏剧文化,培育高质量戏剧外译人才,坚持"5W"翻译原则和增译、减译、改译、释义等翻译策略,加强与联合国教科文组织之间的文化遗产保护合作,持续深化与"一带一路"合作伙伴的文化协作,并构建多层次、全方位、宽领域的中国戏剧文化传输通道,使戏剧文化宣传满足国外受众的需要,并实现戏剧文化内涵的有效传播。

当前,我国戏剧外宣建设较为薄弱,尚未形成体系,但随着"一带一路"建设的发展,我国的戏剧宣传可以依托国际平台,借助互联网、大数据等资源,丰富外宣渠道,推动我国戏剧文化"走出去"。

(四) 选题意义

1. 共同保护·促进文化传承发展

本项目通过调查非物质文化遗产保护视角下以昆剧为代表的中国传统戏剧传承外宣的发展困境,从多方视角出发,促进戏剧文化的保护、传承、发展,为戏剧发展注入活力。

2. 加强宣传·增强大众文化自信

本项目通过多种途径,从不同视角为政府、公众等提供宣传建议,加大国内戏剧文化宣传,进一步让大众了解以昆剧为代表的中国传统戏剧,促进昆剧在国内的宣传推广,提升文化认同,增强文化自信。

3. 助力传播·提供外宣参考范式

本项目为其他中国传统戏剧提供外宣参考范式,助力中国传统戏剧的多方传播。粤剧、潮剧等其他中国传统戏剧可以此为例,在结合各剧种独特性的基础上,借鉴昆剧发展的相关经验,提升文化宣传力与塑造力。

二、调研方案

(一)调研内容及目标

1. 调研内容

本项目基于文化遗产保护视角,通过走访湖南省昆剧团,采访相关政府文化保护宣传工作者与高校学者,探访昆剧文化遗产保护相关博物馆,采取"文献调查+实地寻访"的方式了解昆剧,研究昆剧在湘南地区与当地社会文化的碰撞与融合,调研以昆剧为代表的中国传统戏剧的发展现状,从多种途径了解其目前的宣传推广情况,系统地梳理当前昆剧传承与发展面临的困境和难题,并针对以上各种具体问题寻求切实有力的传承及外宣策略,助力以昆剧为代表的中国传统戏剧的创造性转化、创新性发展。

2. 调研目标

本项目通过实地走访调研等多种形式,切实了解目前我国昆剧的宣传推广情况,针对相关具体问题提出有效的国内保护传承宣传方案,助力昆剧传承推广。同时,以此为范式,将相关经验推广到其他剧种,切实提升中国戏剧的塑造力。

(二)调研对象

此次调研对象主要为昆剧相关专业人员(从业者、专业学习者)、昆剧爱好者、政府文化保护传承宣传相关工作人员、高校教师,多角度了解昆剧发展现状、面临的困境以及政府相关支持举措,进一步探求昆剧未来传承发展外宣可行性规划。

本次调研,团队选取了位于湖南省郴州市的湖南省昆剧团作为重点调研对象,此外还以郴州市政府文化主管部门、郴州市文化馆为政策调研主要对象,郴州长卷文化旅游度假区、资兴市流华湾和辰南村作为田野调查主要对象,多维度了解昆剧的传承情况和保护政策等,确保实践调研成果客观、准确。

(三)调研思路

调研思路示意图如图1所示。

三、调研结果分析

(一)了解层面——仅听其名,未窥其貌

随着现代社会生活模式以及思想理念的变化,人们的娱乐模式和娱乐取向发生了较大转变,对传统昆剧的关注度减少。问卷调查显示:目前青年人群对于昆剧的了解度较低,大

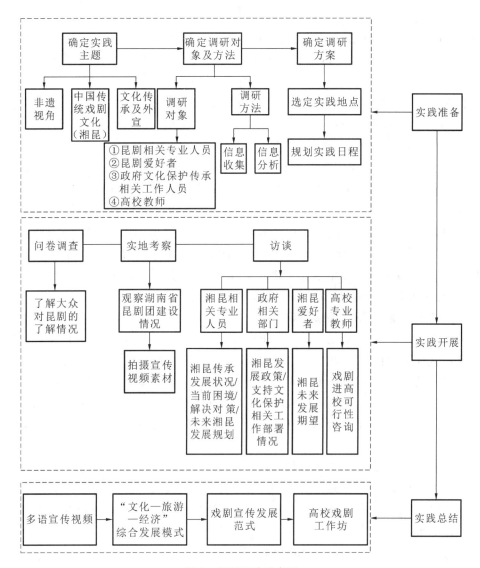

图 1 调研思路示意图

部分仅知昆剧名却不知其发源,而实际观看过昆剧表演的人更是少之又少,普遍反映对于昆剧表演听不懂、看不懂、理解不了;昆剧表演受众主要为 65 岁以上的老年人,演出市场狭窄,受众呈现区域化及高龄化的趋势。根据调查,青年人群更趋向于诸如昆剧特色文创产品、园林(景区)沉浸式表演、昆剧线上虚拟展厅等新兴演出方式,而愿意走进昆剧院,线下欣赏传统戏剧的意愿普遍不强。

(二)发展层面——道阻且长,披荆斩棘

通过对昆剧团工作人员、昆剧代表性传承人、文化和旅游局的工作人员进行访谈,我们发现目前昆剧发展存在的困难很多,相关单位都在努力探索推动昆剧保护、传承、创新的新路径,现在已经有了初步成效,"文化惠民""昆曲六进"等项目逐步发展,但仍存在以下问题。

1. 后备生源匮乏,缺乏优秀传承人

昆剧团工作人员以及昆剧传承人普遍反映目前昆剧传承缺乏后备生源。首先,传承人的培养周期长、资本投入多。昆剧作为一种传统戏剧艺术,其相关技能、技巧的习得需要大量的时间(演员班8年、音乐班6年),且现有戏曲学校学费普遍较高,而与大量的时间、财力投入相对应的却是昆剧从业人员待遇较低,因此年轻人大多不愿从事昆剧行业。其次,缺乏文化素质高的优秀传承人。现有昆剧传承人的培养机制主要是"重技艺、轻文化",导致昆剧传承人存在善演戏,但以口语、文字、思想交流的形式来表达及传承艺术的能力较弱的问题,即"学形而不学神",并且对于中国传统文化、中国历史、昆剧发展历史了解较少。

2. 宣传力度不够,文旅融合缺乏经验

文旅局工作人员和昆剧团工作人员反映,虽然目前昆剧团有做相应的宣传,比如通过公众号、抖音、视频号,但当前的宣传仅停留在短视频、公众号推文发布等浅层层面,尚未形成前期预热、中期活动开展、后期总结宣传的体系化宣传链条。

文旅融合方面,郴州市目前也正在探索昆剧实景演出路径,但还未实现常态化演出。此前郴州市文旅融合方面的尝试和探索较少,一方面非遗传承人想结合旅游的元素,让旅游做活文化,另一方面旅游景区也想增加文化元素,使旅游景点更加有内涵,虽然双方都有意愿合作,但缺乏实质上的沟通和创新尝试,文旅融合经验缺乏。

3. 湘昆地域限制,市场化探索艰难

昆剧团工作人员反映,湘昆是离开发源地、离开宫廷唯一一个存活下来的昆剧分支。与湘昆相比,其他的昆剧团大多在北京、上海、南京、苏州等经济高度发达、历史文化底蕴厚重的城市,昆剧发展也更为成熟。但郴州位于湘南地区,一个偏远的地级市,昆剧的文化氛围较薄弱,昆剧市场不景气。湖南省昆剧团的剧场演出票价为30~60元,但上座率并不高,而北京、上海等地的昆剧演出票价基本在380元、580元、680元等价位,却能提前几个月全部售罄。

目前,湖南省昆剧团虽在进行市场方面的探索,例如开设周五剧场,联合猫眼等线上演出交易平台进行线上售票,但观众群体培养是一个漫长的过程,需要时间积累,单从演出主办端发力,难以产生较大的观众引力,应从观众端着手,从观众视角探索市场化发展道路才是解决问题的关键。

4. 以传统剧目为主,新编剧目创作艰难

昆剧传承人以及昆剧团工作人员反映,昆剧主要是以传统剧目为主,近些年昆剧后台工作以复排、恢复和挖掘传统剧目为主,在新剧编排方面虽取得了一定成绩,比如国家艺术基金资助项目《乌石记》实现了全国60多场巡演,《半条被子》获得了"田汉新创剧目奖""五个一工程"奖等奖项,但新编剧目仍然供应不足。创作新的剧目需要优秀的创作团队,昆剧创作需要有深厚的文字功底和文学修养,创作团队要会填词、填曲牌、通音律、善古文,创作门槛较高,而目前湖南省昆剧团创编导演人才稀缺,无法支撑剧团的新编工作。

四、优化解决方案

(一)丰富昆剧储备,筑牢传承强生命

1. 经典传承

进一步加强昆剧传统剧目抢救、修复与保护工作:在2015年"中华优秀传统艺术传承发展计划"戏曲专项扶持工作成果上,延续"国家昆曲艺术抢救、保护与扶持工程""地方戏曲剧

种保护与扶持计划",实施"名家传戏——当代昆曲名家收徒传艺工程"项目;整合全国7家昆剧团资源,挖掘现存文献资料、影音材料等的记载价值,虚心请教老一辈艺术名家,多方协力推动残缺经典折子戏抢救、恢复工作,同时重视现存传统折子戏整理、录制工作,坚持修复与保护并重;积极发挥在职戏曲演员或离退休艺术前辈的"传帮带"作用,加强新老昆剧传承人的沟通与交流,培养青年昆剧传承人的能动意识,加快经典剧目青年化传承进程。

2.剧目新编

立足坚持创造性转化、创新性发展的基本原则,结合当前时代背景及市场需求,重点关注新剧目的开发问题,着力突破传统美学样式与现代文娱价值观念结合难的痛点,秉承坚持传统戏曲本色和借力影视结构技巧的理念,在新剧目的开发过程中保证传统曲牌、唱腔、戏文等戏曲本色的最大化保留,利用当前观众认可的文娱架构,在新剧目的开发中适当改变传统戏曲"拖沓松散"的结构,融入当代影视作品紧凑跌宕的结构特点,使剧目符合现代观众的审美取向。

(二) 创新演出形式,汇聚观众强引力

创新昆剧演出形式,鼓励传播方式多元化,切实推动戏剧传播多样化发展。依托"互联网+"的时代背景,积极把握融媒体发展机遇,充分利用纸媒(如报纸、手册等)、电视媒介(如《群英会》《梨园春》等戏剧节目)、短视频平台(如抖音、快手、小红书等),多渠道拓宽昆剧传播形式;以新兴网络资源为基础,建立线上戏剧基地,各昆剧团积极推出"线上剧院""网络汇演"等新型戏剧欣赏形式,在时间和空间上拉近群众与戏剧艺术的距离,有效拓宽受众市场覆盖面。

此外,把握当前文化消费热点,基于现有昆剧内容,打造实景沉浸式戏剧体验馆,探索"旅游景点+实景演出"昆剧演出可行性路径,打破演员与观众的身份界限,使观众与剧中人物"同呼吸、共命运",实现由被动接受到主动感受的转变,进一步提升观众对戏剧艺术的感受力、探索力、领悟力,使观众在走进戏剧表演的体验中真正走近戏剧艺术,提高昆剧艺术的可获得度和可接受性。

(三) 促进文旅共生,打通昆剧全产业

以昆剧文化背景为落脚点,围绕昆剧文化核心主题,创新引入"代际共融"理念,积极打造"文化+旅游+康养"昆剧全产业链康养文旅目的地。

整合城乡旅游资源,建设以昆剧文化为主题的文旅康养都市田园综合体。以实现"代际共融"为中心目标,全维度营造适老化空间,建立全面系统的颐养生活运维服务体系以及完善的康养配套设施。以昆剧艺术为文化内核,打造面向老年人群的昆剧艺术工坊、教育教学课堂;以园林建筑为风格内核,营造沉浸式昆剧艺术生活区,体现"不到园林,怎知春色如许"的精神内涵;以适老化细节为空间内核,推动综合体建设以达到康养要求。此外,以健康管理、社群活动、生活配套为体系内核,完善综合体社区食堂、邻里中心、健康管理中心、健身中心等基础设施,配套商超、银行、餐饮等商业设施,以深度实现"代际共融"为目标,同步缓解昆剧艺术发展困境及社会养老问题。

(四) 培育昆剧沃土,做好人才培养

人才是文化传承之源,昆剧传承与人才培养密不可分。做好人才培养,一方面要加强昆

剧团与戏曲学校的联系与合作，打破学历限制，组建昆剧传承基地和毕业生实习班等，发挥昆剧团老师"传帮带"的作用，以戏带人、以戏促功，缩短昆剧团与昆剧人才之间的磨合期，为昆剧人才提供理论与实践相结合的新平台，弥补昆剧团人才使用与学校人才培养之间的差距。持续推进联合培养，采用昆剧团委托戏曲学校订单式人才培养模式，即由昆剧团先招生，选出好苗子，再送到戏曲学校进行理论学习和专业培训，毕业后再择优回到昆剧团，以此进一步打通昆剧团和戏曲学校之间的壁垒，将人才培养和人才使用相结合，让"好苗子"破土而出，茁壮成长。另一方面需要充分利用好国家对艺术人才培训和青年艺术创作人才的经费支持，增加国家艺术基金关于昆剧人才培养的资助项目，通过国家艺术基金资助项目发现、培养、造就一批有潜质、有才华、专业技能扎实、具有实践创造能力的昆剧人才，为新时代昆剧人才提供资金和教育的双重支持，切实改善昆剧编剧、演员等群体匮乏的实际情况，为昆剧艺术的传承、发展起到基础性的孵化助推作用。

（五）深入理论研究，强化昆剧硬实力

传统文化的发展既要拓宽广度，也要挖掘深度。鼓励各大昆剧团将目光从表演领域拓宽至学术领域，围绕昆剧的传承发展组建专门的研究基地，切实为昆剧表演舞台提供理论滋养。一方面，鼓励昆剧团以周边高校为依托，逐渐辐射至其他高校，通过建设昆剧研究基地等形式，系统地研究昆剧理论，不断挖掘昆剧的理论深度与文化内涵。同时，以研究基地为起始点，聘请国内外专家学者担任翻译工作，推出传统昆剧曲目以及经名著改编的新剧目的英文版演出台本，将昆剧的受众从国内拓展至国外。另一方面，鼓励不同地区的昆剧团打破区域壁垒，联合组建国家级的昆剧研究团队，切实加强昆剧不同地域、不同领域的行业联系。组织成员覆盖昆剧团负责人、昆剧艺术家、昆剧研究人员等，对于一些共性问题进行集中探讨，集不同地域之力，助力昆剧发展。同时，定期邀请知名学者及不同地域的昆剧名家在昆剧研究组织间开展讲座或研讨会，使昆剧团、昆剧艺术家、昆剧研究人员间的交流常规化、普遍化，为表演提供理论支持与学术支持，为昆剧发展蓄力。

（六）形成品牌效应，打造亮眼的文化名片

文化要"走出去"，宣传力度仍需加强，品牌效应必不可少。鼓励昆剧团所在地区集中力量打造昆剧品牌，形成品牌效应，积极提升昆剧的知名度。昆剧品牌以该区域为出发点，延伸至所在省，由省拓展至全国，由国内走向国际，使大众不仅仅是耳闻昆剧，更是熟悉昆剧、热爱昆剧。首先，各地昆剧团可积极走出剧院，走向群众，定期开展公益性的演出活动，切实贯彻"六进"宣传，进机关、进校园、进军营、进社区、进企业、进农村，使群众在耳濡目染中了解昆剧、学习昆剧、热爱昆剧。其次，昆剧团可与地方文旅局等政府单位合作，开展一系列标志性的昆剧宣传活动，如设立昆剧文化节等活动，使昆剧逐渐渗透到人们的生活中。在日常生活中，激发大众对昆剧的好奇心，增强大众对昆剧的了解，提升大众对昆剧的领悟。同时，昆剧团可与地方有关政府充分利用微博、抖音、小红书等媒体平台，对昆剧及相关活动进行有效宣发，在加强大众对昆剧的熟悉度与认同感的同时，激发文化自信，着力带动昆剧品牌发展。此外，在当地举行重大活动或去其他地区参与重要活动时，政府可邀请昆剧团进行昆剧演出，逐步形成一张亮眼的文化名片。

五、总结

昆剧入湘,几历浮沉,向死而生。悠悠岁月里,湘昆在日升月落里繁衍生息。数代湘昆人生生不息的信念,碰撞出传承与坚守的火花,孕育出厚重的艺术底蕴,奏响民族文化生命力的凯歌,沉淀出中华文化的璀璨文明。

本调研报告,以线下集中调研与线上分析总结相结合的形式,深入探究当前社会环境下以昆剧为代表的中华优秀传统戏剧文化传承发展中的痛点、难点,从非物质文化遗产保护视角出发,探讨传统戏剧文化宣传发展的突破点。

据调查,目前以昆剧为代表的传统戏剧文化普遍面临着后备人才补充不足、传统剧目遗失等传承性问题,以及市场吸引力不足、创新性动力缺乏等发展性问题。既要保留传统戏剧唱腔、唱词格式、曲牌名等特点,又要创新发展适合当前大众娱乐文化取向的新时代剧目仍是一大难题。为此,报告从剧目储备、形式创新、文旅共生、人才培养、理论研究、品牌建设等角度出发,创新性引入"代际共融"观念,推动昆剧等戏剧产业链融通,从而探索新时代背景下以昆剧为代表的优秀传统戏剧文化的传承发展道路。

参考文献

[1] 安葵.传统戏剧的保护、传承及其研究[J].南阳师范学院学报,2007,61(7):63-65.

[2] 刘援军,徐险峰.论地方传统戏剧的当代传承与创新发展[J].边疆经济与文化,2022,224(8):111-114.

[3] 刘倩.马克思主义文化观视野中的中国非物质文化遗产保护与传承[D].广州:华南理工大学,2019.

[4] 古须强.广西传统戏剧类非遗项目的数字化保护和传承研究[J].大众文艺,2022,543(21):1-3.

[5] 刘霄.山西传统戏剧类非遗项目保护现状及发展对策研究——基于国家级非遗名录及其代表性传承人的分析[J].中华戏曲,2021(2):262-280.

[6] 许烨,骆素青.湖南戏剧的现状和发展路径思考[J].湖南省社会主义学院学报,2022,23(3):74-76.

[7] 陈思静,韩晴."一带一路"视域下中国传统戏剧话语对外传播与展望[J].视听理论与实践,2023(1):43-49.

[8] 向心怡."一带一路"倡议背景下桂剧的外宣翻译原则及策略研究[J].英语广场,2023,221(5):36-39.

[9] 高燕.国外保护传统戏剧类非物质文化遗产的经验与启示[J].艺术百家,2016,32(5):60-64.

基于新时代科教兴国战略的少数民族聚居地区思政课堂教学实践
——以凉山彝族自治州为例

新闻与文化传播学院　　王震　　叶然笑　　石雨欣　　郭其勇　　孙雨玥

摘　要　2022年年末,大型艺术思政舞台剧《逐光的孩子》于中南财经政法大学南湖会堂上演,剧目引发了关于大凉山儿童教育问题和返乡支教扶贫问题的讨论,而在经济条件较为落后的凉山彝族自治州,更应探索艺术课与思想教育的共振,阿依书屋同支教共鸣,促进支教事业和社会发展,守护大山孩子们的梦想,发展少数民族教育事业。

关键词　艺术思政课　支教扶贫　少数民族

一、选题背景

20世纪末,我国就已经提出了科教兴国战略。一直以来,我国政府高度重视教育,将其作为国家发展的重要战略,致力于提高全民教育水平和保证教育公平,促进实现中国特色社会主义现代化和中华民族伟大复兴。如今,教育资源在农村与城市之间的分配仍存在巨大差距。政府特别关注教育资源的分配,努力缩小农村与城市、少数民族与汉族之间的教育差距。凉山彝族自治州位于四川省西南部,属于典型的西南地区。由于地理条件限制、经济发展滞后、教育资源不足以及少数民族文化的影响,凉山地区教育资源的分配和交流非常受限,教育事业远远落后于国家教育平均水平。

二、实施目的与意义

凉山彝族自治州作为"教育贫困"地区,需要更多的国家教育帮扶和社会公众的理解与支持。此次活动是一次宣传教育活动,通过舞台剧形式走进凉山山区,将教育理念、知识和价值观传递给当地的居民。此外,舞台剧走进凉山山区吸引了更多的社会关注,引起了公众对农村教育发展的关注和支持。这种关注和支持有助于推动社会力量的参与,提供更多的支教资源和援助,进一步改善凉山山区的教育环境,提高当地的教育水平。同时,此舞台剧项目在凉山的展演,是对党的支教事业和扶贫事业的宣传,可吸引社会对支教事业的关注,从而促进支教事业的发展。

三、实践思路

(一) 现实问题

此次社会实践活动题材特殊,小队成员缺乏支教经验、与孩子互动沟通的能力。社会实践的活动内容,既要涉及《逐光的孩子》艺术思政课,又要保证舞台剧内容不会生硬,不会孤立于课堂之外,避免枯燥无味地给孩子们读课文、上"语文课"。在前往凉山阿依书屋前,大凉山逐光小队在学校举行了小队会议,组织观看了有关凉山彝族自治州地区支教情况的新闻和社会报道等,对当地的教育情况和经济基础有了一定的了解。

大凉山逐光小队联系了舞台剧《逐光的孩子》中苏老师的原型——苏正民老师。苏老师平时负责阿依书屋的教学与管理,大凉山逐光小队向苏老师了解了课程安排、娱乐课程的时间与占比、孩子们的上课情况、大多数孩子的兴趣爱好等。小队成员了解到,孩子们的娱乐课程为绘画与音乐课,一周两节,此外还有科学等课程。孩子们天性好动、活泼调皮,对于传统的语文数学之类的课程提不起兴趣。孩子们大多处于一至三年级,注意力难以长时间集中。于是逐光小队将每次教学任务的时间缩短,分批次完成实践活动,其间穿插互动奖励,提高孩子们的专注力。

(二) 具体思路

1. 活动一:逐光的孩子读书会

舞台剧《逐光的孩子》改编自同名小说。考虑到学员年龄较小,将舞台剧《逐光的孩子》的介绍改为原著领读,以免两种体裁同名,增加孩子们的理解难度。原著领读选取"种子商店"部分内容,由老师带领,以孩子们分组比赛的形式开展阅读,既可增加读书的趣味性,又可增强孩子们的注意力。最后的内容全体一起读,回归集体荣誉感。

2. 活动二:逐光的孩子音乐会

基于原有的音乐课程,将《逐光的孩子》原创歌曲教给孩子们。以《别问我带走了什么》《太阳告诉我》《逐光的孩子》三首歌曲为主,根据孩子们现场反馈的情况,具体教学其中一首。音乐课不同于读书课,考虑到个别孩子心里害怕、羞怯而不敢开口,会在上课前以及上课途中,有次序、有目的性地照顾羞怯的孩子,让每个孩子都勇于开口。

3. 活动三:红色筑梦课

回扣《逐光的孩子》主题思想,以艺术思政课的形式,促进边远地区的教育发展。如今有机会亲身前往,就以红色思想为主,向孩子们讲述新中国的由来、中国共产党的历史。以中国梦为背景询问孩子们的梦想,因个体不同,孩子们的梦想都有大大小小的差异。不因鸿鹄难成之志而笑,不以唾手可得之愿而鄙。

4. 活动四:娱乐纪念课

在分别前,逐光小队打算给孩子们留下一个快乐的回忆,开展一节娱乐课程。在课上,老师领着孩子们画画、唱歌、做小游戏。在下课前,全班一起击鼓传花,游戏结束后,分给孩子们每人一个小玩偶留作纪念。

每个活动开展期间,由一名小队成员上课,其他成员分散在教室周围,发现并处理上课成员不便处理的事情,避免孩子们因玩闹失去分寸,打断上课节奏。每名成员都对各个活动了然于心,便于应对突发状况。对每个活动内容,安排小组成员进行影像记录并记住关键时间点,有利于后期视频剪辑制作。

四、实践具体开展

(一)调研对象

实践团队依托由苏正民老师组织的公益项目——阿依书屋开展社会实践活动。阿依书屋原为西昌火车站废弃的公安岗亭,在苏正民老师等人的改造下,这里成为孩子们看书学习的公益书屋。2022年,阿依书屋在西昌正式建成,旨在帮助凉山儿童学习与发展。实践团队在经过前期策划组织后便在西昌开展了实践活动,参与实践的队员共有二十几人。

儿童是本次艺术思政课开展的主要对象。教育是社会发展的基石,人才是社会发展的动力,而实践团队通过对凉山儿童的实践教育,探究艺术思政课在人才培养过程中的重要性,并对当下发展过程中的问题进行思考。

(二)调研方式

由于阿依书屋仅十米见方,无法开展艺术思政舞台剧的展演,实践队员改变了实践方式,采取现场授课、面对面座谈和参与图书捐赠等形式进行艺术思政课教育,并通过剪辑视频、拍摄照片、撰写推文等方式进行推广和宣传。

1. 现场授课

在实践过程中,实践队员开设了阅读课、音乐课、思政课等课程,在课堂上融入艺术思政课的内容。

2. 面对面座谈

与参与课程的孩子们在课外时间交流艺术思政课的授课情况,同时与苏正民老师等人进行交谈,了解当地学生状况、当地教育发展状况以及阿依书屋现状等。

3. 参与图书捐赠

实践团队参与了新闻与文化传播学院的图书捐赠仪式,并从捐赠仪式当中了解到阿依书屋和当地公益事业、教育事业的发展现状。

(三)调研日志

本次调研分为三个阶段,分别是前期实践筹备、中期具体实践、后期宣传总结。

1. 前期实践筹备

1) 团队组建

2021年,舞台剧《逐光的孩子》入选教育部高校原创文化精品推广行动计划,全国共20所高校的申报项目入选该计划,湖北省仅此1项。中南财经政法大学致力于打造学习宣传贯彻党的二十大精神精品剧目、新生入学思政大课、国家精品课程,并于2022年年末正式于南湖会堂上演。为了剧目推广和让艺术思政课走进大山,舞台剧的五位成员组建了实践团队,立项申报实践项目。

2) 实践筹备

由于实践活动开展前,实践队员借助学院方面了解到实践场地过于狭小,因此改变了原先的舞台剧展演计划,而是借由当地现有的课桌和电子黑板进行教学活动设计。实践队员于2023年6月29日至7月13日进行筹备,与学院老师协调和组织策划,撰写了课程实践策划案、实践团队经费和行程计划等。

3）实践计划日程（见表1）

表 1　实践计划日程

阶段	时间	具体事项
前期实践筹备	2023年6月29日—2023年7月13日	1. 撰写课程实践策划案，准备实践课程PPT、视频资料等 2. 协调学院和实践地以及实践队员 3. 撰写实践团队经费和行程计划
中期具体实践	2023年7月14日—2023年7月17日	1. 开展读书会 2. 开展音乐课 3. 开展思政课 4. 准备参与捐书仪式 5. 准备临别游戏 6. 实践过程中拍摄照片、视频等
后期宣传总结	2023年7月18日—2023年9月10日	1. 整理照片、视频等素材 2. 撰写推文、宣传稿 3. 依托各媒体平台投稿宣传 4. 撰写调研报告、准备结项答辩和审核

2. 中期具体实践

1）追梦逐光故事会，舞台声声"话"未来

2023年7月14日上午，在苏正民老师的带领下，实践团队步入阿依书屋，同孩子们见面后着手准备课堂教学。实践团队基于原著《逐光的孩子》文本进行准备，同时带入改编过后的舞台剧现场视频和音乐，向孩子们介绍舞台剧中的情节和主人公的同时，也向他们介绍实践团队的队员们，和这些孩子建立联系。开始正式授课时，与实践团队预料的不同，孩子们大胆发言，积极参与。实践团队通过介绍书中的"断桥求生"等情节将孩子们带入到故事当中，共同朗读了文中的"种子商店"部分内容，同时利用符合人物特性的描述来进行猜谜活动，让孩子们对书中的主人公有更进一步的了解。在对文学作品进行解读后，实践团队还邀请孩子们分享感悟，谈谈他们对故事的理解。课堂教学现场照片如图1所示。

图 1　课堂教学现场照片

2) 参与捐书仪式

2023年7月15日上午,新闻与文化传播学院院长罗晓静代表学校向阿依书屋赠书,苏正民老师主持此次捐书仪式(图2)。早在捐书仪式前一天,实践团队就了解到,在这里学习的孩子们早就把旧书看了很多遍了,此次捐书活动为书屋带来了新的物资,解决了书屋图书暂时短缺的问题。实践团队还在后续的交流当中分享了更多促进阿依书屋发展的方式方法,如利用周边的资源、改变教学方式、制定规章制度等,以此推动当地的教育发展,为大凉山支教扶贫助力,帮助大凉山"阿依"们阅读和学习。

图2 捐书仪式

3) 长歌高唱逐流光,踔厉奋发共启航

2023年7月15日下午,实践团队开展了第二节课程——音乐课。舞台剧《逐光的孩子》包含《逐光的孩子》《太阳告诉我》《别问我带走了什么》等原创曲目,歌词围绕"逐光"主题展开,字里行间洋溢着充盈的生命力,与剧情发展紧密结合,曲调优美、朗朗上口,易于教学、演唱。实践团队首先向孩子们介绍并赏析了上述歌曲的前两首,以《别问我带走了什么》作为主要教学曲目。这首歌所表达的是对支教扶贫教师们努力和奉献的赞扬,以孩子的视角表达了对支教老师的感谢,情感丰富,旋律悠扬。实践课堂上,孩子们积极参与,童声单纯清澈,歌曲教学取得了成功。

4) 思政青课明方向,扬帆启航新征程

2023年7月16日上午,实践团队开展了思政课,在课堂上向孩子们播放了新时代千里江山图相关视频,与孩子们互动探讨新时代的变化和杰出人物的贡献,然后以悬挂在阿依书屋正上方的国旗为引,向孩子们介绍了当代中国伟大社会主义事业的掌舵者——中国共产党,介绍了党的光辉历史。随后,实践团队又将视角转向支教扶贫,以孩子们最为熟知的苏正民老师为主题,向大家介绍阿依书屋的由来,宣传支教扶贫的伟大事业,再以此前向孩子们介绍的《逐光的孩子》舞台剧作为联系支教事业和教育发展的纽带,向孩子们传达当代中国奋斗者、奔跑者、躬耕者的伟大精神和事迹,激发孩子们的爱国情怀,种下一颗红色的种子。思政课的最后,孩子们和实践团队分享了自己的梦想以及自己朝着梦想前进将会做出的努力。在课堂上,实践团队还将联学联读活动结合在其中,诵读思政类书籍,讲述革命先烈和其他典型人物的故事,既便于教学,又起到了为孩子们提供精神指引的作用。

5) 面对面采访座谈

在实践过程中,实践团队首先和孩子们在课余时间进行了交谈,发现这里的孩子年纪大小不一,小到幼儿园,大到初中,这样的复杂情况为书屋的教学带来了困难,如难以统一的教学内容,难以管控的上课纪律,甚至教室内的卫生状况都需要进一步改进。同时,不少孩子向实践团队分享了他们的画作和其他的小作品,展现了他们的天赋和学习热情。除此之外,实践团队还同苏正民老师和在此进行志愿工作的何木果同学进行了对话,了解到这些孩子的父母大多都在西昌城内务工,阿依书屋的建立,为这些孩子的空余时间和寒暑假提供了去处。而在此教学的老师,有受雇而来的图书管理员,也有来自全国各地进行实践活动的大学生。由此,实践团队发现了此次实践活动的意义和重要性之一,就是为社会公益项目助力,守护大山孩子们的梦想。

3. 后期宣传总结

在实践活动结束以后,实践团队开始了实践总结,为实践过程撰写推文,整理了实践过程中的照片和视频,制作了小短片,发布于抖音等媒体平台,扩大实践影响力。在此过程中,实践团队也收到了来自同学们和老师们的积极反馈,而大凉山孩子们求知的眼睛、纯真的笑容也给予了实践团队最大的鼓励。

五、调研结果

团队成员在西昌实地调研后,经过分工,撰写了《暑期社会实践48 | 长歌高唱逐流光,踔厉奋发共启航》和《社会实践 |"阿依加油!你我皆是黑马!"——中南大新闻学院实践队前往西昌阿依书屋进行社会实践活动》两篇推文,向中青校园投稿一篇,向抖音和中青校园分别投送视频一条,还向校团委投送视频一条。此次调研取得了丰硕成果。

六、实践反思总结

在本次实践过程中,团队成员遇到了一些困难,现将在此次社会实践中遇到的问题进行总结,并针对这些问题进行反思。

(一)前期准备

在前期准备过程中,团队对实践规划的考虑不够全面。作为面向少数民族聚居地区的思政课堂教学实践,团队成员并未充分考虑到参与课堂的孩子们所处的年龄段,仅仅以初中生为参考对象进行教学讨论、设计教学方案,在教案中所使用的语言表述与教学素材不够浅显易懂。随后,在与苏正民老师进行沟通、初步了解了孩子们的基础信息之后,团队成员随即对教案进行了修改,但因修改过于仓促,仍存在诸多不足,如语言中存在过多修辞、复杂句式与用词等。

同时,由于前期协商时团队成员之间并未就线上及线下的具体讨论时间达成一致,故在组建团队后,成员之间讨论次数较少,所设置的教学目标不够详细,且每次讨论所用时间较长,最终也未形成更为明确、清晰的调研方向。由于时间分配不到位,在拟写申报书时未能进行细致考虑,使团队的调研主题较为模糊。

(二)中期实践

中期实践时,团队成员在调动孩子积极性、实际展开教学工作等方面遇到了困难。

首先，教学地点"阿依书屋"并非按年龄进行划分的传统学校，而是不同年龄段的孩子们假期进行课外学习、玩耍的具有托管性质的小型活动场所，教室面积较小，团队成员在前期教学方案设计中的诸多互动环节难以展开，不得不临时变更教学计划，最终因匆忙而未能取得预期教学效果；而在实际教学工作中，白板频繁出现误触情况，多次打断教学进度；团队成员在教学过程中也常因转身板书等动作与课桌产生磕碰，一定程度上降低了教学质量。

其次，"阿依书屋"的孩子年龄差距较大，教学内容难以兼顾幼儿园至初中的所有孩子，导致年幼的孩子因听不懂而在座位上打闹、年长的孩子因不感兴趣而消极参与课堂互动的情况。教学后期团队成员以玩偶、小零食作为互动的奖品，一定程度上调动了孩子们的积极性，但同时也导致部分孩子因个人偏好、试图挑选奖品而产生争执，在团队成员的积极协调下矛盾得以解决。

本次实践的访谈部分原定采访苏正民老师和部分"阿依书屋"的孩子，但因访谈计划未能与苏正民老师的工作日常安排相协调、屡次出现冲突而搁置；此外，因整体教学周期较短，团队成员与"阿依书屋"的孩子们建立的感情还不够，孩子们的访谈配合度较低。在访谈进行时，由于采访者对于访谈提纲的内容不太熟练，加上紧张等个人原因，所问问题同原定提纲之间略有出入，且语言表达不够流利，未能获得直观、清晰的访谈信息。

（三）后期总结

由于前期与中期出现的问题，本次教学实践的目标不够明确，因此整理获得的实践成果难度较大。但总体而言，团队成员在本次实践活动中将《逐光的孩子》原著及其改编舞台剧的相关信息传递给了凉山彝族自治州"阿依书屋"中正行走在逐光之路上的孩子们，将艺术之美融入思政课程教学实践，基本完成了教学任务与实践目标。

（四）整体反思

本次社会实践让团队成员充分认识到了统筹规划与合理安排时间的重要性，并将在今后的学习、生活中更加全面地考虑各种突发状况和准备应急预案。实践过程中难免会遇到意想不到的问题，这就需要团队成员转换思路，积极寻找解决问题的途径，比如当意识到对苏正民老师的访谈难以展开时，应转变思路，向实践随行教师发出访谈邀请，也能获得有价值的访谈内容。

在此次实践活动中，团队成员也获得了许多经验。其中提升最显著的就是与年龄不同、性格各异的孩子们沟通交往的能力。"阿依书屋"的孩子数量并不固定且性格差异较大，教学任务使团队成员需要尽可能了解每一个孩子，以平等、善意的眼光看待每一个孩子并及时察觉他们的需求。教学开展之初，团队成员较为拘谨，面对认知程度不一的孩子们显得手足无措，难以协调孩子之间的矛盾，但随着教学的不断推进，成员们逐渐掌握了与孩子们沟通的方式，与孩子们逐步建立了信任关系。教学实践结束前夕，孩子们拿出自己的笔和本子，让团队的每一位成员都留下自己的名字与联系方式，相信日后团队成员们将以更成熟的姿态迎接更为深入、复杂的社会实践。

2022年12月，中南财经政法大学新闻与文化传播学院推出了大型艺术舞台思政课《逐光的孩子》，引起了广泛关注。本次社会实践项目关注凉山彝族自治州的支教情况，与《逐光的孩子》在主题与背景上深度联系，基于新时代科教兴国战略，于西昌市展开思政课堂教学实践，这既是将党的二十大精神融入高校教育的有益探索，又是丰富教学内容、拓展教学场域、重塑教学范式、发挥"大思政课"特质的创新举措。

"讲好中国故事"：数智技术赋能美丽乡村创意宣传片制作研究
——以云南盐津为例

中韩新媒体学院　袁玮雪　宋艺鋆　陈毅　母棱　郭名扬
史玉琮　王若妍　陈琪

摘　要　乡村是国家的重要组成部分，其振兴不仅关系到农民的生活质量，也关系到国家经济和社会发展。而随着信息技术发展和社会进步，传统的宣传片制作方式已经不能满足人们对于美丽乡村故事的讲述需求，因此，本研究探索了借助数智技术，赋能美丽乡村创意宣传片制作的方法，以展现更为独特和精彩的中国故事。收集和分析相关文献，采访当地干部以及实地拍摄，可以发现数智技术在宣传片制作中具有巨大潜力。同时，运用大数据分析、虚拟现实技术和人工智能技术等手段，成功实现了对盐津县乡村资源的全方位展示。对盐津乡村文化、自然景观以及特色产业进行深入挖掘，利用专业优势，制作有助于跨屏传授、价值共创、雅俗共赏的视听新媒体作品，最终形成"问题—实践—理论"的逻辑闭环，进而对在互联网时代中，运用视听语言赋能乡村发展变革的问题提供解决思路，提出建设性意见。在实践过程中以纪实影像创作出具有较高艺术欣赏性、大众认可度、价值引领力的代表性作品在主流媒体播出。将乡村资源转化为创意宣传片素材，提高宣传片的艺术感染力与吸引力，从而为传承和发展中国优秀传统文化提供新思路，助力盐津县脱贫致富和乡村振兴。

关键词　数智技术　视听赋能　乡村振兴　云南盐津

一、引言

（一）研究目标

中南财经政法大学中韩盐津分队力图以艺术创作的专业技能服务于乡村振兴故事，为政府部门提供有关视听媒体赋能乡村振兴的政策建议，以促进乡村振兴工作方案的制定和实施。通过调研，团队成员获得对乡村振兴现状和需求的更深入了解，决定发挥学科专业优势，运用网络新媒体技术手段，开展文旅、农产品直播推介和新媒体直播技术培训活动，延长当地农产品产业链，提高产品知名度，扩大销售渠道，打造特色品牌，为宣传展示云南盐津美丽乡村形象、实施乡村振兴、共同富裕提供新思路、开拓新渠道、打造新亮点，贡献青春力量。

（二）研究内容

1. 采访调研

云南省昭通市盐津县,地处乌蒙山区腹地,山地面积占总面积的99.92%,地形地貌复杂,有"中国最窄县城"之称。受交通落后、基础设施薄弱、灾害频发、信息闭塞等因素制约,全县经济总量小、基础条件差、产业支撑弱、贫困程度深,是原832个国家级贫困县之一。中南财经政法大学近年来着眼于农户长期发展,支持建设中央定点帮扶盐津县食堂特色窗口,并以此为孵化平台,扶持"能吃苦、有技能、会经营"的创业致富带头人,搭建起"全链条"帮扶新思路。

2. 影像纪实

本次社会实践的影像纪实围绕"路"展开。在前期调研工作中,团队成员了解到,道路建设是助力盐津县高质量发展的"动脉"。截至2022年,中南财经政法大学在盐津县三年攻坚,不断补齐交通基础设施短板,已完成四处道路整治,箭坝村"双产业路"道路硬化项目正在建设中,完工后将有力助推万亩乌鸡养殖示范园和万亩竹产业发展,惠及周边500余户2000余人增收,为实现乡村振兴高质量发展夯实基础。

从学科视角出发,作为"国家相册"的乡村纪录片是记录乡村振兴历程的重要方式之一。团队整理了将近1000张照片和40多段采访视频,力图从不同视角、以不同形式出发,将镜头聚焦于我校对云南盐津进行对口帮扶的图景,描摹乡村发展新风貌,深入挖掘当下乡村发展的需求与困境,呈现引人思考的内容,积极探索视听媒体服务乡村振兴的新路径。

3. 支教服务

在前期调研过程中,团队成员观察到,由于经济水平、地理位置以及各项原因限制,盐津县的师资力量薄弱、设备缺口大、信息化水平落后等各种问题阻碍着当地教育发展。所谓"读万卷书,行万里路",盐津县的同学们不仅要走出物理意义上的大山,亦要走出心中的大山。学校设立了"中南财经政法大学励志奖学金",激励盐津县贫困学子立志成才、奋发向上的决心,截至2022年共有19个基层党组织与箭坝村建立了结对帮扶关系,共结对16名贫困学生,帮助他们更好地度过人生关键期。

在社会实践工作开展过程中,团队成员来到了盐津县第三期暑期爱心托管班,由陈毅、王若妍为同学们讲解艺术美育课程。在课堂上,两位老师讲解得生动有趣,同学们也听得认真、踊跃发言,课堂气氛活跃,师生互动频繁。团队成员希望这样的帮扶活动在未来可以长期开展下去,呼吁中南财经政法大学各专业的学子以自己的学科特长,为这里的孩子们拓展眼界,让他们在欢声笑语中接触一些与平日不同的课程,也学到新的知识、开拓视野。

（三）研究思路

1. 总体思路

习近平总书记指出:"我们已经全面建成小康社会了,我们农村下一步的目标就是乡村振兴。不仅城镇要好,乡村也要好,乡村城镇一样好。我们不能满足,还要再接再厉。"以视听传播讲好乡村振兴故事,使以盐津县为代表的扶贫故事深入人心,是当下主流视听生产的一大重要实践方向,也是本项目的核心所在。

本项目的整体研究思路以"实践→理论→实践"模型展开,即先对乡村振兴故事题材在视听创作中的典型案例、新兴现象与标志性事件深度分析,再梳理国内外相关学术文献并得出改进的理论支撑,结合视听新媒体、网络视听等实践案例、经验材料和实证数据,充分运用文本分析法、案例分析法、深度访谈法等研究方法,对乡村振兴题材的视听作品"讲好故事、传播声音、展现形象"的路径提出应用性的结论或建议。图1所示为研究思路图。

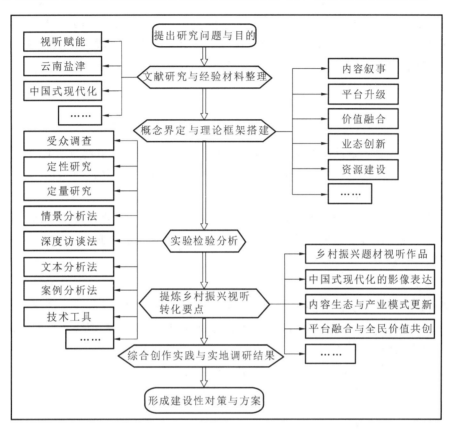

图 1 研究思路图

2.研究路径

图 2 所示为研究路径图。

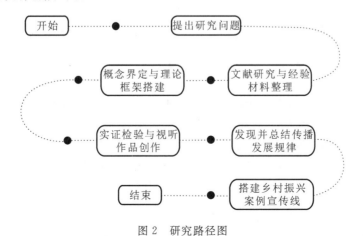

图 2 研究路径图

（四）研究意义与价值

1. 理论意义

扶贫宣传是贯彻落实党和政府各项扶贫方针政策的有效途径，是促进全社会了解、认识和参与脱贫攻坚的重要手段，能更好地引导和激励广大干部群众为实现脱贫攻坚目标、全面建成小康社会的美好愿景而努力。做好扶贫宣传工作，有利于进一步理顺思路、更新观念、创新机制，促进脱贫攻坚工作向纵深发展；有利于及时总结交流实践中的新经验，解决工作中出现的新问题，提高工作成效；有利于进一步动员社会力量支持和参与脱贫攻坚工作，营造社会各界齐抓共管的氛围。

2. 实践意义

1）社会问题关注与倡导

实地拍摄宣传片可以将盐津县的问题呈现给更广泛的观众，引起社会的关注和讨论。这有助于将贫困地区的问题置于公众议程中，推动社会对相关议题的认知和关注。

2）影像语言与传播效果

拍摄宣传片是一种利用影像语言传递信息的方式，通过画面、音乐和文字等元素构建情感共鸣。研究如何设计合适的影像语言，以及如何通过宣传片有效地传递信息，对于传播学和媒体研究具有启发作用。

3）跨学科合作与实践能力

实地拍摄宣传片需要跨足多个领域，如影视制作、社会学、经济学等。这促使团队成员之间需进行跨学科合作，同时培养了实践能力，包括项目策划、执行、沟通等方面的技能。

4）本土文化保护与传承

拍摄宣传片可以展示盐津县的本土文化、风土人情等，促进本土文化的传承与保护，有助于维护地方特色和多样性。

二、实践开展情况

（一）收集数据与整理

收集我校在盐津县的扶贫项目的相关数据，包括项目计划、实施过程中的记录、参与者的反馈等。

从官方平台和社交媒体等途径收集相关照片、视频素材，以便后续制作宣传片。

（二）实地走访调研

为更加充分了解盐津县当地状况，为宣传片提供更多拍摄思路，团队成员组建调研小组实地走访，参观了我校支持修缮的箭坝小学的教学楼、操场、图书室、学生宿舍和食堂等场馆，详细了解学校基础设施建设、校园文化建设、教育教学和学生学习生活等情况。团队一行先后赴盐津县普洱镇串丝中学、箭坝小学、育苗幼儿园共计七处帮扶点开展了走访调研，与相关负责人积极交流，详细了解我校教育帮扶的盐津县中小学有关项目的建设及开展情况，深入了解我校定点帮扶盐津县"教育强基工程"——改造薄弱学校、提升师资力量、打造精品课程、改善硬件设施等一系列帮扶举措。图 3 所示为调研走访盐井小学，图 4 所示为采访盐津当地大学生。

图 3　调研走访盐井小学

图 4　采访盐津当地大学生

三、调研结果发现与分析

（一）调研问题与分析

1. 观众接受能力和兴趣限制

（1）信息过载和注意力不集中。在当今信息爆炸的时代，观众面临大量信息的竞争。视频展示乡村振兴成果需要与其他各种媒体内容竞争观众的注意力。如果视频过长或缺乏吸引力，观众可能无法集中注意力，导致对乡村振兴成果的接受度下降。

（2）语言和表达方式复杂化。视频展示乡村振兴成果需要使用适当的语言和表达方式。如果视频中使用的术语、专业名词或说教式的语言过多,观众可能难以理解和接受。此外,视频制作的方式和风格也需要符合观众的口味和习惯,以增加其吸引力和被接受度。

(3)缺乏互动和参与机会。观众可能更倾向于参与性较强的媒体内容,而不仅仅是单一呈现的信息。如果视频缺乏互动和参与机会,观众可能感到乏味或缺乏兴趣,对乡村振兴成果的接受度可能降低。

2.成果数字鸿沟和技术障碍

(1)成果数字鸿沟。乡村振兴成果通常涉及大量的数据和统计指标,例如农村贫困率、农业产值增长率等。然而,观众对数字信息的理解和解读能力存在差异,有些观众可能对数字概念和统计方法不熟悉,难以准确理解数字所代表的含义。这种数字鸿沟可能导致观众对乡村振兴成果的理解程度和接受度受限。

(2)技术障碍。视频展示乡村振兴成果需要借助技术手段,例如网络、流媒体平台、视频编辑软件等。然而,一些农村地区可能存在网络连接不稳定、带宽不足的问题,观众可能无法顺利观看视频或加载视频内容。此外,部分观众可能对设备和软件的操作方法不熟练,也会影响他们对视频内容的接受度。

(二)调研数据与分析

1.农村经济增长

根据国家统计局的数据,2019年全国农村地区实现农民人均可支配收入增长6.2%,高于城市地区的增速。这表明乡村振兴战略正在促进云南盐津经济呈现稳步增长的趋势,同时配以中南财经政法大学在盐津县的定点帮扶,促进盐津县产业现代化、产业多元化和农民收入提升。

2.乡村旅游发展

中韩盐津分队通过中国旅游研究院发布的数据得知,2019年全国乡村旅游接待人数达到30.9亿人次,同比增长9.7%。为了扩大云南省盐津县的知名度,利用盐津县的文化古迹、人文风情讲好中国故事,团队拍摄以"振兴路上"为主题的宣传片,通过视听赋能手段促进乡村发展,提高当地人民的生活质量。

3.基础设施改善

道路建设是助力高质量发展的"动脉"。根据国家统计局数据,截至2019年底,全国农村公路通车里程达到420万千米,占公路总里程的83.3%;农村饮水安全问题得到有效解决,供水保障率超过90%。这些改善措施为农村地区提供了更好的生活条件和发展环境。截至2022年,中南财经政法大学在盐津县三年攻坚,不断补齐交通基础设施短板,已完成四处道路整治,为云南省盐津县实施乡村振兴高质量发展夯实基础。

(三)调研结论

1.数智技术在乡村宣传片制作中具有巨大潜力

1)创新互动方式

数智技术如虚拟现实技术,可以为观众提供更多的互动方式、创造身临其境的感受,将观众带入盐津县美丽景点的虚拟环境中,亲身体验到山川秀水、民俗风情等特色元素,增强观众的参与感和体验感,同时,提升盐津县的知名度和关注度。

2）个性化定制

人工智能算法可以对用户进行分析和挖掘，根据用户的兴趣偏好定制宣传片内容。例如，根据用户浏览记录、搜索行为等数据信息，系统可自动推荐与用户兴趣相关的盐津县特色景点、文化活动等内容，使得宣传片更加个性化和精准化。

2.创意宣传片对美丽乡村建设具有重要意义

1）提升乡村形象

创意宣传片可以通过展示乡村的自然风光、人文历史和特色产业等方面，提升乡村形象。这有助于改变外界对农村地区的刻板印象，吸引更多资源投入乡村振兴中。

2）吸引人才回流

创意宣传片展示乡村美丽建设成果、优质生活环境和发展机遇等，可以吸引更多农村的年轻人和高素质人才回流乡村。他们带来的知识、技能和创新思维将为乡村振兴注入新的活力，并推动乡村经济发展。

3）传承文化遗产

创意宣传片可以通过展示乡村的民俗风情、传统工艺等方面的内容，保护和传承本地区的文化遗产。这有助于激发当地居民对自己家乡文化的认同感和自豪感，增强文化自信，并为乡村振兴注入独特魅力。

四、优化方案

乡村振兴的成功与否对于农村地区的发展至关重要。然而，在展现乡村振兴成果时出现的问题可能导致观众对乡村振兴成果的真实性和客观性产生疑虑，降低宣传内容的可信度。针对这些问题，我们提出了以下优化建议，以期提高乡村振兴成果呈现的真实性和客观性。

（一）优化制作流程

合理规划制作流程，提高效率。在拍摄前进行充分的策划和准备工作，减少重复拍摄和调整角度的次数，从而节省拍摄时间和资源。采用先进的摄影和后期制作设备，提高制作效率和质量。美丽乡村地区的宣传片制作可以争取地方政府的支持和资助，以减轻制作成本上的压力。政府可以提供场地、设备等资源，并组织相关培训，提高当地人才的专业水平，减少外来技术人员的需求。建立美丽乡村地区宣传片制作的合作网络，共享资源和经验。与相邻地区、相关行业进行合作，分享设备、人力和经验，降低制作成本和缩短制作周期，同时，在制作前充分评估和规划项目预算，控制成本。

（二）多维度采访与拍摄

公正客观地呈现乡村振兴的进展和影响，让观众能够全面了解乡村振兴的实际情况，保证乡村振兴成果呈现的真实性和客观性是宣传工作的基本要求。通过强调真实性和客观性、加强信息验证、多角度报道以及培养媒体素养，我们可以提高乡村振兴成果呈现的真实性和客观性。这将有助于观众更好地了解和评估乡村振兴的实际效果，增加宣传内容的可信度。

（三）深入调研，拓宽创意渠道

为更好地创作宣传片，全方位展现学校对盐津县的帮扶成果，应该对当地美丽乡村资源进行深入了解和调研，包括特色景点、文化传统等方面。通过了解当地的特色和亮点，我们能够更好地挖掘素材和创意,提高宣传片的质量和吸引力。除了美丽乡村的自然风光,还可以在宣传片中加入当地的人文景观、民俗文化等元素。展示多样化的内容,能够吸引更广泛的观众群体,提升宣传片的关注度和影响力。关注行业最新的技术发展,尝试运用新技术来提升宣传片的制作水平。例如,利用无人机拍摄空中镜头,或者运用虚拟现实和增强现实技术创造更具互动性和体验感的宣传片。

五、结语

乡村振兴路上,运用视听媒体赋能"引进来"和"走出去"是本研究的核心宗旨:我们通过多模态的内容输出为乡村传播阵地进行科技赋能和地域形象建构,向校内外师生、公众广泛宣传近年来国家、学校对乡村文化教育帮扶、产业经济帮扶和医疗卫生帮扶等方面的成果,促使更多社会力量以公益协作的形式积极参与乡村振兴扶持事业;我们通过数字化手段帮助农产品品牌走出去,激发乡村经济的数字潜能,为推动乡村文化、特色资源实现经济效益与社会效益双赢提供"助农样本";我们努力讲好乡村和对口扶贫的故事,展现大美中国的山川气韵,反映中国社会、乡村振兴政策的进步与变迁,彰显当代中国人的精神风貌。

"讲好中国故事"强调的正是中国向世界传递自身价值观、文化传统和发展成就方面的责任和使命。视听赋能乡村振兴正是这一口号的实践意义之一。乡村振兴战略是中国政府倡导的一项重大国家战略,旨在推动农村地区的经济发展、社会进步和生态文明建设,而视听赋能乡村振兴,则是通过广播、电视、互联网等媒体手段,将乡村的发展变化、美丽风景、人文传统等内容进行宣传和展示,以此激发社会各界的关注和支持。优秀的视听内容可以激发人们的创新思维,为乡村振兴提供新的思路和解决方案。

乡村是中华优秀传统文化的重要承载地。通过数智技术赋能现代影像视听媒体,利用高清摄影摄像技术和数字媒体艺术,例如航拍摄影、虚拟影像、动态图形设计等新技术、新艺术,发掘和打造乡村符号,制作精美的视频内容。使用有吸引力的设计和艺术表达,坚持以人民为中心的创作导向,按照"找准选题、讲好故事、拍出精品"的方向,巩固拓展脱贫攻坚成果和实施乡村振兴战略选题规划的创作引导。视听媒体可以将乡村的传统文化、民俗风情等进行展示和宣传,加强对乡村文化的保护和传承。

乡村振兴路上的返乡青年、大学生村官、扶贫干部、驻村干部、退伍军人等,作为乡村振兴路上的不同主体,他们以不同视角参与和见证了乡村振兴的历史进程,在完成扶贫使命的过程中认识自我、追寻生命的意义,最终将复杂的内心波折与国家命运融为一体,以多维身份突出角色塑造的人性之美。视听创作要让人民成为真正的主角,充分调研与观察,深入挖掘人性的深刻性、人情的丰富性、人群的代表性和人物的独特性,同时以生动鲜活的小人物来折射高歌奋进的大时代,做到"大题小做",体现出小中见大的共同体美学力量,让人感受到脱贫攻坚路上的万众一心。

参考文献

[1] 孙海燕.改革开放以来中国共产党农村经济发展思想的演进历程及经验启示研究[D].长春:东北师范大学,2023.

[2] 潘文静.全面小康终圆梦 乡村振兴绘新图[N].河北日报,2022-09-26(1).

[3] 薛钧君.习近平关于人才的重要论述研究[D].重庆:西南大学,2023.

美育润童心，中华传统文化融入社区儿童发展
——中华传统文化融入社区美育发展

中韩新媒体学院　张钰媛　梁艺嘉　胡雅飞　宋艺鋆　陈意丹　林伊恒　周凡舒

摘　要　随着我国经济社会发展和人民文化水平的提升，人们越来越重视社区的美育与文化功能及其发挥的积极作用，再加上"双减"政策实施以来，将美育贯彻落实愈发成为时代的号召。然而近些年，美育被忽视、儿童留守率增加等问题有所凸显，在这样的大背景下，本社会实践队以美育素质教育为宗旨，整合电影学与视觉传达设计两大专业核心优势，综合运用影视、美术、音乐、文学等美育培养方式，以非遗传统文化、红色经典、国学知识为核心，给予社区儿童全方位、多角度的美学培养，丰富社区儿童的暑期生活，力图打造全面可持续发展的培养模式和培养体系，弘扬传播我国经典文化内涵，为各个年龄段的儿童带来形式丰富、意义深远的美学课程，创造多维度文化体系，推动社区的进一步科学化运作。

关键词　美学教育　中华文化　社会实践　社区发展

一、调研背景

（一）政策背景

习近平总书记在给中央美术学院周令钊等8位老教授的回信中指出，做好美育工作，要坚持立德树人，扎根时代生活，遵循美育特点，弘扬中华美育精神，让祖国青年一代身心都健康成长。美育体系的完善与发展，关乎学生的全面发展，成为德育、智育、体育、美育、劳育五育融合发展的重要内容。不可否认，加强美育政策体系建设，发挥美育政策在美育建设工作中的引领和保障作用，对美育的发展至关重要。新中国成立以来，美育作为我国人才培养的基本组成部分，一度被忽视。直至改革开放后，《关于第七个五年计划的报告》再一次将美育带回大众的视野。美育在全面发展教育中的地位和作用受到前所未有的重视，同时被赋予了新的使命。为深入贯彻党中央的重要精神指示，高校集结优秀志愿者，发扬光大志愿者精神。

（二）社会背景

随着我国经济社会发展和各级有关部门的重视，人们越来越重视社区的美育与文化功能及其发挥的积极作用，再加上"双减"政策实施以来，学科类校外培训大幅压减，艺术类培训更加受到家长们的追捧。而美育不仅仅是指艺术类培训，还是提升新时代国民综合素质

的系统工程。为了丰富孩子们的暑假生活,培养他们对于音乐、美术、文学的认知力和感知度,开展暑假实践就是一种有效可行的方式。

二、痛点研究

(一)家庭对美育教育的支持力度弱

家庭审美教育的实施是一个渐进而微妙的过程,将贯穿一个人的一生。而缺乏"美学教育"始于家庭。由于文化知识、审美文化、艺术品位以及父母自身家庭环境的影响,家庭审美教育活动因家庭而异。家庭是审美教育的起点,家庭审美教育是审美教育的开始,在发展人们的审美情感、审美兴趣和审美理想方面发挥着重要作用。因此,美学教育必须从很小的时候就开始。早期家庭审美教育对儿童非常重要。家庭既是美学教育的摇篮,也是持续时间最长、影响最大的永久性美学教育"学校"。它的环境、氛围和各种活动总是默默而有效地影响、感染和滋养儿童的爱好、个性,甚至态度和生活方式。因此,对当前家庭美学愿景和实践的反思本身就是对家庭美学教育的另一种反思。

(二)优质美育教师资源短缺

有效促进人才培训与加强教师质量密切相关,教师的专业技能和综合素质影响人才培训的有效性。对美学教育课程的教师来说,美学教育人才的培训要求他们根据自己的相关学科背景和智力概念,正确认识到美学教育在学生素质综合发展中的作用。这使他们能够将教学活动与人才发展模式相结合,将专业知识与审美能力相结合,并最终全面提高学生的综合审美能力。目前,美学教育仍然由美术相关专业主导,这也导致了整个本科阶段美学教育学院的教学概念和知识的不足。"全民"美学教育也对教师质量提出了新的要求。美学教育课程不仅是"听音乐"和"画画",还应逐步完善"艺术基础和技能+艺术美学经验+艺术专业"的教学模式,并对学生进行一到两个艺术专业的培训。这也意味着教师不仅要教学生美学教育的基础知识,还要承担发展学生美学能力和美学专业的任务。只有教师成为良好的道德模范角色和具有优秀的学术传播能力,才能真正达到"学习和掌握""掌握和执行"的教学标准,以及"基础美学教育""教师美学教育"的理念。

(三)美育课程生搬硬套、缺乏创新

1.强调技能和技术的传播

教师过于注重传授艺术技能,学生们没有太多时间亲身感受艺术作品的审美价值。美学教育活动的价值尚未得到充分体现。许多幼儿园教师在组织学前艺术活动时,只遵循教材的要求,没有自己的创新。美学教育不仅丰富人的审美体验,而且丰富人的情感。美不是对知识的判断或科学分类,而是通过事物捕捉人的情感表达。对技能和技术的机械灌输,特别是使用模仿作为评估儿童艺术作品的标准,扼杀了儿童的创造力,影响了美感的发展,损害了儿童创造性思维的发展。

2.忽视儿童的自身审美

儿童作为审美主体,需要在感知、理解、想象和创造过程中与审美对象相互吸引和促进。这种相互吸引和促进不仅仅是审美因果关系的线性连锁反应,而是在接受美学教育时,儿童需要沉浸或放纵在快乐或悲伤的情绪里。儿童拥有巨大的美学天赋和高度的敏感性,很容

易将他们看到的直观图像与现实生活联系起来,并利用联想和想象力来创造新的图像。在当今的幼儿园教育中,美学教育的教学活动脱离了儿童年龄、兴趣和心理发展的特点,只是向儿童传授相关的审美知识,而忽略了儿童自身的审美和情感体验。美学教育已经成为一种简单而乏味的"闹剧"式教学,让孩子们失去了思考、感觉、涂鸦和想象的主动性,美学能力的发展变成了一句空话。

3.将美学教育用于智力教育

自然环境和生活场景可以作为美学教育活动的场所,户外郊游、社区活动等都包含丰富的美学教育元素。美学教育旨在通过审美活动中的心理活动,发展儿童的感知能力,如直觉、想象力等,在扩大儿童知识和提高创造性思维能力的同时,丰富儿童的审美体验,提高儿童的审美素养。许多教师对美学教育认识不完整,认为审美教育是儿童道德和智力教育的辅助部分,强调美学教育的辅助和智力功能,缺乏审美素养,忽视艺术作品的审美价值。

(四)美育涉及的人群有限

当下美育人群主要涉及儿童教育、中小学教育、高校教育。对于老年群体的美育渗透较少。目前,全国社区学院的老年人正在成为社区美学教育的重要组成部分,社区学院正在创建适合其历史和文化环境的老年学校。社区学院不断探索发展老年人美学教育的道路,逐步扩大教育特点,优化管理体系,如为特定人群开设多种类型的美学教育课程和小班课程。这些创新性的社区美学教育教学措施可以提高社区居民的生活质量,从而加强社区美学教育的凝聚力。社区学院应努力制定美学教育方案和教学形式,以满足老年群体的学习需求。

通过美学教育,老年群体获得了幸福感和成就感,并逐渐获得个性发展和精神满足感。因此,为老年人实施美学教育是培养老年人审美的新形式,是分享老年人情感生活的新渠道,是拥有美好生活的老年人保留过去记忆的新方式,是消除身体衰老和情感损失的新方法,让老年人可以享受诗意的生活。

三、调研内容

(一)调研目标

1.创新美育教学方式,"互联网+"助力发展

中南财经政法大学艺·中南志愿服务队的美育教学课程打破传统的固有教学模式,积极创新社区美育教学方式,通过"互联网+"的线上线下相结合的方式,积极寻求新路径、新方法,同时运用各成员视觉传达、影像等专业优势制订相关美育课程,并设计精美PPT,利用好5G、虚拟现实和人工智能等前沿技术普及的大环境,探索出一条全新的、充满活力的"青少年+艺术+互联网技术"美育之路。

2.欣赏优秀红色作品,文化自信逐步增强

中华优秀传统洗涤心灵,中国红色故事引领理想,中华优秀传统文化博大精深,源远流长。艺·中南志愿服务队在为儿童制订课程中,设置了"红色电影欣赏""聆听历史人物故事"等红色基因课程,让中华优秀传统文化的种子在儿童心中生根发芽,增强其文化自信。除此之外,服务队不断传播优秀文化思想,大力弘扬美育精神,做到创造性转化、创新性发展,促进德艺双馨、德智体美劳全面发展的新时代。

3. 创建美学志愿服务队,社区建设显著提升

艺·中南志愿服务队综合运用影视、美术、音乐、文学等美育培养方式,以非遗传统文化、红色经典、国学知识为核心给予社区儿童全方位的美学培养,丰富社区儿童的暑期生活,培养他们酝酿美、创造美和感悟美的能力。同时,诗意的汉字、新颖的实验、优秀的红色基因也弘扬传播了我国经典文化内涵。多角度、多方面、多维度的科学化、规范化课程为各个年龄段的儿童带来了形式丰富、意义深远的文化体验。

(二)研究方法

1. 案例分析法

对案例进行调查研究与深入分析,形成解决相关问题的研究方法。我们以当下各种美育志愿活动为切入点,选取美育文化和双肩政策作为政策支撑,以研究社区课程作为辅助,更好地了解美育进社区、润童心的过程,分析服务队在志愿服务、课程设计与安排中存在的不足与紧迫需求,结合互联网技术,对课程研究提出合理的解决方案。

2. 比较分析法

比较分析法是指按照某种准则,对两个或两个以上有密切联系的事物加以考察,找出其差别,从而探索出规律性的方法。我们将针对美学教育这一话题,比较研究美育志愿活动在不同高校志愿服务队的发展情况以及发展过程,根据具体实践情况与教学基础,分析出在新时代背景下美学教育进社区的优化路径。

3. 跨学科研究法

综合使用多个学科的分析方法,对美学教育进行全方位的、多维度的掌握。在实证研究中,我们以美学教育为重点研究对象,发挥自身优势,辅以传播学等其他专业,进行多学科交叉和多维度研究。艺·中南志愿服务队综合运用影视、美术、音乐、文学等美育培养方式,充分利用宝贵的暑假时光,促进儿童全面发展,提升自身素质。

4. 采访法

为了对美学教育有更深入、正确并且全面的理解,我们使用采访法,分为线上问卷与线下访谈两部分,对参加美学教育的儿童、橘园社区的工作人员等进行采访。在联系、确定采访对象后,我们根据采访对象的身份制定了相应的采访提纲,从讲课进度、课程难易程度、可接受度等方面出发,确保采访效率,并力求收集真实客观的采访结果,使本调研的现实意义与实践可行性得到更好体现。同时,在实地采访过程中,对受访儿童反馈的不同情况进行归纳,以差异化的分析方法看待不同对象对服务队志愿服务的看法,为中华传统美学教育融入社区贡献一份微薄之力。图1所示为研究方法汇总。

四、调研总结与建议

(一)问题总结

1. 着眼社会实践服务对象

艺·中南志愿服务队深入社区开展志愿服务,需要对服务的对象进行一定的了解,从而更好地开展适合不同人群的社会实践活动。艺·中南志愿服务队在武汉市橘园社区进行服务的主要对象是小孩和老人。针对不同的授课对象,志愿者需要制定相应的、有针对性的、

图 1　研究方法汇总

能给对象们提供实质性帮助的活动内容。在服务队的活动当中,我们遇到了各种各样不同的社会群体,例如心智障碍人士,虽然智力发育停留在十岁,但其创作的文创礼盒却处处饱含对生命的美好追求。还有离退休教职工用自己的作品呈现出对自然事物的审美情趣和时代风骨。活动的开展一定要聚焦不同人群,结合大家不同的特点和喜好,努力把社会活动打造得有意义有深度。

面对不同年龄段的服务对象,课程设计需要做到综合考量,真正在便民、为民上下功夫。面对小孩,课程设计需要考虑对象的接受程度、内容的难易程度,还有课程丰富度,如故事的选择、古诗文的难易程度、动手实践活动的安全性等。对于独居老人,要给他们带去更多的关心和陪伴,也可以定制老年人课程,让他们的活动更加有趣。

2. 聚焦核心志愿课程

随着艺·中南志愿服务队的不断壮大,服务队参与志愿活动的经验也越来越多,但不能忘记最重要的就是要做好志愿服务的核心内容,把握质量,提升质量。能够为社区群众带去实打实的帮助,是艺·中南志愿服务队的初心。

志愿课程内容不宜太难或太简单,同时也不能无趣和没有吸引力。服务队的志愿者们应该结合自身的专业知识,将影像和动漫专业相结合,发挥所长去设计课程,做到让社区老人、儿童在参加完志愿活动后感到有所收获,从而达到社会实践活动的最终目的。同时艺·中南志愿服务队的课程部人员应做好检查、提供建议,在真正实践之前落实好相关内容,保证课程质量。

在内容上,艺·中南志愿服务队还需要继续完善课程体系,把一节节分散的课程连接到一起。例如,在设计小朋友们的绘画课程时,可以将两三个月作为一个周期,在周期内系统授课。课程内容由浅入深,不断深入,能够让孩子们在志愿课程结束后获得肉眼可见的提升,也会让志愿课程的内容更加体系化。图 2 所示为志愿者陈龙辅导社区小朋友练字。

团队对于志愿者的要求需要更加规范化和细致化。团队对志愿者的培训需要更加全面,包括活动内容、表达方式、志愿者行为规范、活动态度等。通过开展线下或直播试讲,服务队成员共同分析总结优点和不足,就上课内容进行多方讨论。

3. 结合时代和政策要求

在开展社会实践的过程中,要牢记结合时代和政策的要求,配合社区工作,传达社会主

图 2 志愿者陈龙辅导社区小朋友练字

义核心价值观。高校志愿服务是德智体美劳"五育并举"中劳育育人的有效载体。高校秉承社会主义办学理念,以培育和践行社会主义核心价值观以及"两个一百年"奋斗目标为指导,积极投身国家及社会的发展,以志愿服务的形式,让青春的精神在全国各地得到传播。要实时把握大的思想方向,挖掘丰富内涵,不断更新志愿服务内容,做到社会服务与时俱进。艺·中南志愿服务队既需要考虑到群众的需求,又要结合社会实践成员的长处,将优势充分发挥。

除此之外,艺·中南志愿服务队开展社会实践活动,一定要和社区做好协调配合。作为大学生组织,要配合社区工作,以恰当的方式给予帮助。艺·中南志愿服务队与邻近社区开展长期合作,全面了解社区儿童及其他居民的需求,按需求开展相应课程,将志愿服务招牌打响。在今后的社会实践和志愿服务中,艺·中南志愿服务队的所有成员都要做到不忘初心,坚持志愿本心,全心全意地为社区居民献上精心准备的课程内容和细致的服务,献上自己的一份力。

(二)改进建议

艺·中南志愿服务队以授课形式为主开展服务活动,课程的设计与规划是服务的重中之重。在此次活动中,服务队以中国传统文化中的书法之美为主题,穿插绘画课程,带领孩子们领略中国书法之精妙,亲身体会书法之乐趣。尽管本次活动受到孩子们和所在社区的高度评价,此次活动仍然存在不足,需要服务队进行反思和修正。

1. 优化课程内容,提升志愿者专业性

此次活动的课程内容较为单一,课程结构相对散乱,同时志愿者未能更为系统地、深入地介绍和教授书法所需技巧,导致活动结束后没有完整作品和成果的产出,不能向社区和家长提供全方位的反馈,也导致后期宣传乏力,缺乏足够的事实素材与资料。所以改进课程设计方案,加强志愿者专业知识的工作刻不容缓。在接下来的活动中,服务队应该将工作重心向前期课程规划与设计倾斜,更为系统地设计课程内容,为课程提供优质内容,改善现有课程结构散乱、不够系统的情况,还应确定每一节课和每一阶段课程的授课目标,明确孩子们每一节课的学习任务,并在结课前保证孩子们达到结课水平,指导孩子们独立完成结课作品。

2.加强社区与服务队的联系,提高沟通效率

在活动过程中,出现了社区与服务队志愿者的沟通问题,产生的误会阻碍了服务队与社区间的共同合作与共同进步,影响了志愿服务的效果。究其原因是沟通不及时,不细致,沟通人员没有明确职责。

面对这种情况,志愿者需要互相关注,明确与社区的沟通事项与具体沟通负责人;另外,沟通负责人需要注意与志愿者之间的沟通,了解活动的实施情况,及时向社区反馈;沟通负责人还应与社区及时沟通,了解社区诉求,并将诉求传达给志愿者。

参考文献

[1] 田野,阮丽红.互联网教育服务平台在现代职业技术教育中的应用与实践[J].现代职业教育,2023(8):13-16.

[2] 王世超,解静,叶欣.高校志愿服务品牌化建设探究——以北京化工大学"晨星志愿者团"为例[J].教育教学论坛,2021(45):96-99.

[3] 武东生,张然.思想政治教育美育功能的生成逻辑[J].思想教育研究,2021(8):39-43.

[4] 石涎蔚."当代美育、艺术教育的观念与实践"国际学术会议综述[J].中国高校社会科学,2019(2):155-156.

从脱贫到振兴："党建＋数字"赋能乡村经济发展研究
——基于通城县麦市镇的调研

统计与数学学院　王秀宇　张怡　顾文欣　陈怡霖　纪博文

摘　要　基层党建是乡村产业振兴的重要抓手，数字化发展是乡村经济转型升级的重要引擎。以湖北省咸宁市通城县麦市镇为例，本文认为：打造"1＋2＋3＋N"模式、凝聚群众力量，校地联建、发挥高校优势，党建带动数字赋能，实现产业升级，推动"生产－销售－宣传"数字化，是"党建＋数字"赋能乡村经济发展的可发展道路。

关键词　乡村振兴　党建引领　数字赋能　产业经济

一、研究背景

习近平总书记在党的二十大报告中指出："全面建设社会主义现代化国家，最艰巨最繁重的任务仍然在农村。"只有始终坚持以党建为引领，着力在"形、实、魂"上下功夫，才能真正实现乡村产业振兴、农民致富。以物联网、云计算、大数据、人工智能为代表的数字技术，正不断向农业领域、农村渗透，并已成为促进农业、农村发展的加速器。当今，数字化发展已成为众多乡村企业的转型方向，选择数字化发展不仅有利于乡村产业结构优化升级，而且有利于带动当地各种特色新兴产业的发展。

湖北省第十二次党代会报告明确提出要"广泛开展美好环境与幸福生活共同缔造活动，发动群众决策共谋、发展共建、建设共管、效果共评、成果共享"。2022年9月，湖北省开展了"共同缔造"活动试点工作，要求每个县确定5～10个城乡社区（农村自然湾、城市居民小区）试点。咸宁市通城县麦市镇——省定重点"口子镇"和"窗口镇"，依靠党建引领促进养殖业、种植业、文化产业多业融合，紧跟时代，通过数字经济赋能产业发展，积极开展"共同缔造"工作，走出了一条具有特色的振兴之路，其"党建＋数字"赋能经济发展的成功经验为推动智慧农业发展和乡村振兴提供了新的参考。2021年，麦市镇利用信息化手段积极打造"5G云养猪"项目，推动"互联网＋农业"深度融合，立足实际为散户农户想办法、谋出路；2022年麦市镇红石村统筹谋划合作联营智慧养鸡模式，驻村工作队、村"两委"和村民代表多次考察智慧养鸡相关项目，详细了解相关事宜，充分融合"政策力""高校能""科技芯"等优势资源，探索发展特色农业产业的新模式。麦市镇的经济发展历程生动体现：基层党建是乡村产业振兴的重要抓手，数字赋能是乡村经济转型升级的重要引擎，开展共同缔造活动是走好新时代党的群众路线的有效途径。

二、研究方案

（一）研究意义

1. 学习麦市镇乡村振兴模式，挖掘"党建＋数字"赋能经济发展的特色道路

在"党建＋数字"赋能乡村经济的发展模式下，具有特色养殖业、种植业的麦市镇，走出了自己的"从脱贫到振兴"的发展道路，充分诠释了将数字技术与产业发展相融合的实践思路。

2. 探索麦市镇基层治理工作，领悟"共同缔造"理念

自湖北省部署"共同缔造"活动试点工作起，"共同缔造"理念逐渐被融入村镇基层治理工作。本项目团队对麦市镇政府、村委会、驻村工作队、社区服务中心等扎根在基层治理一线的工作人员进行了座谈、访谈，以了解当地"共同缔造"工作落实情况，领悟"共同缔造"理念。

3. 推动实践育人工作走深走实，增强政治认同感与社会责任意识

麦市镇实践活动对当代大学生而言是一个非常珍贵的课堂，通过学习和了解麦市镇"党建＋"工作模式，走访调查乡村振兴工作情况，大学生能有效地增强政治认同感与社会责任意识。

（二）研究思路

本次实践方向为"探究'党建＋数字'赋能乡村经济的发展模式"，以通城县麦市镇为例进行调研。通过互联网搜集相关材料，根据材料讨论确定访谈方向，撰写相关访谈提纲。通过实地走访、数据采集，针对麦市镇近年来村民生活水平、产业经济发展、新兴数字产业经济情况等进行分析比较，挖掘出麦市镇乡村振兴的特色道路并对现存问题提出改进建议。详细社会实践调查思路如图1所示。

（三）研究方法

1. 文献研究法

通过互联网广泛搜集有关"党建＋数字"促进乡村振兴的新闻报道、研究文献、公众号文章等资料，把握实践方向，以进一步开展和组织实地调查，为报告提供更科学严谨的理论支撑。

2. 实地观察法

通过对麦市镇的实地考察，直观了解麦市镇党支部建设、数字与产业融合、特色产业经济发展等具体情况，使得到的信息更加真实可靠。同时，团队亦通过实地观察进一步丰富、完善本项目的相关访谈，以挖掘出更多的相关信息。

3. 深度访谈法

向麦市镇相关行政人员了解当地"共同缔造"活动开展情况、党建带动下的产业发展情况，同时对相关产业负责人、参与村民进行访谈，多角度、深层次地了解麦市镇乡村经济发展现状。

4. 统计分析法

收集麦市镇当地人口情况、产业收入等数据，利用相关数据分析麦市镇"党建＋数字"赋能乡村经济发展道路的成效，将定性与定量分析相结合，使得调研结果更科学、更严谨。

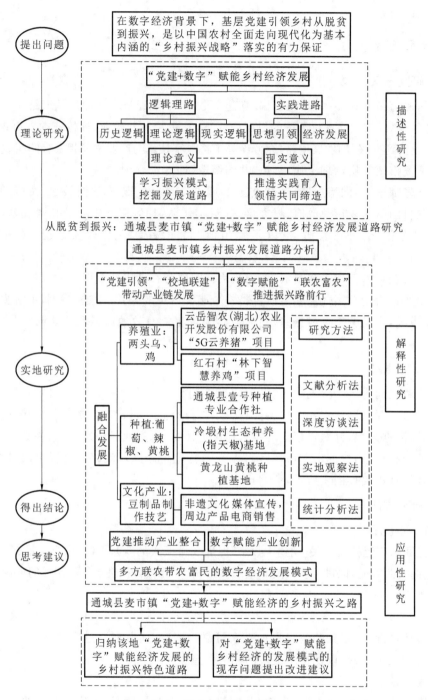

图 1 社会实践调查思路

(四)实践过程

本项目实地调研历时4天(见图2),实践团队走访了麦市镇红石村、井堂村、麦市村、冷塅村、天岳村五个村庄,参观了云岳智农(湖北)农业开发股份有限公司、"林下智慧养鸡"项目基地、通城县壹号种植专业合作社等多个麦市镇特色产业,通过座谈、访谈方式向当地政府、群团组织、村委会、驻村工作队、经济组织等多方工作人员了解情况,完成有关"共同缔造"工作访谈18次,完成产业建设等相关访谈6次,全面充分地了解了麦市镇的党建带动工作、"共同缔造"活动开展情况,以及特色产业项目发展现状。

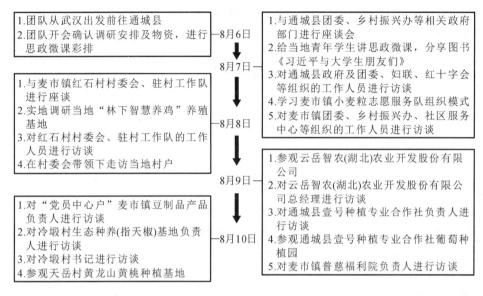

图2 实践过程图

三、访谈分析

(一)党建引领

近年来,"共同缔造"活动成为提升乡村治理能力的重要载体,通城县麦市镇将"共同缔造"与乡村振兴有机结合,广泛发动人民群众,深化校地联建,挖掘特色产业,探索出适合麦市镇的治理新模式、发展新方式和新业态。

1. "1+2+3+N"模式,以群众力量打造振兴核心

为了使麦市镇走上生产发展、人民生活富裕、生态良好的可持续发展道路,麦市镇政府带领全镇一个社区、十八个村庄共谋发展新模式。针对群众工作琐碎纷乱的特点,探索出"1+2+3+N"的管理模式,总领全局,发挥群众力量,实现决策共谋、发展共建、建设共管、效果共评、成果共享。"1"是指一个大党委,"2"是指两个工作专班,"3"是指三家龙头企业,"N"是指广大群众。麦市镇的所有工作都在党的领导下开展,四个层级管理环环相扣,共同发力。麦市镇通过党建工作密切联系党员1086人、机关干部40余人、村委干部100余人和广大乡贤等,由基层干部与当地群众形成村官工作专班,百姓自主提出、自发解决乡村问题,亲身参与到乡村治理之中,同时党组织的带动作用被渗透到乡村基层建设的方方面面。

(1)建立群众组织,激活基层自治活力。组织村民小组、村民理事会,让乡村居民从政策实施的旁观者和建议者转变为决策参与者和践行者,提高村民建设家园的积极性,使得村民在乡村治理中发挥更大的作用。

(2)团结志愿者,增添振兴活力。麦市镇政府积极团结入党积极分子、入团积极分子及志愿者进行志愿活动,以村党群服务中心为活动阵地,联合各个组织举办活动,一方面提高党团

队伍素质,另一方面打造麦市镇独有的志愿队名片,着力打造小麦粒志愿队这样的创新性志愿服务队,有效凝聚向党、团和人民群众靠拢的有志青年,为当地、为家乡做善事、办实事。

(3) 动员不同群体,发挥特色优势。"让有手艺的能工巧匠组建能工巧匠队,让能说会道的婆婆、阿姨组成大妈调解队",让群众都能找到组织,各得其所,在充分发挥不同群体的特色优势、切实提高乡村和社区的治理效能、解决基层党建工作问题的同时,也让广大群众在参与基层治理的过程中实现个人价值。

(4) 围绕党员中心户,实现有效下沉。通过党员自荐和群众推荐相结合的方式,在麦市镇内选出党性观念强、积极热心、乐于奉献的党员家庭,负责联系党员、服务群众的党员中心户下沉到各村基层党组织,每月入户摸排,开展政策宣讲、环境整治、实事帮办等活动,既帮助传播、宣扬党的政策和理念,又能深入了解村民的所思、所求、所想,及时了解村民的生活状态变化和存在的困难。

2. 校地联建,以高校优势筑牢振兴基石

据中南财经政法大学驻红石村工作队队长刘进明介绍,该校早在2008年就开始了对麦市镇红石村的交流帮扶活动,2015年开始驻村。在校方的高度重视,麦市镇政府、红石村村委会的积极配合下,驻村工作队"精锐出战",以教育帮扶、产业帮扶、消费帮扶、民生帮扶为切入口开展了一系列立体式、全方位定点帮扶工作,为麦市镇乡村振兴筑牢基石。

中南财经政法大学在2018年与通城县政府签订了校地战略合作协议,面向驻村工作队开展各类技能培训与专业辅导活动,极大地强化了通城县人力资本培育能力;发挥学校师资优势设置课题,派遣教师前往红石村为乡村振兴出谋划策,提供智力支持与技术支持;组织志愿服务队进行线上支教,在一定程度上提高了红石村的素质教育水平。

驻村工作队与红石村村委会共同探索了契合红石村实地情况的振兴产业。目前已经发展了两头乌养殖、豆制品制作、光伏发电、"林下智慧养鸡"、中药材种植等多个帮扶项目。驻村工作队一方面着手寻找可行项目,拓宽村民致富路径,另一方面也在不断提高红石村的技术水平与劳动效率,帮助红石村实现产业化发展,完成帮扶工作从"输血"到"造血"的转变,让红石村乃至麦市镇真正走向富裕。其中,"林下智慧养鸡"为校地联建的重点项目,该项目综合考虑了红石村"七山两水一分田"的地理情况、种植业周期长收益低的弊端与其他村庄的优良经验。项目由村委会牵头,采用村民自主参与、自主经营、收益分红的模式,在油茶树种植地区饲养当地特色土鸡与芦花鸡。该项目的开展使得麦市镇鸡养殖业收入在2011—2022年间呈现出不断上升的趋势,其中,鸡养殖业在2022年收入达到680万元(见图3),发展势头良好。

图3 麦市镇鸡养殖业2011—2022年收入变化图

为了推动红石村"美丽乡村"建设进程,驻村工作队也付出了很多努力,如拓宽、修建扶贫安顿点,维修村委会广场,整治河道环境,等等。在红石村也随处可见"中南财经政法大学赠"字样的垃圾桶、电子屏、健身器材等民生设施。

3.党建赋能,以特色名片蓬勃振兴气象

(1)政企合作,打造发展引擎。麦市镇通过政企合作谋求产业兴旺,政府牵头企业配合,运用新兴技术,成立云岳智农(湖北)农业开发股份有限公司,大力发展"5G云养猪"项目,农户负责饲养,公司负责繁育、提供技术支持、销售、加工,建立全产业链服务体系,做活"农民主体+公司服务"的运营管理模式,公司法人发挥党员中心户带动作用,解决百姓就业问题,实现基层农户增收。

麦市镇及周边地区开展两头乌养殖已久,通常采用土法养殖(喂养熟食)。在2020年以前,由于麦市镇两头乌产业的产品差异化程度小,产业规模有限,两头乌养殖业收入增长速度慢,整个产业收益欠佳。在2020年引入"5G云养猪"技术后,麦市镇两头乌产业不断开拓市场、扩大产业规模,保障生产质量,提升生产效率,并树立、宣传"麦市两头乌"品牌,为麦市镇两头乌打造了肉质鲜美、品质上乘、营养丰富的口碑,使得两头乌养殖业的收入快速增长,由2020年的42万元增长到2022年的350万元(见图4),产业潜力巨大。

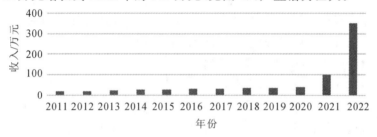

图4 麦市镇两头乌养殖业2011—2022年收入变化图

(2)拓宽销路,点亮产品特色。豆制品也是麦市镇一张响亮的名片。麦市豆干历史悠久、分布广泛。2019年以前,麦市豆干产业采取半人工半自动化生产模式,在保证豆干独有风味的同时最大化提高生产效率,收益发展趋势向好,产业收入在2019年达到2800万元。但在2020—2021年期间,尚未进行大量机械化生产的豆制品厂收入有所下降,在2021年跌至1500万元。2022年之后,在政府的支持与推动下,麦市镇豆干产业通过坚持不懈打造品牌、丰富产品、拓宽销路,呈现良好恢复态势,2022年增收至2500万元(见图5)。

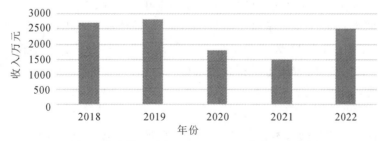

图5 麦市镇豆干产业2018—2022年收入变化图

(3)因地制宜,发展生态种植。在麦市镇井堂村,村委会根据当地实际情况,选择大力发展葡萄与火龙果种植业,贯彻生态文明理念,振兴乡村。井堂村采摘观光园是该村党员

"双带"先锋基地,党委充分发挥作用,整合村内资源,发展产业基地260亩,引导农民种植葡萄180亩、火龙果20亩、西瓜60亩,提供就业岗位数十个,带动周边农户参与种植经营。

(4)村委牵头,促进村民增收。麦市镇冷墩村有耕地面积1280亩,村委会牵头发展中药材与指天椒种植业,村集体开荒之后将土地承包给种植业负责人,并雇佣村民进行产物收割与土地维护工作,助农创收。冷墩村家家户户在山上种植油茶,因其生产环保、经济价值高,年产量近200斤,每户每年增收近一万元,创收稳定。

(5)党建引领扩大宣传阵地。因黄龙山地处山区,地势较高、日照时间长、气候多变外加雨水充足,麦市镇天岳村返乡创业青年杜立于2019年成立华楼农副产品种植专业合作社,因地制宜,选种高品质黄桃,联农带农35户,带动脱贫户20人在基地务工,每户每年增收近万元。基地现有40余亩黄桃林地,年产量可达4万斤,单果净重在300克至400克左右。麦市镇党委积极宣传天岳黄桃,在豆香麦市、青春通城等多个数字媒体平台发布宣传视频,并得到广泛关注。特色种植在帮助村民增收致富的同时,也促使麦市镇走出了一条符合当地特色的乡村振兴道路。

(二)数字赋能

实践团队对麦市镇中药材种植基地、云岳智农(湖北)农业开发股份有限公司、麦市豆制品厂等乡村企业进行实地调研,与产业负责人、村委会干部进行深度访谈后,总结出数字技术在产品生产、产品销售与宣传渠道三个方面的提质增效作用。

1.构建智慧产业,实现生产领域智能化

通过对麦市镇党委组织委员、团委副书记以及红石村党支部书记等近10名基层干部的深度访谈,实地参访"5G云养猪"、"林下智慧养鸡"等实践基地,实践团队了解到麦市镇政府积极引导乡贤打造智慧农田、智慧牧场等新型乡村产业的相关情况。

云岳智农(湖北)农业开发股份有限公司与麦市镇政府、中南财经政法大学驻村工作队联合打造"5G云养猪"项目。目前已有100余户农民签订代养协议,与传统养猪模式不同的是,在此合作模式之下,繁育、销售、加工环节均由公司代理,公司运用5G技术,利用AI智能摄像头、物联网传感器等智能设备对每一头猪进行远程监测,通过开发小程序在线上销售各类深加工产品,做到从猪仔生产到产品销售全过程的可视化、可控化、可溯源,做精原生态熟食土猪品牌。"林下智慧养鸡"项目在2023年4月份正式启动,同样将5G技术融入牲畜监控、健康检测的生产管理过程中,实现肉鸡生态养殖。此外,麦市豆制品厂、通城县壹号种植专业合作社均引进现代化设备,打造半人工半自动化生产线,促进生产领域智能化。

麦市镇通过数字赋能,切实推进产品精深加工,推动传统产业不断升级,优化乡村产业结构,升级技术探索新工艺,开发出独特新产品,提高产品科技含量和附加值,从而提升企业市场份额与集中度,在一定程度上挖掘企业潜能,以此延长农村产业消费价值链,推进中下游产业融合程度,逐步实现乡村振兴。

2.发展电商经济,推动销售领域数字化

随着电子商务与物联网技术在我国的高速发展,农村电商经济在多数地区有较大起色。麦市豆制品厂、云岳智农(湖北)农业开发股份有限公司均在淘宝、抖音、快手等电商平台搭建了直播带货渠道,通过数字媒体进行产品宣传。

通过深度访谈,实践团队了解到通城县是国家级电子商务进农村综合示范县,县政府每

年出资 1000 万元扶持电商企业,搭建起幕阜山电商村、网红直播基地等平台,号召当地企业入驻电商村,大力发展电商经济。电商运营人才与技术门槛相对较低,加之政策帮扶、网络资费下降,经过多年的发展,通城县已然形成较为完善"电商＋农副产品＋乡村振兴"的电商产业链,麦市镇各数字化建设主体的互联网意识也有所增强。

电子商务平台通过数字技术建立农村产品销售的新渠道,农户学习到新型设备的使用方法,提升了市场信息意识,打造出质量较高的农产品,提升了农产品的市场竞争力。利用电商直播、物联网管理,农民群体能够更好更快地销售农产品,同时也可极大地压缩中间成本,让农民得到的收益提高,以消费促生产,促进农产品的标准化、品牌化和价值化。

3.搭建数字平台,推动宣传渠道广泛化

在乡村振兴战略下,搭建数字平台有利于推动乡村文化,也有利于产品打破时间、地域的限制向外传播,让更多的人了解乡村产业、购买乡村产品。

数字媒体赋能麦市镇乡村产业宣传,产业动态不再局限在"本地"与"附近",而是依托企业公众号与政府平台通过数字技术传播到全国各地,在报纸、电视、新闻网站、微信公众号、微博、短视频网站等平台进行分发报道。在数字媒体的推动下,麦市豆干走进武商梦时代广场,麦市天岳黄龙山上黄桃丰收美景穿透屏幕,冷塅村月季花开醉游人……麦市镇的特色产业通过公众号、视频号进入更多人的视野。当前,麦市镇已经搭建起较为完备的数字平台,形成了"主流媒体＋网络媒体＋短视频媒体"的三级宣传矩阵。

四、结论

(一)麦市镇现行模式简述

通城县麦市镇始终坚持产业推动、群众主体、服务至上的理念,积极探索"党建＋"实践创新,突出大抓基层的鲜明导向,通过县级、镇级党委抓乡促乡,深入推进抓党建促乡村振兴工作。麦市镇打造了"党建-团建-志愿服务队"基层服务链,井堂村联合中南财经政法大学组建校村联合党委,以组织协作消除合作隔阂,以资源整合增强利益联结,以服务协同推动党群共谋发展,构建了以党建"部署—牵头—赋能"全方位、立体式的"党建引领乡村振兴"发展模式。

麦市镇深入开展"共同缔造"活动,党员群众在乡村建设中深入贯彻"五共"理念,共同开发"林下智慧养鸡""5G 云养两头乌"等智慧农业特色项目,搭建幕阜山电商村、网红直播基地等平台,利用多方数字媒体宣传麦市特产,依托数字技术为乡村产业发展融数注智(见图 6)。

(二)现存问题

虽然通城县麦市镇"党建＋数字"赋能乡村经济发展颇有成效,乡村养殖业、农业发展初具规模,但是由于经验不足等原因,通城县麦市镇乡村经济发展仍然有许多问题存在。

(1)从发展动力角度来看:缺乏技术、人才保障。

通城县麦市镇由于村庄独立发展而难以形成资源集聚优势,同时本地青年多在外务工,留乡青年较少,在技术、人才方面存在较大缺口。各个乡村主要劳动力为中老年群体,在与时代接轨方面存在一定困难,对于建路、开荒等基础建设工程也有些力不从心,而返乡大学生只能发挥阶段性促进作用。要想得到经济创新发展的"长效助推剂",还需采取一些措施

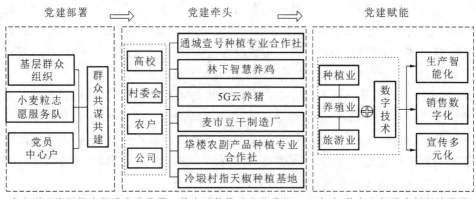

图6 麦市镇"党建＋数字"赋能乡村经济发展模式

留住青年,留住人才。

(2)从产品增值角度来看:发展势态好,但产业链条短。

麦市镇各村庄不断发展壮大特色产业,麦市豆干、井堂村葡萄、冷墩村辣椒、天岳村黄桃等产业均以供给侧结构性改革为主线,产业发展态势良好,致力打造包括产品研发、生产、储运、加工、销售等环节的农业产业链,但由于各村资源要素分散,产业链某些环节薄弱或缺失,特色产业仍存在产业链短、增值少的短板,针对高端市场的产品较少,因此虽然产品品质高,但是创造的收入价值较低。

(3)从数字赋能角度来看:数字技术的发展价值还未完全发掘出来。

麦市镇依托数字技术打造特色智农项目,但由于发展时间较短,数字技术应用范围比较窄,同时在销售、推广方面经验不足,项目创收存在不稳定性。麦市镇虽然打出"文旅融合一卡通"和电商直播两张王牌,并利用多级宣传平台进行传播宣传,但是基础设施不够完善,传播范围较小,服务思路仍需开阔。

(三)改进建议

1.做深数字产业,充分发挥数字力量

通城县麦市镇的产业品牌知名度仍较低,各村干部应该积极与美食博主联系合作,推广当地特色产品,利用博主的粉丝基础为宣传材料引流,提高"麦市味道"知名度。

目前麦市镇数字技术的应用处于起步阶段,5G技术只用于检测方面,麦市镇政府应与各研究机构、高校合作,利用高新技术推动从产品生产到销售的全面数字化。各村干部应组织队伍前往其他优秀乡镇参访学习,汲取经验,结合实际情况将数字技术与产业深度融合。

2.党建带动产业,打造深层次产业结构

目前麦市镇特色产业均以原装未加工产品的生产和销售为主,由于资源分散等原因很多产品的副产品线还未开发,存在产业链短、增值少的问题。

(1)麦市镇政府应该整合各村分散资源,增强村级发展利益联结。整合土地、资金、机器等关键要素,连片发展特色产业,实现资源要素互融互通。可以针对距离较近、产业相同的村庄组建联合党委,促进各村庄深入合作抱团发展,共同发展特色产业;或者促进不同产业的村庄达成合作,例如打造"采摘—非遗体验—避暑民宿"的游客旅游线。增强村级组织利益联结，推动村庄联合发展。

（2）麦市镇政府应主动招商引资，在手续流程等方面给与方便，在经济方面给与补贴，使其尽快与种植基地合作，深层次挖掘农产品，发展副产品业，丰富产业结构。同时合作社和销售商也可以考虑打造公开透明车间，将其作为游客游览内容的一部分。以党建为枢纽，构建农户深度参与、企业对接机制，延伸产业链、做强价值链，实现"农民增收、企业盈利、村集体经济壮大"的发展利好局面。

3.破除人才瓶颈，组建高适配队伍

通城县麦市镇青年大多在外务工，这导致该镇在人才、技术方面有着较大缺口。麦市镇需要做好做优人才培养和引进工作，以"人才引擎"促进乡村振兴工作。

（1）大力培养本土人才，盘活人才"存量"。麦市镇应以本地发展需求为导向培育人才，积极对接相关院校，中草药种植业与中医药大学积极合作，养殖业与农科大学合作，对本土人才进行精细化培养。党员干部带头到田间地头了解当下麦市镇发展的人才需求，了解现有人员的能力短板，积极与专业院校合作开展专项培训。另外，对于中小学生的教育，可以对接湖北各高校，利用高校资源开展支教活动等，弥补教育资源差距。

（2）积极引进外来人才，扩大人才"增量"。麦市镇应建立乡村外来人才引进机制，根据自身发展需求进行引进，如可以着重引进从事数字媒体相关工作的人才、大规模种植基地需要的人才等，为麦市镇"数字＋"发展模式助力。

（3）完善政策优化服务，提升人才"留量"。麦市镇政府应健全任用机制，让人才有获得感、幸福感，充分利用地方资源和产业特色，把人才政策融入特色产业发展全过程，实现产业与人才强强联合、优势互补，并招录青年干部充盈基层力量，充分发挥人才在乡村振兴中的引领作用。

参考文献

[1] 黄思樱.数字技术赋能乡村振兴的思考[J].当代县域经济,2023(4),50-53.

护童心之梦，寻振兴之路
——探寻"共同缔造"背景下的乡村发展

统计与数学学院　蔡可欣　江婧雯　胥英莉　高颖　耿思捷　李嘉佳
　　　　　　　　易佩敏　闫诚浩　齐雨萱　杨芷依

摘　要　为响应国家"下乡返乡"号召，助力乡村振兴及农村教育改善，2023 年 7 月，中南财经政法大学统计与数学学院护梦志愿服务队 10 名队员来到湖北省宜昌市兴山县昭君镇，面向社区少年儿童，结合志愿支教服务，联合开展调研活动。实践团队成员以统计学专业知识为依托，开展互动式、多样化的支教活动；同时，通过实地调研与访谈，全面学习兴山县从"产业扶贫"到"共同缔造"的乡村振兴之路，探寻脱贫攻坚为山村带来的新面貌与新生活，深刻领会党的领导力量和国家的制度优势。

关键词　昭君镇　乡村振兴　大学生支教　共同缔造

一、调研方法和对象

（一）支教过程

在课程内容方面，团队为社区的小朋友们开展了数学启蒙、思维拓展、文化传承、手工创造、美术声乐等类课程，为他们丰富视野，进行学科启蒙衔接；在素质教育方面，团队开展了爱国教育、急救自护、网络安全、社会公德等相关素质拓展活动，增加小朋友们的课堂参与度，学习社会常识；在文娱活动方面，团队带领小朋友们学习《少年中国说》手势舞、朗诵《我有一个梦想》，排演情景剧《金色的鱼钩》等节目，从爱国情怀、自强自立、铭记历史等角度，鼓励小朋友们在艺术节目中感悟精神，收获体会；在手工、美术、声乐等艺术课堂上，小朋友们充分发挥想象力，利用黏土、卡纸等简单的材料，留下了精彩作品。图 1 为思维拓展课教学场景。

除了注重课堂教育，团队成员也格外关注孩子们的成长环境和心理健康。为了客观全面了解当地儿童的真实状况，团队成员分批次与孩子们进行了沟通。

成员们在课余时间与孩子们进行一对一的共同交流，了解他们最真实的想法，倾听他们的心声。随着沟通的深入，孩子们逐渐向成员们打开心扉，向成员们诉说对学业的焦虑、对山外世界的向往等，成员们也尽全力解决他们的困惑，鼓励他们不断努力学习，凭借自己的能力走出大山，奔向更美好的生活。

图1 思维拓展课,志愿者向小朋友介绍七巧板

(二)家长访谈

与家长取得联系后,团队成员来到部分学生的家里了解其家庭环境,通过与孩子父母的交谈(见图2),了解了学生的家庭条件、家庭氛围,家长的教育观念等,感受到这些因素对孩子成长的重要影响,同时也发现当地大多数家庭存在父母与子女沟通不及时,双方不能很好地换位思考等影响孩子成长的问题,在此基础上,团队成员们从客观的角度为家长提供了较为可行的教育方法、解答他们的困惑,向他们表达孩子的需求,促进了亲子间的有效沟通。

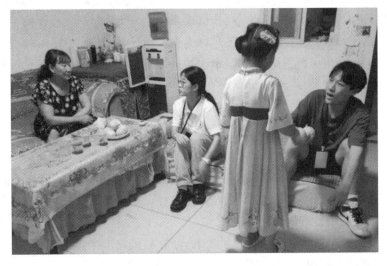

图2 志愿者前往学生家家访

(三)走入校园

团队还来到昭君小学对当地教师进行了采访(见图3),了解当地学校的教育模式、课堂设

置、课外拓展活动安排等,发现当地素质教育紧跟时代步伐。学校会定期对教师进行培训,提高教师的整体素质;教师对学生也不局限于知识的传授,而是致力于使其身心全面、健康发展,整体教学氛围轻松和谐,孩子们在学校快乐成长、不断进步。但由于很多孩子属于留守儿童,家校沟通这一环节面临很多困难,实现高效便捷的家校互通是后续教育的重要方向。

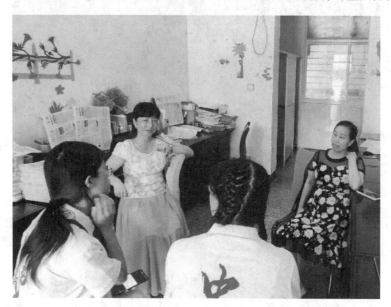

图 3 志愿者与乡村教师沟通,了解当地教育建设

(四)了解乡村振兴成果

团队针对当地乡村振兴情况对兴山县昭君镇的政府工作人员进行了访谈(见图 4),深入了解当地乡村振兴成果,以及乡村振兴遇到的问题,将其进行整理并给予了反馈。

此次访谈针对昭君镇的乡村振兴战略实施成果和实施历程进行了初步的了解。昭君镇以小河社区为试点,推行了社区食堂、社区洗车场等惠民项目,并充分发挥居民自治,建立党政引领的居民自治体系,采用居民积分的模式,调动居民参与自治的热情。小河社区的振兴理论实践试点取得一定成果,并且"共同缔造"活动在昭君镇的其他社区及村子也得到了推行。

(五)共同缔造

针对"共同缔造"活动的实施情况,本团队在小河社区及香溪社区进行了深入的调查访谈。

在与香溪社区、小河社区的社区主任交谈中了解到:社区致力于和谐社区的打造,每月定期开展文体活动以丰富居民的精神生活;开展技能培训,使更多的居民有机会获得更好的工作;建立完善的社区工作体系,做到事事有落实;社区干部亲近居民,定期走访慰问困难低保户等。小河社区利用自身的地理位置优势,开办社区食堂,为社区的老人就餐提供便利;开办社区洗车场、停车场,为社区居民提供便利;开办居民议事厅,为居民提供议事及休闲娱乐的场所;组织居民一起为小区加装监控,保证居民社区生活的安全。

同时我们也了解到,由于人员构成的复杂性,社区工作存在一定的困难。但在互联网发展的带动下,社区工作也在逐步向数字化转型,社区工作人员不断学习新的管理知识,带领居民一起努力构建现代化的新型社区。

图 4 志愿者与当地政府人员访谈，深入了解乡村振兴情况

（六）产业观察

在本次调研中，团队在当地团委的带领下，前往兴山县的特色企业进行参观学习，深入了解当地的企业发展，感受企业创新发展对当地乡村振兴的推动作用。

此次参观学习活动团队参观了当地的国有企业——湖北兴发化工集团股份有限公司（见图5），在集团总部了解到，该集团作为我国华中地区最大的磷化工业生产基地，近些年来一直坚持落实科学发展观，大力推进技术创新和产品升级换代，努力实现工业级磷化工产品向食品级和电子级的转变，加快建设国际一流的环保型精细化企业。之后又参观了兴发集团白沙河化工园区，深入观察了产品的生产过程。从磷矿的运输到产品的包装，工业园区的所有生产环节都引进了自动化的工作体系。员工们的工作变为室内的电脑操控，在降低人力成本的同时也保证了产品生产的专业化和产品质量的稳定。

图 5 志愿者前往湖北兴发化工集团股份有限公司，了解当地磷矿工艺品

二、调查记录

在实践活动中,我们针对昭君镇居民家庭情况和"共同缔造"活动开展情况展开了问卷调查。

(一)居民家庭情况调查问卷

调查问卷通过心理关注、身体关注、家人陪伴、教育模式四个方面来考量家庭对孩子的影响(见图6),其中对教育模式又分为教育理念、时间投入和经济投入三个方面来考量。选项A~D分别对应调查问卷结果中家长对该方面的关注程度,即A表示高,B表示较高,C表示一般,D表示低。通过分析调查问卷不难发现,昭君镇家长最关注孩子的身体健康,A选项占比超80%。而在教育方面,C、D选项的占比超60%,多数家长并没有投入足够的时间和精力到孩子的教育当中。心理关注和家人陪伴两方面情况稍好于其他方面,但A选项占比都不超过30%。

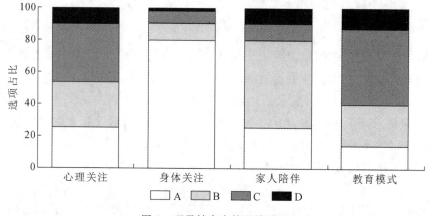

图6 昭君镇家庭情况统计图

(二)"共同缔造"活动调查问卷

通过统计分析昭君镇"共同缔造"活动居民调查问卷,发现居民对于"共同缔造"相关活动的了解程度和满意程度较高,但参与程度偏低,如图7所示。如何激发居民的兴趣,提高参与度,让居民共同参与到"共同缔造"活动中来,是社区工作人员急需考虑的问题。

三、调研结论

在支教调研的过程中,团队对昭君镇儿童教育状况及乡村振兴战略实施情况进行总结,明确了昭君镇在儿童教育和乡村振兴战略实施方面存在的问题,并结合实际情况,提出了相应的改善建议。

1.居民对"共同缔造"项目的满意度高但参与度不高

以小河社区为代表,昭君镇的社区管理体系结构较为完整,工作人员各司其职、各尽其责。小河社区贯彻落实新时代思想,广泛开展美好环境与幸福生活"共同缔造"活动,发动群众决策共谋、发展共建、建设共管、效果共评、成果共享,社区食堂、洗车场、马路等都是"共同缔造"活动的成果。然而,小河社区居民对共同缔造的实际参与度偏低。

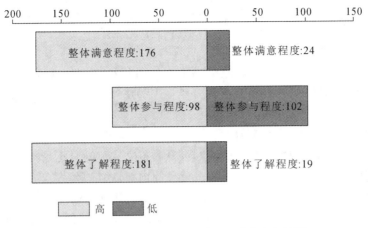

图 7 昭君镇"共同缔造"活动居民满意度统计图

建议：

(1) 激发居民的兴趣。

"共同缔造"活动的"五共"理念是：决策共谋、发展共建、建设共管、效果共评、成果共享。可以通过激励政策加强决策共谋的环节，鼓励居民提出生活诉求和意见，激发居民的兴趣，从而提高居民的参与度。

(2) 加大宣传力度。

从调研问卷的结果可以看出，昭君镇在"共同缔造"活动的宣传方面存在一定的欠缺。为了推动"共同缔造"活动的进程，可以加大宣传力度，提高群众的参与度。比如在报纸上大力宣传，通过广播宣传，在微信群发布信息等。

2. 乡村旅游业发展力度不够

乡村旅游业发展力度不够的主要原因之一是在昭君文化宣传与开发方面存在与其他文化同质化严重的问题。昭君文化缺乏独特性和差异性。同质化的宣传与开发使得昭君文化与其他文化在特色上缺乏明显区别，无法突出优势和吸引更多游客。与此同时，对昭君文化的挖掘和研究不足。缺乏对昭君文化历史、底蕴的深入了解和挖掘，限制了昭君文化的宣传和传播效果，阻碍了乡村旅游业的发展。此外，人才队伍建设不足。我们调查发现昭君镇的基础设施以及交通设施建设相对落后，对人才的吸引力不足。

建议：

(1) 强调昭君文化的独特性和差异性。

通过深入研究和分析，找出昭君文化的独特价值和特点，将其与其他文化区分开来，打造独具魅力的乡村旅游产品。可以通过突出昭君文化的历史渊源，并借助于神话传说等吸引游客的兴趣和好奇心。

(2) 深入挖掘和研究昭君文化。

组织专家学者对昭君文化进行深入研究，探索其背后的文化内涵和价值，整理出具有代表性的文化元素，并将其运用到乡村旅游的宣传和开发中，以创造独特的游览体验。

(3) 加强交流合作与创新。

与其他地区进行交流合作，在保留昭君文化独特性的基础上，融入其他文化元素，丰富乡村旅游产品。可以通过举办文化旅游节、合作开发多元化旅游线路等方式,加强与其他地区的合作,促进昭君文化宣传与开发手段的创新与升级。

3. 青年返乡意愿低,乡村缺少年轻人

团队在调研过程中了解到,香溪社区与小河社区以及周边九个村落中留守儿童与老人的数量较多,农村人口大量流入城市,大部分年轻人都在外务工,少部分工作于当地企业。

建议:

(1) 加强人才"新政"宣传推广力度。

近年来,互联网信息传播速度不断加快,公众号推文、短视频、纪录片等多种互联网传播手段的宣传效果明显,通过这些方式可以在短时间内对人才"新政"进行细致化、趣味化讲解,加深高校人才对"新政"的了解程度;此外,还可提供就业创业便利政策与落户政策流程说明,并开设互联网询问通道回答年轻人的疑问,增强与人才的深入交流,了解青年人才需求,从而持续吸纳人才。

(2) 整合政府、企业、社区等多方资源,加强合作。

加强政府与企业、社区、教育部门等的多方合作,由政府提供创业便利,由企业提供就业机会,由社区提供便利服务,由教育部门大力培养当地人才,多方面、大规模地开展人才政策推广工作并提供大量机会,让在当地学校就学的年轻人留乡,让在外地高校就学的年轻人返乡,让年轻人的留乡返乡意愿增强,助力乡村振兴。

参考文献

[1] 王文萍.乡村振兴战略背景下农村小学教育发展问题研究[D].延安:延安大学,2022.

[2] 候中林.基于供需均衡的乡村义务教育教师资源优化配置研究[D].桂林:广西师范大学,2023.

[3] 钱灵,刘佳,周方学,等.乡村振兴背景下乡村教育特色化发展研究[N].科学导报,2023-08-04(B03).

[4] 汪超,宋纪祥.共同缔造:社区韧性的一种本土化理论探诘[J].社会科学研究,2023(4):32-41.

[5] 李华胤.共同缔造:社会治理共同体的实践表达[J].治理现代化研究,2023,39(3):69-78.

[6] 程浩源.乡村旅游同质化测度与对策研究——以溧阳市为例[D].南京:南京师范大学,2022.

[7] 李小永.游客视角的乡村旅游地主观同质化[D].西安:陕西师范大学,2021.

[8] 杨迪.在地域文化下的乡村景观旅游同质化问题研究[D].咸阳:西北农林科技大学,2018.

[9] 张莉,孟程.乡村旅游中同质化问题研究[J].边疆经济与文化,2019(5):28-29.

[10] 赵明.乡村振兴背景下人才振兴问题研究[J].江苏商论,2023(8):136-138.

[11] 丁希,张劲松.乡村振兴背景下领导型人才队伍建设[J].领导科学,2019(14):44-46.

[12] 周晓光.实施乡村振兴战略的人才瓶颈及对策建议[J].世界农业,2019(4):32-37.

基于多维信息可视化技术的水质状况走向研究与水资源保护的路径探索
——以丹江口水库为例

信息工程学院　柯美琳　董玉　赵王舒　商童　覃国燕　柴向荣
曹俣妍　柏宏宇　舒博文

摘　要　为深入学习宣传贯彻党的二十大精神，贯彻落实习近平新时代中国特色社会主义思想，本团队着眼于水环境保护和建设，通过线上调研和实地调查两种形式将理论学习与实践结合起来，通过调研丹江口水资源保护现状、录制云微课并可视化展现调研成果，呈现丹江口市水资源保护效果，总结水资源保护经验，利用计算机与环境专业知识助力水资源保护。

关键词　成果可视化　线上调研　实地调查　云微课　水质监测

一、引言

（一）项目背景

1. 我国水环境现状：治理取得成效，但仍有待改善

我国水污染治理仍面临着一些困境：在传统治理模式下，环境治理主体（如企业、个人等）在成本与效益方面难以取得平衡；同时，大量未经处理的工业三废也涌入水体，给环境带来难以修复的破坏；农村地区由于环保基础设施建设严重滞后于经济发展，且长期疏于环境监管和治理，导致水环境污染问题依然严重；此外，随着城镇化进程加快，在"大城市病"背景下，大城市水污染问题也日趋严重。因此，如何转变水资源环境治理模式，将其与现代环境治理相结合仍是值得我们探讨的重要问题。

2. 丹江口水库水质监测与保护具有重要意义

目前，丹江口水库建设已取得了不小的成效，不论是制度保障还是管理体系建设都十分完善，其治理效果从水质检测数据上可以看出：今年4月份，丹江口水库何家湾、江北大桥测点水质类别为Ⅱ类，其他测点水质类别均为Ⅰ类，水质状况总体为"优"，水质状态持续向好。

（二）项目特色及重要性

1. 可视化展现调研成果

本团队充分利用学院专业优势，以丹江口水库为重点调研对象，综合开展水资源保护相关实地调研,包括水资源治理、水质检测及制度建设等,结合问卷调查和访谈,同时引入数字化技术,深度全面了解丹江口水库护水工作开展细节及全貌,并可视化呈现调研成果,利用信息技术生动展现丹江口市在水资源建设上所获得的成果。

2. 结合微课扩大项目影响力

本团队在实地调研过程中,为当地热爱环境的居民录制了视频,展现丹江口人民高度的节水护水意识。同时,邀请丹江口市环保局专业工作人员对关键水环境建设举措进行讲解,分享水质保护的经验与心得,并据此整合形成系列微课,科普水资源保护措施,以期增强大众的水环境保护意识,提高大众的水资源保护能力。

二、研究方法与调研设计

1. 数据调研

团队对丹江口市环保局进行实地走访调研,获取了近几年来当地的水质数据,并结合团队前期在网上搜集到的数据来分析水质状况变化趋势。同时,在实地调研过程中对重点水域进行采样取水,并带回学院安全与环境教学实验中心进行检测,得到了水质分析报告。

2. 访谈交流

对相关专家学者和机构人员进行深入访谈,探究当地环保政策与措施的有效性以及目前存在问题,学习他们的工作经验和解决方案。

3. 问卷调查

设计调查问卷,对当地环保人员以及居民进行问卷调查,了解他们对当地环保政策及水资源保护的认识和态度,分析调查结果,探究有效的水资源保护策略。

4. 微课素材收集与制作

整理访谈和问卷调查过程中收集到的素材,包括访谈录音、视频、图片、文字记录等,并将其整合成系列微课。

5. 实践总结

针对调研过程中收集到的多方资料,结合专业特色,借助环境工程学科优势,分析当地水质发展趋势,并同校内南湖水质进行对比及分析总结,提出可借鉴的水资源保护策略。借助计算机技术,建立信息可视化平台,综合呈现调研成果,依托互联网优势,扩大水资源保护宣传面。

三、调研结果与分析

(一)政策实施效果评估

政府通过制定具体工作方案、实施治理工程、建立长效机制等手段,有效推动了丹江口市水环境建设和生态保护工作进程。联合执法行动取得显著成果,通过对拦汊筑坝等违法行为进行查处,河湖长制工作得到常态化推进,政府层级明确责任,确保了水质的基本稳定。

(二)水质监测现状综述

环保局对丹江口水库及主要入库支流进行水质监测,发现水质总体良好,但在强降水后部分月份存在水质超标情况,同时夏季水华现象较为突出。为应对以上问题,当地政府采取了加快实施水质提升工程、农村污水零直排工程等措施。通过制订定期、连续、不同季节和突发事件的多维度监测方案,确保对水质状况有全面了解,为及时防范和应对潜在问题提供了有力支持。

(三)居民节水护水意识调查与分析

居民对当地水环境的整体认知水平较高,他们普遍认为丹江口水库水质有明显改善(见图1);节水护水意识强,日常生活中采取了循环用水等措施,同时表现出参与水资源保护的强烈意愿。然而,民众对水资源保护政策的了解程度相对较低,需要加强这方面的宣传教育。

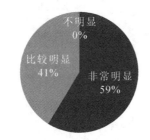

图1 问卷调研结果之一

四、解决方案与优化策略

(一)视频微课宣讲

我们基于采访过程中居民对当地生态建设的认识和保护水资源的经验分享,环保局工作人员、专业人员经验分享,以及监测站参观内容等制作出视频微课,以期为公众提供节水护水学习资源。

采访居民过程中,我们发现大部分居民对丹江口水库的现状及未来待改进问题有很深的了解,小部分居民对水库问题并未给出自己的看法。与丹江口水库接触最紧密、感受最深刻的就是当地居民,除去官方的水质测定之外,我们同时收集了居民在个人生活中对丹江口水库的直观认识,期望通过更加日常的谈话形式,将普通大众眼中的丹江口水库展现出来(见图2)。

此外,我们也邀请了环保局相关工作人员与水环境保护专业人士向我们详细解读当地的部分水环境保护政策、展示水质检测的关键环节并分享水质保护的经验与心得(见图3),期望以专业视角展示当地水环境保护成效、增强大众的水环境保护意识以及科普水资源保护措施,从而提高公众保护水资源的能力。

(二)可视化呈现调研成果

我们用可视化的形式来呈现实践成果(见图4~8),呈现的内容包括实践中总结出来的丹江口水库近年来的水库数据、水质变化情况及实地调研期间拍摄的当地照片等成果,旨在利用互联网优势宣传介绍所得实践成果,吸引更多的人投身到水环境建设中来。

图 2 居民采访微课

图 3 环保局采访微课

图 4 可视化首页

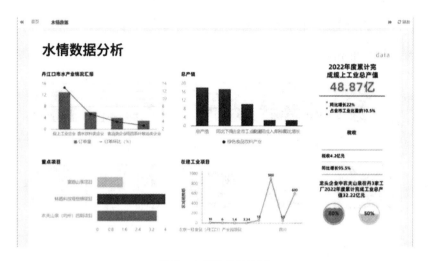

图 5 水情数据可视化

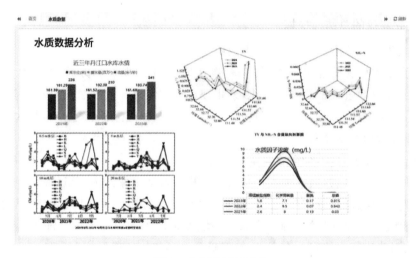

图 6 水质数据可视化

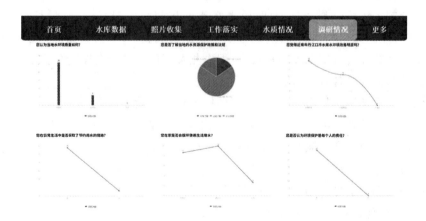

图 7 问卷调研数据可视化

图 8 调研过程可视化

（三）优化建议的总结与提炼

1. 细化水资源综合管理措施，建立水资源保护长效机制

制定综合的水资源管理规划，涵盖水资源分配、利用和保护等方面，加强从对水域生态系统的监测到修复等过程中的各项工作，禁止破坏性的河道开发和滥采河水资源的行为，细化治理工程，确保实现有效的政策协调和资源整合。同时，建立健全各方面的水环境管理机制，强化水环境管理的责任和权威性。

2. 加强监督，奖惩有度，全面落实水环境保护政策

通过激励和奖励机制，鼓励企业和个人采取积极行动来保护水环境，如给予节水设备的购买补贴、减免环境税等。同时，建立严格的处罚机制，对违反水环境保护法规的行为进行处罚。建立健全的监督和执法机制，确保水环境保护政策的有效实施。加强对企业和行业的监管，加大对违法行为的查处力度，同时保障公众参与权和确保信息公开。

3. 加强环境监测和预警，建立长期稳定的监测体系

建立健全的水环境监测网络，及时监测水质变化和污染源，进行连续和定期的监测工作，并利用实时监测数据和预测模型，建立水环境预警机制。同时，提高信息透明度，根据监测数据对水环境状况进行定期评估和报告，促进相关部门与社会公众的信息交流和合作，形成水环境保护与治理的各方合力。

4. 增强公民水环境保护责任意识，提高公民水环境建设参与能力

公民作为社会治理的参与主体，在水环境建设落实方面起着关键作用。相关方案的实施需要公民的认同与配合。同时，在水环境建设取得一定成效后也需要公民自觉维护，助力水环境建设持续向好发展。

5. 重视教育部门引导作用，培养青少年的良好习惯

教育者在教育活动中发挥主导作用，好的教育者可以做到教而无形、育人无声，而学生也会收获很多。学校可以在日常教学活动中安排水环境保护主题课程、在校园内合适地点张贴宣传标语，潜移默化地影响学生，使学生的节水护水意识增强，并培养良好的生活习惯。

6. 加大水环境保护宣传力度,呼吁民众自觉参与

丰富水环境保护宣传形式,深入学校以及社区开展主题活动、张贴宣传标语、开展相关讲座等,以多种形式的活动呼吁民众参与到水环境建设中来,提高民众对水环境保护的参与度与支持度。

五、结语与展望

本项目旨在通过节水护水网站水资源保护成效数据与节水护水微课视频引导更多的人改变用水习惯、保护水环境。实践之初,团队查阅了国内外大量资料,结合实际生活现状提出了社会实践主题,在指导教师的帮助下,确定了具体的实践方向和内容,之后积极与实践地——丹江口市环保局工作人员取得联系,通过良好的沟通交流,确定了采访和微课录制相关事宜。在实践准备阶段,团队制定了详细的实践计划与经费支出明细,保证了后续实践能够顺利进行。实地实践中,团队积极联系环保局工作人员,完成水资源环境保护微课视频录制,并积极与当地居民交流,获得了大量纸质问卷调查数据。实践之余,团队成员也前往大坝进行了实地考察。实践后期,团队内部分工合作,通过分析采访和问卷调查数据形成了图表报告,通过梳理采访和问卷调查视频制作了微课视频,通过整合实践资料搭建了节水护水主题网站,此外,还回顾实践活动过程与心得,制作了实践新闻稿,在校级平台投稿宣传,最后完成了社会实践报告。

综上,此次社会实践项目在指导教师的引领下圆满完成。通过本次社会实践,我们深刻感受到了水资源的宝贵和节水护水的积极意义,制作出了宣传文稿和节水护水主题网站,为节水护水理念宣传贡献了一份力量。同时我们也衷心地呼吁大家一同爱护水资源,保护水资源。希望团队的实践成果不仅仅是一份资料,更可以成为保护水资源的一份力量!

参考文献

[1] 靖争,曹慧群.长科院牵头推进数字孪生丹江口水质安全建设[EB/OL].(2022-12-27).[2023-5-28].http://www.crsri.cn//Ariticle/Index/12689.

[2] 兰延文,郭丽君,李森.大数据背景下的智慧环保建设与改进措施讨论[J].资源节约与环保,2021(9):135-138.

基于 AHP-模糊综合评价模型构建以社会需求为导向的高校实践育人成效评价体系
——以武汉市各高校为例

校团委组织部　田雅灿　潘璨　陈岩　何佳怡　胡可

摘　要　本项目小组以习近平新时代中国特色社会主义思想为指引,前往武汉市各高校及相关基层社区开展实地调研,并基于 AHP(层次分析法)-模糊综合评价模型,以实地调研与线上问卷调查相结合的方式收集数据,了解武汉市各高校实践育人活动开展情况,构建以社会需求为导向的高校实践育人成效评价体系,为实践育人活动提质增效,为培养优秀复合型人才提供方向指引。

关键词　模糊综合评价模型　AHP 模型　实践育人　评价体系

一、调研背景及思路

(一)调研背景

《教育部等部门关于进一步加强高校实践育人工作的若干意见》指出,进一步加强高校实践育人工作,是全面落实党的教育方针,把社会主义核心价值体系贯穿于国民教育全过程,深入实施素质教育,大力提高高等教育质量的必然要求。实践育人依然是高校人才培养中的薄弱环节,存在重理论轻实践、重知识传授轻能力培养等问题,与培养拔尖创新人才的要求还有差距。近年来,国内关于构建高校实践育人评价体系的研究较多,包括:屈正庚以商洛学院产学研协同育人为对象开展的研究;张金辉、梁博通运用 CIPP(C 代表背景评价,I 代表输入评价,第一个 P 代表过程评价,第二个 P 代表结果评价)教育评价模型对大学生社会实践育人成效进行评价的研究;李宝玲以大学生"三下乡"社会实践为研究对象,采用 CIPP 教育评价模型开展的研究;陈步云对完整的高校实践育人质量评价机制的理论探究;徐源对新时代背景下构建高校实践育人的评价指标体系的方法、遵循的原则和设计思路的理论层面探究。相关研究成果为本项目的开展提供了宝贵借鉴。

当今时代,改革开放不断深化,市场经济不断发展,经济全球化进程不断加快。实践育人活动作为高校思政育人工作的重要组成部分,是培养高科技创新型人才的重要途径,是大学生成长、成才的重要载体。构建实践育人成效评价体系,完善实践育人方针及策略,培养高校优秀的复合型人才,满足政府机关及企业等的需求,对国家的发展进步有着深远意义。

构建高校实践育人成效评价体系响应了国家"加强高校实践育人工作"的号召,助力武汉市各高校进一步构建实践育人体系、强化实践育人模式。

(二) 调研思路

项目小组在提出构建以社会需求为导向的高校实践育人成效评价体系后,分析了项目研究背景与目的,得出调研思路:采用问卷调查、实地访谈、查阅相关资料的方式获取数据,并用模糊综合评价与 AHP 方法对所得数据进行分析与处理,最终构建科学客观的高校实践育人成效评价体系。

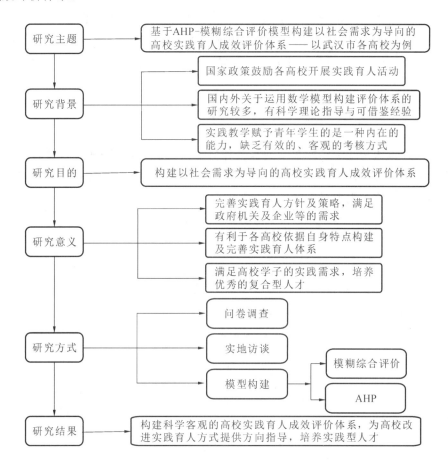

(三) 调研价值

该实践项目将模糊综合评价法和 AHP 方法相结合,运用 AHP 方法确定因素集进行评价,同时运用模糊综合评价法确定评判效果,提取国家规划、基层需求和个人发展三个重点评价要素,以社会需求为导向构建评价体系,通过分析高校实践在各个层面的指标水平对武汉市各高校实践育人成效进行评价。AHP-模糊综合评价法是将模糊综合评价法和 AHP 方法相结合的产物,两种方法互补,有利于更加客观准确地对研究对象进行评价,减少评价的主观性。将 AHP-模糊综合评价法引入高校实践育人体系研究是十分有益的探索,能为 AHP-模糊综合评价模型的实际应用提供参考依据。不仅如此,基于 AHP-模糊综合评价模型对高校实践育人成效进行评价,还创造性拓展了多层次、宽领域的评价方法,为高校实践育人体系、途径及预期成果的构建积累了经验。结合武汉市各高校的实际情况,客观切实地进行评价研究,有利于各高校依据自身特点构建及完善实践育人体系,同时满足高校学子的实践需求,有助于为社会培养应用型、复合型实践人才。

二、调研方法

(一)模型总述

首先本项目小组根据相关资料建立了高校实践育人成效评价体系,根据由调查问卷和从统计局年鉴报告中收集到的数据,选择模糊综合评价模型对高校实践育人成效评价的各项指标进行赋分,在得到各项指标评分后,用 AHP 模型求解各指标权重,以计算高校实践育人成效的最终得分。

(二)模型原理

1. 模糊综合评价

模糊综合评价法是基于模糊数学的综合评价方法,其基本思想是通过隶属度这一理论媒介将定性评价量化,通常用于解决各种非确定性的问题。将所建立的"大学生实践表现情况"的指标,划分为若干组因素集:

$$U = \{u_1, u_2, \cdots, u_n\} \tag{1}$$

且

$$U = \bigcup_{i=1}^{k} U_i, \quad U_i \cap U_j = \varnothing \quad (i \neq j) \tag{2}$$

确定评语集

$$V = \{v_1, v_2, \cdots, v_m\} \tag{3}$$

并对第二级因素集进行评价,得到综合评价矩阵:

$$\boldsymbol{R}_i = \begin{bmatrix} r_{11}^{(i)} & r_{12}^{(i)} & \cdots & r_{1m}^{(i)} \\ r_{21}^{(i)} & r_{22}^{(i)} & \cdots & r_{2m}^{(i)} \\ \vdots & \vdots & & \vdots \\ r_{n_i 1}^{(i)} & r_{n_i 2}^{(i)} & \cdots & r_{n_i m}^{(i)} \end{bmatrix} \tag{4}$$

若

$$U_i = \{u_1^{(i)}, u_2^{(i)}, \cdots, u_{n_i}^{(i)}\} \tag{5}$$

的权重为

$$A_i = \{a_1^{(i)}, a_2^{(i)}, \cdots, a_{n_i}^{(i)}\} \tag{6}$$

则综合评价集为

$$B_i = A_i \cdot R_i \quad (i = 1, 2, \cdots, k) \tag{7}$$

再对第一级因素集

$$U = \{U_1, U_2, \cdots, U_k\} \tag{8}$$

进行综合评价,若权重为

$$\boldsymbol{A} = \begin{bmatrix} a_1 & a_2 & \cdots & a_k \end{bmatrix} \tag{9}$$

则

$$R = \begin{bmatrix} B_1 \\ B_2 \\ \vdots \\ B_k \end{bmatrix} \quad (10)$$

综合评价结果为

$$B = A \cdot R \quad (11)$$

2. AHP模型

AHP通过建立递阶层次结构,由两两因素之间重要度的比较来量化重要性,将复杂问题分解成多个组成因素,避免决策者主观判断带来的缺点。对一级指标与二级指标分别构造比较矩阵,如表1所示,其中 α、β、γ 为权重。

表1 比较矩阵

M	C1	C2	C3
C1	1	α	β
C2	$1/\alpha$	1	γ
C3	$1/\beta$	$1/\gamma$	1

求解 M-C 比较矩阵的特征值 λ 与权重向量 $\omega_i = [\omega_{i1}, \omega_{i2}, \cdots, \omega_{in}]^T$,此向量即为各指标权重。首先,由公式 $CI = \dfrac{x_{\max} - n}{n-1}$ 计算一致性指标,其中 $x_{\max}$ 为最大特征值,n 为矩阵阶数;其次,查表2,可知当 n 为 3 时,RI 为 0.58,由 $CR = \dfrac{CI}{RI}$ 计算得到 CR,若 CR<0.1,则说明该比较矩阵通过了一致性检验。

表2 n 与 RI 的关系

n	2	3	4	5	6	7	8	9	10	11
RI	0	0.58	0.9	1.12	1.24	1.32	1.41	1.45	1.49	1.51

(三)模型构建

1. 基于模糊综合评价建立评价指标体系

1)指标确立

为建立高校实践育人成效评价体系,从国家层面、基层需求层面、个人发展层面与高校层面选取重要指标。在国家层面,国家每年开展社会实践、创新创业大赛等项目型实践比赛,并对获奖团队进行表彰,同时对一些在服务型实践、志愿服务中做出一定成绩的大学生做出表彰,故选择这些实践活动获奖情况作为量化依据。在基层需求层面,选取高校假期基层实践人数占比、大学生实践出勤率及基层实践工作效率,以反映大学生实践情况。在个人发展层面,参考众多文献,选择对高校实践育人体系满意度、实践活动参与度、实践活动中实践能力的提升情况、实践活动中个人认知的提升情况、实践活动中创新意识的增强情况为指标。在高校层面，参考中国青年志愿者协会发布的《高校志愿服务指标体系（试行）》，选取了校级品牌志愿服务项目数量、实践活动资金占学生活动资金比重、实践活动安排数量、实践活动开展完整情况作为量化指标。

项目小组将指标分为两级，从国家层面、基层需求层面、个人发展层面与高校层面构建高校实践育人成效评价体系，如表3所示。

表3 高校实践育人成效评价体系指标

一级指标	二级指标	解释	数据来源
国家层面	项目型实践活动获奖情况	如社会实践、创新创业等项目国家级别奖项获奖情况 单位：次/年	学校官网
	服务型实践活动获奖情况	如获得大学生年度人物等奖项情况 单位：人/年	学校官网
	文体型实践活动获奖情况	在文体活动中获奖情况 单位：次/年	学校官网
基层需求	假期基层实践人数占比	假期参与基层实践人数占本校人数的百分比 单位：%	学校官网
	大学生实践出勤率	大学生假期基层实践出勤天数占实践总天数的百分比 单位：%	实地访谈
	基层实践工作效率	大学生在基层实践工作中的工作效率 1～10分	调查问卷
个人发展	对高校实践育人体系满意度	大学生对高校实践育人体系满意度 1～10分	调查问卷
	实践活动参与度	大学生在实践活动中的参与度 1～10分	调查问卷
	实践活动中实践能力的提升情况	大学生在实践活动中实践能力（沟通能力、领导能力等）的提升情况 1～10分	调查问卷
	实践活动中个人认知的提升情况	大学生在实践活动中个人认知（个人定位、学科定位等）的提升情况 1～10分	调查问卷
	实践活动中创新意识的增强情况	大学生在实践活动中创新意识的增强情况 1～10分	调查问卷

续表

一级指标	二级指标	解释	数据来源
高校层面	校级品牌志愿服务项目数量	学校支持开展并持续三年以上的项目数量 单位：个	学校官网
	实践活动资金占学生活动资金比重	学生活动资金是学校预计提供的学生管理学生事务、开展各类文体活动与实践活动所需资金 单位：%	学校官网
	实践活动安排数量	学校每年安排的实践活动数量 单位：次/年	学校官网
	实践活动开展完整情况	实践活动流程是否完整 1～10 分	调查问卷

2) 基于模糊综合评价为各指标赋分

选择梯形分布的模糊综合评价模型，将评语集分为四级，故有

$$V = \{v_1, v_2, v_3, v_4\} \tag{12}$$

根据模型确定不同 a、b、c、d 值，针对评语集 v_1 构造方程

$$A(x) = \begin{cases} 1, x \leqslant a \\ \dfrac{b-x}{b-a}, a < x < b \\ 0, x \geqslant b \end{cases} \tag{13}$$

针对评语集 v_2 构造方程

$$A(x) = \begin{cases} 0, x \leqslant a \\ \dfrac{x-a}{b-a}, a < x \leqslant b \\ \dfrac{c-x}{c-b}, b < x < c \\ 0, x \geqslant c \end{cases} \tag{14}$$

针对评语集 v_3 构造方程

$$A(x) = \begin{cases} 0, x \leqslant b \\ \dfrac{x-b}{c-b}, b < x \leqslant c \\ \dfrac{d-x}{d-c}, c < x < d \\ 0, x \geqslant d \end{cases} \tag{15}$$

针对评语集 v_4 构造方程

$$A(x) = \begin{cases} 0, x \leqslant c \\ \dfrac{x-c}{d-c}, c < x < d \\ 1, x \geqslant d \end{cases} \tag{16}$$

2. 利用AHP方法求解各指标权重

分别利用一级指标和各一级指标下的二级指标构建判断矩阵,通过AHP模型计算各指标的权重,在此基础上得出高校实践育人成效评分。

三、调研对象

项目小组前往武汉大学、华中科技大学、中南财经政法大学、中国地质大学(武汉)、中南民族大学、武汉纺织大学、湖北第二师范学院、武汉职业技术学院几所高校及南湖街道六个社区(水域天际社区、中央花园社区、华锦社区、宝安社区、宁松社区、都市桃源社区)对武汉市高校实践育人活动开展情况进行了调研,相关图片如图4~5所示。

图4 项目小组采访社区负责人

图5 项目小组实地调研高校

四、调研结果分析

(一) 问卷描述性统计分析

在关于武汉市高校实践育人成效评价体系的调查中,调查对象中女性占比为47.47%,略少于男性的52.53%,如图6所示。

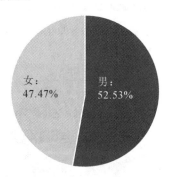

图6 调查对象性别占比

在关于武汉市高校实践育人成效评价体系的调查中,不同学校调查对象人数占比情况如图7所示,其中中南财经政法大学调查对象人数占比最高,为17.01%。

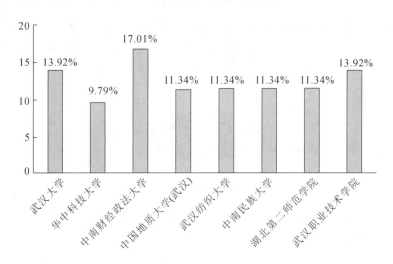

图7 不同学校调查对象的人数占比

在关于武汉市高校实践育人成效评价体系的调查中,调查对象中参与社会实践的学生占比为75.08%,远大于不参与社会实践的24.92%,如图8所示。由此可见,武汉市大学生参与社会实践较为积极。

在关于武汉市高校实践育人成效评价体系调查中,参与调查的学生对自己实践能力的提升情况的评分如图9所示。极少数人认为自己在社会实践过程中收获较少,大部分人认为收获较多,这说明武汉市高校实践体系在对大学生实践能力的提升方面略有成果。

(二) 访谈调研数据分析

关于武汉市高校实践育人成效评价体系的调查结果显示,南湖街道六个社区在寒暑假、

图 8 调查对象是否参与社会实践占比

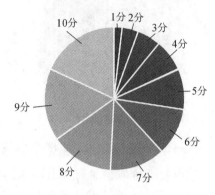

图 9 调查对象对实践能力提升情况的评分(1~10 分)

法定节假日和日常周末等时间段皆有高校大学生前往进行实习实践,其中日常周末实践人员约占参与实践总人数的 70%,寒暑假实践人员占参与实践总人数的 25%,选择在法定节假日前往社区进行实习实践的高校大学生人数仅占参与实践总人数的 5%,如图 10 所示。

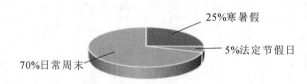

图 10 高校大学生社区实习实践时间段分布

各社区对前往实习实践的高校大学生表现评价良好(见图 11),说明社区对大学生社区基层工作成效的肯定。

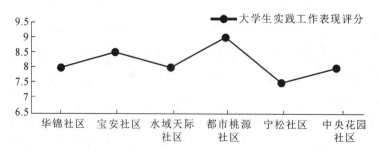

图 11 社区对高校大学生实践工作表现的评价

由调查访谈可知,六个社区的工作人员主要对参与社会实践工作的大学生的组织协调能力、沟通能力、写作能力和技能学习能力等有所期望,如图 12 所示。

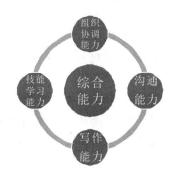

图 12 社区工作人员对高校大学生实习实践能力的期望

(三) 基于 AHP 方法的权重计算

基于建立的指标体系及收集得到的数据,项目小组利用 AHP 方法对各指标权重进行计算,得到的结果如表 4 所示。

表 4 各指标平均权重

一级指标	二级指标	平均权重
国家层面	项目型实践活动获奖情况	8.1875%
	服务型实践活动获奖情况	10.315%
	文体型实践活动获奖情况	6.4975%
基层需求	假期基层实践人数占比	10.315%
	大学生实践出勤率	6.4975%
	基层实践工作效率	8.1875%
个人发展	对高校实践育人体系满意度	6%
	实践活动参与度	4%
	实践活动中实践能力的提升情况	3%
	实践活动中个人认知的提升情况	7%
	实践活动中创新意识的增强情况	5%
高校层面	校级品牌志愿服务项目数量	6.25%
	实践活动资金占学生活动资金比重	6.25%
	实践活动安排数量	6.25%
	实践活动开展完整情况	6.25%

在国家层面:服务型实践活动与项目型实践活动较热门,开展情况较好。服务型实践活

动获奖情况的平均权重为10.315%,为三个实践活动获奖情况指标中权重最高的一项,这说明国家较重视服务型实践活动的开展,并以奖项的形式给予鼓励。服务型实践活动开展较多,受社会关注度较高且对社会贡献较明显。项目型实践活动获奖情况的平均权重为8.1875%,在三个实践活动获奖情况指标中的权重也相对较高,说明这类将学科专业知识与社会实践相结合的实践活动较适应国家培养高素质人才的需求。文体型实践活动获奖情况的平均权重为6.4975%,在三个实践活动获奖情况指标中权重较低,说明目前大学生社会实践的侧重点在服务社会及专业素养与实践经验的结合上,国家对学生文体素质的要求不高。

在基层需求层面:假期基层实践人数占比的平均权重为10.315%,说明目前基层对假期参与实践的大学生有大量需求,在社区的实地调研中也发现,基层社区会举办各类活动,如禁毒宣传、幼儿暑期托管班、社区环境优化建设志愿活动等,这些活动都需要大学生的积极参与与协助。基层实践工作效率的平均权重为8.1875%,根据实地调研与理论分析可得出,社区的工作繁多且琐碎,因此参与基层社会实践的大学生需要注重提升自身工作效率并且具备工作能力,这样才能真正符合基层的需求。大学生实践出勤率的平均权重为6.4975%。在实地调研中发现:一方面,高校的前期动员工作与大学生自身的思想觉悟较好,绝大部分大学生在报名参与基层实践活动后会积极主动到场参与;另一方面,高校与社区的联合考勤工作开展情况较好,从制度上约束了大学生。基层社区普遍对大学生实践的出勤率满意,因此此项指标并不太重要。

在个人发展层面:实践活动中个人认知的提升情况的平均权重为7%,说明大学生的个人认知提升情况对实践育人活动结果评价的影响较大。因为大学生在亲身参与社会实践的过程中,受影响最深的是个人认知;对高校实践育人体系满意度的平均权重为6%,说明大学生对所在高校实践育人体系的满意度是本评价体系中的重要指标。实践活动中创新意识的提升情况的平均权重为5%,权重并不高,说明在评价高校的实践育人活动时,大学生的创新意识的增强情况并非重要指标。实践活动参与度的平均权重为4%,说明大学生在社会实践活动中的参与度并非是评价高校实践育人活动的重要指标,实践育人活动对大学生思想认知的影响远比参与度重要。实践活动中实践能力的提升状况的平均权重为3%,说明实践活动中实践能力的提升情况对实践成果评价的影响不大。在调研过程中,项目小组了解到不同高校的实践活动取得的实践能力提升效果相差不大,因此不能将其作为评价的主要指标。

在高校层面:四个指标的权重相同,说明校级品牌志愿服务项目、实践活动资金占学生活动资金比重、实践活动安排数量和实践活动开展完整情况在对实践成果评价的影响中同等重要。

(四)基于模糊综合评价的评分体系

在查阅相关资料后,项目小组决定将高校实践育人体系分为差、一般、良好和优秀四个等级,并对其进行界定。例如:对于项目型实践活动获奖情况的人次,我们认为0人次为差、1~2人次为一般、3~4人次为良好、5人次及以上为优秀;对基层实践工作效率等的评分(1~10分)中,1~2分为差、3~5分为一般、6~8分为良好、9~10分为优秀。根据以上的评分依据,对中南财经政法大学等高校的实践育人体系进行打分。我们共收集到416份调查问卷,并对每所学校取平均分,得到各所高校实践育人体系的评分等级,如表5所示。

表5 八所高校实践育人体系评分等级

学校	评分等级
武汉大学	优秀
华中科技大学	优秀
中南财经政法大学	优秀
中国地质大学(武汉)	优秀
中南民族大学	良好
武汉纺织大学	优秀
湖北第二师范学院	优秀
武汉职业技术学院	良好

由此可知,武汉市高校的实践育人活动开展情况普遍较好,但部分高校仍有改进空间。

(五)调研结论

1. 基层需求层面

在关于武汉市高校实践育人成效评价体系的调研访谈中,南湖街道的宝安社区、都市桃源社区、中央花园社区等六个社区肯定了高校大学生自发前往基层进行实习实践的做法,认可青年学生的学习能力和创新能力,体现出社会基层对青春力量的需求。

当前,各高校大学生主要是基于校社长期合作机制通过组建实践队来进行实习实践,实践内容为儿童科普、禁毒宣传、家园美化、社区儿童托管等活动,其中华中师范大学星火实践队、武汉理工大学实践队、中南财经政法大学金融学院志愿者协会等高校实践团队与南湖街道社区均有多次合作经历。

在调研访谈中得知,社区期望高校青年学生紧跟时代步伐、掌握创新技术,并期望通过注入新鲜血液带动社区工作效率提高和促进创新成果产生。同时,社区重视高校大学生的综合能力,在举办活动中的组织协调能力与沟通能力,在日常工作中的写作能力、技能学习能力等。

高校大学生只有亲身参与社区的实际工作,才能不断提高自己的各项能力,满足基层工作需要,真正收到良好的实践效果。

2. 个人发展层面

调查数据显示,武汉高校大学生中,超过七成的在校大学生均参与过实习实践,由此可见武汉市高校大学生参与社会实践较为积极。在参与实习实践的高校大学生中,大部分学生都觉得自己在实习实践过程中收获较多,实践能力、个人认知和创新能力都得到了一定的提升,这也说明武汉市高校实践育人体系在对大学生实践能力的提升方面略有成果。

五、问题发现与解决优化方案

(一)问题发现

1. 缺乏系统性工作经验

高校大学生由于工作经验较少,在实习实践中与单位工作人员相比,不可避免地缺少了系统性观念。在社区调研访谈中,不少社区提及前往社区实践的在校大学生缺乏整体观念和基层工作经验,容易顾此失彼,这一点需要在后续实践中完善。

2. 无法建立固定实践人员长期培训机制

鉴于高校大学生年级流动性,学校与不少社区、企业虽已建立了长期合作实习实践机制,但其中的实践人员往往不固定,这也导致企业、社区等单位经常需要对实践人员进行培训。

3. 服务型实践活动缺乏奖励机制

由数据分析可知,在武汉市高校大学生开展的实践活动中,服务型实践活动开展较多,所需人员数量较大。调研反馈显示,服务型实践活动当前虽仍有许多高校大学生参与,但其工作积极性有所降低。

(二)解决优化方案

1. 针对性策略

(1) 针对高校大学生缺乏系统性工作经验的问题,高校可联合社区及以往参与社会实践的学生共同总结工作经验,在后续的实践育人活动开始前,对报名参与实践活动的大学生开展行前培训,介绍社区工作的整体情况,传授工作经验;大学生也需要在一次次实践中自我总结反思,积累工作经验,不断提升自身能力。

(2) 针对无法建立固定实践人员长期培训机制的问题,在高校大学生的年级流动性不能改变的情况下,学校与所合作的社区等单位可以共同打造一套线上培训课程或编写实习实践工作指南手册,其中指南手册应包括实习实践的基本要求、具体流程、注意事项等,帮助大学生提前了解实习实践的各个环节,提高适应能力。此外,手册还可以包含一些成功案例和经验分享,以激发学生参与实践育人活动的积极性。

(3) 针对服务型实践活动缺乏奖励机制的问题,建议高校与社区商讨,通过设置志愿工时、建立实践表彰奖励机制等,激励大学生投入服务型实践活动。应当注意:一方面,高校和社区需要就奖励机制展开充分协商,以保障激励机制的可行性和实用性;另一方面,高校应与社区合作,完善信息沟通机制,及时反馈学生的实践情况和成果,为制定和调整激励措施提供依据。

2. 核心策略

高校运用本文所介绍的评价体系对本校的实践育人活动成效进行全方位的评价,精确找到不足之处,有针对性地优化流程,提升实践育人的成效。本评价体系是从社会需求出发,从国家层面、基层需求层面、个人发展层面、高校层面针对高校开展实践育人活动的全流程构建的,同时运用了模糊综合评价和AHP方法,具有科学性、客观性。高校还可以结合自身实际情况对本评价体系进行灵活改进。

3. 重要策略

国家加大对高校实践育人活动开展的支持和对优秀实践项目、团队、个人等的表彰。国家层面的激励,一方面可以为高校开展、优化实践育人活动提供有力的支持,另一方面也可起到宣传激励作用,激发广大大学生参与实践育人活动的积极性,并在活动中积极作为,全方位提升自己,为社会做贡献。

4. 灵活策略

开展实践育人活动总结与宣传教育大会。依据本评价体系,在大学生个人层面,分析各高校大学生在参与具体实践育人活动中出现的不足之处,有针对性地开展实践总结大会,总结以往参与实践活动的大学生在实践工作中的不足之处和思想行为误区,同时为以后的实践活动做宣传。这样既可以扎实提升大学生参与实践育人活动的成效,又可以鼓励大学生多参与实践活动,满足基层需求。

六、结语

本研究采用问卷调查、实地访谈、查阅相关资料的方式获取数据,并用模糊综合评价与AHP方法对所得数据进行分析与处理,最终构建了较为科学客观的高校实践育人成效评价体系。其中,假期基层实践人数占比和服务型实践活动获奖情况是评价体系中最重要的指标,其平均权重均为10.315%。

根据研究结果,我们得出以下结论:高校实践育人活动成果受到多种因素的影响,其中假期基层实践人数占比、服务型实践活动获奖情况和实践活动中个人认知的提升情况等是其中较为关键的影响因素。在国家层面,服务型实践活动的获奖能扩大高校实践育人活动的影响,既能鼓励大学生积极参与实践活动,又有利于其他高校的借鉴,推动高校实践育人活动优化发展;在基层需求方面,假期基层实践人数占比大,更能有效对接基层社区的需要,为社区实践活动和工作的开展提供足够的支持;在个人发展层面,实践中个人认知的提升情况对大学生的个人发展最重要,有利于大学生开阔思维,提前适应社会;在高校层面,四项指标均对高校的实践育人活动开展有重要影响。另外,武汉市高校的实践育人活动开展情况均较好,部分学校有提升改进空间。

针对调研得出的问题,本项目小组也给出了相应的建议,为高校更好开展实践育人活动提供借鉴。

参考文献

[1] 陈步云.高校实践育人质量评价机制的构建[J].思想教育研究,2018,287(5):76-80.

[2] 李宝玲.基于CIPP评价理论的大学生"三下乡"社会实践育人成效评价指标体系研究[J].高校后勤研究,2021,230(5):76-79.

[3] 李晴.基于AHP-模糊综合评价法的智慧社区建设评价研究——以H市为例[J].房地产世界,2023,384(4):48-51.

[4] 屈正庚.基于AHP的产学研协同育人教学质量评价研究[J].系统仿真技术,2019,15(4):258-262.

[5] 石莉,陈诚,邵艺.基于BP神经网络的大学生实践教学效果评价研究[J].扬州大学学

报(高教研究版),2020,24(2):112-118.

[6] 徐源.新时代背景下高校实践育人评价指标体系研究[J].牡丹江教育学院学报,2019,199(4):27-29.

[7] 严太山,文怡婷,黄红霞,等.地方高校实践教学评价体系的设计研究[J].教育现代化,2018,5(23):125-127,154.

[8] 张金辉,梁博通.基于CIPP模型的大学生社会实践育人成效评价体系研究[J].学校党建与思想教育,2017,559(16):56-58.

[9] BIAN F,WANG X S. School enterprise cooperation mechanism based on improved decision tree algorithm[J]. Journal of Intelligent & Fuzzy systems:Applications in Engineering and Technology,2021,40(4):5995-6005.

[10] CHENG P. Evaluation method of ideological and political classroom teaching quality based on analytic hierarchy process[J]. Scientific Programming,2022,2022(14):6554084.1-6554084.8.

[11] ZHANG X,MENG S Y,ALBESHRI A,et al. College students' innovation and entrepreneurship ability based on nonlinear model[J]. Applied Mathematics and Nonlinear Sciences,2023,7(1):285-292.

青年工作实干增效促发展
——基于中南财经政法大学"第二课堂成绩单"制度实施现状的实地调研

第二课堂管理服务中心　陈仪凡　禤司德　赵福瑄　田冰　吕佳迪

摘　要　本项目旨在对中南财经政法大学"第二课堂成绩单"制度的实施现状进行实地调研,以期了解该制度对学生培养和发展的作用,并提出改进建议。

关键词　第二课堂　课外活动　学生培养　实地调研

一、调研背景

2018年,共青团中央、教育部联合印发《关于在高校实施共青团"第二课堂成绩单"制度的意见》,明确指出共青团"第二课堂成绩单"制度是充分借鉴第一课堂教学育人机理和工作体系,实现高校学生参与共青团第二课堂可记录、可评价、可测量、可呈现的一整套工作体系和工作制度。基于上述背景,中南财经政法大学积极推行"第二课堂成绩单"制度的相关建设,逐渐形成了一套体系健全、卓有成效的第二课堂操作系统。

二、调研内容

(一)调研方法

1. 问卷设计

本次调研主要采用问卷调查的方式,问卷内容主要围绕对"第二课堂成绩单"制度的了解程度、第二课堂活动组织开展情况以及对"第二课堂成绩单"制度的建议三方面展开。

2. 数据分析

为扩大调研群体范围,本次调研主要采取线上、线下两种方式开展,调研对象为中南财经政法大学2022级班团干部以及各学生组织负责人,最终回收有效问卷145份。具体问卷发放情况如表1所示。

表1　问卷发放情况

调查对象	问卷回收数	有效问卷数	发放时间	发放形式
2022级班团干部	100	95	2023年7月	线上问卷与纸质问卷
各学生组织负责人	56	50	2023年7月	线上问卷与纸质问卷

在针对各班团干部的有效问卷中,各学院的问卷数量分布情况如图 1 所示。其中法学院、会计学院以及统计与数学学院占比排名前三,分别是 22.1%、13.7% 和 10.5%。

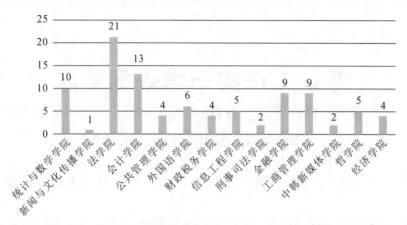

图 1　各学院的问卷数量分布情况

针对 2022 级班团干部的具体调研结果如表 2 所示。

表 2　2022 级班团干部调研结果

一级指标	二级指标	调研结果
第二课堂活动组织开展情况	对"第二课堂成绩单"制度的了解程度	非常了解(31%)、基本了解(55%)、了解一点(13%)、完全不了解(1%)
	组织第二课堂活动频率	经常组织(39%)、偶尔组织(49%)、从未组织过(12%)
	开展第二课堂活动类型	思想品行(81%)、人文素养(36%)、劳动实践(23%)、健康教育(18%)、创新精神(17%)
对"第二课堂成绩单"制度的看法	开展第二课堂活动的必要性	获得学分(83%)、提高综合能力(55%)、学以致用(54%)、人际关系(38%)、其他(4%)
	组织第二课堂活动的困难	审批时间长(59%)、操作复杂(49%)、签到(退)问题(42%)、问题解答不及时(40%)、开展活动不合要求(31%)、其他(2%)
	对"第二课堂成绩单"制度满意情况	非常满意(4%)、比较满意(31%)、一般(42%)、不是很满意(14%)、非常不满意(9%)
	第一课堂与第二课堂的关系	相辅相成(59%)、第二课堂没必要(20%)、第二课堂可有可无(14%)、同等重要(7%)

因"第二课堂成绩单"制度从 2022 级起正式开始实施,所以在针对各学生组织负责人的问卷中,大一、大二年级学生占比较高。具体的问卷调研结果如表 3 所示。

表3 各学生组织负责人调研结果

一级指标	二级指标	调研结果
对第二课堂了解程度	了解第二课堂具体内容	了解(53%)、不够了解(47%)
	熟悉第二课堂签到(退)流程	是(84%)、否(16%)
对第二课堂的建议	对第二课堂实施的意见	好(34%)、一般(35%)、需要改进(25%)

3.深度访谈

本次调研采用深度访谈法,访谈对象基本情况如表4所示。

表4 访谈对象基本情况

编号	所属单位	访谈形式	访谈时间
1	法学院	线下访谈	2023年7月13日
2	金融学院	线下访谈	2023年7月13日
3	统计与数学学院	线下访谈	2023年7月13日
4	新闻与文化传播学院	线上访谈	2023年7月13日
5	工商管理学院	线上访谈	2023年7月14日
6	会计学院	线上访谈	2023年7月14日
7	经济学院	线下访谈	2023年7月14日
8	就业指导服务中心	线下访谈	2023年7月14日
9	财政税务学院	线上访谈	2023年7月15日
10	公共管理学院	线上访谈	2023年7月15日
11	外国语学院	线上访谈	2023年7月15日
12	信息工程学院	线上访谈	2023年7月15日
13	哲学院	线上访谈	2023年7月16日
14	中韩新媒体学院	线上访谈	2023年7月16日
15	刑事司法学院	线下访谈	2023年7月18日

(二)实践开展过程

2023年7月10日至7月20日,中南财经政法大学第二课堂小分队针对"第二课堂成绩单"制度进行调研,以线上线下相结合的方式,对学校部分老师进行结构性访谈,具体调研情况如表5所示。

表 5　调研日志

时间	调研对象	调研内容
7月10日	何强	通过访谈了解到当前第二课堂建设存在学生认识不够、积极性不高、模块界定模糊等问题，以及学院对于第二课堂系统完善的相关需求
7月13日	胡源	通过访谈了解到当前第二课堂建设存在团队建设亟待加强、制度概念尚不清晰等问题
7月15日	郭婉钰	通过访谈了解到当前"第二课堂成绩单"制度实施存在学生过分关注活动参与学分而轻视活动本身的问题
7月16日	黄艳	通过访谈了解到当前第二课堂建设存在活动发布人员多重身份认定、组织单位发布的活动无法纳入上级对应管理单位、活动数据统计不准确等问题
7月18日	赵达骋	通过访谈了解到当前第二课堂建设存在操作协调不稳定以及系统操作权限开放亟待补充等问题

（三）调研结果与发现

经过此次调研，发现的主要问题如下。

（1）队伍建设有待加强，缺乏一支专门的院级学生团队，参与第二课堂工作的学生专业性有待提高。

（2）"第二课堂成绩单"制度仍处于建设阶段，关于第二课堂成绩单的呈现形式缺乏较为清晰的概念。多数学生对"第二课堂成绩单"制度了解程度不深，参与积极性有待进一步激发。

（3）第二课堂成绩单尚未与奖学金评定、"五四"评优、教务管理等系统对接使用。

（4）缺乏相关科学稳定的评价体系。学分学时认定不明确，不同层次活动可能存在相同学分现象，各等级的活动认定缺乏足够的实践依据。

三、调研成果及反思

（一）调研结果分析

1.问题分析

（1）宣传力度不够大。

在上一学年中，"第二课堂成绩单"制度的宣传主要依托于线上平台，例如公众号推文等，线下宣讲会开展较少，且线上宣传的效果并不理想。

（2）缺乏科学健全的评价体系。

目前在"第二课堂成绩单"制度的文件中仅涉及大类活动的加分情况，并未对每一具体活动赋分，在一定情况下会挫伤同学们参与活动的积极性。

2.原因分析

（1）院级层面未能形成一支专门的学生队伍。

目前仅在校级层面拥有一支相对完善的第二课堂管理服务队伍，在院级层面，尚未建成一支专业化程度较高的学生管理队伍。这一定程度上影响了大家参与第二课堂活动的积极性;同时,人手的缺乏也限制了宣传工作的开展。

(2)制度协同配合方面存在缺失。

由于目前参与"第二课堂成绩单"制度管理的多为团委干部队伍,学生工作队伍并未参与到"第二课堂成绩单"的相关工作中,在相关协同配合上存在一定缺失。

(二)解决优化方案

1. 就"第二课堂成绩单"制度认知程度低问题的优化措施

本项目提出两点建议:一是加强宣传指导,在即将到来的新生中开展"第二课堂成绩单"制度相关宣讲,开展过程中结合各学院特色,使得第二课堂活动贴合各专业人才培养方案;二是加强课程建设,鼓励班级干部开展形式多样、内容丰富的第二课堂活动。

2. 就"第二课堂成绩单"制度评价体系不健全问题的优化措施

本项目建议"第二课堂成绩单"制度参考推荐免试攻读研究生以及奖学金等相对成熟的活动加分文件,对目前的加分政策、加分项目进行更加具体的规定,在政策制定过程中,也可通过开展座谈会、发布调查问卷等方式广泛听取老师、同学们的意见,从而进一步完善加分政策。

3. 其他优化措施

首先,对于第二课堂成绩单的课程项目建设,在参考其他高校课程设置的同时,我校的课程建设应当具有中南财经政法大学特色,可以开设一些多学科融通课程。其次,可以尝试将活动评价纳入活动考核中。

参考文献

[1] 陈卓,刘秒.《思想道德与法治》课程灌输性和启发性相统一的现状研究[J].电子科技大学学报(社科版),2023,25(4):59-70.

[2] 包海鹰,赵岩,何忠梅,等.大学生创新能力培养的主要影响因素调查分析——以吉林农业大学为例[J].黑龙江畜牧兽医,2017(23):242-245,248.

[3] 曾倩.产学研协同与大学生创业能力的现状调研、困境分析与提升路径[J].创新创业理论研究与实践,2023,6(9):1-4.

[4] 徐倩倩.第二课堂成绩单制度:高校共青团融入人才培养的新体系[J].广西青年干部学院学报,2017,27(2):14-17.

[5] 陈玲,陶好飞,谢明昊.论第二课堂在人才培养过程中的作用——以高校一二课堂学习联动为中心[J].北京师范大学学报(社会科学版),2019(5):13-23.

新时代青媒矩阵建构的实践体系与评价机制优化路径研究
——以武汉市各高校宣传工作建设为例

中南财经政法大学团委宣传部　苟远卓　刘天圆　吴江波　金崇宇

摘　要　新媒体具有广泛的影响力、强大的渗透力等显著优势，已成为高校共青团开展思想政治宣传工作的主要阵地。而如何做到把握时代脉络，将传统宣传方式与现代科学技术进行深度融合，是高校共青团在当今时代面临的机遇和挑战。随着相关技术的快速发展，高校共青团 IP 形象遍地开花，在融合高校自身校史底蕴的基础上，通过独特建模和外延扩展等各种方式被赋予生命力，吸引了青年群体的目光。基于此，本项目以 IP 形象建设为核心，旨在为高校共青团的宣传工作提出新思路，以促进青年力量的凝聚，通过高校共青团 IP 形象建设融通搭建青媒矩阵，以青年群体喜闻乐见的方式创新文化产品，深耕传播内容，拓宽信息边界，创新话语体系，做到舆论宣传引导工作的迅速开展、正向发展，传递思想政治宣传工作的"温度"。

关键词　高校共青团　新媒体　思想政治宣传工作　青媒矩阵　IP 形象

一、项目背景

（一）共青团宣传工作总体部署

结合《共青团中央二〇二三年工作要点》中提及的，要切实加强青少年思想政治引领，以认真学习贯彻党的二十大精神为推动其走深走实的有力抓手；深刻认识习近平总书记同团中央新一届领导班子成员集体谈话时重要讲话的重大意义；要着力提升思想政治引领实效、培育青少年精神素养……同时，积极开展主题教育，发挥引领作用，坚持"学思用贯通、知信行统一"，做到以学铸魂、以学增智、以学正风，把习近平新时代中国特色社会主义思想转化为青年坚定理想信念的强大力量，使青年群体始终保持统一思想、坚定意志、协调行动，更好将其团结凝聚在党的周围，为推进强国建设、民族复兴伟业接续奋斗。

我们以此为启发，在认真学习《中国共产党宣传工作条例》的基础之上，结合当下现实并展望未来一个时期，对高校共青团宣传思想文化工作做如下研究安排：聚焦于做好思想政治宣传工作必须全团动手等思想觉悟，形成筑牢宣传舆论阵地、引领青年思想方向的"内化于心，外化于行"；深刻理解在高校共青团定位下的宣传思想文化工作的地位和作用，从自身定位出发，准确把握当前宣传思想文化工作态势；从思想学习、实践经验等多方面深刻认识领悟共青团宣传思想文化工作的规律和特点；以做大做强正面宣传、纵横拓展传播青媒矩阵为主，深化高校共青团宣传工作内容形式和体制机制；持续推进舆论主阵地建设，大力提升宣传质量，逐步深化新媒体融合发展；突出共青团宣传工作守正创新，积极构建多元立体的青媒矩阵，形成立体化、全辐射的主流媒体阵地，在共青团内部建设一支敢想敢为又善做善成的青年队伍，借此更好地发挥高校共青团的思想引领作用、组织凝聚作用、服务保障作用，促进共青团各方面协同发展。

（二）网络信息新时代巨大变革

现有研究认为，在信息时代下，思想政治宣传工作网络化的典型特征鲜明而显著，对推动信息传播的变革产生了不可忽略的深远影响，同时，"对个体文化的激励"和"对集体的协调"在此基础之上发生了根本性的改变，这对高校共青团宣传思想文化工作带来了机遇和挑战，高校共青团宣传思想文化工作需要自觉主动顺应时代潮流，汲取互联网思维特征和在新框架下的治理经验，从重塑思想理念、注重格局构建、创新工作机制等多方面推进改革创新，通过激励等方式，协调联动高校中各类主体，共同建功新时代。

由此中南财经政法大学团委宣传部"青年宣传小分队"结合校团委宣传部的工作经历和工作经验，为更好地用青年语言讲好党团先进理论、更好地在理论宣讲的基础上充分运用新媒体平台进行广泛宣传，决定开展名为"新时代青媒矩阵建构的实践体系与评价机制优化路径研究——以武汉市各高校宣传工作建设为例"的社会实践项目，通过在各高校进行调研和交流，借鉴青媒工作的先进经验，切实提升了我校共青团在新时代宣传工作的传播力、影响力，更好地发挥反映实际、回应诉求、维护权益等服务效能，学习借鉴优秀宣传经验，学习如何更好地运用青年群体喜闻乐见、生动活泼、知行合一的方式宣传思想文化，带动我校青年深刻领悟思想内涵，以更加积极昂扬的姿态坚定不移听党话、跟党走。

（三）高校共青团 IP 形象建设

在新媒体不断发展的新时代，塑造一款代表共青团的 IP 形象成为许多高校团委努力的方向，以此来实现与青年更好的交流、及时了解青年、引领青年价值观，以打造深入人心的共青团 IP 形象推动建设"三网合一"的共青团网络，实现媒体深入融通、青年完全互动、多方协调运行，助力高校共青团宣传工作，树立青年典型、倾听青年诉求、代表青年发声、保障青年权益、服务青年成长。

塑造 IP 形象作为高校共青团宣传工作的新手段，提升了大学生在内容传递表达过程中的参与性和互动性，有助于提高高校共青团思想引领的成效。高校共青团在运用 IP 形象时，除了需要了解当今青年的个性特点，还需要深刻认识 IP 形象对高校共青团宣传工作的交融和影响，使高校共青团宣传工作更加有针对性，推动思想文化传播，增进青年思想认同，筑牢青年舆论阵地，引领价值成长方向。高校共青团 IP 形象举例如表 1 所示。

表 1　高校共青团 IP 形象举例

高校	共青团 IP 形象
中南财经政法大学	文三水
华中科技大学	华小科

续表

高校	共青团 IP 形象
武汉理工大学	小薇
福建中医药大学	河洛
陕西师范大学	团小烛
安徽外国语学院	安外团团

二、项目方案设计

（一）调研对象

（1）武汉市各高校（党委宣传部、团委宣传部、高校学生）。

（2）相关专家学者及经验丰富的从业人员。

（二）调研方法

遵循"线下调研为主，线上调研为辅"要求。

（1）问卷调查法：科学合理进行问卷设计，采用线上方式以扩大覆盖范围，确保调研样本规模化。

（2）文献调查法：将相关文献资料的学习与研究贯穿实践始终，探求知识支撑兼顾深度与广度，力求常学常新、以实践检验理论。

（3）访问调查法：利用暑期时间深入各高校宣传基地，提升所获信息和资料的直接性和可靠性，实地访问，从而获得深层次的资料，通过复杂的访谈提纲与被访者展开面对面的深入交谈，了解较为复杂的问题。

（4）集体访谈法：邀请各高校相关人员座谈讨论，多向沟通，灵活性较强。

（三）调研思路

根据武汉市各高校目前宣传工作开展程度分模块进行案例分析，分为宣传效果优良、具有借鉴意义的和存在突出问题、亟待化解的两类；再进一步细分所选用的各宣传媒介，分领域、分板块进行调查研究。

（四）项目实施具体内容

项目预计实施进度如表 2 所示。

表 2　项目预计实施进度

时间	项目内容及进度
6月28日～7月3日	文献调查研究及相关资料收集整理
7月4日～7月10日	设计调查问卷，发布、回收调查问卷
7月6日～7月10日	确定实地访问相关信息及对接情况，确保落实无误
7月11日～7月21日	深入各高校宣传一线实践调研，分析问卷数据
7月21日～7月26日	确认座谈会相关信息并对接，确保顺利落实

三、实践开展情况

（一）校史宣传工作交流

本实践队首先调研了华中科技大学校史馆,和华中科技大学相关负责人就两校学生组织的合作友谊进行回顾交流,两校均是有着"红色基因"的大学,在宣传方面打造校史宣传名片是两校青媒宣传工作的一个重要方向(见图1)。

图 1　校史宣传工作交流

（二）西部计划宣传工作交流

大学生志愿服务西部计划(简称西部计划)作为"高校毕业生基层培养计划"的子项目,一直以来为两校所重视。我校和华中科技大学均高度关心西部计划志愿者,对西部计划和研究生支教团工作抱有高度热情。

2023年是大学生志愿服务西部计划实施20周年,两校均以不同形式开展宣传活动(见图2)。

中南财经政法大学开展了西部计划优秀作品征集及典型人物寻访展示活动,通过中南财经政法大学西部计划典型人物的榜样力量,增强宣传的效果,利用团委公众号推出系列推文等线上形式进行宣传工作。

华中科技大学通过线下举行华中科技大学西部计划(研究生支教团)二十周年育人成果展的形式来进行宣传,成果展设立乡村振兴、志愿服务等多个板块,多维度地展现了华中科技大学在西部计划实施二十年来取得的重要成果,成果展还特别设立了合影打卡区,并展出了有关西部计划的纪念实物,增强参观展览学生的参与感,起到了很好的宣传效果。

（三）青媒矩阵优化交流

本实践队跟随华中科技大学相关负责人来到会议室交流青媒矩阵优化的路径。

双方围绕"青年大学习"宣传工作、打造高校共青团特色IP、宣传工作培训、多渠道融媒体宣传改进以及组织招新工作等展开交流讨论,交流氛围融洽,双方距离也得以拉近(见图3)。

图 2 西部计划宣传工作交流

图 3 青媒矩阵优化交流

本实践队针对现有的问题和不足,总结出相应的策略和改进办法。

1. 明确宣传定位,筑牢宣传阵地

目前,在学校党委的领导下,团委舆论阵地建设取得显著成果。但我们也应看到因时代潮流发展和青年思想特点变化而衍生出的新情况,更应提高意识,以新方法加强宣传舆论阵地建设,抓好青年思想引领这一关键,充分发挥宣传平台作用,真正实现用党的科学理论武装青年,用心中的信仰、脑中的智慧、笔下的文字团结引领青年筑牢思想之基。

2. 增进培训供给,加强队伍建设

共青团宣传工作需要组织干事积极承担责任,有服务他人、奉献他人的积极性,同时干事也要积极提升宣传方面的工作技能,增强职场竞争力和综合素质。可以通过定期开展宣传工作培训,将党的科学理论、学校思政教育热点等作为切入点,综合考察团学骨干的近期思想表现,同时积极讨论下一阶段宣传侧重点,积极发挥党的"喉舌"作用。同时,邀请校外媒体工作人士针对新闻撰写及热点捕捉进行培训,邀请兄弟院校团委宣传工作人员开展交流活动……不断提升我校团委宣传工作能力,推动宣传工作优质化、高效化。

3. 搭建青媒矩阵,拓宽宣传渠道

在融媒体当前发展态势下,高校共青团需要积极构建多元立体的青媒矩阵,逐步形成并不断完善立体化、全辐射的主流媒体阵地。在运营学校团委官方账号的基础上,及时推送相关推文,在扩大内向型宣传的同时进行外向型宣传,对外展示各学院、组织的风采风貌。同时,注重主动发声,在进行理论宣讲的基础之上,使用青年群体喜闻乐见、生动活泼、知行合一的方式,充分运用新媒体平台广泛宣传党的二十大精神,并利用"哔哩哔哩"等青年新风尚与潮流文化的集散区进行外向推流,用视频、图片等生动的形式进行青媒矩阵的搭建。

4.打造特色IP,创新话语体系

两校均有自身的特色IP形象和文创产品,中南财经政法大学有"文三水",华中科技大学有"华小科"。利用可爱的特色IP形象,增强同学们的亲近感和认同感。同时从当代青年的思想特点出发,对团委宣传方式方法进行革新,将政治话语学术语言同网络传播的流行方式相结合,用更接近青年的风格更好地传播党的科学理论。

四、调研结果分析

(一)问题挑战

1.共青团IP形象的管理与建设不完善

塑造IP形象作为共青团开展宣传工作的新手段新方法,对高校共青团青年思想引领成效具有提升作用。其形象应符合学校特色,具有鲜明的代表性。IP形象的设计应该与其对应的宣传内容相适应。第一,过于千篇一律的形象不仅会降低同学们对IP形象的新鲜感,更会误导学生认为IP形象的建设以娱乐性为主,并不能从根本上提高共青团的宣传效率。第二,IP形象的建设应该打破常规与偏见,丰富IP的宣传形式,以手办、纪念品等实物形式活跃在学生之中,加深学生对IP形象的印象;同时,在控制好舆论导向、提高内容吸引力、增强学生对共青团的认同感上,IP形象具有十分卓越的作用。如何使其IP形象亲民化、具体化、学院化,是当下建设高校共青团IP形象所需要面对的问题与挑战。

2.新媒体技术的复杂性

新媒体技术作为一种新兴技术,其在带来较为可观的宣传收益之外,也提高了继续建设与接收信息的门槛。其一,建设高校共青团IP形象需要具有相关专业知识的人才,这是现在各高校共青团组织成员中较为缺乏的一类人才,在宣传招新工作中可以重点招纳具有相关专业背景的新人进入队伍。其二,IP这类网络形象的宣传方案,对于互联网初学者以及需要转变传统宣传思维的校组织管理者来讲需要一定的认知时间,对于大部分人来讲,IP形象是一件很新奇的事物。其三,维护校园网络安全以及管理IP形象的使用权是非常必要的。作为最具有学校代表性的IP形象,不可参与有损学校名誉的活动中,因此维权意识也是技术人员在建设IP形象时应该注意的一个问题。

3.宣传工作缺少统筹

高校共青团宣传工作与新型的网络IP形象建设的结合仍处于初级阶段。共青团组织成员缺乏相应的经验,对使用IP形象进行宣传的重点和方式尚处在摸索阶段。其一,制作IP形象的需求需要撰写方与组织方提供,所以在编辑IP形象的时候需要及时反馈各自的需求,及时补充材料;其二,在发布后如果IP形象宣传的内容违规,就需要及时撤回以及改正;其三,不能接收宣传内容的反馈,对学生的反馈或者评论应该及时回应并解决其中的问题。

4. 院级团支部宣传口缺失

校共青团宣传工作对各院级团支部的宣传工作起指导、引领的作用，对于院级团支部宣传口的缺失，其原因可能有两个：一是注重学校舆论问题选择由学校统一管理，这折射出学校宣传与学生接收的不及时；二是高校共青团 IP 形象在学生之间有效传播、树立良好形象的程度有限。加强与各学院学生的联系，拓宽宣传渠道、增加文娱活动，利用线上、线下活动丰富学生校园生活的同时，也能让高校共青团 IP 形象出现在学生校园生活的方方面面中，起到潜移默化的效果。

（二）优化方案

1. 坚持主流价值导向

建设高校自己的网络 IP 形象体现出一所高校的整体风貌，反映出一所学校对新媒体技术宣传手段的重视程度。我们必须完成好这一形象的基本建设，确定主体形象才能结合时事进行宣传。在准确传达团委宣传精神的同时我们也应该自主提炼、筛选出具有主流价值导向的信息，利用好 IP 形象进行宣传，加强对舆论的引导，全面地了解校内舆论信息，引导学生学习团委传达的精神与信息。

2. 提升团委宣传队伍成员素质

高质量内容的输出需要高质量人才的支撑，队伍的整体素质决定着宣传内容的质量下限。因此，必须加强对宣传队伍的培训建设，培养一支思想意志坚定、理论知识丰富、综合素质过硬的宣传团队，时刻铭记"从青年中来，更要到青年中去"的指导思想。除了传统宣传技术的专业培训外，还应该加强新媒体技术的培训。对于高校共青团 IP 形象的建设，我们也要提升自我，不断学习并且接收新的事物，追求自我的创新。

3. 辩证地使用与发展 IP 形象

塑造一款代表高校共青团的 IP 形象，是为了更好达到与青年交流、了解青年、引领青年的目的，以打造深入人心的共青团 IP 形象推动建设"工作网、联系网、服务网"合为一体的共青团网络，实现媒体深入融通、青年完全互动、多方协调运行，助力高校共青团宣传工作，树立青年典型、倾听青年诉求、代表青年发声、保障青年权益、服务青年成长。

在实际的宣传活动中，我们不应该滥用 IP 形象作为宣传工具。其作为一种网络手段，本身为卡通形象具有一定的娱乐性，因此它在一些相当严肃的场合与环境中不适合出现，但我们也可以发展建立出能够与这些特殊情况相适应的 IP 形象。

五、结语

中国共产主义青年团是中国共产党领导的先进青年的群众组织，是中国共产党的助手和后备军。高校共青团作为青年人才的培养摇篮、作为与青年学生沟通的桥梁和发展校园先进文化的中坚力量，应开阔思维、锐意创新，以新媒体的兴起为契机，更好地把握数字化时代浪潮，为我们宣传工作带来无限可能。通过本次社会实践和调研，本实践小队完善了"如何建构新时代青媒矩阵的实践体系与评价机制"思路，盘活传统的宣传存量，扩充新兴的宣传增量，形成多元主体联动的宣传合力，有效调动大学生作为新兴宣传主体的积极性。我校团委宣传部应当用多样的发声形式，唱响主旋律，开辟宣传思想文化新阵地，产出正能量的文化产品，打造富有时代气息、昂扬向上的校园文化，引导广大青年学子为实现中华民族伟大复兴贡献青春力量！

参考文献

[1] 化定杰.人格化 IP 建构:融媒生态下主流媒体传播策略创新[J].中国记者,2023,592(4):90-92.

[2] 王志凌.新媒体环境下动漫形象文旅 IP 构建路径探析——以恩施动漫文旅形象"王老虎"为例[J].新闻研究导刊,2023,14(3):224-226.

[3] 黄嵩.基于新媒体平台的高校共青团宣传工作方法探索[J].学校党建与思想教育,2022,680(17):84-86.

[4] 王鹏.高校共青团新媒体工作发展创新探析[J].北京科技大学学报(社会科学版),2022,38(6):647-653.

[5] 曹勇.新时代共青团宣传思想文化研究——以昆明冶金高等专科学校"融媒体搭建"为例[J].昆明冶金高等专科学校学报,2022,38(5):33-37.

[6] 刘少渝.IP 形象在高校共青团思想引领中的应用微探——以福建中医药大学"河洛"IP 形象为例[J].成都中医药大学学报(教育科学版),2018,20(2):85-87.

[7] 刘长溥,吴济龙,刘百奥.新媒体时代高校共青团宣传工作机制创新研究[J].辽宁教育行政学院学报,2017,34(5):27-31.

实践调研走进基层,青少年权益正当时

孙鸣骏　刘雨萱　邹米列　文炜菡　何磊

摘　要　为响应党中央依法治国相关要求,推进我国青少年权益维护相关工作,本实践队对湘西土家族苗族自治州展开以青少年权益维护工作机制与优化路径为主题的社会实践,探访湘西土家族苗族自治州永顺县首车镇、永顺县第一中学和当地相关政府部门,与当地未成年人和在青少年权益维护工作方面起重要作用的机构中的相关人员等进行交流,并开展多次座谈会、思政课等普法宣传活动,试图探讨政府机构、学校等在青少年权益维护等方面的新探索和新实践。

关键词　青少年权益维护　基层政府

一、调研结果

(一)自治州政府在青少年权益维护方面有所作为

在青少年权益维护的宣传宣讲方面,共青团湘西州委员会开展"青春相伴·志愿护航"青少年自护教育,线上线下多措并举,线上利用"12355"青少年心理咨询热线提供心理咨询服务,并在线下建立团属关爱青少年心理健康服务场所90余个,开展"青春自护·有你有我"服务活动1000余场,组建防溺水青年志愿服务队882支,巡逻水域800余处,劝导万余人。

同时湘西州妇女联合会在全州范围内开展女童权益保护宣讲活动,联合教体、公安、检察等8部门持续开展"守护花蕾·关爱儿童"女童权益保护宣讲三年行动,将儿童防性侵课程纳入全州中小学教学计划,上好开学第一课。2022年,湘西州妇女联合会培训性教育讲师182人,完成宣讲16831场(其中执委宣讲达10093场),受教育群众70多万人,有效提升社会保护女童意识和女童自我保护意识。

同时,针对州内留守儿童、困境儿童问题突出的现状,湘西州妇女联合会进一步健全农村留守儿童和困境儿童关爱服务体系,组建"执委妈妈看护队"守护留守儿童、困境儿童的平安,发动广大妇联执委当好留守儿童和困境儿童的代理妈妈,基层执委身入儿童家中调查调研,采取"1+1"或"1+N"方式进行结对帮扶,每月详细了解结对儿童基本情况,对他们予以生活上守护、安全上保护、情感上呵护。截至2022年,全州组建看护队1793支,参与结对执委20321人,结对家庭23231户,帮扶儿童30607名,有效解决了留守儿童人身安全、身心健康、社会交往不适等问题。

（二）青少年普法宣传有序推进开展

在为青少年普及相关法律知识和处理青少年违法案件方面，共青团湘西州委员会承办2022年湖南省青少年法治宣传教育周启动仪式，开展法治宣传周系列活动1000余场，活动覆盖20余万人，开展湘西州千名大学生暑假"送法下乡"活动170余次，组织全州团员青年开展禁毒专题宣传教育活动，影响青少年近8万名。

湘西州妇女联合会采取"线上＋线下"同步开展的方式，重点针对妇女儿童和广大家庭成员，邀请了湖南省妇女联合会、湖南农业大学等的相关专家，围绕亲子沟通、家风家教、婚姻家庭矛盾纠纷调解、妇女儿童权益保障等进行专题讲座，开展以"关爱妇女、儿童，反对拐卖"为重点的普法宣传教育，覆盖群众近10万余人。

湘西土家族苗族自治州人民检察院持续开展"法治进校园""模拟法庭进校园"活动，不断加强法治副校长实质化、规范化履职，共有包括州县两级检察院检察长在内的40多名检察官到学校担任法治副校长；联合吉首大学共同开展"三下乡"活动，组建宣讲团队，在推动法治进机关的同时提升青少年的法治意识；同时针对乡村地区偏远和学生少的情况，湘西土家族苗族自治州检察院于2022年在偏远乡镇学校共推出百余场法治宣传活动，发放宣传册，与学生开展其他法治宣传教育活动。

（三）未成年人心理健康为当下工作重点

在维护青少年心理健康、解决青少年实际问题方面，湘西州妇女联合会开展"情满慈爱园·关爱伴成长"活动，在州慈爱园试点建立"知心屋"，委托州内有资质、有实力的心理咨询师团队进驻慈爱园，采取"1＋1"或"1＋N"方式对慈爱园的儿童建立心理健康档案、进行心理测评与分析、开展心理健康辅导、进行心理危机干预，同时对慈爱园工作人员开展心理健康业务培训等，让孩子们心理上获得专业支持，找到自我价值，感受社会温暖，更好地融入社会；充分发挥各级妇联组织上下联动、基层妇联遍布城市乡村的优势和特点，有力有序参与社会综合治理，高标准推进平安建设；积极关注家暴类、性侵类案件舆情，主动与宣传、网信、公安等部门沟通协调，将线上舆情应对处置与线下维权服务相结合，及时提供法律帮助、心理疏导、关爱帮扶等服务。

通过调研、分析、整理，我们得到结论：近年来湘西地区的青少年权益维护工作取得了一定成效，以"法治副校长""执委妈妈看护队"等深入农村、基层的对接帮扶为全国的青少年权益维护提供了湘西经验。湘西州多个部门畅通交流合作渠道，联合下发文件，建立健全未成年人保护工作机制；将青少年权益维护与法治社会相结合，将对青少年的保护延伸至家庭、学校，健全青少年的全方位保护体系；重点突破未成年典型问题，高质量创建青少年权益维护品牌活动；重视青少年心理健康，多方主体合力助力青少年健康成长。但相关机制和措施的落地、问题少年的感化和教育、青少年心理问题的疏导等问题仍有待解决。

二、问题发现

（一）青少年个人保护层面

1.未明确个人权利和义务

《中华人民共和国未成年人保护法》明确规定了青少年的个人义务及权利，但本次调研中的大部分青少年对于本法中提及的权利和义务了解甚微,主动寻求法律援助的青少年占比较小,青少年缺乏明确的个人权利与义务界定不仅可能削弱青少年的自主意识和责任感,还可能导致青少年个人权益受到损害和社会冲突的发生。

家庭教育和学校教育在法律普及方面均有所缺失,大多数孩子对法律规定、维权途径都没有详细的概念,甚至有家庭会向孩子灌输法律维权途径复杂且打官司不那么光彩的观念,导致青少年对于现阶段的个人权利和义务并不明晰。

2.未成年人心理问题频发

青春期是儿童发育到成人的重要时期,此时的心理健康对于培养独立健全的人格、形成自信自强的精神品质、树立理想信念和生活目标都至关重要。近年来我国青少年心理健康问题越来越引发社会关注,一些青少年出现焦虑、抑郁等情绪,严重影响了生活和学业,个别甚至发展成精神疾病。

青少年正处于人际关系发展的关键阶段,对于他们来说,社交压力可能来自同伴间的关系、社交媒体的比较和评判等,导致他们感到焦虑、自卑和孤独;家庭环境是青少年心理问题产生的重要原因之一。不良的家庭关系、家庭暴力、父母离异等问题会给青少年带来心理创伤,影响他们的情绪和自尊心;过多的作业、高考等重要考试的压力等会导致青少年产生焦虑、抑郁等心理问题。

3.不了解权益保护渠道和途径

当前青少年对于维护个人权益的意识不高,且不了解维护权益的相关途径和方式,多半选择向家人求助,但可能问题得不到家长的重视,导致青少年权益受到损害。对于能够给青少年提供帮助的机构,青少年也可能因为叛逆等心理问题,不愿意与机构人员或者家长进行和平交流。

在一些社会和家庭环境中,未成年人可能没有接受足够的教育和信息,以了解个人权益保护的重要性及相关渠道和途径;未成年人通常处于弱势地位,缺乏社会和经济资源。他们可能觉得自己无力改变不公正的情况,或认为权益保护渠道不会对他们产生实际的影响;由于年龄和经验的限制,未成年人可能缺乏应对权益侵犯的实际经验和成熟度,他们可能没有意识到某些情况是权益侵犯,或不知如何有效地处理和维护自己的权益;未成年人可能面临一系列心理和情绪挑战,例如害怕、羞耻、焦虑等,这可能导致他们不敢或不愿意寻求帮助或发起申诉。他们可能担心被报复、被误解或受到惩罚,故选择采取沉默的方式来面对问题。

(二)家庭层面

1.家庭保护缺乏制约机制

因为未成年人很多问题起源于与父母之间的交流沟通不顺畅,父母对孩子的关爱和重视程度不够,父母对孩子缺乏正确的引导和教育,导致青少年缺乏沟通经验,不能正确表达个人诉求,部分父母可能有遗弃、虐待、辱骂孩子等行为,但之类的权益侵犯行为在法律中并不能被完全界定和制约,即家庭保护缺乏制约机制,导致部分权益侵犯行为不能被有效制止。

2.家庭缺乏未成年人权益保护意识

我国一部分家庭缺乏青少年权益保护意识,忽视了孩子的权益和个人发展;在教育方面,传统的教育体系注重学业竞争力,忽略了培养孩子的独立思考和自主决策的能力,青少年常常被过度保护,缺乏自主性和参与决策的机会,这使他们难以培养保护自身权益的能力;一些家长可能由于缺乏相关的教育和信息,对未成年人权益保护的重要性和方法不了解,可能没有足够的渠道和资源来获取相关的知识和信息,导致无法有效地保护孩子的权益。

3.留守儿童数量众多

在本次调研走访中我们了解到,永顺县首车镇卡措村有接近80%的留守儿童,即因父母或监护人长期离家外出工作而留在农村或家乡的儿童。由于父母长期离家外出工作,留守儿童通常缺乏良好的教育资源,包括家庭和学校教育;长期与父母分离的留守生活可能导致留守儿童面临心理健康问题,他们可能感到孤独、焦虑、无助和失落,缺乏亲情关爱和家庭支持。留守儿童由于长期独处,可能缺乏与同龄人和社会的交流和互动。他们还可能面临社交问题和适应困难,对社会规范和价值观了解有限,可能缺乏自信和独立性,影响其未来生活和职业发展。

(三)政府层面

1.政府专项拨款较少

政府对于青少年权益保护的专项拨款较少,但支出需要涵盖青少年生理、心理多个方面的需求。涉罪或受到侵害的未成年人常常面临心理问题,与家庭存在较大矛盾的青少年有住宿、交通和饮食问题,以上导致经费使用比较拮据,对实地开展相关工作、切实保护青少年权益造成了一定困难。

2.相关部门未落实未成年保护工作专职人员

公安需要处理大量的民事问题,很难配置专部门专人员,难以在未成年人方面投入太多。检察院与公安最大的冲突在于对犯事嫌疑人的子女采取何种强制措施有很大的分歧,检察院更多深入了解未成年人犯罪动机及家庭环境,公安更多偏向强制实施,减小犯罪率,法院的未成年人负责人员相对固定,但法院偏向界定案件的性质并进行量刑定罪。

(四)学校层面

1.学校宣传主题单一

学校会定期开展相关活动对青少年权益保护进行宣传,但大多注重人身安全宣传,对于青少年可能遇到的其他权益侵害问题关注较少,对于霸凌、家庭暴力、猥亵、性侵、新型网络诈骗等相关问题的宣传力度不足,导致青少年对相关问题的理解比较片面,教育主题并未贴近现实,未能全方位、多角度、各层次进行宣传,未成年人保护教育存在漏洞。

2.家校缺乏联动,消息未实现互通

家庭和学校的沟通交流不足,受限于传统方式,且当地留守儿童较多,老师与隔代抚养人之间的沟通存在一定壁垒,且老师对青少年家庭的相关情况不了解,不能及时发现青少年可能出现的心理问题并进行干预,如果青少年在家庭中受到权益侵害,学校也不能及时发现、及时处理,家校两级缺乏联动,可能导致相互监督的功能减弱。

3.权益保护的相关活动开展受限

在权益保护宣传活动方面,形式大多比较常见,且流于形式主义,落在实处的宣传活动较少,老师及青少年本人对于权益保护宣传活动的重视程度都较低,导致权益保护的相关活动开展受限,难度较大。

在心理干预方面,学校对心理健康教育课的重视程度有限,课程经常被其他主课所占用,原本计划每周一节的课程有时变为两周一节,甚至间隔时间更长。学校心理咨询利用率也比较低,学生对心理咨询了解有限。部分学生在遭遇心理问题时,并不会主动到心理咨询室寻求帮助。

(五)社会层面

1. 乡镇基层普法力度较弱

当地教育水平较低,走进基层、宣传未成年人权益保护的活动较少,且当地居民对于青少年权益保护方面的意识不足,接受程度也不高,当地青少年的独立自主意识也较差。当地青少年对于个人权利和义务、权益保护的方式方法认识程度不高,对新型诈骗手段缺乏认识。

2. 硬件设施建设与发达地区存在差距

受当地经济条件发展的限制,对于收留并妥善安置受到侵害的未成年人缺乏相关场地和资源,缺少临时救助场地;对于开展普法宣传活动缺乏宣讲条件,很难直观、清晰地进行宣讲;未设立专门的心理疏导机构和场地,心理疏导过程受到硬件设施的制约。

3. 基层工作人员激励措施不足,福利待遇不高

一方面,当地基层工作人员流动性大,且工作较为琐碎,需要很多时间精力来发现当地青少年的潜在问题,劝解青少年家庭成员、协调家庭关系。另一方面,基层工作人员的激励措施不足,福利待遇不高,留不住切实可用的人才,因此当地的基层工作人员普遍缺乏专业性,未经过专门的培训,不能有效处理突发事件。

当地组织志愿者进行普法帮扶活动或者社区矫正活动时,志愿者的素质和能力也不能与活动的高效实施和完成进行匹配,志愿者素质有待提升,团队建设机制有待完善。

4. 青少年的心理问题重视程度不足

当地政府和社会机构在青少年心理健康领域的投入和支持不足,缺乏相关的政策和资源。这可能导致社会无法提供足够的预防、干预和支持机制,以解决青少年心理健康问题。许多人可能对青少年心理问题的严重性和影响缺乏足够的认识和了解,可能没有意识到心理问题对青少年的成长和发展所产生的负面影响,或者将其视为正常的成长过程中的一部分,而不予以重视。

当地教育和医疗资源相对匮乏,这限制了对青少年心理问题的关注和重视。缺乏专业的心理健康服务人员,尤其是具有较高专业素养的心理咨询师,除此之外,有限的教育资源和培训机会,使得当地无法提供充分的支持和关注。

三、解决优化方案

(一)家庭层面

政府应加大对家庭教育的支持与指导。提供权威、科学的家庭教育指南和培训,帮助家长了解正确的教育方法和技巧。通过开展家庭教育宣传活动,向家长普及关于未成年人权益保护、心理健康、性教育等方面的知识,强调家庭在培养青少年正确价值观和行为习惯方

面的重要作用。

建立家长交流平台,提供家长之间的互动和交流机会,组织家长讲座、座谈会、家庭教育培训班等活动,帮助家长相互交流经验、分享育儿心得,并从专家和其他家庭教育成功案例中获取借鉴和帮助。

家长应尽量与孩子保持良好的沟通渠道,倾听他们的需求和想法,关注他们的成长和发展,鼓励家庭成员共同参与家庭活动,建立亲密的亲子关系和良好的家庭氛围,为孩子提供一个充满温暖、支持和理解的成长环境。

(二) 学校层面

1. 加强家校联动,实现消息互通

为实现家校之间的有效联动和消息互通,学校应该建立双向畅通的沟通渠道,例如,设置家长沟通平台、确定专门的家校联络人以及定期开展家长会议和家校沟通活动。通过这些渠道,家长和学校可以分享信息、交流问题,并协商解决方案。

家校之间的良好信任关系是有效联动和消息互通的基础,因此学校应该积极主动地与家长进行沟通,及时传达学校的政策、安排和信息,同时也要倾听家长的意见和反馈。透明而开放的沟通可以建立起相互的信任,使得家长更加理解和支持学校的决策和行动。

加强家校联动和消息互通是促进学生教育和成长的重要举措。通过建立有效的沟通渠道、加强互信、提供教育指导和资源以及制定明确的沟通计划和政策,我们可以为家校之间的联动搭建良好的桥梁,实现消息的互通。

2. 进一步提高对留守儿童的关注度

除了常态化推进青少年法治宣传教育、安全自我防护教育进社区和校园,以及增强青少年安全防范意识以外,还需对不同青少年群体开展有针对性的活动,如贫困农村地区留守儿童。东北师范大学中国农村教育发展研究院的数据显示,截至2021年,我国农村留守儿童的数量仍高达1199.20万人。他们是当前主要弱势群体之一,学校也应发挥其社会责任担当,积极整合社会资源,给予他们物质上的支持,并重点关注他们的心理健康,在学校中设立咨询辅导室,邀请有资质的心理老师对他们进行心理疏导,增强其抗压能力。通过上述措施,丰富帮扶形式,进一步增强各主体间的协同性,更好地发挥青少年权益维护作用。

(三) 政府层面

1. 政府应增加对青少年权益维护工作的经费支持

通过增加专项拨款的额度,政府能够直接向青少年权益维护机构或项目提供必要的经费支持,用于开展相关工作,如教育、健康、社会保障等领域的项目。为确保资金的有效利用和合理分配,政府应加强财政资源与社会资源的整合,政府可以与社会组织、企业等合作,共同建立青少年权益维护项目的资金池,将各方的资源整合起来,形成共享的合作模式。

政府还可以采取措施加强对资金使用情况的监管和评估。建立有效的监测和评估机制,确保资金使用符合相关政策和规定,能够真正惠及青少年群体。通过与各相关机构进行定期沟通和交流,政府能够及时了解项目的进展情况和效果,进一步优化资金分配和使用策略。

此外,政府还可以鼓励社会各界参与青少年权益维护工作,并提供相应的财政支持。通过建立奖励机制或设立专项基金,政府可以激励社会组织、非营利机构和企业等在青少年权益维护方面积极参与,并为其提供经费资助。这种方式不仅可以扩大资金来源,还可以引入更多的专业力量和创新思路,提升青少年权益维护工作的水平和效果。

2. 建立一体化分级网格化服务模式

社区和学校是与重点青少年群体联系最紧密的单元,也是青少年权益保护和法治教育的前沿阵地。为了有效管理和服务重点青少年群体,应该以社区和学校为基础,按照网格化管理原则进行科学的划分,对重点青少年群体进行调研、服务和管理工作。在该工作机制下,已经形成了一套完整的工作体系:建立三级网格体系,其中社区(村)为一级网格,街道(乡镇)为二级网格,市县政府为三级网格,由团委组织牵头,公安局、检察院、法院、民政局、志愿者协会以及高校科研机构等共同参与,深入社区和学校,开展调研排查和跟踪帮教。

3. 建立完善的家庭保护监督机制

政府应加强对家庭保护法律法规的制定和修订,确保家庭中的青少年权益得到法律保障,建立家庭保护工作的评估指标,对各级政府和相关机构进行评估,确保家庭保护工作的有效实施。

加强对家庭保护工作的督导和监督机制。建立专门的监督机构或部门,负责对家庭保护工作的执行情况进行监督和评估。通过定期巡查、抽查、考核等方式,对家庭保护工作的落实情况进行监督,及时发现和解决问题,确保家庭保护工作的顺利进行。

建立家庭保护案件的投诉和举报渠道,鼓励社会各界积极参与,对侵害未成年人权益的行为进行监督和严肃查处。通过加强宣传和教育,提高公众对家庭保护工作的重视程度和参与度,形成全社会共同关注未成年人权益的良好氛围。

(四)社会层面

1. 创新重点青少年群体权益保障工作理念

(1)强调个体差异和包容性。

我们理应认识到青少年是一个多样化的群体,每个个体都有其独特的需求和背景。因此,我们应致力于通过个性化和包容的方式来保障青少年的权益,根据他们的特定需求提供个性化的支持和资源,重视他们的声音和意见,确保每个青少年都能够平等享有基本权利,并融入社会的各个方面。

(2)注重全面发展和综合保护。

青少年权益保障工作的理念应该强调全面发展和综合保护。除了满足他们的基本需求和权利外,还应关注他们的教育、健康、文化、体育、艺术等方面的发展,包括提供高质量的教育资源、促进身心健康、提供丰富多样的文化活动、鼓励参与社会实践和志愿服务等。通过全面发展和综合保护,我们能够更好地激发青少年的潜能,塑造他们的个性,促进他们的健康成长。

(3)跨部门合作与综合治理。

为了有效保障青少年的权益,需要各级政府部门、学校、家庭和社会组织之间的跨部门合作和综合治理。这意味着不同部门和机构需要共同承担责任、分享资源、协同行动,建立一个完善的工作机制和合作网络。只有通过跨部门合作和综合治理,才能实现青少年权益保障工作的整体性、协同性和可持续性,确保共同为青少年的全面发展和综合保护贡献力量。

2.提升基层青少年权益维护工作者技能水平

提高对青少年权益维护的水平需要依靠基层工作者的专业技能,运用科学有效的方法解决青少年的具体诉求。以青少年禁毒宣传教育为例,此前基层工作者的职能更多是宣传作用,缺乏分析青少年的心理、成长环境,以及避免其走上违法犯罪道路的能力。针对青少年的社会工作和具体手段不足的现象,在今后的青少年权益维护工作中,基层工作者应注重专业技能的训练。

3.扩大青少年权益维护的宣传渠道

首先要广泛运用媒体,借助主流媒体,帮助策划青少年权益维护宣传活动,使用视频和照片等直观方式在网络媒体进行专文报道。其次可以发动广大青少年,进一步强化人际传播,他们既是社会的服务对象,又是帮助社会进行二次宣传的力量。

参考文献

[1] 邱若蓉.普法宣传"接地气" 服务群众"聚人气"[N].惠州日报,2023-06-20(005).

[2] 杨宝光.团中央维护青少年权益部负责同志就《关于加强共青团新时代未成年人保护工作的意见》答记者问[N].中国青年报,2023-02-14(002).

[3] 戴斌荣.基于家校政协同的农村留守儿童教育[J].教育理论与实践,2022,42(22):27-33.

[4] 崔丽娟,肖雨蒙.依托乡村振兴战略改善社会支持系统:留守儿童社会适应促进对策[J].苏州大学学报(教育科学版),2022,10(1):20-30.

[5] 共青团中央维护青少年权益部.深入贯彻落实习近平法治思想 以法治思维维护青少年权益、促进青年全面发展[J].中国共青团,2022(5):9-12.

[6] 程驰.共青团维护青少年合法权益问题研究——以菏泽市为例[D].济南:山东大学,2021.

[7] 回建.深入学习宣传贯彻习近平法治思想 提升普法宣传的实效性、影响力、覆盖面[N].民主与法制时报,2021-06-08(002).

[8] 杜欣.深圳市共青团青少年权益保护政策实施问题与对策研究[D].深圳:深圳大学,2020.

[9] 王建敏.新中国70年来青少年权益保护变迁与发展[J].中国青年社会科学,2019,38(3):126-134.

新时代背景下社团品牌建设推进校园文化建设的路径研究
——以武汉市各高校社团建设为例

校团委社团管理部　杨敏　李佳音　王晗玥　李佳珉　刘俊豪

摘　要　根据教育部党组和共青团中央联合印发的《高校学生社团建设管理办法》精神指示,应加强高校学生社团建设管理,充分发挥学生社团育人功能,蓬勃校园文化,践行社会主义核心价值观,支持高校学生社团健康有序发展。在校团委、各学院及二级单位和校团委社团管理部的指导和带领下,学生社团积极进取,发挥创新精神,坚持德育美育协同发展,构成了我校校园文化生活的一道独特靓丽的风景线。本项目小组将从社团品牌建设出发,通过采访调研、案例分析对社团品牌建设经验进行总结性归纳,探索研究进一步推动校园文化建设的理想路径。

关键词　学生社团　社团品牌建设　校园文化建设

一、主要调研方法

(一) 实证研究

为深入了解如何更好地推进社团品牌建设,研究社团品牌建设同校园文化之间的因果关系,探求以社团品牌建设带动校园文化繁荣的可行路径,团队首先从武汉各高校的社团品牌建设已有成果入手,通过归纳新媒体平台上发布的社团品牌建设内容、同各高校进行沟通交流等方式,找到社团品牌建设可借鉴的共性,并在此基础上有针对性地开展实地调研,力求掌握真实可靠的信息源,提升调研的客观性。

(二) 文献研究

为进一步深入了解新形势下高校社团品牌建设的现有模式和发展策略,团队成员在进行调研之前查阅了大量有关社团品牌建设的文献,对社团的理念搭建、活动开展、整体形象、管理机制、资金支持等有了简单了解,为后续开展实地调研工作提供了良好思路。

(三) 访谈调查

团队通过"线上+线下"双轨推进访谈调查,在扩大调研基数的基础上重点开展实地访谈。凭借团队与武汉各高校之间存在日常联络且有开展线上外访的经验这一优势,团队通过线上访谈的模式,在调研时间内尽可能地扩大样本收集基数,有针对性地进行重点实地访谈调查，同社团建设经验丰富的高校开展深入交流，以拍视频、摄影记录的方式，增强调研的直观性。

（四）问卷调查

探求高校学生对学校社团的了解程度以及对社团活动的主要兴趣点是我们调查研究的一大重要问题。团队采取发放调查问卷的调研方法，对不同高校的学生进行网上问卷调查和实地走访调查，共回收300余份有效问卷。在此基础上，对数据进行了整理分析，总结归纳出了在探求社团品牌建设可行路径时应当着重关注的内容。

二、调研开展情况

实践调研对象：我校团委老师、社团指导老师；我校社管部管理人员、社团负责人代表、在校学生；武汉多所高校社管部管理人员、社团负责人代表与在校学生。

（一）前期

1.项目组织与调研准备

组建项目，协调成员，确定项目选题。查阅相关文献，广泛收集资料，了解目前本校社管部与社团工作的运行状况、社团日常活动开展情况、品牌活动推进情况。项目负责人拟写大创项目整体思路提纲，并组织组员一起完成申报书的填写，向指导老师征求意见，并进一步修改，最后完成项目申报。

调研团队召开第一次线下会议（见图1），制订详细的项目方案，对人员分工、财务状况、项目进度等事项统一进行调度安排。制作相关调查问卷与访谈提纲，明确问卷发放对象与访谈对象，设计好问卷题目与访谈内容。

图1 团队线下准备会议

2.通过高校官网了解高校社团建设现状

通过检索高校官方网站、微信公众号等发布的内容和浏览学术性网站，并查阅相关文献，团队了解了近年来国家政策导向、专家学者建议以及社会政策导向等方面内容，获取了更多相关信息，更广泛地了解了在新形势下高校社团品牌化建设与发展的措施和方案，与初步总结相结合，进行汇总，得出了初步结论。我们发现：武汉大学规模较大、学生喜爱度较高的社团品牌活动有"芳华武大"文艺晚会、"樱花音乐节"、校园文化节等；华中农业大学受众较多、影响力较大的社团品牌活动有"春华秋寻"音乐节、"翰墨竞艺"书法大赛、"草坪舞蹈秀"等；华中科技大学较为出名的社团品牌活动则有"光影华科"艺术节、创新创业大赛、科技文化节等；华中师范大学的社团品牌活动同样门类丰富，如"璀璨之夜"文艺晚会、"山水诗画"摄影大赛、"运动俱乐部"的校园运动会等；中国地质大学也当仁不让，社团品牌活动有"地大之星"才艺大赛、"圈养计划"社区服务活动、"探索无限"科技创新大赛；武汉理工大学的"文化艺术节"、"运动嘉年华"体育赛事、"爱心义卖"活动也广受学生喜爱。

从中团队总结出，武汉各高校社团品牌建设类型多种多样，都涵盖艺术类、志愿服务类、科技创新类等品牌活动，而这些共性中又包含着个性，各高校的社团品牌建设呈现创新性、专业性、自主性等特点。

3.面向武汉高校发放线上调研问卷

团队面向武汉市各大高校，发放线上调查问卷。问卷主要以华中农业大学、中南民族大学及我校社管部管理人员、社团负责人、在校学生为调研主体，调研内容分为主体基本信息、了解情况、发展建议三部分，其中"了解情况"调研主要从社团管理现状出发，包含活动开展、资金支持、校社联动等多个维度，意在了解不同高校学生对各自学校的社团熟悉程度、品牌活动情况、兴趣反馈的认知。经回收分析有效问卷，团队初步掌握了一定的信息，总结得到武汉各高校社团品牌在学生心目中的地位和影响力，以及学生心中所期许的社团品牌活动形式等数据。

（二）中期

团队在通过浏览高校官网、相关学术网站、新闻网站等方式进行初步调研的基础上，一起前往华中农业大学和中南民族大学进行了实地调研。

1.进行线下问卷调研

团队在实地调研过程中，随机选取在校学生进行了现场访问以及问卷调查（见图2），更为直接地了解部分高校在社团品牌建设层面的优势经验和面临的现实问题，一定程度上对前期线上问卷调研数据形成补充，增强结论可信性。

图2　线下问卷调查

2.与该校社管部成员进行交流学习

团队对两校社团活动开展场地、社管部办公场所及社管部发展历程和建设性成就等进行了参观了解,并在参观过程中同对方社管部学生干部进行交流(见图3),就社团管理制度、激励机制、社团自主性等问题进行深入探讨。

通过对新形势下社团发展呈现的问题、社团品牌建设可推广的模式、以社团品牌建设带动校园文化更好更繁荣的路径等问题进行交流,加之参观过程中收集的影像信息等,团队将所获内容同前期所收集到的信息内容进行比对,立足访谈交流过程,在原有基础上进行修正,结合前期结论进行了更深入的总结。

图3　与华中农业大学社管部学生干部开展交流学习

(三)后期

1.整理分析线上问卷数据

此次调查共回收有效问卷300余份。通过对所得数据进行整理分析,团队发现目前高校学生社团发展的主要痛点、难点集中在管理服务、活动组织、成员招募等方面(见图4和图5)。总的来说,现阶段高校社团发展总体存在"学校层面资金、场地等支持不足""管理部门限制过度,社团自治权不足""社团活动开展较少,缺乏活力""社团成员较少,纳新吸引力较低"等问题。因此,各主体提出了"加大学校对社团的资金、场地支持""平衡社团与社团管理部门权限""定期开展社团间交流会议,分享建设经验""加强校际社团合作交流""建立社团建设激励机制"等建议。

2.整理分析线下访谈数据

此次线下访谈主要面向我校部分社团指导老师与华中农业大学社管部学生干部展开。面向社团指导老师的访谈活动就"打造特色校园品牌"展开。受访老师表示,"在打造社团品牌上,比较突出的问题便是创新性,在众多社团中,要想保持吸引力,创新能力必不可少,在保持原社团品牌一致的前提下,社团成员集思广益设计出更多更吸引大学生的活动,能让社团时刻充满活力,这是打造鲜明社团品牌文化的重要前提"。华中农业大学社管部学生干部则就当前学校社团建设现状表示,"近年来针对社团管理,学校在宣传工作、管理制度等多方面进行了完善,对于咨询较多的社团经费问题采取了较详细的改动措施,使得经费问题不再成为老大难问题"。

3.问题发现与结论整合

团队结合所学理论知识以及掌握的信息资源得出最终结论,将武汉各高校社团文化建

9. 您认为现阶段您所在高校社团发展总体存在哪些问题？[多选题]
查看多选题百分比计算方法

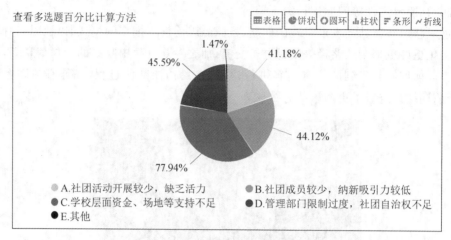

图 4　部分问卷调研结果 1

10. 针对上述问题，您认为高校应通过哪些方式更好地为社团提供服务？[多选题]
查看多选题百分比计算方法

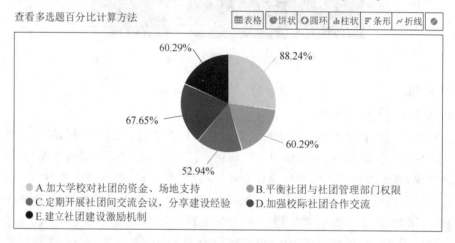

图 5　部分问卷调研结果 2

设理论框架、品牌社团实际运营管理措施、"学校＋社团"校园文化运行模式创新推行方案等有关校园社团文化方面的成果进行总结归纳，探索出具有普遍适用性的以社团品牌建设带动校园文化更活跃更繁荣的路径。

三、调研结果与建议

（一）加强思想引领，筑牢文化阵地

以习近平新时代中国特色社会主义思想为指导，围绕学习宣传和贯彻落实党的二十大精神这一主线，认真贯彻落实习近平总书记关于青年工作的重要思想和关于教育的重要论述。坚持稳中求进，发挥共青团组织教育、实践教育、朋辈教育独特优势，将思想政治建设贯穿引领我校社团发展进程，努力建设思想正确、内容多元的校园社团文化，为学校加快推进"双一流"建设贡献中南财经政法大学青年力量。

既要鼓励社团管理部的学生干部在实践中锻炼社团服务本领,有效提高社团管理内部协调能力,还要鼓励社团将社团特色与新时代中国特色社会主义伟大实践相结合,加强社团支部建设,通过微团课等形式开展宣讲活动,结合社团性质开展常态化社会实践活动,例如职业体验、志愿服务、校外考察实践等,在实践中锻炼意识与能力,与时代同心、同向、同行。

(二)完善组织结构,明确职权分工

针对学生社团制度执行监管难度大等问题,可建立学生社团建设管理评议委员会。委员会既应针对社团建设管理现状提出工作要求,讨论社团建设管理规划等宏观导向问题,也应对社团日常管理的细致事项、制度规定等进行审议与完善,突出评优处罚、财务管理等有关方面的功能。建立多部门联合的社团管理机制,依托学生工作指导委员会,联通校团委与其他学校管理部门,以委员会为最高牵头组织,对社团进行全生命周期和日常运营管理,审议社团重大事项,贯彻纵向指导和横向协作并行机制。

(三)拓宽经费来源,优化资源配置

针对学生社团发展资金支持不足的问题,可完善经费平台建设,建立交流互动机制。学校社团管理部门应适当下放部分权力,由挂靠学院单位、指导教师直接跟踪负责校企品牌合作,合理引进外部资金资源;同时,学校社团管理部门应该及时跟进各社团发展状况与需求,在合理范围内给予赞助渠道不畅的社团适当资源倾斜,提供社团活动场地、设备等必要支持。

(四)细化议事规则,实现分化管理

针对学校管理与社团自治可能冲突的问题,可通过针对不同性质、规模社团活动实行分层分级分化管理实现协调。学校社团管理部在规范履行自身管理职能的同时,也应积极发挥支持引导作用,对于社团日常活动和大型活动分别采取两级审批和三层审批制度,适当保障社团自治权。

(五)落实组织体制,强化管理队伍

针对各社团管理人力资源短缺问题,可进一步配齐配强指导教师、社管部学生干部队伍,强化常态化指导。应充分利用发挥指导单位与指导教师作用,按社团所议事项重要性由不同级别层次进行直接审议。亦应定期开展指导教师经验交流会,着重强调其作为学生社团指导教师应尽的责任与义务,加强各社团指导教师之间的交流,鼓励其将自身教学工作与社团品牌文化建设相结合。

同时,适当扩充社管部下属部门及学生干部数量,细化部门职责,更好地实现对社团事务的精细化管理。亦应加强与本校其他校级组织、外校社团管理部门的沟通交流,如联合宣传大型活动、协同组织大型活动等,建立良好合作促进关系。

四、结语

高校社团是高校文化带动重要组成部分,通过加强品牌建设,能够凸显高校的特色和形象,展现高校丰富多样的学术、艺术、体育等方面的活动,提升高校整体影响力。社团品牌建设有助于加强不同社团之间的联动合作,促进跨学科、跨专业的交流与合作;能为学生提供更多的实践机会和展示平台,培养学生的创新思维、团队协作和实践能力,提升学生的就业竞争力;能丰富校园的文化生活,提供更多的文体娱乐活动和精神满足,增加学生的校园归属感和体验感。

　　社团品牌活动顺利开展是学生、社管部、社团、学校等多方参与、共同推动的合力成果。基于此次调研所得结论，团队希望能为高校社团品牌活动的良性开展提供更多助力，推动社团在日常管理、活动开展、宣传推广等多方面实现创新性提高，推动社团品牌建设与校园文化建设进一步蓬勃发展。

参考文献

[1] 胡晓霞.大学校园文化中学生社团建设的探究[J].太原城市职业技术学院学报,2022(6):117-119.

[2] 张东方.组织文化在高校学生社团建设中的作用研究[J].领导科学论坛,2021(11):147-151.

[3] 谭政.大学生校园社团文化建设发展研究[J].知识窗(教师版),2020(10):122.

[4] 李婷.高校理论学习型社团文化建设研究[D].天津：天津工业大学,2020.

[5] 王思,黄沛,金竺蓉.新形势下创新型高校社团品牌化建设与发展策略研究[J].品位经典,2020(3):114-115.

[6] 方洁.基于品牌理论的高校学生社团建设研究[J].智库时代,2019,172(4):55-56.

[7] 徐小莉.高校学生社团品牌化建设指导原则研究[J].南方农机,2018,49(5):95-96.

[8] 朱荀,徐双培.高校图书馆馆属学生社团阅读推广活动品牌建设与长效机制研究[J].图书馆学刊,2021,43(11):52-59.

[9] 李沛雨,于朔,魏鑫淼,等.新时代高校学生社团的管理机制探索——以清华大学学生社团建设管理评议委员会为例[J].教育观察,2023,12(19):21-25.

"专业+志愿"特色下高校本禹志愿服务队的创建与培育路径探究
——以中南财经政法大学为例

法学院 章璇孜 陈佳怡 张婧妍 丁雨晨

摘 要 依据习总书记对志愿服务工作的指示,本项目将利用访谈、问卷调查、实地调研、文献检索的方式对历届本禹志愿服务队负责人、志愿服务对象、志愿工作专家老师进行调研,分析所收集的信息,为培育财经政法专业赋能的志愿活动创新项目、打造素质过硬的专项志愿服务团队,建立"社区-服务队"联动机制提供建设性建议,探寻以中南财经政法大学为例的高校本禹志愿服务队的创建与培育路径。

关键词 专业 志愿特色 本禹志愿服务队

一、项目概述

习总书记曾在党的二十大报告中强调要完善志愿服务制度和工作体系,也曾在给华中农业大学本禹志愿服务队的回信中提到:"希望你们弘扬奉献、友爱、互助、进步的志愿精神,坚持与祖国同行、为人民奉献,以青春梦想、用实际行动为实现中国梦做出新的更大贡献。"在湖北省,志愿服务工作表现突出的团队往往会被授予省内青年志愿服务团队的最高荣誉——本禹志愿服务队,这是湖北省志愿者协会发起的以"中国十大杰出青年"徐本禹的名字命名的奖项。因此,本项目成员作为中南财经政法大学新一届的主席团成员,希望通过本次社会实践,结合学校自身特色与优势,从"专业+志愿"的角度培育本校本禹志愿服务队,打造自己的品牌项目,完善本校志愿工作长效机制,推动志愿服务事业不断发展。

二、项目背景

习总书记在党的二十大报告中强调要完善志愿服务制度和工作体系。在现代社会中,志愿服务在促进社会发展、促进社会援助方面发挥着重要作用。高校作为志愿服务活动培育的重要战场,必须鼓励学生积极参与、培育一批优秀的志愿服务项目,为同学们提供专门培训与专业指导。本禹志愿服务队的创建与培育路径提供了一种创新的方法,将专业知识与志愿服务相结合,旨在培养具有专业素养和社会责任感的优秀志愿者团队。

(一)理论背景

专业化志愿服务强调志愿者具备相关专业知识和技能,能够提供高质量的志愿服务,从而要求志愿者将学科知识和实践经验有机结合,提供专业化的服务,满足社会对志愿服务的多元需求。本禹模式是指将专业知识与志愿服务有机结合的一种创新模式。该模式倡导志愿者在参与志愿服务的过程中,能够将自己所学专业知识运用到实践中,提供更有针对性的服务,从而提升志愿服务的质量和效果。从理论化层面说,专业知识融入本禹志愿服务队创建具有极强的可行性。

(二) 现实背景

中南财经政法大学拥有丰富的教育资源和专业知识储备,可以为学生提供专业的志愿服务培训和指导。针对社会上存在的各种各样的问题和需求,中南财经政法大学专业的志愿服务提供了许多解决方案。例如,中南财经政法大学法学院志愿者协会"天E无缝"团队针对社会中存在的电信网络诈骗高发、群众反诈意识有待加强这一现实性问题,依托法学专业优势,开展反诈普法活动,提升广大群众防范电信网络诈骗意识,其志愿服务项目获第六届中国青年志愿服务项目银奖。本禹志愿服务队的创建与培育路径可以是针对当前存在的社会需求,培养出具备专业素养的志愿者团队。从学生自身发展的需求来看,学生除了学习专业知识外,还希望通过参与志愿服务来培养自身的社会责任感和实践能力。本禹志愿服务队的创建与培育路径为学生提供了一个充分发挥自身专业特长的机会,让他们在志愿服务中得到成长和锻炼。

依靠专业优势的本禹志愿服务队的创建与培育路径研究在高校志愿服务领域具有重要意义。将专业知识与志愿服务相结合,可以提供更加有针对性和高质量的志愿服务。这不仅满足了社会的需求,也促进了学生的全面发展。在实践中,相关人员需要充分利用高校教育资源,倡导专业化志愿服务理念,并与社会各方共同努力,共同推进本禹志愿服务队的创建与培育工作。

三、项目研究内容

(一) 调研对象

1. 历届本禹志愿服务队

本研究团队将对历届本禹志愿服务队的队长、核心成员进行专访,采访其在服务队运营过程中的工作思路、工作方法以及团队管培中的经验,为后期本禹志愿服务队的工作提供既有经验和基础。

2. 学校指导校级志愿工作的专家、老师

对于专业指导学校志愿工作的专家、老师,本团队主要向其咨询"专业+志愿"思路下培育本禹志愿服务队的可行性和基本规划,在专家和老师的专业知识理论指导和党建思想引领下,坚定志愿理念,开拓融合理念,创新工作方法。

3. 服务对象:附近社区居民

目前我国高校的志愿服务大部分采取志愿项目属地管理模式,深化学校和社区的合作。因此可以依托高校志愿服务组织与社区建立的联系,创设新一批专项特色本禹志愿服务队。为了"因地制宜",本团队有必要在中南财经政法大学周边社区发放调查问卷和进行实地调研,了解周边居民所需所求,以便能使志愿服务内容与社会需求紧密结合,真正取得工作成效。

(二)调研方法

1. 访谈

本团队将对历届本禹志愿服务队核心队员和学校负责指导校志愿者协会工作的老师进行深度访谈,在研究本禹志愿服务队工作机制与既有经验的基础上,探寻如何为本禹志愿服务队的创建设立专业知识背景和科学理论指导。

2. 问卷

本团队的问卷主要针对志愿服务对象如社区居民,通过问卷了解服务对象对高校志愿服务的社会需求,整合问卷并进行数据分析,洞察对于高校志愿服务的主要社会需求,将其作为本禹志愿服务队的项目培育主要方向。

3. 实地调研

本团队将深入社区实地调研,实地考察,在与居民的交流中了解风土人情,直接接触服务对象,考察社区文化和社区内部志愿活动以及居民对志愿服务的满意程度等,直观了解合作社区。

4. 文献检索

检索查询专业文献,为本团队实践活动开展提供高屋建瓴的科学理论知识指导,形成理论与实践的结合。

(三)调研过程

1. 华中师范大学

2023年7月3日,团队成员来到美丽的桂子山脚下,与华中师范大学青年志愿者联合会(以下简称华师青志联)交流志愿服务项目、管理工作,也与2023年湖北省"本禹志愿服务队"获奖团队进行了深度交流(见图1)。

图 1　与华师青志联交流

华师青志联代表人从组织构架建设、特色新媒体宣传以及学习交流三个方面介绍志愿服务工作情况(见图2)。据悉,华师青志联会定期开展"青苗计划"骨干培训班和"春蕾"训练营志愿者培训等活动以提高成员素养,并打造"漫说志愿"志愿活动推广栏目、"青年创益说"主题文化沙龙品牌活动,分享优秀项目经验。

华中师范大学经济与工商管理学院鸿鹄实践队获得2023年湖北省"本禹志愿服务队"称号,该团队结合经管专业知识,走进田间地头,为乡亲们开展财商教育、防诈骗宣传、助农直播等活动,发扬"奉献、友爱、互助、进步"的志愿精神,为群众解疑惑、办实事(见图3)。

图 2　华师青志联代表人介绍工作情况

图 3　深入群众调查

2. 华中农业大学

7月8日，团队成员来到南湖对岸的邻校——华中农业大学（以下简称华农）进行调研（见图4）。

图 4　与华农队员合影

"本禹志愿服务队"创始人徐本禹就毕业于该校，他是中国十大杰出青年、中国十大杰出志愿者、感动中国人物，其志愿事迹被广泛传播，感动了无数中华儿女。在徐本禹等一批优秀志愿者的带领下，华农的志愿服务工作在华中地区极其具有示范性，因此本团队希望能在本次调研中了解到更高效的志愿工作管理模式、更丰富的志愿服务经验、更感人的志愿服务故事。

据华农青年志愿者协会活动部工作人员孙同学介绍,在组织架构方面,该校的本禹志愿服务队隶属于校团委,由团委老师直接指导,与校青年志愿者协会为平行关系,以便于更好地管理与建设。

孙同学认为,"本禹志愿服务队"是该校的志愿服务品牌,由许多支各具特色的志愿服务分队组成,如研究生支教团(见图5)、张瑜志愿服务队、红杜鹃爱心社、爱心协会、"食科一家人"、"阡陌上行"公益团队等。其一大特点是结合了各学院专业特色,接受校团委与学院专业老师的双重指导,实现了向专业志愿服务领域发展的目标。

图5 服务队公众号

以孙同学所在的水产学院为例(见图6),该学院成立了本禹志愿服务队分队"蓝色精灵志愿服务队"。"依托水产学院学科优势,对濒危动物长江江豚的生存现状进行调查和分析,并通过科普宣传增强人们的环保意识。团队自2011年成立以来,已持续10年守护长江江豚,为长江生态环境保护贡献了重要力量。"孙同学介绍道。

图6 水产学院介绍举例

通过本次调研,本团队增长了对"专业+志愿"领域本禹志愿服务队建设的见识:在与华师青志联的交流中我们认识到,充分利用新媒体矩阵宣传志愿知识、烘托志愿服务氛围,能够唤起广大同学对志愿服务的热情,我们应当充分发挥互联网优势,让传播志愿成为常态,让志愿知识渗透同学们校园生活的方方面面,打造我校志愿氛围的互联网高地;在与华农青年志愿者协会的联络中,我们愈发意识到在建设"专业+志愿"本禹志愿服务队过程中打通院校两级限制的重要性,一方面院系教师可以提供更科学的专业知识,另一方面校级组织具有更广泛的社会经验以帮助志愿工作顺利进行。

我校以经济学、法学、管理学为主干学科,哲学、教育学、文学、史学、理学、工学、艺术学和交叉学科等11大学科协调发展,在经法管方面极具优势,因此现已涌现出"天E无缝"反诈这样优秀的法学志愿服务项目。未来我们将继续以经法管为主培育我校优势专业志愿服务项目,广泛发展其他学科志愿服务项目,帮助更多有需要的人,擦亮中南财经政法大学志愿服务"名片"!

(四)项目调研结果

在对华中农业大学的调研中我们发现:华中农业大学因专业特色,根据学院各自的情况建立了不同的志愿服务运作模式,并不断地调整变化。调查发现,该校的志愿服务有三种运作模式,即单体运作模式、双方合作模式、多方合作模式。这三种模式的调研流程图见图7。

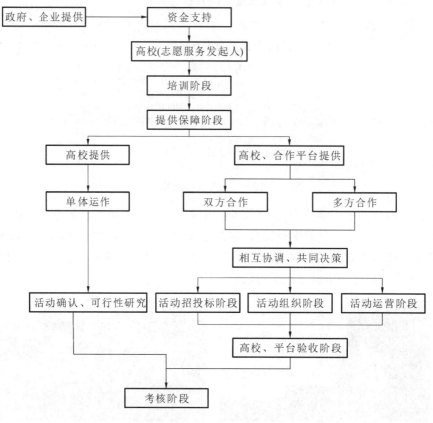

图7 调研流程图

华中农业大学各个学院的志愿服务均拥有独立的培训模式,例如研究生支教团的岗前培训,旨在帮助志愿者全面了解团队情况、项目发展脉络,同时提供必要的技能培训,以提升志愿者的综合素质。这一培训过程通常为期6个月,包括介绍本禹志愿服务队的整体情况、梳理研究生支教团的历史与发展、组织新老志愿者交流会以及开展中小学生心理辅导活动等多个模块。然而,值得注意的是,华中农业大学的志愿服务培训机制在各志愿服务队之间独立运作,而非统一整合,同时培训内容相对传统,主要侧重学院介绍、团队组织和单一方面的志愿者参与培训。

学校通过在团支部设立公益机构等方式鼓励团员注册志愿者,同时积极推动青年信用体系的构建,以确保志愿者权益。这一信用体系的发展方向包括购买志愿者保险、建立绿色通道、与企业合作争取优惠等。这些措施的目的是维护青年志愿者的权益,同时激发更多青年人积极参与志愿服务。

考核机制是志愿服务评价的重要组成部分,根据学校制定的《志愿服务工作考核办法》,考核对象涵盖志愿者集体、指导老师、志愿者、志愿者委员。考核标准包括线上申报表、志愿服务情况介绍和工作 PPT 等,奖励方式包括颁发荣誉证书、提供活动经费、其他适当的奖励等。考核过程相对严格,涵盖组织建设、培训情况、志愿者管理、基地建设等多个方面。然而,由于考核标准较高,名额也受到限制,例如志愿者的优秀评选名额仅为 100 名。

此外,学校还鼓励学生积极参与社会实践和个人实践项目,引导他们充分利用课余时间参与实践活动,以促进志愿服务精神融入大学生的职业生涯发展和社会化转变。工学院的志愿服务云小队,根据自身专业背景,参与了乡村扶贫和法院事务等社会实践项目,体现了志愿服务与个人专业发展的有机结合。这一模式有望促使更多学生积极参与志愿服务,实现思想与志愿精神的有机融合。

(五)调研问题探究

随着志愿者队伍的不断壮大,其社会影响逐渐扩大,但访谈和问卷分析显示,志愿者队伍在组织机制、培训体系和社会宣传方面存在一些问题。这些问题源于多个因素,逐一梳理如下。

问题 1:组织机制不灵活。这一问题的根本原因在于志愿者队伍的组织机制相对僵化,主要由学校的科协负责管理。这种集中式的管理方式虽然有其优势,但也导致了志愿者活动的常规性和自发性受到限制。学校对志愿者的招募往往是基于特定项目的需求而展开的,这可能导致某些志愿者在完成项目后感到失落,因为缺乏机会参与更广泛的志愿服务。因此,需要更加弹性和灵活的组织机制,鼓励志愿者参与不同领域的服务,同时提供更多的自主性和决策权。

问题 2:培训机制不常态。志愿者的培训体系通常倾向于短期培训,主要着眼于为志愿者提供项目所需的技能。然而,这种培训方法忽略了长期发展的需求。志愿者在参与志愿服务时,不仅需要技术培训,还需要发展领导能力、团队协作能力和社交技能的机会。此外,不常态的培训也会导致志愿者与项目的连续性断裂,难以保持志愿者队伍的稳定性和可持续性。因此,需要建立更全面、连续和常态的培训体系,以满足志愿者的不同需求,并助力志愿者成长。

问题 3:社会影响力较弱。志愿者在社会中的影响力受到限制,主要是因为公众对他们的认知不足。这可能是因为志愿服务是一个相对新兴的领域,缺乏足够的社会宣传和推广。为了提高志愿者的社会影响力,需要采取更主动的宣传策略,例如通过社交媒体、新闻报道和社区活动来宣传志愿者的工作。此外,还可以鼓励志愿者主动分享他们的经验和成就,以激励更多的人参与志愿服务。提高社会知名度不仅可以提高志愿者的积极性,还有助于扩大和增加志愿服务的影响范围和深度。

四、对策探究

(一)重视志愿服务的文化建设

首先,明确志愿服务的核心理念,强调志愿者所必须具备的精神品质,如奉献、友爱、互帮互助、爱国、创新和育人等。这些理念应与各高校的文化价值相结合,例如,可以与华中农业大学的"勤读力耕　立己达人"校训相融合。其次建立标志性信息系统。创建标志性信息系统，包括新颖的标志（logo）、吉祥物、徽章、文化衫等，与志愿服务紧密相关。各个高校的志愿服务团队都应拥有自己的独特标识。这些标识不仅可以使志愿服务更具生活性和具体性，而且有助于提升项目的品牌实力和吸引力，激发志愿者的热情。最后，增强品牌效力。持续增强志愿服务的品牌效力，通过启动专项资金、制订志愿服务项目扶持计划，推动高校志愿服务项目的一体化运营管理和品牌化发展。这需要凝结创新性文化精髓，打造创新型志愿服务的品牌工程，培养创新型志愿服务文化；与企业及各部门、机构等建立合作关系，共同开发创新型服务项目，积极推动"互联网＋志愿服务"。利用网络平台广泛宣传，展示各类志愿服务网络活动及其特色项目，吸引更多高校学生和教师积极参与志愿服务，建立高效的志愿服务团队。此外，社会公众也应逐步认识和理解志愿服务，为志愿服务团队未来的发展创造有利条件。

（二）丰富培训机制

湖北省高校志愿服务最大的优势是人才，各专业的大学生极具创造力和想象力，为志愿服务带来了无限的可能，所以人才培养是高校志愿项目发展的重点。分析志愿服务活动的内容，可知在培训机制创新过程中，不仅需要提供常规服务，同时还应关注应急技能。在当前的"风险社会"环境中，人们普遍面临各类公共危机。所以除了进行各种常规能力的培训外，还需要加强培养应对各种公共危机的能力。例如在生活健康方面，本禹志愿服务队的广大志愿者在专业教师的引领下，为社区居民提供志愿者服务，并利用互联网技术开展视频教学活动，倡导文明健康的生活方式。高校志愿服务体系应当把应对公共危机这项技能纳入志愿者的培训机制，这也是顺应时代发展的举措。

（三）完善保障机制

2019年，我国《科技志愿服务管理办法（试行）》正式施行，在推进志愿服务创新方面发挥着十分重要的作用。全国各地也积极创建完善的志愿服务制度规范，创新志愿服务作为志愿服务的重要组成部分和专业志愿服务的关键组成部分，需要有完善的相关政策和标准以推动其健康持续发展。高校作为从事创新志愿服务的重要产业性组织，可以在志愿服务政策体系建设中发挥积极的引导作用。

建议建立志愿者贡献认证机构。研究机构的建立和统一、规范的人员志愿服务工作记录系统，实现有关人员、志愿服务计划、志愿服务工作时间、志愿期限等信息的统一记录。然后，根据志愿者所在地区的志愿服务单位提供的服务工作时长和服务绩效评估情况，开展贡献认定活动。制定奖章制度，根据参与志愿服务的时效与次数，为志愿者颁发相应的奖章和奖品，以鼓励他们的积极参与。同时逐步完善志愿者的激励机制。这不应局限于优秀志愿者，也不应限制人数，而是应该为每一位有贡献的志愿者提供一份纪念品，例如徽章、腕带等，以表彰他们的付出。建议增加财力投入，完善财力保障机制。高校志愿服务的发展尚处于初期阶段，因此加大资源投入非常关键。政府应持续增加对高校及其所属的志愿服务项目以及服务站点的资金、人力资源等方面的支持，以促进政府资源和社会企业资源的结合，从而激发志愿服务项目的最大潜力。

（四）建立制度标准

任何工作经过标准化管理都会提高其专业水准。高校在开展志愿服务时，也应积极推进标准化管理,以提升服务质量和水平。建立服务品质管理制度,针对各类志愿服务项目、项目评估以及改进建议,制订合理的管理制度。这包括规范使用志愿服务的标识、定期组织志愿服务党建教育实践活动,并严格归档与党建工作相关的文件资料。这些规范可以帮助确保志愿服务的质量和效率。建立风险评估体系,创建志愿服务风险评估体系,制订应对各种社会风险和公共危机的预案。与相关单位签订合同,并为志愿者购买健康和人身安全保险,以确保志愿者在服务中的安全。构建志愿服务的经济价值评估指标,这有助于量化志愿服务的经济贡献。这项评估可以使志愿服务在各个方面与其他经济社会指标协调一致,提高其社会地位和经济价值。

参考文献

[1] 李晨.湖北省高校科技志愿服务机制创新研究——以华中农业大学为例.[D].武汉:华中农业大学,2021.

[2] 张贵礼.实践育人视角下大学生志愿服务长效机制研究[D].武汉:华中农业大学,2015.

[3] 徐本禹.志愿服务,我们永远在路上[N].中国青年报,2015-01-04(4).

乡村振兴背景下少数民族地区"国旗下的讲话"推广普通话课程设计
——以凉山彝族自治州会理市为例

主持人工作室　徐冉　孙英航　王梓睿　杨子凯　董怡琳

摘　要　此次实践活动立足于国家推广普通话的需求和校主持人工作室的优势条件，凉山同音筑梦社会实践队对凉山彝族自治州会理市的中学生实行普通话教学，并定制"国旗下的讲话"系列推广普通话课程，依托"阿依森林"艺术夏令营，激励夏令营学生自信展示自己，讲好家乡故事。通过实地走访、线下授课、问卷调查、访谈等形式，实践队获取了该少数民族地区普通话普及推广的一手详细资料。宣传方面，线上和线下相结合，线下实地调研、走访宣传，线上通过新闻报道、公众号投稿、视频宣传等形式，扩大此次社会实践活动的影响力。

关键词　推广普通话　乡村振兴　课程设计

一、调研方法和对象

（一）调研方法

在实践过程中，团队成员通过实地走访、问卷调查、访谈等形式，针对凉山彝族自治州会理市的中小学生普通话水平，开展详细调查，了解当地学生的普通话水平、学习难点等问题，形成调研报告。按照统计学的有关规定，小组分层分批发放问卷，最终将发放的问卷收回，严格统计，对所获得的有效数据和信息进行汇总整合，并分析讨论。根据调查结果，设计相应的教学方案、定制课程，获取了少数民族地区普通话普及推广的最新详细资料，为后续推进普通话普及打下了坚实的基础。

1. 文献调查法

收集相关资料与文献，了解当前少数民族地区推广普通话的具体情况、调研地点的研究现状；查阅并整理当地普通话推广方案，结合当地学生的实际情况，初步设计有针对性的推广普通话课程。

2. 案例研究法

以凉山彝族自治州会理市为个案，结合问卷调查、深度访谈等方法有针对性地收集资料，深入了解当地学生普通话学习的痛点难点，从实际出发，为课程设计提供实证基础。

3. 问卷调查法

对凉山彝族自治州会理市学生进行问卷调查,了解其对普通话的掌握情况、学习普通话的痛点难点、对当下普通话推广的满意度和建议等。考虑到调研范围较广,问卷调查以线上发放为主、线下交流与发放为辅,在凉山彝族自治州会理市内各学校群中发放问卷,采取不记名方式,问卷调查结果可为推广普通话课程设计提供较为准确和科学的依据。

4. 深度访谈法

为了深入了解凉山彝族自治州会理市的中小学生普通话水平,本团队对当地人、中学教师进行访谈,充分利用实地调研的机会,在实际调研的过程中从多方视角了解乡村振兴背景下普通话如何推行,进一步思考如何解决相关问题,为调查研究提供深层次的研究角度。

(二)调研对象

1. 凉山彝族自治州会理市民族实验中学学生

在本次社会实践支教服务中,小组成员通过课堂宣讲、课后一对一访谈、问卷调查以及视频采访等形式初步了解少数民族地区学生的普通话普及程度及潜在问题。

2. 凉山彝族自治州会理市民族实验中学教师

小组成员对会理市民族实验中学的教师进行采访,了解学校是否开设普通话普及相关课程,探究校园普通话普及的情况以及普及过程中遇到的阻碍。

3. 学生家长

小组通过线上与线下相结合的方式,线上发放调查问卷,线下采访当地村民,了解当地中老年群体中普通话的推广程度,同时寻求他们的看法与建议,探求普通话推广的优化方式。

二、调研日志

在开展本次社会实践的过程中,小组五位成员在遵循学校社会实践安全要求、做好健康防护工作、保护好成员的财产与人身安全的提前下参与了由苏正民志愿服务队组织开展的会理市民族实验中学支教活动,并在此基础上开展了小组的社会实践项目。在为期将近一个月的实践里,小组成员提前安排,及时沟通,互相配合,不断努力磨合,出色完成了本次的社会实践并安全返家。

调研日志如表1所示。

表1 乡村振兴背景下少数民族地区"国旗下的讲话"推广普通话课程设计调研日志

日期	内容
2023年6月— 2023年7月5日	线上召开腾讯会议,讨论实践开展时间、地点、住宿以及实践内容的初步安排
2023年7月6日— 2023年7月7日	小组抵达凉山彝族自治州会理市民族实验中学,采访学生对普通话的了解程度以及学校在普通话教育中存在的不足。全组成员根据学生反馈情况开始进行普通话宣传课程备课,备课组徐冉、董怡琳、杨子凯精心设计课程内容,制作PPT

续表

日期	内容
2023年7月8日—2023年7月14日	授课组孙英航、王梓睿面向会理市民族实验中学七、八年级百余位学生开展长达七天的普通话课程培训，从发音基础入手，用优秀主持人、朗诵名家的视频结合贴近生活实际的应用向学生们传授了普通话知识，并向学生们讲解了朗诵、主持与演讲的相关技巧。课程结课时，效果良好，学生们坦言丰富了普通话知识储备，并能在生活中应用
2023年7月14日	小组成员王梓睿采访了三名参与普通话课程的学生，访问学生们在课后有何收获与感悟。小组成员将采访内容整理成文
2023年7月15日—2023年7月16日	小组成员面向凉山彝族自治州会理市学生发放了有关普通话的调查问卷，通过分析数据以及探讨问题所在形成了一份"国旗下的讲话"课程设计并配套PPT，并向所在学校投稿，后获得学校感谢
2023年7月17日—2023年7月31日	小组成员整理采访内容、视频以及相关照片并完成实践安全返家。成员董怡琳、杨子凯撰写社会实践文章并在教育部推广普通话公众号、中国青年网等多家媒体平台上发表，在微信、微博等平台获得一定的阅读量以及关注
2023年8月	小组成员召开线上腾讯会议，进行社会实践总结以及反思，并完成结项申报书

实践过程中的摄影记录如图1至图3所示。

图1　小组成员在会理市民族实验中学授课

图 2　小组成员与会理市民族实验中学的同学们排练

图 3　会理市民族实验中学的同学们汇报演出

三、宣传成果

在宣传方面，采取线上和线下相结合的宣传方式。线下通过实地调研，走访宣传，获得广泛好评；线上通过新闻报道、公众号投稿、视频宣传等形式，扩大此次社会实践活动的影响力。

目前，本实践活动已经获得中青校园、百度、今日头条等多方媒体报道，凭借着优异的实践成果入选"镜头中的三下乡"、2023年"推普助力乡村振兴"全国大学生暑期社会实践志愿服务活动团队，获得教育部立项。

2023年7月8日至14日，中南财经政法大学凉山同音筑梦社会实践队赴凉山彝族自治州会理市民族实验中学，开展"赓续红色基因，童心永颂党恩"主题推普助力乡村振兴社会实践活动。团队基于"校主持人工作室"的普通话训练课程，面向少数民族学生，结合当地的彝族文化，制订了"国旗下的讲话"系列推普课程，传承红色精神，助力乡村振兴。部分宣传如下。

① 中南财经政法大学　赓续红色基因,童心永颂党恩(今日头条):
https://www.toutiao.com/article/7271119059708822074/
② 中南财经政法大学　赓续红色基因,童心永颂党恩(网易新闻):
https://m.163.com/dy/article/ID057K6F05564NQ2.html
③ 中南财经政法大学　赓续红色基因,童心永颂党恩(搜狐新闻):
https://www.sohu.com/a/714761934_121783035
④ 中南财经政法大学　赓续红色基因,童心永颂党恩(百度新闻百家号):
https://baijiahao.baidu.com/s?id=1775175741355338270
⑤ 中南财经政法大学　赓续红色基因,童心永颂党恩(微博):
https://weibo.com/5680626111/4927329439058256
⑥ 中南财经政法大学　赓续红色基因,童心永颂党恩(中南财经政法大学团委公众号)。

四、结语

在本次社会实践活动中,我们深入四川凉山彝族自治州,通过推广普通话的方式,为乡村振兴贡献了自己的微薄力量。通过这次前往四川凉山的旅途,我们也深刻认识到推广普通话对于乡村振兴的重要性。普通话不仅是一种语言工具,更是一种文化传承和社会发展的推动力。乡村振兴是实现中华民族伟大复兴的重要战略举措,而推广普通话则是推动乡村振兴的重要支撑。推广普通话,可以促进乡村地区的教育发展、经济繁荣和文化传承,让乡村振兴成为全民共同参与的事业。我们将继续关注少数民族推广普通话的需求,积极参与后续相关活动,为乡村振兴贡献自己的力量。在接下来的旅程中,让我们携手努力,共同推动普通话的普及,为乡村振兴贡献自己的力量,让我们的乡村变得更加美丽、富饶和幸福!

参考文献

[1] 赵睿芳,王虹凯.乡村振兴视域下,普通话推广"声调纠正"策略研究——以河南方言区为例[J].参花(中),2023(7):124-126.

[2] 许兰,王振宇.乡村振兴视域下的普通话推广研究[J].文化创新比较研究,2023,7(19):57-61.

[3] 刘逸飞,王欣临,楚岭辉.推广普通话视域下的方言保护问题研究——以"'语'贵同行"推普实践为例[J].喜剧世界(上半月),2023(4):111-113.

[4] 姚丹,李颖,符强强,等.后脱贫时代民族地区推广普通话助力乡村振兴效果分析——以凉山彝族自治州为例[J].文化创新比较研究,2022,6(24):33-37.

古韵桃乡，花海枣阳
——桃产业链对"中国桃之乡"枣阳市熊集镇产业振兴的助力作用及优化路径探究

Pygeek 协会　汪珅　冯阳光　杨语宸　叶雨涵　王福胜

摘　要　习近平总书记在党的十九大报告中指出，农业农村农民问题是关系国计民生的根本性问题，必须始终把解决好"三农"问题作为全党工作的重中之重，实施乡村振兴战略。而产业振兴则是乡村振兴的重中之重，是实现全面乡村振兴的基础和关键。本次社会实践将从产业链的优化路径与乡村振兴结合的角度出发，前往"中国桃之乡"枣阳市熊集镇，采用实地调研、访谈问卷与结构方程模型（structural equation model，SEM）分析相结合的调研方法，分析当地桃产业链发展现状和部分优化促销方法，根据实际调研结果，针对性地提出优化产业链的发展建议，同时，总结桃产业振兴的经验，为其他地区特色农产品优势区的建设提供借鉴与指导，推动乡村振兴。

关键词　乡村振兴　农业农村优先发展战略　产业链　桃产业

一、研究内容

（一）调研对象及地点

团队此次调研对象是湖北省枣阳市的桃特色产业链。枣阳市位于湖北省襄阳市，拥有得天独厚的自然条件，栽种和生产的水果品质较高。桃果产业是该市的一大特色产业，生产规模和市场需求不断拓展。

团队的调研地点是枣阳市的主要村镇和果园，比如凤凰农场、麦岭水库、杨家一坡等生产桃果的基地。在实地调研中，我们深入生产现场，观察桃果的生长条件，调研农业生产和采摘技术、贮藏和运输方法等，与当地果农和农业专业合作社的管理人员面对面交流，了解他们在整个产业链中的地位和影响。

此外，团队拜访了当地的村委会和办公室，以了解他们为支持桃产业链所采取的政策和措施。我们还前往当地的批发市场和农贸市场，了解从生产到市场销售等整个桃产业链的全过程，包括采摘、筛选、运输、分拣、包装、销售等所有环节。图1为枣阳市桃产业链词云图。

图1　枣阳市桃产业链词云图

(二) 调研重点内容

1. 调研目标

(1) 探究桃品合适的销售模式和渠道，探索优化途径。

进行市场调研，了解当地果园产量、生产技术等改善情况，分析当地桃的销售状况，找到销售问题的症结所在，确定卖点和价格等因素的优化方向。

(2) 调研分析桃产业链的大众认可度，提出发展建议。

调查当地居民、政府行政人员、果农等相关人员的态度和看法，了解桃产业链的发展情况，分析大众认可度，提出完善桃产业链的建议，包括改善果园基础设施、提高果农技术水平、增加桃品种、提升桃的品质等措施。

(3) 为其他地区的农业发展提供借鉴，推动乡村振兴。

吸取枣阳市熊集镇的产业模式发展经验，进而推动其他类似地区的农业发展，对于发展现代化农业、实现乡村振兴具有深刻的意义。

2. 调研思路

本项目以湖北省枣阳市熊集镇为调研对象，研究桃特色产业融合发展模式是否真正有助于当地实现产业振兴，挖掘出其特色之处，采取 SEM 研究乡镇居民对于本地桃产业链认可度情况，同时后期通过问卷、访谈的形式了解桃产业链发展模式现存的问题并提出路径优化的针对性对策，促进该模式的完善以及进一步的发展。基本思路可概括为：背景整合—确定选题—研究内容及意义—调研实施—数据统计与分析—成果展示，如图 2 所示。

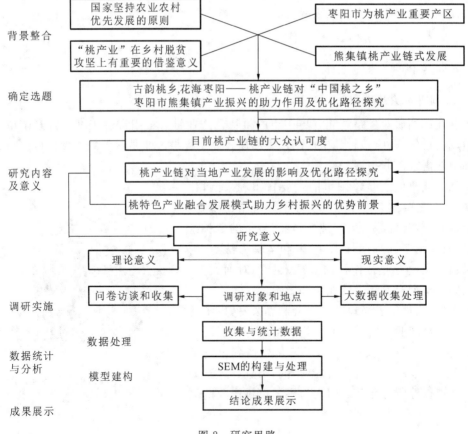

图 2　研究思路

二、实践开展情况

（一）调研日志

调研日志如表1所示。

表1　枣阳市熊集镇桃产业链调研日志

日期	内容
2023年8月18日	今天，我们社会实践小组开始了对枣阳桃产业的调研，旨在深入了解这一地区在乡村振兴和脱贫攻坚方面的实践经验。首先，我们前往当地的桃园，仔细观察了桃树的生长情况和果实的成熟度。通过与农民的交流，我们获得了关于种植技术和管理经验的宝贵信息。他们向我们介绍了近年来农业技术的升级，包括如何有效地防治桃树病虫害，并在保证产量的前提下提高果实的质量
2023年8月19日	今天，我们深入了解了桃的采摘和包装流程。我们亲自参与了采摘桃子的过程，体会到了采摘时机对果实品质的影响。此外，我们还观摩了包装过程，了解到精美的包装是提升产品竞争力的一种方式。在这个过程中，我们也看到了乡村振兴战略在农产品加工领域的体现，通过加工延伸价值链，进一步推动当地农村经济的发展
2023年8月20日	在今天的行程中，我们参观了当地的果品加工厂。工厂工作人员向我们详细展示了从桃子到果汁、果酱等多种副产品的加工过程。他们强调了在加工过程中保留水果天然特色的重要性，并向我们介绍了严格的卫生和质量控制措施。这个过程中，我们看到了脱贫攻坚战略在发展新产业、提升农产品附加值方面的积极影响
2023年8月21日	我们今天采访了一些销售商和市场人员，了解了枣阳桃在市场上的销售情况。他们向我们分享了枣阳桃以其独特的甜味和高品质在市场上受到欢迎的情况。近年来，随着电子商务的兴起，桃子的在线销售量也逐渐增加，为当地乡村经济的发展提供了新的机遇
2023年8月22日	今天，我们参观了当地的农业合作社，深入了解了他们在桃产业发展中的作用。合作社通过整合资源，协调农民的种植计划，并向他们提供技术指导和市场信息，推动了当地桃产业的可持续增长。这个合作模式不仅有助于提升农民的收入水平，也为乡村振兴战略的实施提供了有力支持
2023年8月23日	今天，我们参观了一家专门从事桃苗培育的苗圃。他们向我们介绍了不同品种桃树的特点，以及桃树育苗的技术要点。这对于保证桃产业的更新换代和高品质果实的生产至关重要。苗圃在培育优质苗木的同时，也为当地提供了更多就业机会，为脱贫攻坚工作贡献了力量
2023年8月24日	今天，我们了解了枣阳桃产业在可持续发展方面的努力。当地农民采用有机种植和生态友好的农业技术，减少了对化学农药的使用，从而保护了生态环境。他们还积极开展农村旅游，将桃园打造成了一个休闲观光胜地，进一步促进了乡村振兴战略的实施

续表

日期	内容
2023年8月25日	在调研的最后一天,我们对整个调研过程进行了总结。枣阳桃产业在种植、加工和销售等各个方面都表现出了良好的发展态势和潜力。然而,市场竞争激烈和产品品质的提升仍然是需要面对的挑战。通过这次实践,我们深切认识到,只有不断创新和改进,才能使枣阳桃产业持续繁荣发展,为乡村振兴和脱贫攻坚工作做出更大贡献

(二)成员感想

安全员杨语宸:作为一名金融数学系学生,我在这次参加枣阳桃产业的实践调研中深刻感受到了面对中国乡村振兴的难点,政府迎难而上、互相支持配合、团结一心的精神。我们深入实地,发放问卷时,居民和农民总是热情合作,亲切的笑容感染了我。此外,热心的农民和工厂工作人员愿意分享经验和回答问题(见图3),让我们的调研过程更加顺利。通过这次实践,我深刻了解了基层产业工作者的辛勤和努力,他们通过不断升级技术、开拓市场,为当地农业的发展做出了巨大贡献。总的来说,这次实践让我学到了新的知识和技巧,也深刻感受到人与人之间的亲情和合作精神。我将这些精神牢记于心,并在返校后也为贯彻这些精神而努力。

图3 安全员杨语宸实地调研

宣传员冯阳光:在去湖北省枣阳市调研的这段时间里,我参观了当地的桃园,并听取了果农们对桃产业发展的讲解。通过他们的介绍,我深刻了解到桃产业在当地是一项重要的农业产业,对当地经济的发展起到了积极的推动作用。果农们向我们展示了桃树的种植技术和管理经验,他们讲述了桃子种植的困难和挑战。由于气候、土壤和病虫害等因素的影响,果农们常常要面临种植过程中的诸多困难。然而,通过技术创新、科学管理和合作交流,他们成功地攻克了许多问题,最终提高了桃子的产量和品质。调研途中,热情的果农爷爷还邀请我们品尝桃树上的留果桃,八月底的时节,桃子吃起来还是那么鲜甜多汁,这让我体验到当地农产业的蓬勃发展与果农集思广益的智慧。此外,我们还宣讲了中南财经政法大学精神,向果农们传递了学校加强农业科技合作、推动农业产业升级的理念。他们对我们的宣讲非常感兴趣,并表达了与学校合作的意愿。这为进一步推动农业产业发展提供了新的动力和机会。在采访果农的过程中,果农们向我们分享了他们针对病虫害防治、市场销售和农业技术培训等问题所采取的攻克方法。他们的经验和智慧让我深受启发,也让我意识到在农业产业发展中,科学技术和创新精神的重要性。本次调研活动不仅加深了我对桃产业的了解,也开拓了我的眼界。我深切感受到了作为中南财经政法大学学子的使命和责任,希望自己能为农业的发展贡献自己的力量。

调研员叶雨涵：习近平总书记指出"产业振兴是乡村振兴的重中之重",产业发展对于乡村振兴具有重大意义。作为一名新时代的大学生,我关注的重点一直是乡村产业的发展。此次我们社会实践队深入"中国桃之乡"枣阳市熊集镇,去实地探寻桃产业链的发展对乡村振兴的助力作用。在实地调研中,我切身感受到桃产业的发展对村民生活的巨大改变,一个个小小的桃子,让这个曾经贫瘠的乡村变成了一个生活幸福村,人民安居乐业。在访谈中,当我们提到桃产业时,村民的脸上都洋溢着幸福的笑容(见图4)。我想,在未来,通过桃产业的深度转型升级,乡村将会因此变得更加美好,而我们青年也要多参与社会实践,为乡村振兴贡献自己的一份力量。

图 4　实践队成员与调研对象合影

调研员王福胜：参加暑期社会实践的过程中,我有幸采访了一位种植桃子的农民。首先,我对这位农民的开创精神表示敬佩。在采访中,他告诉我种植桃子并不是他的家族传统,他之前一直种植水稻来维持生计,是政府的扶贫项目让种植桃树成为了他的一种新选择,他大胆地选择了这条新道路,从一开始的无到有,他始终坚持种植桃树,最终过上了如今的好生活。其次,我认识到政府在乡村扶贫工作中起到的重大作用,从之前的村村贫困到如今的桃树家家丰收带来的财富,用他的话来说,这在以前是想都不敢想的事情,一到桃子收获季节就有工厂来包地收桃子,根本不用担心桃子的销路,政府的扶贫政策成功带动了乡村的经济发展。通过这次采访,我对种植桃子的农民有了更深刻的了解,也对他们的辛勤劳动和对土地的热爱有了更深刻的认识。同时,我也希望我们每个人都能从农民身上学到坚持不懈、热爱土地和创新的精神,为建设美好的农村和美丽的家园贡献自己的力量。

(三) 访谈记录

访谈员自我介绍：

您好,我们是中南财经政法大学的学生！我们小组的研究课题是桃产业链对枣阳市熊集镇产业振兴的助力作用及其优化路径探究。我想耽误您宝贵的几分钟,向您提几个相关问题,您看可以吗?本次访谈采取匿名方式,不会侵犯您的隐私,希望能得到您的配合与支持,谢谢!

受访者:叶先生一家。

访谈时间:2023年8月20日。

访谈内容:

1. 请问您家也在种植桃树吗?种植情况怎么样?

是的,我家也在种桃。多亏了枣阳的适宜气候和土壤条件,我们的桃树种植情况非常好,桃树生长茂盛,果实品质优良。我们定期浇水、修剪和施肥,以确保桃树的健康生长和丰收。同时,我们也采用了一些现代化的种植技术,提高了产量和果实的品质。

2. 现在枣阳市对当地农业个体户有什么扶持政策吗?

政府一直在帮助当地农业个体户发展,包括给予财政补贴、组织技术培训、培养市场推广技能等等,政府还会帮我们找电商和一些企业合作销售。前些阵子,我妈就去报名了这边的农户种植技能培训课,听她说还蛮有用的。

3. 我看您还是靠手动种植、收获桃子,请问您考虑过用机器来替代吗?

当然考虑过了。随着科技的发展,农业机械化在提高生产效率方面发挥了重要作用。我们也在评估是否引入一些农业机器来辅助桃树的种植和收获过程。然而,桃树的种植和收获相对比较特殊,需要更多的细致关注和手工操作,以确保果实的品质和数量。

实际上桃树种植过程是很复杂的,很考验人工随机应变的能力。对于机器能否完美胜任这项工作,我还是保有一点疑问的,所以我可能还会选择观望一段时间再决定要不要购置机器来辅助代替人工。

4. 现在互联网快速发展,您考虑过搭乘互联网的快车进行销售吗?

当然考虑过了。互联网的快速发展为农产品的销售提供了全新的渠道和机会。我们也在思考怎么利用互联网平台进行桃子的销售和推广。通过建立网上商城、社交媒体推广以及电子支付等方式,我们可以更广泛地接触到消费者,实现更便捷的销售方式。

同时,互联网也为我们提供了与消费者直接互动的机会,可以收集消费者的意见和建议,不断改进产品质量和服务。但是,我们也会保持传统的销售渠道,比如通过本地市场和合作社销售,以满足不同消费者的需求。

5. 您认为有什么可行的策略包装你们的桃相关产品,吸引更多人来了解,进而促进消费呢?

我想过把我们这边桃产业与本地特色文化结合起来,但是没找到合适的文化之类的东西,所以就暂时搁置下来了。

三、调研结果与解决优化方案

模型假设如下。

H1:乡村振兴农产品的营销策略对客户信任度有显著的正向影响。

H2:乡村振兴农产品的营销策略对客户满意度有显著的正向影响。

H3:乡村振兴农产品的感知收益对客户信任度有显著的正向影响。

H4:乡村振兴农产品的感知收益对客户满意度有显著的正向影响。

H5：消费者的客户满意度对其购买的行为态度有显著的正向影响。
H6：消费者的客户信任度对其购买的行为态度有显著的正向影响。
数据处理结果见表2和图5。

表2 模型回归系数表（＊＊＊表示 $P \leqslant 0.001$，设定显著性水平为 0.05）

潜变量	显变量	标准化系数	非标准化系数	显著性水平 P
营销策略	客户信任度	0.51	0.49	0.006＊＊＊
	客户满意度	0.42	0.47	0.028＊＊＊
感知收益	客户信任度	0.35	0.36	0.001＊＊＊
	客户满意度	0.49	0.42	0.000＊＊＊
客户满意度	行为态度	0.47	0.45	0.000＊＊＊
客户信任度		0.48	0.45	0.001＊＊＊

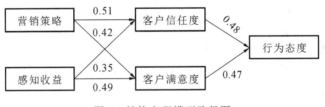

图5 结构方程模型路径图

根据结构方程模型结果，我们得出以下结论：营销策略对客户信任度和客户满意度都产生了显著的正向影响，这证实了H1和H2的假设；感知收益对客户信任度和客户满意度也都有显著的正向影响，支持了H3和H4的假设。此外，我们还得出结论：客户满意度对行为态度有显著的正向影响，验证了H5的假设；同时，客户信任度对行为态度也具有显著的正向影响，支持了H6的假设。这些发现表明营销策略和感知收益在提升客户信任度和满意度方面起到了关键作用，并且这些因素对于塑造客户的行为态度具有重要影响。

四、优化方案

（一）增强市场营销力度

为提升当地企业和个人市场营销的知识水平和能力，以及增强宣销力度，我们可以采取一些具体的举措。首先，举办市场营销培训班，通过培训参与者的市场调研、品牌推广、渠道拓展等相关知识和技巧，让他们更加了解市场营销的重要性，并掌握更多的实践经验。其次，我们还可以组织农业产业推广展示活动，让当地企业和个人有机会展示他们的产品、服务以及公司形象，从而吸引更多潜在客户（见图6）。通过这些方式，我们能够有效地增强市场营销的影响力和效果。

图 6 东风汽车农业推广展示活动

(二)提高教育质量

为解决高学历人才稀缺问题,我们需要重视提升枣阳当地的教育质量。首先,我们可以完善当地的基础教育资源,为当地学生提供更好的学习环境和教育条件,以培养更多当地人才。此外,我们可以引入优质的高等教育机构和培训机构,为有志于从事农业科学、市场营销等相关专业的学生提供更好的教育和培训机会。通过提供专业课程和培训,培养更多的专业人才,为枣阳农业产业的发展贡献力量。

(三)完善产业链条

为了实现枣阳桃产业链的完善,我们可以鼓励企业间形成合作共赢的利益共同体。这意味着我们可以通过建立合作关系,使从生产到销售的整个链条都能够得到有效的协调和管理。同时,我们也需要引进和推广现代化的生产技术和设备,以提高产品的质量和生产效率。只有不断提升产品的竞争力,枣阳桃产业才能够在市场上占据更大的份额和取得更优厚的利润。

(四)建立行业协会和组织

为提供行业内部的专业指导和支持,我们可以鼓励当地桃产业相关企业和个人共同组建行业协会或组织。这些协会和组织可以组织开展专业培训、技术交流和合作项目,为产业发展提供支持和推动作用。通过这些活动,我们能够让产业内成员相互学习和合作,从而更好地应对市场竞争和行业变化的挑战。

(五)加强宣传和推广力度

为了保证桃产业走出"市门",我们需要提高桃产品的知名度和美誉度,加大宣传和推广的力度(见图 7 至图 9)。首先,我们可以通过在大型展览会上展示我们的桃产品、与知名媒体进行合作宣传等各种渠道提高桃产品的知名度。其次,我们还可以利用互联网平台,开设网上商城,进行电商推广活动,以拓宽更多的产品销售渠道。通过这些举措,我们能够更好地将桃产品推向市场,提高产品的销售量和市场份额。

图 7　天下第一桃

图 8　枣阳黄桃

图 9　产业发展大会

（六）加大政策支持力度

为了促进桃产业的发展，当地政府应加大对桃产业的政策支持力度（见图10）。

图 10　襄阳市农业产业化活动

这包括提供财政资金的扶持，如通过给予经济补贴或优惠政策等方式，鼓励企业投资和发展。此外，政府还可以考虑税收减免等方面的政策支持，让企业能够降低成本，提高竞争力。这些措施能够为枣阳桃产业发展提供有力的支持,推动桃产业的发展速度和竞争力的提升。

以上措施的实施,有望逐渐解决枣阳桃产业发展过程中遇到的问题,推动枣阳桃产业更好地发展,提高产业的经济效益和社会效益。

参考文献

[1] 唱晓阳,姜会明.我国农业产业链的发展要素及升级途径[J].学术论坛,2016(1):80-83.

[2] 魏丽莉,侯宇琦.中国现代农业发展的路径突破——产业链整合与产业体系优化[J].兰州大学学报(社会科学版),2018,46(6).

[3] BOEHLJE M,AKRIDGE J,DOWNEY D. Restructuring agribusiness for the 21st century[J]. Agribusiness,1995,11(6):493-500.

[4] MANGANARIS G A,MINAS I,CIRILLI M,et al. Peach for the future:a specialty crop revisited[J]. Scientia Horticulturae,2022,305:111390.